D1751945

Marc Sarrazy

Une histoire du jazz moderne
Joachim Kühn

Préface Dave Liebman

Éditions SYLEPSE

Remerciements

Je tiens à chaleureusement remercier tous ceux qui ont bien voulu répondre à mes questions pourtant souvent pointilleuses :

Thomaskantor Profesor Georg Christoph Biller, Jacques Biscéglia, Toto Blanke, Michel Brossard, Carolyn Carlson, Alain Chauvat, Pierre Favre, Uli Fild, Gabriele Laurenz, Ali Haurand, Chris Hinze, Daniel Humair, Rolf Kühn, Yvonne Kühn, Wolfgang Lackerschmid, Saskia Lechtenbrink, Dave Liebman, Albert Mangelsdorff, Mark Nauseef, Renate Paelz, Ernst-Ludwig Petrowsky, Barre Phillips, Michel Portal, Daniel Richard, Kurt Renker, Markus Schmolz, Paul Schwingenschlögl, Martial Solal, Alain Tercinet, Vincente Riera.

Avec mon amitié grande :

Jean-François Gérault (pour ta lecture sans failles, ton étonnante clairvoyance), Dieter Krüger (un témoignage si précieux !), Lothar Rausch (you are the real killer), Gilles Pidard (pour ton intérêt… et l'indispensable contact !), Pierre Lebarbier (qui, avec Pithecanthropus Erectus, m'a plus initié aux bonheurs du jazz qu'aux secrets de l'anatomie), Martial Petit (pour ta générosité), Velin Tourmakov (for your passion and the rare musics you gave to me), Hella Sarrazy (pour tes heures passées à traduire), Walter Quintus (pour le magnifique travail sur le mastering du CD), Nicolas Papadimitriou (pour ton incomparable lecture de la musique), Denis Frajerman (pour ton enthousiasme revigorant), Philippe Renaud (pour la folle aventure Improjazz, les innombrables références discographiques, les interminables discussions sur cette musique de fous), Bertrand Serra (pour ton amitié), Geneviève Peyrègne (sans qui rien de tout cela, peut-être… Un très grand merci à toi !).

Une pensée émue à ceux qui, en leur temps, m'ont répondu, encouragé, puis s'en sont allés : Grete Kühn, Jean-François Jenny-Clark, Klaus Koch et Joachim-Ernst Berendt.

Mes remerciements et toute mon affection à ma mère, à Guy et à Jean-Yves.

Mes plus sincères remerciements à Joachim pour ta musique, ton humanité, ta générosité, ta motivation et ta patience infinies. Merci, enfin, de m'avoir ouvert en grand les portes de ton garage…

Merci à ma Krimi pour ta grandissime patience et ton écoute, avec tout mon amour et plus encore.

Une histoire du jazz moderne : Joachim Kühn
ISBN 2-84797-020-7
© Éditions Syllepse, janvier 2003 (livre et cd)
69, rue des Rigoles
F-75020 Paris
www.syllepse.net
edition@syllepse.net
PAO et maquette : Sylvain Silberstein

Préface
par Dave Liebman

J'ai rencontré Joachim au milieu des années soixante-dix, lorsque je tournais avec mon premier groupe, Lookout Farm. On a vécu de grands moments ensemble. Quand on joue quelque part et que Joachim se trouve dans la même ville, vous pouvez être sûr qu'il se manifestera pour aller traîner ensemble. Il dégage quelque chose, un parfum positif qui fait qu'on se sent bien avec lui. Tous les musiciens l'aiment, il est très populaire. De plus, nous avons un lien commun très fort avec John Coltrane et la musique de son quartet : nous pouvons parler des heures durant des disques de Trane, d'un solo spécifique de McCoy Tyner...

À partir de la fin des années quatre-vingt, j'ai souvent été invité à jouer avec le trio qu'il formait avec Daniel Humair et Jean-François Jenny-Clark, parfois avec Michel Portal en plus : je considère la musique que nous faisions comme l'une des plus particulières de ma carrière et je regrette de n'avoir jamais enregistré avec cette combinaison. En fait, bien que cela paraisse incroyable, je n'ai jamais enregistré avec Joachim !

Pour moi, ce trio représentait vraiment ce que signifie jouer « free » à la fin du vingtième siècle : la capacité de jouer avec ou sans grilles ou repères harmoniques, de voyager aussi bien dans la pulsation qu'en dehors d'elle, et d'utiliser toutes sortes d'éléments et de couleurs extra-musicales (jeu à l'intérieur du piano, etc.), tout cela – et c'est le plus important – de façon complètement spontanée. Ce trio incarnait tout ce que le jazz est supposé être : émotion, énergie, dextérité, spontanéité.

Quant à Joachim, c'est un des hommes les plus voraces que je connaisse en ce qui concerne l'écoute musicale. Son savoir, porté sur toutes les musiques, est réellement encyclopédique ! Il possède une incroyable technique pianistique et un sens de la composition enraciné aussi bien chez Bach que dans la musique contemporaine du vingtième siècle. Dans la plupart de ses compositions, l'influence d'Ornette Coleman est elle aussi assez prononcée, mais ses mélodies sont invariablement plus complexes en ce qui concerne les intervalles, difficiles à jouer et habituellement longues et fort alambiquées... J'ai toujours pensé que la musique de Joachim constituait un véritable challenge pour moi, la plupart des improvisations s'effectuant sans changements d'accords notifiés tandis que parallèlement on se casse le cou sur des tempos très rapides ! !

Il n'a pas peur de jouer dans n'importe quel style et a tout essayé.

J'ai le sentiment d'être privilégié de le connaître et de jouer avec lui ; je le considère comme un frère aussi bien par sa personnalité que par sa musique.

Joachim Kühn est un des plus grands musiciens que l'Allemagne, l'Europe et certainement que le monde aient produit. Déjà une légende, le temps continue d'accroître son statut.

J'attends avec impatience une prochaine rencontre musicale avec Mister Kühn !

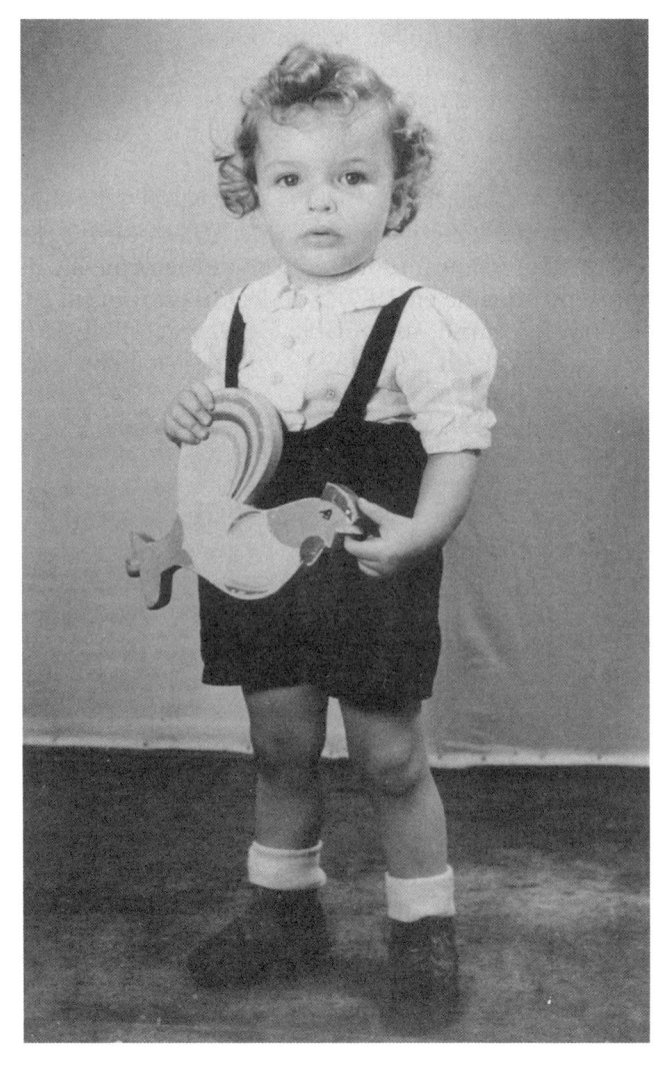

« À l'audition de certains morceaux de musique, mes forces semblent d'abord doublées, […] ce sont les contractions spasmodiques des muscles, un tremblement de tous mes membres, un engourdissement total des pieds et des mains, une paralysie partielle des nerfs de la vision, de l'audition, je n'y vois plus, j'entends à peine… »

Hector Berlioz (*À travers chants,* 1862)

Ce livre se veut le reflet de la trajectoire d'un homme qui aura marqué le siècle de sa musique ; reflet légèrement déformé à cause du décalage temporel (puisque né en 1970, j'ai découvert tout un pan de sa musique après coup), à cause, surtout, de la passion qu'elle a engendrée en moi. C'est ce second facteur qui m'a le plus fortement stimulé et, sans l'assurance de retranscrire en ces lignes mon propre engagement émotionnel, jamais je ne me serais lancé dans l'aventure : la rencontre poétique doit primer sur l'archivisme. Ou alors parlons d'archivisme poétique…

Je ne me targue pas d'objectivité : il m'en a pourtant bien fallu un peu…

Puissent ces quelques pages amener le lecteur à mieux connaître Joachim Kühn, à mieux saisir son œuvre exceptionnelle, à aller, surtout, à la rencontre de sa musique en concert !

Marc Sarrazy

Note typographique :

Les noms de groupes figurent en romain (ex : Association PC), les titres de disques (ou de livres) sont écrits en italiques (ex : *Distance*) et les titres de morceaux sont en italique, entre guillemets (ex : « *For my Mother* »).

À mon père

À l'Est, du renouveau (1944-1966)

« Vers la fin, la plus grande confusion se mit araignée. »

Antoine Volodine[1]

Leipzig, Allemagne de l'Est. Début 1958[2]

Une nuit, dans un club de la Steinstrasse. Certains discutent et rient, d'autres se taisent et écoutent. On joue du jazz.

Au dehors, le froid est vif, mord et, par contraste, l'ambiance à l'intérieur de la Jugendclubhaus « Arthur Hoffmann » paraît plus chaleureuse encore. Ici, malgré les fumées de mauvais tabac les soirs de concerts, on respire. Une bouffée de vie dans la grisaille quotidienne.

Ils arrivent à l'improviste, à voix fortes interrompent la musique : quatre bottus de la milice.

— Pourquoi jouez-vous du jazz ? Pourquoi jouez-vous de la musique américaine ? De la musique capitaliste américaine ? ! Qu'on m'explique !

Le jeune homme de quatorze ans, sur ce qui sert de scène, a posé son trombone. Le cheveu ras, une stature déjà massive, il fait plus vieux que son âge. Il s'étonne.

— Hé ! Le jazz est né des Noirs américains ! Des pauvres types qui avaient exactement les mêmes problèmes qu'ici, en Allemagne de l'Est !

Il voudrait insister mais déjà les voilà qui grognent, raillent que ces Noirs-là restent des Américains ! Que l'Amérique, c'est le capitalisme ! Impossible de discuter avec des œillères ; les musiciens dépités s'entre-regardent, voudraient hausser l'épaule ou lever l'œil au ciel, voudraient jouer.

Le jeune homme a mûri, consacrant sa vie à la musique ; quarante ans plus tard, Joachim Kühn se souvient encore du visage fermé de la milice.

Né sous le signe de Bach et de Benny Goodman

Joachim Kühn voit le jour le 15 mars 1944 à Leipzig, à deux pas de la Thomaskirche, fief de Jean-Sébastien Bach. Dès les premières siestes, le petit Joachim est bercé par l'aîné Rolf qui travaille sa clarinette, son piano, passe des disques de Benny Goodman ou d'Artie Shaw…

Au-dehors, parmi les décombres, quelques bombes pleuvent parfois sur les têtes.

Malgré ses origines juives (et certainement à cause d'elles, du besoin de se cacher au sortir de l'effroyable tourmente de l'Histoire) c'est dans une autre tradition que Joachim Kühn va être élevé puisqu'il se rend chaque dimanche à l'église Saint Thomas pour y recevoir des cours de catéchisme, dont il ne garde qu'un vague souvenir :

> « Ma mère a eu peur de me déclarer comme juif ; […] elle n'a jamais dit qu'elle était juive et m'a inscrit dans une école évangélique. »[3]

Par contre, sera gravée en ce même lieu, ces mêmes dimanches, sa confrontation hebdomadaire avec le Thomanerchor : le chœur d'enfants qui chante Bach. Le choc, s'il est radical, n'est pourtant pas immédiat : une sorte de bombe à retardement, programmée pour l'aube des années deux mille…

Enfant calme et facile aux dires de sa mère, Grete Kühn[4], il fait ses premières armes à quatre ans sur… une solide cuillère en bois et la batterie de cuisine, puis sur une flûte à bec offerte par Rolf. Mais c'est à cinq ans qu'il commence le piano. Un seul professeur jusqu'en 1961, avant les autres ; les Don Cherry, Barney Wilen ou Ornette Coleman : sir Arthur Schmidt-Elsey. L'homme, pianiste renommé, chef d'orchestre, a stoppé les concerts pour entièrement se consacrer à la pédagogie. Il enseigne l'instrument mais aussi l'histoire de la musique, la composition, l'orchestration. Du grand nombre d'étudiants qui suivent ses cours, Joachim est le plus jeune. En fin d'année, chaque élève est invité à présenter son répertoire en public ; pour Kühn, ce sera le « *Kinderszenen* » de Schumann : son tout premier concert, à six ans.

Un père acrobate, un frère clarinettiste

Dans les années trente, une paire d'acrobates sévissait aux quatre coins d'Europe, puis du monde. Kurt Kühn et son frère se sont taillés une solide réputation, par des prouesses d'équilibre et de puissance avec une perche notamment, sous le nom de : Die Brüder Kühn, die kühn brüder[5].

Ils ont tourné dans un cirque le temps d'une saison, soit sept mois environ, avant de s'émanciper complètement. Ils ont alors multiplié leurs participations à des spectacles de variétés présentés dans les grands cinémas : il s'agissait de courts programmes d'artistes les plus divers, donnés avant la projection du film. Ils ont ainsi été amenés à intervenir quatre à cinq fois par jour, ce qui était fort éprouvant… Par la suite, les frères Kühn ont formé The Four Arkus, puis The Five Arkus. Leur numéro s'articulait autour d'une invraisemblable figure : une sorte d'échafaudage de corps posés tête contre tête, crânement dressée vers le ciel.

> « Mon père, Kurt, travaillait avec son frère. C'étaient de fameux acrobates : ils ont inventé une figure que personne n'avait réalisée auparavant. Ils ont travaillé dix ans pour la rendre possible. Des heures, chaque jour. Rolf a aussi travaillé avec eux, parfois. Il n'y a pas grande différence entre un musicien et un acrobate : lorsque quelqu'un t'appelle pour un engagement, tu présentes ce que tu fais, tu es souvent en tournée… »[6]

Rolf, justement.
Né en 1929 à Cologne, il a grandi à Leipzig. Il étudie le piano, la théorie musicale et la composition avec ce même Arthur Schmidt-Elsey, puis la clarinette avec Hans Berninger, l'un des solistes du Gewandhaus-Orchestra de Leipzig. À dix-sept ans, il obtient ses premiers engagements dans un big band de la radio de la ville, des concerts où il est lui-même soliste à la clarinette. Il emménage à Berlin Ouest en 1950 et travaille pour Radio RIAS : une véritable institution politique officiellement interdite à l'Est, et dont il intègre l'orchestre en tant que premier alto. Il tourne parallèlement avec son propre quartet. Rencontre en 1954 avec Buddy DeFranco qui le persuade de partir aux États-Unis, ce qu'il fait deux ans plus tard en joignant New York. Rolf, qui trace la voie pour son frère, de quinze ans son cadet.

Dans de telles conditions, on comprendra aisément le parcours de Joachim Kühn à travers les contrées musicales. Jusqu'à l'âge de dix ans pourtant, l'enthousiasme de l'enfant pour la musique n'est pas démesuré :

> « J'aurais voulu être acrobate, mais mon père me l'a déconseillé : dans les années 1920-1930, c'était un bon métier, mais plus par la suite. Je l'accompagnais en tournée, j'avais un petit numéro de trompette et de danse… À douze-treize ans, les exercices de piano m'ennuyaient, surtout parce qu'après l'école, ils m'empêchaient de rejoindre les autres gamins. »[7]

Il tente même d'échapper à un cours d'Arthur Schmidt-Elsey. Ce dernier, dont la ponctualité reste légendaire auprès de tous ceux qui l'ont côtoyé, prévient Grete Kühn par téléphone, qui s'empresse de remettre son fils sur les rails du solfège… Mais c'est probablement un tout autre événement qui mobilisera Joachim vers la musique : quelques semaines de travail dans une usine, vécues comme un enfer. Dès lors, le choix présenté sera dichotomique : l'usine ou la musique. Peu après, il n'aura plus jamais besoin d'être poussé pour travailler son piano... bien au contraire !

Le « cercle »

Après l'enthousiasme d'après-guerre, l'envie de construire du neuf accompagnée du retour en RDA de nombreux intellectuels de gauche, le fossé commence à se creuser entre l'Est et l'Ouest. Dès 1953, se tient à Berlin Est la première manifestation contre le modèle soviétique qui débouche sur des émeutes. De plus, l'Allemagne de l'Est se sent déstabilisée par les échanges économiques et la monnaie nationale connaît d'assez lourds problèmes... Bon nombre d'intellectuels perdent leurs illusions et quittent le pays malgré les pressions de l'État qui s'exercent de plus en plus sur les familles : déjà, ce besoin de contenir de force un flot d'émigrants de plus en plus dense...

Vers douze ans, parallèlement aux études de musique classique – des heures entières à travailler, consciencieusement –, Joachim Kühn participe à divers groupes pour jouer dans les bals du samedi soir et empocher quelques marks.

> « Je faisais partie d'un orchestre de dixieland et chaque fois que je devais prendre un solo, j'essayais de retrouver le style des pianistes stride ou de boogie-woogie. À cette époque, j'étais dingue de boogie. »[8]

Musique dansante, souvent médiocre, confiera-t-il plus tard. Mais les premières rencontres commencent à se tisser, ainsi celle de Dieter Krüger. Né en 1937, ce dernier grandit dans le Niederschönhausen (Berlin Est) et joue de la guitare dans un groupe de *dance music* lors des festivals scolaires. Il découvre le jazz à travers les clubs de Berlin Est (Eierschale, Badewanne, etc.) et les concerts donnés au vieux Sportpalast, à la Kongresshalle ou au Titaniapalast, où se produisent entre autres Louis Armstrong, Ella Fitzgerald, le Modern Jazz Quartet, Dave Brubeck, Gerry Mulligan ou Thelonious Monk. Son enthousiasme pour cette musique ne cesse de croître, et c'est donc à Leipzig où il s'est installé pour suivre des études de mathématiques que Dieter Krüger plonge dans le jazz : une série de rencontres est programmée à la FDJ-Clubhaus Poetenweg[9] en juillet 1959. C'est là qu'il se lie d'amitié avec le jeune Kühn et quelques autres amateurs chevronnés. Malheureusement, ces rencontres ne tardent guère à être empêchées, le noyau du groupe décide alors de continuer à travailler ensemble et se rend chaque semaine à la Jugendclubhaus « Arthur Hoffmann »[10], au 16 de la Steinstrasse : l'endroit devient le véritable laboratoire de Joachim Kühn. On y écoute bon nombre de disques, on y parle de jazz, de théorie musicale, on y donne des répétitions... Deux groupes se forment, bâtis autour des mêmes musiciens : l'un consacré au dixieland, l'autre au jazz « moderne ». Le cercle de la Jugendclubhaus « Arthur Hoffmann » se compose de : Joachim Kühn (p, tb, tp, lead), Dieter Krüger (g, bj), Steffen Ulbricht (tb, p, acc), Jan Peter Heinzmann (dm, sax, tp), Eckbert Hoppe (cl, sax, fl), Karl Bernd (b), Jochen Hoffmann (thn) et Siegfried Reif (dm). Où l'on remarque qu'en plus du piano, Kühn s'essaie à la trompette et au trombone à pistons…

De nombreux standards sont couramment repris ainsi que… le « *Präladium* » de Jean-Sébastien Bach arrangé par Kühn ! Ce dernier nourrit abondamment le groupe de ses premières compositions, dont une « *Suite For Jazz Quintett* » pour clarinette, piano, guitare, contrebasse et batterie.

Krüger a par la suite souligné le rôle de Kühn au sein du groupe :

> « Bien que Joachim fût le plus jeune d'entre nous (il paraissait pourtant le plus âgé physiquement !) ça ne faisait aucun doute que c'était lui le leader du cercle : il propulsait la musique vers l'avant, enrichissait les harmonies, même ses propres compositions étaient déjà très abouties. Son style au piano était proche de celui d'Oscar Peterson : il était capable de reproduire son jeu de manière très fidèle après seulement quelques écoutes à cause de sa grande connaissance de la musique, mais surtout parce qu'il était déjà un musicien très doué ! Ce qu'il faisait à la trompette et au trombone à pistons s'ancrait plutôt dans la tradition du Swing et du Be Bop. Il rendait les autres membres du groupe et le public très enthousiastes durant les concerts : son jeu était tellement créatif, tellement moderne, et il n'avait encore que quinze ou seize ans ! »[11]

Le frère américain

1956, Rolf s'est envolé à New York pour cinq ans. Il y a intégré le Benny Goodman's Band et le Tommy Dorsey's Orchestra, puis forme son propre quartet avec… Jimmy Garrison à la contrebasse, avec lequel il joue au Birdland et au Small Paradise, à Harlem.

Joachim lui, s'informe tant bien que mal sur le jazz, guette tout ce qui se dit, tout ce qui se fait. Au centre, forcément, il y a le cercle. En périphérie, la radio RIAS (il écoute presque chaque nuit la « *Voice of America* » de Willis Conover) et les disques. Difficilement trouvables en Allemagne de l'Est hormis les productions du label national Amiga, la principale source d'approvisionnement en galettes vinyles se trouve dans le Berlin Ouest d'avant la construction du Mur, sachant pour information qu'un mark de l'Ouest s'échange alors pour quatre marks de l'Est, sachant aussi qu'une heure de travail en moyenne, en RDA, est payée un mark… Parfois on peut dénicher une petite perle dans les foires ou monnayer quelques disques américains au marché noir. Kühn fouine dans les bacs, fait des échanges de disques avec des amis, attend avec impatience les colis que son frère lui envoie.

C'est d'ailleurs lors d'une visite de Rolf à sa famille qu'un nouvel horizon, grandiose, va s'ouvrir pour Joachim Kühn :

> « Je me souviens très bien du moment où j'ai entendu le nom d'Ornette Coleman pour la première fois. C'était dans un bar, à Leipzig. J'étais très jeune : quinze ou seize ans. Mon frère Rolf était venu nous voir ; il revenait des États-Unis. Dans ce bar, il discutait de la scène new-yorkaise avec un autre musicien qui lui parlait d'un nouveau venu qui improvisait d'une manière vraiment différente de celle des boppers, sans se baser sur les grilles. J'écoutais attentivement car je n'avais jamais entendu parler de ça. Ça m'a tout de suite beaucoup intéressé et j'ai voulu écouter sa musique. Rolf m'a par la suite envoyé un de ses disques. Je ne me souviens plus s'il s'agissait de *This Is Our Music* ou de *The Shapes of Jazz to Come*, mais lorsque je l'ai écouté, j'ai vraiment senti que c'était là une nouvelle manière de jouer cette musique. »[12]

Jazz en Allemagne de l'Est

À la question : « Le jazz était-il interdit en Allemagne de l'Est ? », Kühn répond avec un demi-sourire significatif :

> « Le jazz n'était pas interdit… mais il n'était pas non plus autorisé ! C'est toujours la même histoire : ce n'était pas officiel. "Ils" disaient que le jazz était une musique capitaliste américaine ; ils étaient tellement anti-Américains ! À cette époque, nous étions vraiment rebelles contre les Autorités, et l'unique moyen de le montrer était par le jazz. Si tu t'affichais verbalement contre l'État, tu encourais le risque de te faire arrêter le lendemain. On ne pouvait avoir confiance en personne, on s'interdisait toute sincérité. Donc le meilleur moyen pour nous de parler de liberté, c'était le jazz. »[13]

Les racines de cet acharnement contre le jazz ne date pourtant pas d'hier : rappelons que le docteur Gœbbels avait déclaré à son propos :

> « Maintenant je vais répondre clairement à la question de savoir si la radio allemande doit diffuser cette prétendue musique que l'on appelle jazz. Si, par jazz, nous entendons une musique fondée sur le rythme, avec une totale indifférence, voire un parfait mépris, pour la mélodie ; une musique dans laquelle le rythme est indiqué de façon primaire par les sons atroces d'instruments geignards qui sont une insulte pour l'âme, alors la réponse à cette question ne peut être que négative. »[14]

Dans son livre intitulé *Le camarade joueur de jazz,* l'écrivain tchèque Josef Skvorecky esquisse les données du problème en retranscrivant un décalogue nazi édicté pendant la seconde guerre mondiale, et dont voici les savoureux commandements :

> « 1) Les fox-trot (le soi-disant swing) ne doivent pas excéder 20 % du répertoire des orchestres de musique légère et des orchestres de danse.
> 2) Dans ce prétendu répertoire de jazz, préférence sera donnée aux musiques en tonalité majeure et aux paroles qui traduisent la joie de vivre plutôt que la morosité juive.
> 3) Pour le tempo, on donnera également la préférence aux compositions vives plutôt qu'aux lentes (le prétendu blues) ; cependant, l'allure ne devra pas excéder un allegro raisonnable, conforme au sens aryen de la discipline et de la modération. On ne tolérera en aucune manière les débordements négroïdes de tempo (le prétendu jazz hot) ni les solos débridés (les prétendus breaks).

4) Les prétendues compositions de jazz ne pourront contenir plus de 10 % de syncope, le reste consistant en un legato naturel à l'exclusion des renversements hystériques qui caractérisent la musique des races barbares et qui encouragent les noirs instincts.
5) Est strictement interdite l'utilisation d'instruments étrangers à l'âme allemande (les prétendues clochettes, flexatones, balais, etc.) ainsi que toutes sourdines qui transforment le noble son des cuivres et des bois en un hurlement judéo-maçonnique (wa-wa ou autres sourdines).
6) Egalement interdits sont les prétendus breaks de batterie de plus d'une demi-mesure dans un rythme à quatre-quatre (sauf dans les marches militaires stylisées).
7) La contrebasse doit être jouée uniquement à l'archet dans les prétendues compositions de jazz.
8) Pincer les cordes est interdit en raison des dommages occasionnés à l'instrument et des préjudices portés à la musicalité aryenne.
9) Il est de même interdit aux musiciens de se livrer à des improvisations vocales (les prétendus scats).
10) Il est recommandé à tous les orchestres de musique légère et de danse de restreindre l'utilisation du saxophone (quelle que soit sa tonalité (et de lui préférer le violoncelle, l'alto ou tout autre instrument populaire adapté. »[15]

Qu'ajouter de plus à cela ?

Simplement que les choses ne se sont guère arrangées par la suite, sous le régime communiste : Staline était foncièrement contre le jazz, infligeant des amendes aux possesseurs de disques de jazz, puis Khrouchtchev s'est inscrit dans une ligne de conduite similaire en assénant que « le jazz n'est que cacophonie ». De doux poison de la musique judéo-négroïde, le jazz passait au statut de musique capitaliste américaine…

Invités à s'exprimer sur la question du jazz en Allemagne de l'Est au début des années soixante, les personnalités suivantes affichent le même dépit :

Rolf Kühn : « C'était une très mauvaise situation. Les quelques talents qui existaient avaient peu de chances de jouer. »[16]

Klaus Koch : « Concernant le jazz en Allemagne de l'Est dans les années cinquante, on peut dire qu'il ne connaissait pas encore de développement créatif, la plupart des concerts présentant des musiciens américains. Dans les années soixante, les premières productions originales et personnelles ont vu le jour. Dans ce contexte, le Joachim Kühn Trio était le premier ensemble à développer son propre style, basé sur l'improvisation libre. »[17]

Dieter Krüger : « Le jazz, en RDA, était un sujet politique. Les déclarations du SDE[18], qui contrôlait la politique culturelle, étaient très dogmatiques, alternant entre une certaine tolérance vis-à-vis du jazz, et son interdiction. Depuis l'élévation du Mur le 13 août 1961, les responsables de la politique culturelle ont intensifié leur bataille contre le jazz. Ce n'est qu'à partir de 1967 que la situation a commencé à s'améliorer. »[19]

Czeslaw Gladkowski : « Le jazz dans les pays de l'Est est tout d'abord confronté à la recherche d'anches de saxophones, de synthétiseurs, d'amplificateurs. Ensuite se pose un autre problème : comment et quoi jouer ? C'est seulement une fois ces problèmes résolus que l'on peut aborder les questions suivantes : où jouer et comment parvenir à vivre de sa musique ? Comment lui faire franchir les frontières ? Comment la transmettre aux autres ? Comment l'enregistrer ? Comment atteindre l'étape suivante du sens de la vie artistique ? »[20]

Situation constamment sur le fil du rasoir, matérialisée pour le cercle par des descentes de la milice à la Jugendclubhaus « Arthur Hoffmann », aussi fréquentes qu'intempestives. Ainsi le 18 mars 1960, lors d'une réunion de nuit du cercle, quatre membres des autorités locales interrompent la répétition en cours. Ordre de mission : présenter les motifs d'interdiction des activités du cercle. Les musiciens présents parviennent à réfuter une à une les charges retenues contre eux. La milice promet une expertise prochaine de la question par des « spécialistes ». Ces derniers mots claquent encore dans leur crâne : « Nous avons une Allemagne coupée en deux, votre cercle aussi sera brisé. » Affaire à suivre...

Une assemblée des élus régionaux se tient le 25 mai, qui ne donnera heureusement rien. Pendant ce temps, les activités musicales du cercle sont en effervescence. Le jour de l'Ascension, le groupe sillonne Leipzig et ses environs à bord d'une charrette... en jouant du jazz ! Le 18 juillet, un concert en public est donné au Jazzclub Bessie Smith, « fêtant » le triste anniversaire des quatre mois de l'annonce de cessation des activités du cercle. Ce sera leur dernier concert. Dès le lendemain, l'ordre est officiel : les activités du groupe sont interdites.

Dès lors, les rencontres deviennent plus occasionnelles et se tiennent au 36 de la Weffinerstrasse juste en face du Stadium des 100 000, chez les Kühn.

Onze jours plus tard, le 29 juillet 1960, le guitariste Dieter Krüger s'enfuit du pays pour raisons politiques et se réfugie en Allemagne de l'Ouest via Berlin-Ouest. Il ne reverra Joachim Kühn qu'à la toute fin des années soixante lors d'un concert donné à la Liederhalle de Stuttgart en compagnie du tromboniste Eje Thelin.

Cette conclusion est la sienne :

> « Joachim Kühn a malgré tout continué à développer son propre style, devenant la locomotive du free jazz en RDA : free jazz que les politiques de l'époque qualifiaient de hautement décadent. »[21]

13 août 1961 : faux départ

Une année s'écoule encore après le départ de Dieter Krüger, et Joachim Kühn décide de passer quelques jours chez Rolf, qui s'est installé à Berlin-Ouest en début d'année. Le séjour est agréable, courte bouffée d'air après les récents événements de juillet. La nuit du 13 août 1961, Rolf conduit son frère à la gare pour qu'il rentre chez leurs parents. Après une dernière accolade, Kühn monte dans le train de 22 heures, direction Leipzig.

Cette même nuit exactement, s'élève le Mur de Berlin. Le lendemain, sans annonce préalable, l'Allemagne de l'Est se retrouve cadenassée. Aucun métro ne circule entre Berlin-Est et Berlin-Ouest ; aucun train. La surprise sera énorme, le peuple sidéré.

Quant à Joachim Kühn : une simple question d'heures venait de décider pour lui...

> « Si j'avais su que le matin suivant... Je ne serais jamais rentré ! À mon arrivée à Leipzig, mes parents m'ont annoncé la fermeture de la frontière Ouest. À cause de ce Mur, j'ai été forcé d'attendre cinq ans avant de partir... Peut-être n'était-ce finalement pas un mal car je devais encore étudier à cette époque, et il y avait tous ces bons musiciens avec lesquels je jouais, avec qui on cherchait de nouvelles idées, à inventer, à être créatifs... »[22]

Profession jazzman

1961 : Kühn a dix-sept ans. Après douze années d'apprentissage à « l'école » Arthur Schmidt-Elsey et bardé de diplômes académiques, il arrête les cours. Il conservera toujours en mémoire l'extrême motivation de son professeur, son grand intérêt pour la musique et pour ses élèves. Rolf Kühn souligne volontiers, cinquante ans plus tard, l'énorme influence que le pédagogue a eue sur lui et son frère.

C'est durant cette même année que Joachim Kühn devient professionnel, tirant de maigres revenus de participations à divers orchestres de danse.

Une rencontre importante puisqu'elle sera à l'origine du Joachim Kühn Trio : celle du trompettiste Werner Pfüller. Le quintet de ce dernier sévissait déjà dans les années cinquante, souvent considéré comme l'une des formations les plus modernes de l'époque en Allemagne de l'Est. En 1962, Pfüller s'installe à Leipzig et se produit dans de bons night-clubs. Kühn est séduit par le contrebassiste du groupe, Klaus Koch, et lui propose de faire quelques duos ensemble. Par la suite, Kühn s'intègre régulièrement au Werner Pfüller Quintett pour participer à un ou deux morceaux par concert, jusqu'au départ du pianiste Harry Nicolai, après quoi il fera désormais partie du quintet. La formation comprend alors : Werner Pfüller (tp), Helmut Meyenberg (ts), Joachim Kühn (p), Klaus Koch (b), Wolfgang Henschel (dm) remplacé plus tard par Reinhardt Schwartz. Le style est fortement teinté de hard-bop et au milieu des compositions de Miles Davis ou de Charles Mingus, quelques-unes de Joachim Kühn. Le groupe tourne régulièrement et les musiciens sont plutôt bien rémunérés, même si quelques prestations lors de soirées dansantes restent économiquement bienvenues. Le Werner Pfüller Quintett sera la dernière formation au sein de laquelle Kühn aura été obligé de se plier à des contraintes financières de cet ordre.

Suivent dès 1963 une série d'enregistrements pour la radio organisée par Karlheinz Drechsel, quelques musiques de téléfilms est-allemands… et le premier disque sur lequel apparaît Joachim Kühn. Il s'agit d'un 45 tours enregistré le 9 janvier 63 à Berlin-Est : musique efficace, soutenue par la puissante assise de Klaus Koch, qui s'inscrit dans la lignée des productions américaines, notamment le quartet de Nat Adderley avec Gene Harris au piano (1958). Le jeu de Kühn, vif, alerte, se tisse impeccablement autour du grillage harmonique : on y sent la double influence de Bobby Timmons et de Bill Evans. Déjà, certains le remarquent pour ce qu'il est, non comme simple frère du grand Rolf :

> « C'est impressionnant de l'écouter et de le voir improviser au piano. Il emmène immédiatement la contrebasse et la batterie dans les remous de l'improvisation où il s'éreinte lui-même complètement. Le public a loué son jeu par de frénétiques applaudissements. »[23]

Parallèlement à ses travaux au sein du groupe de Werner Pfüller, Joachim participe à l'activité d'autres groupes et commence à monter ses propres projets. Le 31 octobre 1962, Karlheinz Drechsel présente le Joachim Kühn Quintett à la Weisser Saal de Leipzig, avec Heinz Becker (tp), Ernst-Ludwig Petrowsky (as), Klaus Koch (b) et Wolfgang Henschel (dm), alors membres du Berlin Quintet 61. Le groupe propose des reprises célèbres de Cannonball Adderley, Art Blakey, Charles Mingus, Bobby Timmons, Horace Silver, Benny Golson et deux compositions originales de Joachim : « …*Cum Grano Salis*… » et « *Trigeminus* » (que le *Mitteldeutsche Neueste Nachr.* du vendredi 6 novembre 1962 n'hésite pas à qualifier de « grotesque »…[24]). *Die Union* de la même date souligne pour sa part que « Le jeune Joachim Kühn semble avoir "le sang du jazz" dans les veines, comme son grand frère Rolf. […] La formation en trio – sur « *Whisper Not* » de Benny Golson – a permis à Kühn de s'épanouir et de développer très efficacement ses idées musicales, non seulement avec des effets techniques mais aussi par de grands effets dynamiques »[25], tandis que le *LVZ* du 10 novembre 1962 brandit fièrement, comme souvent à l'époque, la controverse dixieland / jazz moderne :

> « Le risque dans cette forme de jazz [le jazz moderne, *ndtr*], opposé au dixieland qui est simple, mélodieux et populaire, est que les improvisations se ressemblent beaucoup. Le soliste ignore le thème et fait tous les efforts possibles sur son instrument pour produire un jeu si rapide, si compliqué et si long, que tous les tons et sons sont possibles. Le thème joué ensemble au début et à la fin du morceau n'a qu'une fonction formelle, et toutes les compositions sonnent de la même manière. Ainsi, le Joachim Kühn Quartett s'est-il jeté dans le tourbillon d'une certaine monotonie. »[26]

(Mais comment diantre ce journaliste allait-il vivre l'avènement du free jazz ?)

Le 6 novembre, le Joachim Kühn Quintett réunit cette fois Heinz Schröder (ts), Klaus Lenz (tp), Klaus Koch et Wolfgang Henschel dans le même lieu. Ici, c'est le *Sächsisches Tageblatt* daté du 7 novembre 1962 qui bizarrement louche sur le jeu du pianiste :

> « Parfois, Kühn avait une façon d'interpréter le jazz d'une manière un peu incolore, sans brillance musicale et sans la substance intellectuelle désirée. »[27]

C'est à cette époque aussi que Kühn entre en contact avec de nombreux musiciens ; Ernst-Ludwig Petrowsky en est un exemple typique :

> « J'étais venu à Leipzig pour voir ce jeune pianiste dont un ami me confiait qu'il pensait la musique un peu comme je le faisais moi-même : il s'agissait d'Achim Kühn, le frère de Rolf. »[28]

L'attention des musiciens, de prime abord, est portée sur le nom de Kühn, connu de tous grâce à Rolf... mais le talent du pianiste et les directions qu'il va choisir de prendre vont rapidement démontrer qu'on ne parlera pas de lui en tant que simple « frère du grand Rolf »... Joachim Kühn sera de temps en temps invité par le Ernst-Ludwig Petrowsky Quartet : de grands moments pour l'un comme pour l'autre.

> « On se rencontrait sur scène ou dans l'appartement de la famille Kühn à Leipzig : Joachim était au piano, la maman Grete dans la cuisine, des sessions inoubliables dont je ressens aujourd'hui encore la grande influence. »[29]

Le 21 janvier 1963, le Modern Jazz Big-Band dirigé par Klaus Lenz est programmé à la Kongresshalle de Leipzig, un orchestre de dix-huit musiciens avec en son sein, notamment, Manfred Schulze, Heinz Decker, Werner Gasch et Ernst-Ludwig Petrowsky, tous du Manfred-Ludwig Sextett, quelques membres du Berlin Quintett 61 et de l'Orchester Astoria ainsi que Joachim Kühn, qui représente pour l'occasion son Trigeminus. Une entreprise ambitieuse qui sera reconduite le 27 janvier de l'année suivante.

Autre rencontre notable : celle du S+H Quintet de passage à Leipzig, juste après une performance du groupe de Werner Pfüller. Le S+H Quintet est un groupe de Prague qui accompagne musicalement le *Puppet Show* : un fameux spectacle de marionnettes comique[30]. Les musiciens désiraient à ce moment-là s'en séparer pour former un groupe de jazz professionnel. À la fin de l'année 63, une lettre des musiciens du S+H Quintet apprend à Joachim Kühn que leur pianiste / vibraphoniste Karel Velebny souhaite les quitter pour former son propre groupe et, se souvenant du concert de Leipzig, ils lui offrent de les rejoindre. Kühn est très enthousiaste : l'occasion se présente enfin à lui de ne plus jouer que du jazz, fait alors inimaginable en Allemagne de l'Est, et lui offre ainsi son premier véritable engagement professionnel. Il quitte Werner Pfüller huit semaines plus tard et se rend à Prague où il résidera quelques mois (1964).

Prague ou la métamorphose de K.

Au printemps, une série de concerts est programmée au Reduta Jazz Club, puis le groupe participera en octobre au 1er festival de jazz international de la ville, organisé par le critique Lubomir Doruzka. Leur répertoire comprend compositions personnelles et standards américains. De ces sessions seront tirés les morceaux composant le second disque du groupe : S+H Quintet + Friends, sur le label tchécoslovaque Supraphon.

Joachim Kühn, qui n'a participé qu'aux concerts de printemps du groupe, apparaît sur deux morceaux du disque, dont « *Cubano Chant* » de Ray Bryant. Si le solo du pianiste demeure ancré dans un hard bop brillant avec une main gauche ponctuant l'improvisation d'une succession d'accords, la main droite commence à s'émanciper des modèles de référence, à débrider son discours, discrètement mais sans timidité, à le parsemer de courtes incursions hors des tonalités requises. À noter le contraste entre ces débordements pianistiques (même minimes) en marge de la grille d'accords et le respect total de cette même grille de la part des improvisateurs suivants (respectivement Pulec au trombone, Dasek à la guitare et Konopásek à la flûte).

Métamorphose de Kühn, si l'on veut dire ainsi : en tout cas évolution de son statut, puisqu'il devient musicien de jazz à part entière. Apparition aussi des premières lézardes dans le jeu du pianiste allemand, premiers pas vers une autonomie certaine.

En octobre, Joachim joue en quartet avec son frère à Varsovie, au célèbre festival Jazz Jamboree. C'est là que Kühn rencontre Pierre Favre pour la première fois. Il profite aussi de ce séjour polonais pour rendre visite à Krzysztof Komeda, qu'il côtoie aux mêmes festivals. Ce dernier est déjà doté d'une belle notoriété grâce entre autres à ses fructueuses collaborations avec le cinéaste Roman Polanski. Komeda et sa femme ont l'habitude de recevoir bon nombre de musiciens chez eux : le grand sens de la composition et la forte personnalité du pianiste font de lui une sorte de figure emblématique, un père spirituel comme en témoigne Urzula Dudziak :

> « Krzysztof Komeda nous a tous influencés, c'est merveilleux que ce soit un artiste polonais qui ait joué ce rôle. […] Il pouvait répondre à n'importe quelle question. C'était notre professeur, presque notre gourou. »[31]

Joachim Kühn joue aussi en quartet avec l'un des musiciens de l'Est les plus renommés de l'époque : le saxophoniste Zbigniew Namyslowski.

Deux musiciens polonais aussi pour le nouveau disque de Rolf Kühn, *Solarius*, dont Michal Urbaniak aux saxophones ténor et soprano (qui de temps en temps se produira en concert avec le Joachim Kühn Trio); retrouvailles avec Klaus Koch, qui est à la contrebasse. L'enregistrement a lieu à Berlin Est, le 29 novembre 1964. Les frères Kühn signent la plupart des compositions. Rolf a déjà un nom en Allemagne de l'Est, tout comme à l'Ouest d'ailleurs, où à partir de 1962 il dirige le TV Orchestra de Hambourg. Ici, les compositions présentent pour la plupart des thèmes exposés en début puis en fin de morceaux, tandis que s'intercalent entre eux les chorus du saxophone, de la clarinette et du piano. Le jeu de Michal Urbaniak reflète ceux de Lester Young ou de Stan Getz et n'a pas la hargne dispensée à la même époque par Ernst-Ludwig Petrowsky. Celui du pianiste n'a pas lui non plus l'énergie dévastatrice qui en sera plus tard l'une des constantes les plus évidentes : plutôt limpide, fluide, il se développe de manière souple, délicate à la main droite tandis que la gauche ponctue le discours d'accords soigneusement parsemés. Le son de Rolf enfin, suave et tendre. Un bon disque hard-bop, où la rythmique contrebasse / batterie demeure un faire-valoir.

Solarius est l'un des tout premiers disques de jazz réalisés en Allemagne de l'Est, et obtient un joli succès public.

Le Joachim Kühn Trio

Après un an passé principalement à Prague, Kühn décide de rentrer. Il forme un trio avec l'ancienne rythmique du Werner Pfüller Quintett : Klaus Koch est à la contrebasse, Reinhardt Schwartz à la batterie. Ils signent en décembre 1964 un contrat de longue durée au Rathauskeller, un club de Postdam ; le Joachim Kühn Trio devient ainsi le premier groupe professionnel de jazz en RDA tandis que les autres restent largement contraints pour survivre de continuer à orchestrer des musiques pour les bals du soir. Les musiciens du trio sont assez mal payés mais ils tiennent là un job pour quelques mois et ne jouent que du jazz. Ils sont à l'affiche du club trois fois par semaine et profitent des après-midi qui ne voient que peu de clients pour essayer de nouvelles directions, expérimenter. La musique ne tarde guère à se... libérer.

> « Je commençais à me dire que je ne pourrais toute ma vie improviser sur les mêmes morceaux, les mêmes grilles, comme le faisaient bon nombre de musiciens avec les standards. »[32]

Il n'est pas rare non plus que le trio soit invité pour jouer le week-end dans une ville ou une autre. Les contacts se multiplient avec bon nombre de musiciens, notamment des Polonais. Une agence d'État organise quelques tournées du groupe dans le pays, mais aussi en Hongrie (Budapest en avril), en Tchécoslovaquie (Prague en octobre) et en Pologne (Varsovie en décembre). Parallèlement, un premier disque du Joachim Kühn Trio est enregistré à Berlin-Est en février 1965 pour le label Amiga[33].

Lorsque Rolf Kühn entend le trio pour la première fois, il est stupéfait :

> « Ça a été une énorme surprise pour moi. Le trio jouait de manière très free bien qu'il fût aussi capable d'admirablement interpréter les standards. Ça donnait une mixture très intéressante, quelque chose de nouveau pour moi, comme une brillante continuation de ce qui se faisait en Amérique. À partir de là nous avons travaillé ensemble, encore et encore, même si chacun de nous a poursuivi sa propre route. »[34]

Le 29 mai 1965, ils enregistrent ensemble dans les locaux de la radio de Leipzig, six compositions originales : « *Honnor for Eric* », « *Five Degrees Est / Five Degrees West* », « *Interplay for You* », « *Planet Mars* », « *Mobile Waltz* » et « *Life from the Moon* ». Là encore, le cadre traditionnel thème / improvisations successives / thème commence à sérieusement être mis à mal, et les improvisations au piano sortent régulièrement des limites « grillagées » du hard-bop pour développer une série de déstructures parfois atonales : un constat qui se renforce à l'écoute de thèmes comme « *Planet Mars* » et « *Life from the Moon* », sous-tendus par des architectures déjà relativement complexes.

Début juin, ils se retrouvent à Berlin et, toujours en quartet, enregistrent *Re-Union in Berlin*, pour une musique nettement plus « moderne » que celle de *Solarius* : les durées des pièces s'étirent déjà davantage, favorisant quelques improvisations collectives, et les compositions, lorsqu'elles ont un thème, n'alignent plus sa conjugaison en une suite de chorus mais favorisent les échanges à deux ou trois musiciens : les couleurs du free jazz se mettent tranquillement à prendre le dessus… Ainsi « *Green Stockings* », une excellente composition de Joachim Kühn, se développe à travers de nombreux breaks, changements de rythmes ou faux rythmes. Son intervention au piano seul, ses cascades débridées, annoncent clairement ses intentions avant-gardistes. « *Corruption* », toujours de Joachim, s'ouvre sur un long duo piano / contrebasse, très enlevé, se poursuit avec un duo clarinette / contrebasse et s'achève sur le trio piano / clarinette / contrebasse : une pièce de 7 minutes 26 au rythme frénétique mais sans aucune intervention de la batterie qui aura tôt fait de bousculer l'ordre musical établi dans le bloc de l'Est ! Sur « *The Mad Man* », Joachim Kühn commence ses premières incursions à l'intérieur de l'instrument, frappant les cordes ; parallèlement, son jeu en cascades s'est développé et recèle d'une énergie déjà bien solide à la main droite. Si sa main gauche par contre, ne se fait pas encore tout à fait grondante, elle ne cherche plus à enchaîner les accords et assure le plus souvent un tremplin presque bancal, décalé, merveilleusement dérangeant...

L'une des plus belles compositions du disque reste « *Life from the Moon* », tortueuse, dont l'explosion de départ propulse une série de chants non accompagnés : au piano, à la clarinette, à la contrebasse puis à la batterie, avant d'alterner quartet et trio sans batterie. Dès à présent l'on se rend compte du nouveau rôle de la rythmique, où contrebasse et batterie deviennent des solistes à part entière.

Avec cet enregistrement, la flagrance d'un jeu décalé, d'une écriture moderne, éclatée, des échanges surtout, dévoile à grand bruit le tout nouvel horizon musical qui infiltre les pays de l'Est... Paradoxalement, la grande chance des frères Kühn survient lorsque les bandes de cette musique parviennent entre les mains d'un Allemand de l'Ouest, Horst Lippman qui, séduit, décide de produire le disque chez CBS : ce sera le premier enregistrement de Joachim à paraître de l'autre côté du Mur, un sérieux coup de pouce à l'avenir puisqu'il sera remarqué par les grands organisateurs de festivals en RFA. Cette manière de jouer n'est cependant pas du goût de tous :

> « Nous étions plus ou moins considérés comme des étrangers et la plupart des gens ne comprenait pas notre musique, elle était trop radicale pour eux. »[35]

Ainsi, le contrat avec le Rathauskeller de Postdam se rompt au bout de six mois, les clients ne pouvant pas danser sur la musique du trio...

Bien que les critiques continuent pour la plupart à demeurer sceptiques à propos de la musique de Joachim Kühn, certaines sont pourtant (presque !) enthousiastes :

> « Il est intéressant et plaisant de suivre le développement du jeu de Joachim Kühn de 1961 à aujourd'hui. Il est non seulement un très bon pianiste sur le plan technique, mais il joue surtout le jazz à fond. Son expression semble cependant par moments affectée de signes pathologiques qui ne devraient pas correspondre à sa jeunesse. Bien sûr, Joachim Kühn doit trouver sa propre voie. Et nous sommes prêts à "négocier" avec ce genre de jazz ; dans ce contexte, les travers sont nécessaires avant de trouver le bon chemin. »[36]

Le 24 août 1965, le trio enregistre pour la radio de Leipzig six compositions de *L'Opéra de Quat'sous* de Kurt Weill : « *Die Seeräuber-Jenny* », « *Moritat vom Mackie Messer* », « *Kanonensong* », « *Liebeslied* », « *Zuhälterballade* » et « *Barbara Song* » : un enregistrement qui marque une avancée notable de la musique du pianiste, par nombre de brisures de rythme, nombre d'escapades hors des tonalités de bases, notamment sur « *Die Seeräuber-Jenny* » et « *Barbara Song* » où la main gauche déploie de vastes mouvements de va-et-vient tandis que la main droite parsème une série de notes en totale « déconnexion » de ton et de tempo, le tout basé sur un faux rythme accentué par l'archet de Klaus Koch.

L'évolution de la musique de Joachim Kühn au cours de la seule année 1965 est décrite comme suit par Rolf Reichelt, ancien collaborateur de la radio Berliner Rundfunk :

> « Une analyse des enregistrements du Joachim Kühn Trio sur l'année 1965 montre un large catalogue des moyens d'expression qui a changé de manière frappante au cours de l'année : au début, le jeu du pianiste comportait des motifs funky traditionnels. Les thèmes étaient joués avec une stylistique swing à base de triolets, et la rythmique travaillait autour de lignes reconnaissables. À présent, le développement harmonique est plus libre (on trouve rarement des changements d'accords inaltérés. Dans le contexte rythmique, contrebasse et batterie jouent librement, à l'occasion de quoi l'un ou l'autre des joueurs peut s'éloigner du rythme tenu par les deux autres. Des *patterns* ou des *clusters* alambiqués, hors des structures et joués à l'unisson sont mis en tête comme des quasi-thèmes ou sont joués en bloc entre les improvisations. Un jeu complètement libre, d'abord dans les cadences en solo, et où les phases collectives, libres elles aussi, se présentent comme interludes entre les parties conçues. »[37]

« La jam-session de ma vie »

Cela se passe durant le 2e festival de jazz de Prague, en octobre 1965. Joachim Kühn s'y produit avec son frère Rolf et deux musiciens polonais. Un autre groupe, bientôt mythique, est lui aussi programmé à Prague : il s'agit du Don Cherry Quintet, avec Gato Barbieri, Karlhanns Berger, Jean-François Jenny-Clark et Aldo Romano. Pour Kühn, c'est le grand choc :

> « C'était un groupe fantastique, jouant en concert la musique que j'avais toujours imaginée ! J'étais totalement subjugué ! Après ce concert, je voulais absolument rencontrer ces musiciens… mais je parlais mal anglais. Or, à cette époque, après les concerts du festival, il y avait des jam-sessions dans un club. J'y suis allé et Karl Berger, JF et Aldo faisaient un "bœuf". Je n'avais jamais fait ça – j'étais très timide – mais j'ai senti qu'il fallait que je joue avec eux. Je suis allé les voir et je le leur ai demandé. Karl Berger m'a dit d'accord pour le morceau suivant. Lorsqu'on a commencé à jouer, sans même parler, tout s'est mis à fonctionner : la musique était exactement celle dont je rêvais ! Don Cherry et Gato, qui étaient dans la salle, sont retournés à l'hôtel chercher leurs instruments et on a joué deux, peut-être trois heures. Ça a été la jam-session décisive de ma vie. »[38]

Le contact surtout, est pris avec celui qui sera véritablement son frère de musique et plus encore, Jean-François Jenny-Clark :

> « Je crois que ça a été un grand moment pour Joachim, et c'était impressionnant d'entendre quelqu'un jouer comme ça, à l'époque. »[39]

Petites ébullitions du jazz en RDA

En 1965, la chose commence vraiment à bouger à l'Est. Leipzig et les villes alentours comme Dresde, semblent bien être le centre du jazz en

À l'Est, du renouveau (1944-1966)

RDA. Les festivals bourgeonnent, les rencontres. Les labels (Muza pour la Pologne, Amiga pour la RDA, Supraphon pour la Tchécoslovaquie) distribuent un nombre sans cesse croissant de disques de jazz. Un événement, surtout, va contribuer à forcer la main des autorités pour enfin reconnaître cette musique pour ce qu'elle est : un architecte et un groupe de jeunes acteurs berlinois décident de programmer une série de concerts de jazz réguliers au Kammerspiele du Deutsches Theater de Berlin. Ce sera les fameuses sessions Jazz in der Kammer, inaugurées le 1er novembre par le Joachim Kühn Trio : une manière peut-être de saluer l'impact musical du groupe dans le pays :

> « Originellement, la nouvelle manière de jouer se trouvait associée souvent à la musique de Joachim Kühn, en réalité à la personnalité même du pianiste. Tout le monde essayait alors de jouer avec Kühn. »[40]

Se succéderont par la suite un grand nombre de jazzmen est-allemands comme ceux du Schönfeld Trio (avec... Klaus Koch) ou Ernst-Ludwig Petrowsky. Ce dernier est par ailleurs invité de temps à autre par le trio. L'un de leurs plus beaux concerts sera donné le 8 décembre 1965 pour la radio de Dresde[41]. Trois jours auparavant, Joachim se produisait à Varsovie avec son trio pour le 8e Jazz Jamboree avant d'assister à l'enregistrement de l'historique *Astigmatic* par le quintet de Krysztof Komeda avec Tomasz Stanko, Zbigniew Namyslowski, Günter Lenz et Rune Carlson : le pianiste les fréquentera d'ailleurs tous à un moment ou à un autre de sa carrière.

Ce même trio est invité courant décembre à l'occasion du DDR All Stars 1965, manifestation-vitrine des « meilleurs solistes de jazz de RDA » ; à nouveau pourtant, comme c'est de plus en plus souvent le cas depuis quelques mois, le groupe de Joachim Kühn se heurtera à un public incompréhensif, voire véritablement hostile :

> « Les groupes ont joué le plus souvent du jazz moderne, parfois même dans le style free, comme le Joachim Kühn Trio dont les recherches de nouvelles formes sont reconnaissables, mais sonnent comme une musique froide, parfois très atonale, qui a fortement déplu au public. »[42]

En début d'année 1966, Pierre Favre retrouve Joachim Kühn : ils se produisent spontanément à la Foire de la Musique de Leipzig aux côtés de Rolf et de Klaus Koch.

Les 22 et 23 février, le Joachim Kühn Trio invite Rolf à un enregistrement pour la radio, à Berlin Est. Ici, toutes les compositions sont signées des frères Kühn : « *Golem* » (cf. cd du livre, plage n° 1), « *Chiarescuro* » et « *The Sound of Cats* » sont de Joachim, « *Don't Run* » (cf. cd du livre, plage n° 2), « *Flowers in the Dark* » et « *Turning Point* » de Rolf. Il s'agit ici certainement du plus beau témoignage musical des frères Kühn (période est-allemande) : compositions éclatées d'où jaillissent des improvisations débridées qui appellent des échanges collectifs, une marque désormais propre au free jazz, mais d'où émergent aussi de savoureux duos (piano / archet, clarinette / contrebasse, piano / clarinette…), quelques envolées solitaires aussi, lorsque les trois autres taisent leurs instruments. Ainsi le splendide aparté de Joachim sur « *Don't Run* », où malgré le titre, les doigts courent déjà… Le pianiste nous régale par ses harmonies impossibles, ses accords dissonants, ses pincements de cordes aussi, sur « *Flowers in the Dark* ».

Le 11 mai 1966 est une date presque historique pour Joachim : il donne – sans le savoir – son dernier concert à l'Est, à Mittweida, une ville réputée pour son école technique et ses ingénieurs. Kühn est accompagné de Petrowsky, du bassiste Hans Schätzke et du batteur Rainer Riedel. Le concert est présenté par Peter Fittig qui, dans son discours, vante les fruits du progrès, citant avions, voitures et frigidaires dans son argumentation. Il précise ensuite qu'en art, il n'en est pas de même puisque les gens demeurent beaucoup plus réticents à la nouveauté et préfèrent contempler les œuvres d'un autre siècle… Ainsi, musique contemporaine et jazz sont les premiers à passer à la trappe. Plus navrant peut-être : le monde de la musique contemporaine à son tour ne considère pas le jazz comme la musique moderne du 20e mais bien comme une simple mode… Il présente ensuite Joachim Kühn, de par ses enregistrements effectués en Pologne ou en Tchécoslovaquie, comme un musicien de renommée internationale… L'ailleurs, en Allemagne de l'Est, semble parfois représenter le monde entier, même si ce ne sont que quelques kilomètres de l'autre côté des frontières, même si l'on reste encore derrière le Mur… Fittig insiste enfin sur le fait que, depuis ses débuts, Kühn est un musicien qui n'a jamais fait le moindre compromis.

Outre la ré-interprétation du « *Sandu* » de Clifford Brown, de quelques standards et même du fameux « *Take Five* » de Dave Brubeck, le groupe joue « *Soldat Tadeusz* » et « *Flight L08* » composés par le pianiste.

Mai 1966, donc : une date qui reste encore mal cicatrisée chez Petrowsky :

> « Joachim était assurément le meilleur pour jouer et penser le jazz, vraiment ! Son départ a été difficile à vivre pour moi, car il n'y avait pas de musiciens comparable à Joachim, et nous songions tous deux à fonder un groupe commun. »[43]

Une curieuse opportunité va en décider tout autrement, à peine six jours plus tard…

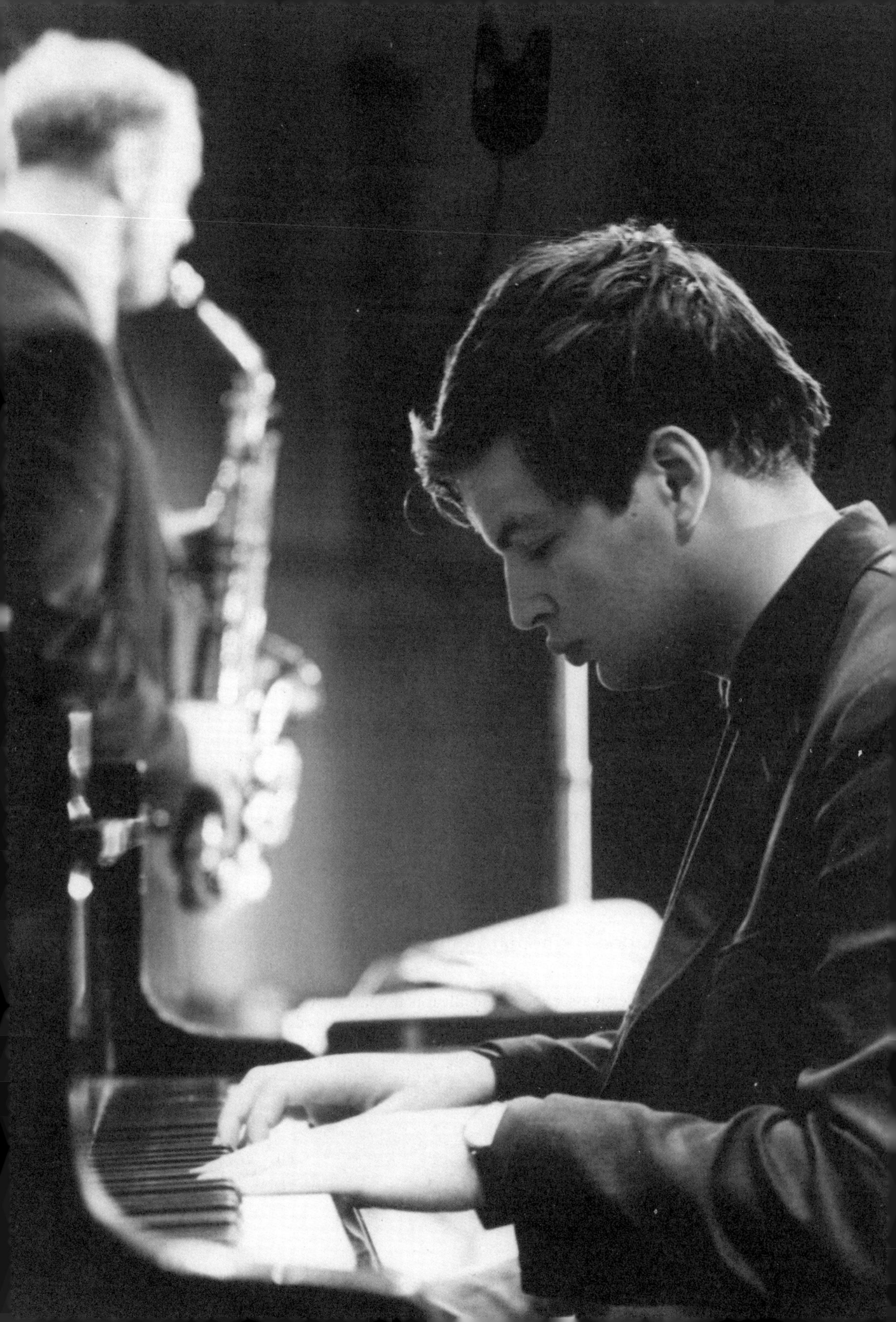

La fuite

Malgré sa popularité grandissante, Joachim Kühn cherche un moyen de s'évader d'Europe de l'Est. Il est en contact avec quelques personnes qui assurent la fuite du pays via la Hongrie. Ne reste ensuite qu'à prendre un car sans bagages, jusqu'à l'Autriche. Le transfert coûte cher cependant : environ mille marks. L'un des amis de Kühn s'est lancé dans l'aventure, mais on l'a arrêté en Hongrie : il s'est retrouvé en prison. Le pianiste s'apprête tout de même à tenter l'aventure… lorsqu'un message lui apprend qu'il est invité à participer à la Friedrich Gulda Internationaler Jazzkonkurrenz… qui se déroule à Vienne du 17 au 24 mai 1966 : Joachim Kühn doit y représenter l'Allemagne de l'Est ! Il s'agit d'un concours destiné aux musiciens de jazz et organisé par le grand pianiste de musique classique Friedrich Gulda. Kühn se rend à Berlin où suite à l'invitation, on lui délivre un visa pour trois jours.

> « Lorsque je suis allé à Berlin pour ce visa, l'hôtesse de l'agence d'État m'aimait bien, j'avais plusieurs fois eu affaire à elle. Je pense qu'elle a un peu poussé les choses… Mais la vie est une somme de chances. Les agents communistes m'ont regardé ; l'un d'eux m'a dit : "Jure que tu vas revenir, jure-le." J'avais la main dans la poche, j'ai croisé les doigts, j'ai juré… »[44]

Joachim Kühn quitte l'Allemagne de l'Est pour se rendre à Vienne. Il a vingt-deux ans, il ne reverra pas Leipzig avant l'âge de quarante-quatre ans…

Toujours plus à l'Ouest… (1966-1969)

> « Je viens d'Allemagne de l'Est, une espèce de boîte dont il était difficile de sortir. Quand le train a franchi la frontière autrichienne, j'ai été parcouru d'un grand frisson de liberté… »
>
> Joachim Kühn[1]

Hémorragie

La Friedrich Gulda Internationaler Jazzkonkurrenz est une « compétition » pour jeunes musiciens de jazz organisée par Gulda au cours des années soixante. En cette année 1966, le jury est, entre autres, composé de Cannonball Adderley, Joe Zawinul et J.J. Johnson. Sont présents, parmi les concurrents : Miroslav Vitous, Jiří Mraz, Jan Hammer, Tomasz Stanko, Randy Brecker, Franco Ambrosetti, Eddie Daniels, Barry Altschul, etc. L'Autrichien Fritz Pauer remporte le premier prix de piano, devant Jan Hammer et Joachim Kühn. Mais toute idée de classement restera anecdotique tant l'importance de ce concours prendra des allures historiques ; avec lui, c'est une large plaie qui va s'ouvrir dans la culture musicale des pays de l'Est : outre Kühn qui s'enfuit à Hambourg, Vitous, Mraz et Hammer en profitent eux pour s'envoler directement vers les États-Unis : qui sème le vent récolte le tempo…

Quelques jours plus tard, une voix à la radio est-allemande interrompt momentanément les programmes :

> « Notre pianiste Joachim Kühn n'est pas revenu de la compétition de Vienne. Par son attitude, il s'inscrit contre notre gouvernement. On ne doit donc plus écouter sa musique. »

Dès lors, *Re-Union In Berlin* est retiré de la vente, le disque du Joachim Kühn Trio en phase de parution passe à la trappe ainsi que tous les enregistrements effectués pour la radio. À partir de ces événements, la compagnie de disques Amiga annonce qu'elle ne réalisera aucun projet avec des artistes dissidents. Ainsi, un morceau du trio de Kühn initialement prévu pour une compilation de jazz[2] est supprimé, remplacé par une composition du Michael Fritzen Quartett.

La musique de Kühn sera interdite en Allemagne de l'Est jusqu'en… janvier 1990 !

Joachim Kühn se rend à l'ambassade de Belgique pour demander l'asile politique, qui lui est accordé après un long interrogatoire, puis il se réfugie à Hambourg, chez son frère Rolf. Il a tout juste vingt-deux ans. C'est à cette époque aussi qu'il rencontre la peintre Gabriele Laurenz[3], dite « Gaby », avec qui il vivra entre 1968 et 1975. Quant à Grete et Kurt Kühn, ils ne tarderont guère à rejoindre leurs enfants :

> « Ils sont passés à l'Ouest six mois après moi. Sans trop de difficultés d'ailleurs : les personnes âgées étant une charge pour l'Etat, on les laissait partir. Ils ont été questionnés par la police lorsque je ne suis pas rentré dans mon pays. Ils ne savaient rien. Personne ne savait rien. »[4]

À peine débarqué à Hambourg, on « l'étudie » pour voir s'il ne s'agissait pas là d'un criminel… La police secrète américaine le questionne, propose 4 marks pour d'éventuelles informations confiées ! On l'interroge au sujet de la base militaire établie en bordure de Leipzig. Et lui :

> « Effectivement, il y a un aéroport avec du passage… mais je ne sais rien de ce qui s'y passe. »

Et bien plus tard :

> « Être espion ne m'intéressait en aucune manière… J'étais déjà bien content d'être sorti d'Allemagne de l'Est, je ne voulais pas m'impliquer dans ce genre de trafic. Et puis quatre marks pour les informations : ça m'aurait seulement permis d'aller au cinéma ! »[5]

Naissance d'un trio

Les parents de Joachim s'installent à Hambourg avec leur ancien mobilier… mais le piano occupe trop de place dans l'appartement. Kühn décide de le laisser en dépôt dans un club de jazz de la Brandstwietestrasse, le Jazz House, et devient le pianiste « maison » du lieu. Il en profite pour renouer contact avec les inséparables Jean-François Jenny-Clark et Aldo Romano, qui le rejoignent à Hambourg. Ensemble, ils forment un trio.

Ils se produisent au club pendant plusieurs mois, jouant free la semaine (jours de rare clientèle) et de manière plus conventionnelle durant le week-end, pour la petite foule : une sorte de contrat établi avec le patron du cabaret. Ce sont d'ailleurs pendant les week-ends que les invités de passage dans la ville jouent avec le trio : Nathan Davis, Hans Koller, Attila Zoller, Leo Wright, d'autres encore, et Rolf, évidemment.

Jenny-Clark est cependant contraint de regagner Paris pour effectuer son service militaire. Il suggère à Kühn de prendre un musicien récemment venu à la contrebasse pour le remplacer : son ami Beb Guérin. Ce dernier va loger avec Aldo Romano dans une chambre chez l'habitant. L'ambiance avec les Hambourgeois sera plutôt froide et souvent tendue, le trio est mal payé, mais la musique parvient à tisser de solides liens d'amitiés entre les trois compères.

Novembre 1966, troisième édition des Berliner Jazztage

Joachim-Ernst Berendt, directeur artistique des disques SABA depuis janvier 1965 et organisateur du festival de Jazz de Berlin créé en 1964, utilise l'opportunité du passage à l'Ouest de Joachim Kühn pour l'inviter à cette troisième édition. Kühn a par la suite maintes fois précisé le rôle prépondérant de Berendt pour mieux le faire connaître en Allemagne comme aux États-Unis.

Soulignons que c'est tout l'ensemble du jazz moderne que Berendt s'évertue à faire vivre grâce à un engagement et une fougue hors du commun. C'est lui encore qui a créé le Baden-Baden New Jazz Festival, « un genre de festival expérimental qui fonctionnait comme des *private meetings* en vue des festivals de Berlin ou de New York »[6]. Les Berliner Jazztage de Berlin, le New Jazz Festival de Baden-Baden : deux festivals où Joachim Kühn sera régulièrement invité par Berendt.

Cette troisième édition des Berliner Jazztage constituera le premier événement d'une longue, très longue collaboration entre les deux hommes.

La soirée s'inscrit sous l'égide américaine par une programmation presque entièrement due à George Wein, organisateur du festival de Jazz de Newport : trois des quatre groupes présentés sont en effet américains. Dans la salle contenant sept à huit mille personnes, le Max Roach Quintet avec Freddy Hubbard entame la soirée, suivi par le trio de Sonny Rollins (toujours avec Max Roach !). Vient le tour des frères Kühn : il s'agit du quartet de Rolf, auquel est adjoint Joachim au piano. Albert Mangelsdorff, qui avait déjà joué avec Joachim lors d'une jam-session à Leipzig l'an passé, est au trombone, Günter Lenz à la contrebasse et Ralph Hübner à la batterie. Joachim Kühn a composé pour l'occasion une pièce unique d'environ une heure, entièrement free. Le succès est énorme : à l'arrivée du dernier groupe, celui de Dave Brubeck, le public se met à siffler ; en dépit de l'immense popularité du compositeur de « Take Five », les Berlinois réclament le retour des frères Kühn.

Plus tard dans les loges, Brubeck s'avance vers Joachim pour le féliciter.

« Il avait été très enthousiasmé par notre concert. Il ne nous a tenu aucune rigueur de l'accueil du public pour son groupe : vraiment un grand bonhomme... »[7]

À son tour, George Wein aborde les deux frères pour leur confier son admiration. Rolf, opportun, le questionne à propos du prochain festival de Newport, pour l'été 1967. Wein sourit : le rendez-vous est pris.

Transfiguration…

Joachim-Ernst Berendt n'a pas été lui non plus insensible à la force de leur musique puisque deux mois plus tard, il enregistre les frères Kühn sur son label SABA.

La firme allemande connaît un essor exceptionnel (vingt-trois microsillons de jazz produits en 1966, dont dix-huit sous la direction de Berendt)[8]. Le studio d'enregistrement, situé à Villingen, au cœur de la Forêt Noire, est l'un des plus perfectionnés d'Europe. C'est pourtant à Hambourg que se fera celui de *Transfiguration*.

L'idée de réaliser ce disque est née durant la deuxième semaine de décembre 1966, lors d'une importante session de free jazz organisée à Cologne par la radio Südwestfunk. Le vibraphoniste Karlhanns Berger, qui se trouvait à New-York avec Don Cherry, a été appelé spécialement pour participer à l'enregistrement du fameux disque *Globe Unity*[9] d'Alexander von Schlippenbach, le 7 décembre. Les jours suivants, Joachim Kühn et lui jouent ensemble pendant les rencontres de la Südwestfunk : une entente parfaite, instantanée, dont Ulrich Ohlshausen souligne les raisons dans les notes de pochette de *Transfiguration* :

> « Joachim Kühn et Karlhanns Berger ont beaucoup en commun. Leur jeu, rapide, vif, atonal, se caractérise par une grande clarté et une virtuosité époustouflante. »

Un groupe se forme autour d'eux, avec Rolf Kühn, Jean-François Jenny-Clark et Aldo Romano, qui se produit en fin d'année au festival de free jazz de Baden-Baden, et interprète trois longs morceaux du pianiste, enregistrés pour la radio : « *Walkie Talkie* », « *Amok* » et « *Shades* ».

L'enregistrement de *Transfiguration* est programmé quelques semaines plus tard, le 19 janvier 1967. Le titre éponyme, une suite de plus de treize minutes, varie les climats à la manière d'une météo incertaine (tantôt orageux ou brûlants, tantôt brumeux, flottants, intranquilles, parsemés de bourrasques, parcourus de vents frais ou parfois, d'absence de vent) et propose une alternance de rythmes (entre foisonnements et totale disparition), multiplie les brisures. La richesse des contrastes, la complexité de l'architecture, donnent une pièce haute en couleurs.

Sur « *Lunch Date* », les timbres du vibraphone scintillent, impressionnistes, tandis que Rolf Kühn s'empare d'une clarinette basse. Admirablement décousu, délesté de tout repère temporel, il s'agit probablement du morceau le plus émouvant du disque.

À noter que ces deux suites contiennent des fragments de compositions plus anciennes des deux frères, exposés ici dans les phases de transition.

Cette musique aux structures émiettées, à l'errance foncièrement atonale, hormis son importance historique (c'est le premier disque de Joachim Kühn enregistré à l'Ouest), fait de *Transfiguration* une pièce majeure dans l'œuvre du pianiste. Alain Tercinet, une poignée d'années plus tard, en a bien saisi les tenants et les aboutissants :

> « La liberté à plusieurs, dans cet album, exige une aide réciproque. Et là, Joachim Kühn se découvre l'accompagnateur le plus dérangeant, le plus remuant, le plus insolite que le jazz ait connu depuis Thelonious Monk. Visant toujours au-delà, il provoque le soliste, l'oblige à couper les amarres, à abandonner sa sécurité, à être lui-même. Il le détourne, lui ouvre des voies vite refermées parfois, se tait enfin, l'œuvre accomplie. »[10]

Certainement l'un des plus beaux témoignages écrits à propos de Joachim Kühn.

Le quartet de Gato Barbieri

Après les retrouvailles avec Aldo Romano et Jean-François Jenny-Clark puis avec Karlhanns Berger, rencontrés trois ans auparavant ce fameux soir du festival de Prague, ce sont celles avec Gato Barbieri qui se concrétisent en cette année 1967, pour une tournée en quartet à travers la France, l'Allemagne et l'Italie.

Du 27 mai au 4 juin se tient à Pesaro, en Italie, La Terza Mostra Internazionale del Nuovo Cinema, un festival consacré au septième art. Deux événements marqueront la semaine : la présentation par Jonas Mekas de films américains d'avant-garde, et la participation hors festival du quartet de Gato Barbieri avec Joachim Kühn, Jean-François Jenny-Clark et Aldo Romano.

> « Chaque soir, déjà fatigués, nous nous laissions éreinter par cette musique désespérément allègre, anodine et tragique, très détachée maintenant, des influences de Coltrane. Gato Barbieri a beaucoup changé en allant aux États-Unis […] : le comparse scandaleusement guilleret qu'il était est devenu solitaire, il ne se soumet plus ; il ne soumet personne. Il va vers d'autres lieux en pleurant, sans brusquerie, mais sans apitoiement. Son orchestre sait l'aider. […] Il y avait certains soirs où l'incrédulité passait sur les visages, puis on se dispersait, un peu gêné d'avoir entendu d'aussi grandes beautés. »[11]

Le rêve américain

Trois semaines plus tard, Joachim Kühn s'envole pour New York où son frère l'attend déjà : il y loue pour l'été un appartement situé dans le West Side. Pour Joachim, l'heure du grand rendez-vous a sonné :

> « Pour un musicien de jazz est-allemand, l'Amérique a toujours semblé être la terre promise… »[12]

Le 14ᵉ festival de Newport débute le vendredi 30 juin sous une pluie battante et s'achèvera dans la nuit du lundi 3 juillet, après quelques orages et de belles éclaircies musicales : Albert Ayler, Count Basie, le Modern Jazz Quartet, Dizzy Gillespie, Thelonious Monk, Bill Evans, le Miles Davis Quintet…

Le lundi après-midi, seules six cents personnes se déplacent (contre quatorze mille le samedi soir) en raison notamment de la météo désastreuse des dernières heures. Le Big Band de Don Ellis cède la place à un groupe nettement plus avant-gardiste : Rolf Kühn (clarinette), Joachim Kühn (piano), Jimmy Garrison (contrebasse), Aldo Romano (batterie). Rolf n'est pas inconnu aux États-Unis puisqu'il a déjà participé au festival de Newport en 1957, a été élu *Down Beat-Poll Winner* catégorie « *clarinet new star* » la même année, a joué avec Cannonball Adderley, J.-J. Johnson et a fait partie du Benny Goodman's Band de 58 à 60.

Il retrouve pour ce concert-là le bassiste de son ancien quartet, le bassiste surtout du mythique quartet de John Coltrane : Jimmy Garrison. La musique du groupe est chaleureusement accueillie, Leonard Feather soulignera d'ailleurs la performance de Joachim Kühn, « phénomène technique du piano »[13]. À la fin du concert, le producteur des disques Impulse !, Bob Thiele, propose au quartet une séance d'enregistrement pour sa firme. Pour Joachim, admirateur inconditionnel de John Coltrane, enregistrer sur le label du saxophoniste est une offre fantastique ! Bob Thiele leur demande donc de le contacter la semaine suivante… malheureusement, il demeurera injoignable pendant quatre semaines.

La tournée des clubs

Tandis que Rolf travaille au Metropolitan Opera avec Gunther Schuller, Joachim Kühn erre dans les rues de New York. Au La Boheme, un club de Brodway Avenue, il écoute le trio de Sam Rivers puis, malgré un anglais plutôt rudimentaire, convainc le patron du lieu de le laisser jouer une semaine avec son groupe, qui comprend alors Karl Berger, Miroslav Vitous et Aldo Romano, auxquels se joint régulièrement Robin Kenyatta. Finalement, ils ne toucheront pas un penny pour l'occasion : trop peu de clients entraient dans le club ! Du discours du patron, Kühn n'a pu saisir que peu de chose sinon qu'ils avaient « joué pour les portes ! ».[14]

Chaque soir, la tournée des clubs commence. Kühn voit Dizzy Gillespie, Archie Shepp avec Roswell Rudd ou Miles Davis au Village Gate. Il retrouve le batteur américain Stu Martin, rencontré précédemment lors d'un meeting de Baden-Baden et qui joue au Village Vanguard avec Gary

Burton et Larry Coryell. C'est lui qui va servir de guide au pianiste à travers les clubs new-yorkais et le présenter à bon nombre de musiciens comme Joe Henderson, Kenny Dorham ou Enrico Rava. Des jam-sessions s'organisent chez l'un, chez l'autre, dans les clubs, etc. Joachim Kühn joue ainsi avec Paul Motian à l'Open End. Mais c'est au Pookie's Pub qu'un autre petit rêve va se concrétiser : du 7 au 13 juillet, le premier groupe d'Elvin Jones en tant que leader remplace le quartet de Charles Mingus, installé là durant les trois semaines précédentes. Frank Foster est au ténor, Pepper Adams au baryton, Billy Green au piano et Wilbur Little à la contrebasse. Un soir, Stu Martin présente Kühn à Elvin Jones, lui précisant qu'il est le frère de Rolf. Elvin se tourne vers le pianiste et, avant même de le saluer, assène d'un air autoritaire : « *You want to play ?* »

Jouer... Il en meurt d'envie.

Les premières notes de « *Softly after the Morning Sunrise* » s'élèvent dans le club ; Elvin indique à Kühn le tabouret devant le piano droit. Dès l'entame de son solo, cette voix qui beugle derrière la batterie : « Un micro ! Qu'on mette un micro dans le piano ! »

Kühn sera invité les soirs suivants, ce qui ne sera pas vraiment du goût de Billy Green.

Le quintet d'Elvin Jones sera prolongé jusqu'à la mi-août.

Coltrane : la non-rencontre

Après avoir côtoyé de près son bassiste puis son batteur, Joachim Kühn peut se prendre à rêver d'une rencontre avec le maître...

Le numéro de téléphone de Coltrane étant confidentiel, Jimmy Garrison lui propose d'appeler lui-même le saxophoniste pour savoir s'il peut donner son numéro à Kühn. Et Coltrane accepte...

C'est Rolf qui, maîtrisant mieux l'anglais, se charge de téléphoner. Il tombe sur sa femme, Alice. Elle est au courant : Coltrane est d'accord pour rencontrer Joachim Kühn, mais lui étant souffrant pour le moment, Alice leur demande de rappeler la semaine suivante. Joachim, forcément ravi, ne peut s'empêcher d'éprouver une légère déception ; l'impatience le ronge. Ce dont il ne se doute pas, c'est que deux jours plus tard, le vendredi 14, Coltrane consulte d'urgence un médecin pour une inflammation au foie. Lorsqu'à nouveau ils rappellent, la nouvelle, terrible, tombe : John Coltrane est mort le lundi 17 juillet.

Le 21, Joachim Kühn se rend à la St Peter's Lutherian Church de Lexington, à l'angle de la 54e rue : c'est ici qu'ont lieu les funérailles de Coltrane. Ils sont plus de mille. Le cercueil est ouvert. La chaleur sur la foule : de celles qui écrasent. On défile devant la dépouille. Il y a là Dizzy Gillespie, Gerry Mulligan, Booker Ervin, il y a Frank Foster, Jack deJohnette, Charles Loyd, Milt Jackson, etc. Et Joachim Kühn, qui pour la première fois contemple le maître. Pour la dernière.

Albert Ayler, debout devant le cercueil, entonne « *Truth Is Marching In* ». L'émotion pèse sur les cœurs. On lit des extraits de la Bible, puis on entend quelques passages de « *A Love Supreme* ». Des proches portent le cercueil. Elvin Jones, Jimmy Garrison. Vers la fin de la cérémonie, Ornette Coleman et son quartet lui lance un ultime hommage.

Et Kühn, qui jamais tout à fait ne s'en remettra :

> « Je l'ai manqué d'une semaine ! Je voulais absolument le rencontrer ! »

Et plus loin :

> « Sa musique me hante. »[15]

Impressions of New York

Las de téléphoner depuis un mois en vain à Bob Thiele, les frères Kühn finissent par directement se rendre au siège d'Impulse Records à l'ABC Building, 1330 Avenue of the Americas. Ils croisent le producteur dans un couloir. Ce dernier ne dit mot sur ces quatre semaines de silence, mais les emmène dans son bureau : après quelques dizaines de minutes, un contrat est signé pour deux disques…

La semaine suivante, le Rolf and Joachim Kühn Quartet enregistre en deux heures *Impressions Of New York*, une pièce en quatre parties : « *Arrival* » « *The Saddest Day* » « *Reality* » « *Predictions* ».

Après un exposé chaotique singeant l'immersion dans la ville, véritable fourmilière humaine, le contrebassiste égrène les premières notes du « plus triste jour » : celui de la mort de John Coltrane. Il utilise ensuite l'archet pour accentuer sa plainte tandis que Joachim sème quelques poignées de notes moites, blessées, une poignée de larmes peut-être : là encore, un chaos règne, plus terrifiant cette fois, fragile, taillé dans la désillusion, la tristesse. Le retour à la réalité, les prédictions à venir, se font, elles, plus urgentes, soubresauts de la clarinette, spasmes du piano scandés par une rythmique vivace.

Après Leonard Feather quelques semaines plus tôt, une autre célèbre critique, Nat Hentoff, fera l'éloge du jeu de Kühn :

> « La performance de Joachim est véritablement organique, improvisation dilatée dont chaque nouvelle écoute révèle les synapses musicales. »[16]

Malgré cette première réussite chez Impulse !, le second disque ne verra jamais le jour ; les frères Kühn seront néanmoins en partie payés pour le projet avorté : une sorte de dédommagement.

En un peu plus de six semaines, Joachim Kühn aura connu l'effervescence new-yorkaise, l'ébullition dans ses clubs de jazz, sa concurrence aussi, l'espoir tenace d'une rencontre magique, la cruelle disparition du père spirituel…

À la mi-août, Aldo Romano et les frères Kühn regagnent Hambourg.

Septembre à Bologne

On les retrouve tous les trois en compagnie de Beb Guérin le 30 septembre 1967 à l'affiche du Nono Festival Internazionale Del Jazz : la troisième édition du festival de Bologne, en Italie.

21 h 15, Teatro Duse, au coin de la Via Rialto et de la Via Castiglione : les groupes se succèdent.

Le quintet de Ted Curson ouvre le bal, suivi de Ponty / Arvantitas / Pedersen / Humair, puis du quartet des frères Kühn :

> « La surprise nous venait d'Allemagne […]. Tandis que son frère prolonge avec rage la manière inventée par Buddy DeFranco, Joachim Kühn, au-delà de Cecil Taylor et bien loin de Paul Bley, définit un style pianistique toujours "à bout de souffle". Courses brèves d'un bout à l'autre du clavier, séquences mélodiques ou figures rythmiques qui font penser sans cesse à l'incandescence d'un Dolphy. Alors que Romano cherche avec obstination de nouvelles sonorités, ou des contre-chants au discours en zig-zag du pianiste, le clarinettiste se révèle plus modeste (ou moins extrémiste), moins soucieux de modifier le timbre de son instrument, et s'il nous étonne c'est parce que parfois il ressemble à… Benny Goodman, parce qu'il lui arrive de citer une vieille phrase de bon vieux blues. »[17]

Notons dans ces propos la clairvoyance de Philippe Carles qui d'une part constate l'antagonisme de Rolf Kühn avec le reste du groupe : celui-ci (et c'est valable pour des œuvres comme *Transfiguration* ou *Impressions Of New York*), malgré un contexte débarrassé des fondements du jazz classique, ne se résout jamais totalement à larguer les amarres du bop, cherchant plus à le transcender qu'à en faire table rase, incitant du même coup les trois autres à venir bousculer ses propres points d'ancrage. Il devine d'autre part l'influence d'Eric Dolphy sur le pianiste, dont on sait maintenant qu'un disque comme *Out To Lunch* a marqué Kühn au fer rouge.

Le dernier concert est donné par le groupe de Dexter Gordon, puis la plupart des musiciens se retrouvent dans la nuit de ce samedi à quelques kilomètres de Bologne, chez le comte Nico de Nigris. Là, Joachim Kühn en profite pour jouer avec le quartet de Gunter Hampel, qui s'était produit la veille avec le saxophoniste danois John Tchicai : personnalités aussi fortes que fécondes pour composer ce groupe avant-gardiste, dans lequel figurent notamment Willem Breuker et Pierre Courbois. Ensemble, en cet automne 1967, ils bâtiront une musique qui ne sera pas du goût de tous :

> « Autour d'eux, l'ennui, l'inquiétude, l'hostilité, l'hilarité, le mépris et, parfois, la curiosité. Assis un peu plus loin, Eddie Gomez attendait (écoutait). »[18]

Entre fièvre déstructurée et swing autoroutié, le bilan du festival reste mitigé, symptomatique de la situation générale :

> « Cela aurait pu être aussi l'occasion d'un regroupement des forces. Ce fut celle d'un déchirement presque définitif. Kühn [Joachim], Gomez et quelques autres furent découverts ou redécouverts comme les solistes les plus passionnants. »[19]

Les jazz-workshops de Hambourg

Outre son engagement au Jazz House qui se poursuit, Kühn participe régulièrement aux jazz-workshops de Hambourg, sortes d'ateliers musicaux périodiques créés par Hans Gertberg :

> « J'ai organisé les premiers jazz-workshops en janvier 1958. Ce fut (et c'est toujours) une complète réussite. Je souhaite seulement que cela continue pendant encore cent ans. J'aime le jazz, tout le jazz, mais le style que je préfère est toujours le plus récent, le plus actuel… »[20]

Aldo Romano nous a livré quelques précisions techniques sur le déroulement et l'impact de ces workshops :

> « Il y a deux formules : une émission de télévision d'environ trente minutes ou une émission radiophonique d'une heure. Dans ce deuxième cas, une des répétitions est télévisée et présentée aux téléspectateurs comme documentaire "pris sur le vif". Le programme de jazz de la NDR [Norddeutscher Rundfunk], sous la direction de Hans Gertberg, produisit en 1968 […] environ 400 émissions, soit près de 280 heures d'écoute, un tiers étant consacré à une rétrospective des styles anciens et le reste au jazz moderne et d'avant-garde. Quant à la télévision, une quinzaine d'émissions ont été réservées au jazz, d'une durée totale de dix heures. […] Pour chaque workshop, il y a quatre jours de répétitions. […] Qu'elle soit radiodiffusée ou télévisée, l'émission passe toujours "en direct". »[21]

Ces propos recueillis en 1969 permettent de mesurer l'ampleur énorme que prend le free jazz européen à la fin des années soixante, grâce en partie aux ébullitions provoquées aux ateliers de Hambourg ou de Baden-Baden par Hans Gertberg et Joachim-Ernst Berendt, comme nous le confirme Barre Phillips :

> « Les jazz-workshops de Hambourg constituaient une plate-forme très intéressante et très importante pour la nouvelle musique à cette époque. Hans Gertberg avait l'âme aventureuse… »[22]

Là encore, on retrouvera fréquemment Joachim Kühn aux programmes de ces ateliers entre 1966 et le début des années 1970. C'est au cours de l'un d'eux qu'il rencontre Eje Thelin, tromboniste suédois qu'il écoutait déjà sur disques en Allemagne de l'Est. L'entente entre les deux hommes est immédiate, et Thelin invite le pianiste pour un petit voyage dans le Grand Nord.

Trois semaines en Scandinavie

Le séjour, qui s'étale entre la mi-octobre et la première semaine de novembre 1967, débute par une semaine à Stockholm où ils se produisent au Museum avec Al « Tootie » Heath à la batterie et Palle Danielsson, un nouveau venu à la contrebasse, puis se poursuit à Helsinki, en Finlande. Joachim Kühn et Eje Thelin jouent au fameux Down Beat tenu par Timo Helin, au 3 rue Olavin. Pour les accompagner : le contrebassiste « maison » Pekka Sarmanto et le batteur Rune Carlson qui avait déjà sévi dans le quintet de Krzysztof Komeda deux ans plus tôt.

Un film témoigne de l'un des concerts donnés à Stockholm ; à noter peut-être que le programmateur de cette vidéo sur une grande chaîne de la télévision suédoise a par la suite essuyé de fâcheuses remontrances de la part de son directeur...

À la fin de la quinzaine pourtant, l'argent gagné ne suffit pas à couvrir les frais d'hôtel, et Kühn est contraint de demander une avance à son frère pour acheter un billet d'avion : il doit le rejoindre en Espagne.

Deux jours plus tard, le quartet des frères Kühn se présente au 2e festival de Barcelone, resté dans l'histoire en raison de la soudaine fugue de Miles Davis programmé avec son célèbre quintet : payé d'avance, il a quitté la ville incognito, laissant au public sa formation décapitée : Wayne Shorter, Herbie Hancock, Ron Carter et Tony Williams.

Janvier 1968 : premier séjour à Paris

> « On avait pris le train à Hambourg, douze heures de voyage, arrivée gare du Nord à sept heures du matin. J'étais avec Aldo. Nous étions fatigués et sommes allés directement boulevard Magenta, chez JF[23]. Il habitait chez sa mère. J'aurais voulu voir un peu Paris pour la première fois, mais Aldo était crevé et JF voyait la ville tous les jours... Nous sommes restés vingt-quatre heures sans mettre le nez dehors. L'après midi suivant, j'ai enfin pu voir Paris. »[24]

Paris, un choc dont le pianiste se remettra mal.

À l'inverse, l'arrivée de Joachim Kühn dans la capitale causera grand bruit, témoin son premier concert parisien donné le 20 janvier 1968 à la Maison de l'ORTF dans le quintet de Michel Portal. Le groupe succède aux prestations bop du Michel Roques Quintet et du Hampton Hawes Trio.

> « Éclate alors un appel barbare, hurlement en forme de péan, tout plein de vibratos, changeant sans cesse de registre : le temps de l'euphonie, des surprises paisibles, vient de s'achever ; le ténor de Portal conclut son incantation, éructe et siffle, soutenu par

> Romano. Background des deux basses (Barre Phillips à l'archet, Jean-François Jenny-Clark pizzicato) et des nappes tayloriennes que libère le pianiste. Ici, le chaos ne précède pas la création et ce sont ses degrés, ses variantes, ses nuances qui déterminent le rythme et les diverses péripéties de la course. Quelle que soit sa science ou sa virtuosité, chaque membre du quintette semble se lancer à la conquête de son instrument et le découvrir comme un objet merveilleux : il l'agite, le frappe, le manipule, et le miracle s'accomplit ; une mélodie et un rythme naissent qui expriment ses émotions : sa musique. »[25]

Rencontre, surtout, avec Michel Portal, qui deviendra un compagnon de route privilégié de Kühn : basculés dans le 21e siècle, leurs chemins s'entrecroisent encore.

Et cette anecdote aussi, comme dans un livre : Aldo Romano et Joachim Kühn qui arpentent le boulevard Saint-Germain et tombent sur Don Cherry ! Ce dernier connaît bien le batteur, qui jouait dans son fameux quintet en 1965, et se souvient du pianiste lors de cette jam-session de Prague. Devant jouer au Chat Qui Pêche la semaine suivante et n'ayant toujours pas monté son groupe, il leur propose de se joindre à lui. Le contrebassiste Jean-François Jenny-Clark sera aussi des leurs.

L'occasion aussi pour Kühn se présente de participer à l'orchestre du saxophoniste marocain Alain Tabar-Nouval dans ce même lieu.

Mais déjà, il faut regagner Hambourg... Kühn participe à un jazz-workshop avec Lee Konitz, Gato Barbieri, Jimmy Owens, Ack von Rooyen, Slide Hampton, Phil Woods, Volker Kriegel, Günter Lenz, Barry Altschul et Aldo Romano.

C'est à cette époque, en mai 1968, que Joachim Kühn commence à jouer du saxophone alto en complément du piano :

> « J'ai utilisé le saxophone alto car le piano n'offrait pas assez de puissance : j'en jouais de manière très forte. Les pianos étaient souvent mauvais, des pianos droits qui ne me permettaient pas de jouer aussi fort que je le désirais. Le saxophone m'a permis d'obtenir le volume désiré. Après trois semaines, j'ai eu mon premier enregistrement avec cet instrument : c'était pour la Francfort Radio Station avec mon frère Rolf, Gato Barbieri, Aldo Romano et Jean-François Jenny-Clark. »[26]

Le 31 mai 1968, jour du concert final du NDR Workshop, Kurt, le père de Joachim, malade depuis quelques mois, s'éteint.

Barney Wilen et le Free Rock Band

Un jour de printemps, le téléphone sonne chez Joachim Kühn, annonciateur d'une bonne nouvelle :

> « C'était quelque chose, imagine, en 1968 : Barney Wilen m'a appelé de Monte Carlo pour venir jouer dans son Free Rock Band ! J'écoutais ses disques en Allemagne de l'Est lorsqu'il jouait avec Miles Davis, je connaissais tout de lui... J.-E. Berendt venait de produire son disque en hommage à Bandini[27]. Le nouveau s'est appelé *Dear Prof Leary* du nom d'une de mes compositions ; il a été enregistré aux studios MPS. J'y jouais aussi de l'orgue Hammond. Les concerts ont causé pas mal de scandales car la

musique était très forte, avec deux batteurs, très chaotique, et sonnait comme un groupe électrique d'Ornette Coleman. Le disque était beaucoup plus doux… Nous étions très soudés, et puis d'être jeunes, de jouer dans un groupe free rock dans les années soixante, au milieu des scandales : c'était un très grand plaisir ! Nous étions contre l'establishment, et libres de l'être… On n'a jamais rejoué dans ces festivals, mais c'était très excitant de l'avoir fait ! »[28]

Groupe charnière entre deux genres musicaux en pleine explosion, le sextet de Barney Wilen, composé de l'adjonction d'un trio rock à un trio free, sème en effet le trouble sur son passage au travers de contrées européennes, pour le plus grand ravissement de Kühn qui tente d'assouvir, après vingt-deux années de joug communiste, une soif d'expression et de liberté intarissables. Ainsi, dès leur première représentation sur une scène internationale (au festival de Lugano, en Italie), le scandale éclate :

> « Cinq minutes de musique, amplifiée "à mort" et couverte en partie par les hurlements d'un public surpris, nous ont fait entrevoir le but recherché par Wilen et ses amis : sur une base rythmique rock, un déluge de notes tordues, de phrases exaspérantes, de sons démentiels. Une musique libre mélodiquement, dansante rythmiquement. La combinaison justifie le nom du groupe mais n'excuse pas les vociférations du public et l'affolement d'un directeur peu soucieux du droit de l'artiste à s'exprimer. »[29]

En effet, face à l'agitation hystérique d'un public plutôt habitué aux douceurs d'un cool jazz ou aux envolées du be-bop qui pardonnera mal aux musiciens les tornades free rock, le directeur du casino de Lugano fera par deux fois tomber le rideau pour éviter de lourdes dégradations dans la salle, obligeant toutefois le groupe à continuer à jouer tout rideau baissé pour honorer son contrat !

Joachim Kühn continue parallèlement à se produire en trio, pour lequel il compose notamment une suite, la « *Jazz and Lyric* », pièce funèbre de plus d'une heure jouée le 1er septembre au festival de Cologne.

À la fin du mois, le Free Rock Band se produit en Suisse, puis Kühn gagne Paris où il rêve un jour de s'installer.

Slide Hampton

C'est le tromboniste américain qui va héberger Kühn à Paris, pendant presque deux mois. Du 3 au 10 octobre, on les trouve à l'affiche du Chat Qui Pêche, rue de la Huchette, avec Jean-François Jenny-Clark et Aldo Romano. Une rencontre qui diffère quelque peu de l'environnement musical habituel du pianiste, davantage tourné vers les bourrasques free et, grâce à l'apport de son saxophone alto, vers le cri, que vers un quelconque revival. Pourtant, de *revival* il n'en fut que peu question, et Gérard Terronès nous rappelle, dans un savoureux compte rendu de ces soirées, que même à Paris où bon nombre de musiciens américains de la *New Thing* venaient s'installer, l'essor du free jazz ne s'est pas déroulé sans heurts ni grincements de molaires :

> « Slide Hampton force l'admiration des musiciens et des amateurs. Il a une maîtrise technique ahurissante. De plus, il se sert de son instrument avec une autorité qui le classe parmi les grands noms du trombone de l'heure actuelle. […] Aldo Romano, J.-F. Jenny-Clark et Joachim Kühn lui apportèrent un soutien rythmique remarquable, ce qui étonna plus d'un (il est vrai que l'on aurait pu craindre une incompatibilité de style).
>
> Joachim Kühn se produisit aussi en trio, avec Jacques Thollot et Jenny-Clark. Surprise, le premier soir où je l'entendis : Joachim soufflait avec fureur dans un saxophone alto. C'est très original, très intéressant. Ce soir-là, Aldo Romano et Siegfried Kessler vinrent faire le bœuf et tous bousculèrent avec jubilation les conventions musicales.

> [...] Certains spectateurs (aigris par l'évolution du jazz actuel sans doute) traitèrent Kühn de farfelu et de fumiste (ce sont des commentaires qui me vinrent aux oreilles) mais lorsqu'il accompagna plus tard Slide Hampton, dans une veine plus traditionnelle, l'étendue de son talent et de sa culture apparut pleinement. Si les mêmes pisse-froids se sont déplacés ils ont dû réviser leur jugement, tant la leçon pianistique que donna Kühn fut impressionnante. Que ce soit Earl Hines, Art Tatum, Bud Powell, Thelonious Monk, McCoy Tyner ou Herbie Hancock, aucun de ces musiciens n'a de secret pour lui, il les cite à volonté lorsqu'il accompagne Slide Hampton, et les pastiche avec une facilité dérisoire. Il va même jusqu'à parodier certains rythmes binaires et bluesy. »[30]

De cette rencontre ponctuelle naîtra un disque deux mois plus tard, lorsque Slide Hampton fera appel au pianiste pour enregistrer avec Philly Joe Jones et Niels-Henning Ørsted-Pedersen, le 6 janvier 1969. Là encore, malgré les divergences apparentes des deux styles, le disque est une grande réussite ; l'accueil de la critique est par ailleurs unanimement positif :

> « À ma droite, Slide Hampton, compositeur, arrangeur, d'obédience néo-bop tendance orthodoxe ; à ma gauche, Joachim Kühn, pianiste, un des plus glorieux fleurons du free jazz européen, porte-drapeau de la liberté la plus échevelée. [...] Pourtant, il naquit de leur confrontation un résultat aussi étonnant que détonant. Maintenu par le garde-fou des thèmes splendides dus à la plume de Slide, Kühn se révèle un des accompagnateurs les plus dérangeants et les plus provocants que l'on ait entendu depuis Thelonious Monk. Imprévisible, jeté à corps perdu dans sa musique, il bouscule Hampton, le poussant au bout de lui-même. »[31]

Alain Tercinet, auteur de ces lignes, n'est pas le seul à citer Monk :

> « On songe parfois à Monk qui, lui aussi, en faisant précisément ce qui ne se faisait pas, fournissait les accompagnements les plus incontestables, ceux d'où toute contingence semblait exclue. »[32]

« Dérangeant », « provocant », « imprévisible » : des termes qui illustrent parfaitement le jeu du pianiste ; écoutez par exemple son solo sur « *In Case Of Emergency* » : il joue complètement *en dehors* de la rythmique qui déroule à toute vapeur un boulevard bop, tout en beuglant par-dessus son improvisation ! Et c'est précisément là que réside la force de leur musique : dans cet antagonisme assumé, où l'un et l'autre se percutent sans concession, évitant soigneusement de chercher à se mouler dans un contexte banalisé (en l'occurrence le parti pris de s'installer dans un registre exclusivement hard-bop).

Cette semaine passée au Chat Qui Pêche va sceller une autre rencontre, tout à fait majeure celle-là.

Jacques Thollot

En cette fin d'année 1968, le Free Rock Band de Barney Wilen se dissout. Le saxophoniste s'apprête à entamer son périple initiatique en Afrique tandis qu'après une brève tentative avec ses Bloody Rockers, l'intérêt de Kühn pour le free rock s'émousse : il abandonne brutalement le filon pour le laisser à d'autres. Un abandon qui coïncide exactement avec l'intégration de Jacques Thollot dans son quartet (complété par les habituels Jenny-Clark et Romano).

> « Le free rock ne me dit plus rien du tout. […] J'ai rencontré Jacques Thollot, et j'ai cessé d'avoir envie de jouer avec des rythmes pop. Le rythme rock vous oblige parfois à un certain type de phrasé que je n'aime pas trop. Disons que cette période correspondait chez moi à un certain malaise à l'égard des rythmiques free avec lesquelles je jouais. Je sais maintenant ce qui n'allait pas, le problème est résolu. »[33]

Un quartet à deux batteurs donc, ce qui offre au pianiste une complexité rythmique accrue et la possibilité de jouer plus longtemps et de manière plus free encore, plus étourdissante aussi grâce au saxophone alto.

Aldo Romano, batteur d'une sensibilité extatique, procédant par délicates caresses et par emballements orgiaques, foisonnement expressionniste, cascades de cymbales, un toucher à l'élégance rare, Aldo, plus coloriste que percussif.

Et Jacques Thollot, l'insolite, l'imprévisible, le surdoué, Thollot, batteur européen préféré de Don Cherry…

Étrange alchimie qui sied à merveille à la fougue de ce pianiste de vingt-quatre ans :

> « Thollot est vraiment à l'opposé d'Aldo Romano. J'aime jouer avec eux parce que chacun m'inspire différemment. »[34]

Et l'autre :

> « Je n'ai trouvé qu'avec Joachim ce que je cherchais, c'est-à-dire l'énergie. […] J'ai besoin de pianistes qui s'expriment avec beaucoup d'énergie et de force, et Joachim est le premier que j'entends jouer ainsi. Nous faisons des mélanges rythmiques… C'est fantastique ! […] Par exemple j'ai joué avec Steve Lacy qui est un type fantastique, dont la musique est très intellectuelle, très froide. Quelquefois, Joachim venait jouer avec nous, apportant toujours quelque chose de très physique et très énergique : j'essayais alors de me situer entre les deux. »[35]

Don Cherry

Les Berliner Jazztage de Berlin, du 7 au 11 décembre, sonne les retrouvailles de Kühn avec le poly-instrumentiste Don Cherry. Celui-ci a monté pour l'occasion un incroyable big band avec Albert Mangelsdorff, Eje Thelin, Pharoah Sanders, Karl Berger, Sonny Sharrock, Muffy Falay, Bernt Rosengren, Joachim Kühn, le tout jeune Arild Andersen et… Jacques Thollot. L'orchestre joue une pièce unique de trois quarts d'heure où :

> « Tour à tour Sanders, Kühn, Berger et Sharrock jouèrent plusieurs solos faisant alterner sans transition les déferlements sonores et les rêveries poétiques de Don. […]

> Joachim Kühn se mit particulièrement en valeur : il a une personnalité énorme et s'entend parfaitement avec Don. »[36]

Le public reste cependant partagé devant cette performance, oscillant entre dégoût et enthousiasme vigoureux. Cette création débouchera néanmoins quelques jours plus tard sur l'enregistrement du disque *Eternal Rythm* produit par Berendt, où seul le trompettiste Muffy Falay manquera à l'appel. Musique protéiforme, aux teintes fortement balinaises grâce en particulier à l'apport des gamelans, où Don Cherry jongle avec toutes sortes de flûtes ; une sorte de voyage au cœur du monde.

La critique, à nouveau unanime, certains décelant en *Eternal Rythm* « l'un des disques les plus importants qu'ait jamais produit le free jazz »[37], d'autres allant jusqu'à le qualifier de « chef-d'œuvre sans partage ».[38]

Cette même année 1968, Joachim Kühn est élu pour la première fois « Meilleur pianiste de jazz d'Europe » par la Fédération internationale de jazz.

Sounds of Feelings

Entre les 20 et 24 janvier 1969, Joachim Kühn a carte blanche pour le soixantième jazz-workshop de Hambourg. Du lundi au jeudi, se met en place toute l'organisation de jeu : choix des morceaux, place des solos, etc. Et le vendredi se tient le concert. Cette session marque l'une des premières chances qu'a Kühn de jouer sa propre musique avec autant de musiciens ; il choisit parmi ses favoris de l'époque : Rolf Kühn (clarinette), Barney Wilen et Heinz Sauer (saxophone ténor), John Surman (saxophone baryton), Bernard Vitet (trompette), Eje Thelin (trombone), Günter Lenz (contrebasse, guitare basse), Jean-François Jenny-Clark (contrebasse), Mimi Lorenzini (guitare), Stu Martin (batterie, percussions) et Aldo Romano (batterie, flûte, guitare), tandis qu'il est lui même au piano, au saxophone alto, à l'orgue et leader.

Qui mieux qu'Aldo Romano pour nous rapporter ses impressions durant cet atelier ?

> « Près de Joachim, un magnétophone pour les bandes qui font partie des compositions d'Eje Thelin et de Rolf Kühn : respectivement, les bruits d'un aquarium et des cris d'animaux enregistrés dans un parc zoologique. Des flûtes indiennes ramenées par Rolf de son voyage en Amérique du Sud sont distribuées à tous les musiciens pour accompagner un poème récité par Stu Martin sur un thème à la mémoire de John Coltrane, "*To Our Father*" de Joachim Kühn. Joachim a apporté six compositions, la plupart très inspirées de la pop music et du country and western. Pour l'une d'entre elles, je seconde Mimi Lorenzini à la guitare électrique ("*Scandal*"). JF joue de la guitare basse en remplacement de Günter Lenz. Stu Martin et moi jouons soit à l'unisson, soit en essayant d'imbriquer les rythmes, de les faire s'entrecroiser (particulièrement dans une composition de Stu, "*Noninka*", où je dois faire l'une des choses les plus difficiles de toute ma carrière : un roulement continu sur la caisse claire triple-pianissimo. [...] Le jour de l'enregistrement

définitif en public, les musiciens se déchaînaient au-delà de toute prévision, sous le regard angoissé d'Hans Gertberg et des techniciens. Le bilan n'est pourtant que d'un micro cassé. Le soir, tout le monde se retrouve à la Riiperbahn, le super-Pigalle de Hambourg, au Top-ten (orchestres rythm and blues) puis dans un restaurant japonais. Le lendemain, avec Joachim, JF et une intéressante gueule de bois, nous enregistrons une bande qui devrait faire l'objet d'un disque dans les semaines à venir. »[39]

Ce disque sera *Sounds Of Feelings*.

On y retrouve les réminiscences de western sur « *El Dorado* » lorsque le thème du film *Le bon, la brute et le truand* de Sergio Leone éclôt d'une déambulation musicale débridée, sur « *Western Meaning* » où à nouveau la mélodie émerge d'une longue errance free, ainsi que sur le morceau « *Scandal* » ; le poly-instrumentisme qui a fait l'apanage des cinq jours précédents est là encore reconduit, chacun y allant de la flûte, du shenai, de ses tambourins ou de ses clochettes lors des phases d'égarement, de tâtonnements hors des structures musicales ou des moments de pure énergie. Notons la profonde cohésion qui unit les membres du trio, la remarquable beauté des thèmes malgré la simplicité de certains, et le toucher du pianiste, extrêmement tendre sur les pièces plus lentes, foisonnement d'une expressivité hypertrophiée. *Sounds Of Feelings* demeure l'un des disques les plus attachants du pianiste.

Quant à l'hommage à Coltrane, il reste présent ici avec la reprise de « *Wellcome* », mais c'est dans le jeu de Kühn au saxophone qu'il est le plus évident, utilisant son alto à la manière d'un ténor et adoptant des miasmes du jeu coltranien dans cette façon d'enrouler ses phrases, de « tourner autour du pot », même si contrairement à Coltrane, cela débouche ici immanquablement sur le cri.

Le morceau « *To Our Father* » précédemment désigné par Aldo Romano sera quant à lui rejoué sur le disque des Bloody Rockers, où à nouveau Stu Martin égrène les mots d'un poème après un exposé musical chaotique. Après les derniers mots (« Feel with life ! »), le groupe entonne une ébauche de marche funéraire.

Bold Music

Après deux autres séjours à Paris au cours desquels Joachim Kühn se produit en quartet ou en trio avec Jacques Thollot (à la Maison de l'ORTF et au Théâtre de la Ville en particulier), le pianiste retrouve l'Allemagne où il grave *Bold Music*.

La musique délivrée ici est assez proche de celle du disque *Sounds Of Feelings*, mais l'adjonction de deux batteurs (Thollot et Stu Martin) à la place d'un seul (Aldo Romano) contribue effectivement à amplifier davantage encore l'énergie du groupe, et Kühn se trouve souvent poussé dans ses derniers retranchements lorsqu'il s'empare du saxophone.

L'adéquation entre les deux batteurs fonctionne parfaitement, différemment toutefois du couple Thollot / Romano, Stu Martin étant beaucoup plus puissant, cogneur, qu'Aldo Romano.

De même aussi, beaucoup de balancement, de swing dans les thèmes de Kühn, avec encore quelques bribes de mélodies échappées d'un film imaginaire, tel ceux de « *Vampires Castle* », « *My Friend The Yogi* » ou le westernien « *Depression And Illusion* ».

Dans son ouvrage consacré au free jazz en France, Vincent Cotro aborde les similitudes thématiques établies entre ces deux enregistrements :

> « Les disques *Sounds Of Feelings* et *Bold Music* sont imprégnés par un matériau mélodique simple qui se développe dans le temps au moyen de la répétition ou par de légères variations. L'harmonisation de ces mélodies procède le plus souvent d'accords parallèles soutenus par la contrebasse. Le jeu de piano, fréquemment en octaves ou en double octaves, est entièrement au service de cette mélodie, agrémentée de trémolos qui la chargent en intensité expressive. L'emploi permanent de la pédale forte produit une sensation de halo sonore tel que peut le produire le pianiste McCoy Tyner, par exemple. […] Dans le jeu du pianiste, on rencontre une brusque alternance des traits chromatiques extrêmement rapides joués en octaves, et des déferlements de clusters en cascades vertigineuses. […] Des pièces débutent parfois par une improvisation collective très libre installant un climat, puis aboutissant à un thème. Celui-ci, émaillé de ruptures, se disloque en provoquant la fin du morceau. »[40]

On retrouvera semblables éléments dans le prochain disque enregistré par Kühn, aux côtés de Michel Portal.

L'accueil critique sera partagé entre modération sceptique :

> « Ces quatre musiciens sont des monstres et sont capables du meilleur. Or, à part trois ou quatre morceaux, c'est plutôt le pire. […] Cet album est un bon disque de pop. »[41]

… et auditeurs convaincus :

> « C'est une réussite que, seul dans le jazz d'aujourd'hui, me semble-t-il, Joachim Kühn peut mener à son signe ultime. »[42]

À l'image finalement du public : si certains restent inévitablement conquis par les prestations (live) de Kühn et des musiciens qui gravitent autour de lui, il est fréquent aussi d'assister à la défection d'une partie des auditoires.

Un disque mythique

Thollot, Kühn et Jenny-Clark gagnent ensuite Paris ; trois jours après cette session, le contrebassiste participe à l'enregistrement du *Aus den sieben Tagen*[43] de Stockhausen avec entre autre Jean-Pierre Drouet et Michel Portal.

Le disque de Michel Portal *Our Meanings And Our Feelings* enregistré au studio de Boulogne ponctue une série de quelques concerts donnés durant le mois de mai. Tout à fait dans la lignée des deux précédents disques du pianiste, il porte le poly-instrumentisme à son apogée.

Musique folle, chargée d'émotion, débridée, d'une puissance inouïe, hymne à la liberté... Le disque accédera au rang (ici amplement justifié) de disque mythique au cours des années quatre-vingt, atteignant des sommes vertigineuses dans les conventions spécialisées et autres ventes aux enchères !

Michel Portal se souvient de la venue de Joachim Kühn à Paris, un véritable débarquement :

> « Il est arrivé comme un empereur ! C'est un homme de scène, il avait vraiment envie d'exploser en scène, pas de parler de tous les problèmes qu'on pouvait se poser : il en aurait eu beaucoup à dire, il avait déjà une telle histoire, mais il préférait l'exprimer dans la musique, sur la scène. La musique à cent pour cent, un engagement total ! Des fulgurances, des déflagrations, ce besoin de jeter des sons dans un saxophone alto aussi... Je crois qu'il a voulu mettre le feu ! »[44]

Claude Decloo rendra un hommage prémonitoire à l'occasion de la parution de ce premier disque de Portal en tant que leader[45] :

> « Michel Portal, quoique tout le monde reconnaisse sa valeur, n'en reste pas moins ignoré de la plupart du public. Une chose est certaine : Michel est le musicien le plus important que le jazz ait connu en France. »[46]

Il ne faudra guère plus d'une poignée d'années pour que public et programmateurs de concerts souscrivent à cette évidence, grâce notamment aux succès des concerts de Châteauvallon.

Il est peut-être temps de constater, de s'étonner peut-être du peu de rapports qu'entretient alors Joachim Kühn avec la scène avant-gardiste ouest-allemande (et les futurs piliers du label FMP) comme Peter Brötzmann ou Peter Kowald et qu'on expliquera en partie par des différences d'ordre géographique (Hambourg pour Joachim, Wuppertal pour les autres), par une différence fondamentale de parcours et d'optiques musicales entre eux, surtout : jusqu'au-boutisme pour les uns (toujours d'actualité trente ans plus tard, sillon unique inlassablement creusé), éclectisme et recherche absolue de nouveauté (impliquant erreurs, remises en question, trouvailles fabuleuses, évolution constante) chez Kühn : un isolement que soulignait Vincent Cotro dans son livre sur le free jazz en France[47], qui a certainement contribué au désir du pianiste d'aller voir ailleurs...

Entre temps, l'agence BYG Records créée en début d'année par Jean Georgakarakos, Jean-Luc Young, Jacques Biscéglia et Claude Delcloo, en partenariat avec le magazine *Actuel*, principalement consacré au free jazz et aux musiques pop, reçoit les bandes de *Sounds Of Feelings* et décide de les éditer. Un contrat se profile avec Joachim Kühn, qui va finir de le décider à venir s'installer à Paris.

La gaîté parisienne (1969-1972)

« À Saint-Michel, c'est la révolution. Je me sens bien en France. »

Joachim Kühn[1]

Un BYG contrat

Suite à l'accord de Byg Records pour sortir *Sounds Of Feelings*, Joachim Kühn s'achète sa première voiture et quitte Hambourg pour Paris. Après un périple chaotique à travers la Belgique (une panne, un jour et demi de réparations, ses derniers billets qui partent en fumée), et les embouteillages aux abords de Paris, il se rend directement à l'office du label, avenue de Friedland dans le 8e arrondissement. Il rencontre les producteurs et leur expose sa décision de s'installer dans la capitale, la proximité étant certainement favorable à un meilleur travail d'équipe. Il explique aussi sa situation matérielle plutôt déplorable : plus d'argent, une voiture sur le point de rendre l'âme et pas de logement... Jean Georgakarakos hoche la tête, met la main dans sa poche et en sort une liasse de billets qu'il tend à Kühn !

Le pianiste part donc avec Gaby en quête d'un appartement ; ils en dénichent un derrière les Folies Bergères, rue de la Boule Rouge. Ils paient la caution de deux mois mais à nouveau se retrouvent sans argent ; Kühn retourne donc à l'agence où on lui offre une nouvelle liasse. Aucun contrat ne sera finalement signé noir sur blanc, mais alors qu'on connaît la réputation de mauvais payeurs que la compagnie s'est vue greffée à l'époque, celle-ci a laissé dans la mémoire de Joachim un souvenir fantastique !

Les festivals *Actuel*

Dix jours plus tard, le 1er festival de Free Jazz et de Nouvelle Musique organisé par *Actuel* se tient à l'American Center (qui deviendra rapidement un haut lieu d'expression pour le jazz moderne deux ans plus tard), du 27 au 29 juin 69 : l'idée de présenter quelque chose de neuf, avec un cadre inhabituel, de nouveaux groupes (qui pour la plupart enregistreront chez BYG)... Ainsi sur les pelouses du Centre, se succéderont trois jours durant le quintet de Jacques Coursil avec Arthur Jones, des musiciens américains de l'AACM (Anthony Braxton, Steve Mc Call et le noyau dur de l'Art Ensemble of Chicago)[2], le pianiste Burton Greene pour sa première apparition en France, le quartet de Kenneth Terroade ainsi que celui de Joachim Kühn avec Jenny-Clark et ses deux batteurs attitrés : Thollot et Romano. Le bilan du festival sera globalement positif bien qu'il ait été boudé par la critique : de nombreux jeunes se sont amassés au pied de la scène pour venir écouter cette « nouvelle musique ».

Le coup de maître sera néanmoins porté quatre mois plus tard avec le désormais culte festival d'Amougies. Il se tient du 24 au 28 octobre, en Belgique... les autorités françaises ayant refusé sa mise en place sur le territoire pour raison d'ordre et de sécurité publiques... Hors, il n'y aura rien d'autre à déplorer qu'une pluie discontinue inondant les pelouses aux alentours du chapiteau.

L'idée, tout en s'inscrivant dans la continuité de la précédente manifestation, est de s'ouvrir à un public plus rock : une manière peu camouflée de tenter d'élargir le free jazz à un nouveau public. Ainsi la présence de deux scènes : une pour le free jazz, une pour le new rock. Le public, majoritairement français, assiste alors à un déferlement musical quasiment discontinu où s'épanouissent les musiques de Sunny Murray, Colosseum, Ten Years After, l'Art Ensemble of Chicago, Joachim Kühn, Pink Floyd, Don Cherry, Grahan Moncur III, Alexis Korner, Caravan, Noah Howard, Soft Machine, Yes, John Surman, Alan Silva, Dave Burrell, etc. Liste non exhaustive.

Annoncé par Frank Zappa :

> « Le trio de Joachim Kühn obtint un triomphe. Le jeu du pianiste allemand avait tout pour plaire à ce public : la présence d'un balancement, l'ambiguïté dans les sons, le soutien puissant sur les caisses de Jacques Thollot, les hurlements ayleriens et prolongés de Kühn au saxophone, tandis que Jean-François Jenny-Clark, faisant figure de conciliateur, lie à la mélodie les outrances dans les phases de colère. »[3]

S'élèvent ensuite, flottantes, comme en écho au fracas à peine achevé, les notes de « *Astronomy Domine* » puis des thèmes de « *More* » du Pink Floyd, auxquelles s'adjoindront celles de la guitare de Zappa...

Deux jours après sa prestation en Belgique, le 27 octobre 1969, le trio augmenté d'Aldo Romano enregistre la première session de ce qui constituera la face A du disque *Paris Is Wonderful,* le deuxième opus à paraître sur BYG. Est ainsi gravée une suite de quinze minutes, véritable hymne à l'amour :

> « Mes inspirations sont toujours les mêmes : l'amour, la vie, le mouvement. C'est ce que je cherche à retranscrire dans ma musique et c'est aussi ce que j'attends des musiciens avec qui je joue. »[4]
>
> « Un des facteurs essentiels à la réussite de ce quartet est que nous sommes tous les quatre très amis. Sans amitié, sans entente profonde, il n'est pas possible de faire ensemble de la bonne musique. »[5]

Le quartet est ici à son point culminant, ne sait pas encore qu'à peine quatre mois plus tard, il perdra une roue.

Hank Mobley, Phil Woods : deux rendez-vous manqués

Certainement suite à la rencontre de Kühn et de Slide Hampton, Hank Mobley fait appel au pianiste pour jouer sur son prochain disque pour Blue Note. Il rassemble un quintet comprenant là encore Philly Joe Jones à la batterie. La musique prévue n'est certes pas vraiment le registre de prédilection du pianiste, mais l'idée d'enregistrer pour le mythique label américain le séduit. De plus, les contacts humains avec Hank Mobley s'avèrent des plus chaleureux. La répétition se déroule au Chat Qui Pêche et Kühn a le champ libre pour prendre des solos assez free. Toutefois, le producteur finit par se pencher sur lui en lui demandant de jouer de manière plus traditionnelle lors de la séance d'enregistrement du lendemain...

Ce jour-là, tout le monde se retrouve au studio... excepté Hank Mobley ! Après plus de trois heures d'attente et des hasardeuses recherches, ils apprennent que le saxophoniste, suite à une overdose ou quelque chose d'approchant, est à l'hôpital...

L'enregistrement pour Blue Note n'aura jamais lieu

À la même époque, George Gruntz quitte la fameuse European Rhythm Machine de l'altiste Phil Woods. Ce dernier souhaite alors intégrer Joachim Kühn à son groupe. Tous deux ont eu l'occasion de jouer ensemble lors d'un des jazz-workshop de Hambourg, et la proposition enchante le pianiste... mais lorsque Daniel Humair, qui tient la rythmique avec Henri Texier, apprend la nouvelle, il refuse catégoriquement de jouer avec Kühn !

Humair, qui s'occupait depuis quelques années de la programmation de concerts de jazz au Musée d'Art Moderne de Paris avait eu à plusieurs reprises le loisir d'écouter la musique de Kühn... et ne la supportait pas ! Il impose pour le coup le pianiste anglais Gordon Beck en remplacement de George Gruntz.

Festivals d'automne

Les derniers mois de l'année 1969 sont assez chargés pour Kühn et en novembre, il se sépare momentanément de Jean-François Jenny-Clark et d'Aldo Romano qui ont un engagement avec Keith Jarrett au Caméléon. Pour les remplacer : Barre Phillips et Stu Martin, qui viennent de former leur propre groupe avec John Surman, le Trio, dont le premier concert a été présenté au festival d'Amougies.

Ce « quartet par procuration » est invité le 2 novembre 1969 au Festival d'Altena, puis au Piano Workshop des Berliner Jazztage le 6 du mois. Le programme du festival s'articule autour de Duke Ellington et les groupes qui se produisent sont priés de jouer les compositions du maître, ou des compositions en son hommage. C'est ainsi que se produisent les groupes de Thelonious Monk, de Cecil Taylor, de Joachim Kühn, etc.

Kühn compose donc une sorte de tango… très free, intitulé « *To Our Father Duke* ».

À l'époque, chaque loge était équipée d'une télévision qui retransmettait directement ce qui se passait sur scène, et c'est ainsi que Cecil Taylor, qui répétait au piano dans sa loge, s'est mis à monter le son du téléviseur et à jouer avec le quartet !

En fin de soirée, une gigantesque jam-session se met en place, qui dure toute la nuit. Le lendemain matin, sans avoir dormi, le quartet de Kühn se retrouve dans le studio avec John Surman, le troisième membre du Trio, ainsi que deux inséparables du pianiste : son frère Rolf et Eje Thelin. Le disque sortira sous le nom de… *Monday Morning*.

Malheureusement totalement passé inaperçu dans les colonnes des journaux spécialisés français (exception faite de l'excellent dossier consacré au pianiste, écrit par Alain Tercinet[6]), cet album n'en recèle pas moins quelques joyaux entre la basse par instants hypnotique de Barre Phillips, les griffures assénées au piano, les enchevêtrements magmatiques des deux batteries, la danse de la clarinette ou le cri du baryton. Tous les morceaux à l'exception de « *Black Out* » qui consiste en une éruption free de 51 secondes, commencent par une longue errance totalement débridée pour déboucher sur un thème entraînant que les musiciens ne tardent guère à prendre un malin plaisir à saboter : un procédé relativement récurrent dans la musique de Joachim Kühn à cette époque. On retrouve sur « *Oh ! Grand Pa* » des bribes de ce tango joyeusement malmené interprété la veille.

Dans l'après-midi, Gaby et le pianiste prennent l'avion pour Hambourg ; la nuit a été particulièrement arrosée, lui est littéralement lessivé. Sitôt débarqué, il sort de l'aéroport tandis que Gaby attend les bagages, et se dirige vers le parking où il avait laissé leur voiture. Elle ne le verra pas revenir : pluie, fatigue, vent glacial, il fait noir… Lorsque Kühn traverse la rue, une voiture le percute de plein fouet.

Après une journée de coma, il se réveille à l'hôpital : sa jambe a entamé une curieuse et grotesque rotation, un bras est paralysé et les cervicales s'avèrent commotionnées… Il lui faudra six semaines pour sortir de l'hôpital et deux autres pour quitter Hambourg et regagner Paris.

Cet accident l'empêche par ailleurs de se produire au Gill's Club comme c'était initialement prévu[7] et surtout de participer à l'adaptation de la pièce *The Connection* mise en scène par Alain Brunet, où il était programmé pour en réaliser la musique aux côtés de Siegfried Kessler, Aldo Romano, Georges Locatelli et Anne-Marie Coffinet. Il avait déjà prévu d'utiliser de la musique électronique pour cette occasion… Il sera malgré tout remplacé par le saxophoniste (!) Richard Raux et le spectacle aura bien lieu début décembre, au Théâtre du Vieux Colombier.

Revenu sur Paris dans le courant du mois de janvier, il ne peut s'empêcher de venir faire le bœuf avec le Trio qui se produit au Gill's Club du 19 au 24 : un Joachim Kühn barbu et à béquilles !

L'entente entre ces quatre-là est réellement forte et aurait certainement procuré d'autres enregistrements de la même veine que *Monday Morning* si les membres du Trio n'avaient pas décidé de s'installer en Belgique. Pourtant, à chaque fois que Kühn roule sur Hambourg pour revoir sa famille, il fait escale chez eux, pour d'autres courtes nuits.

Et comme en clin d'œil à tous ces bons moments passés ensemble, Stu Martin lui dédie une de ses compositions sobrement intitulée « *Joachim* » sur le deuxième disque du groupe, enregistré en mars 1970[8].

La fin d'une époque

C'est avec la seconde session de ce disque au titre extatique, *Paris Is Wonderful*, que va se clore la presque fraternité entre Aldo Romano et Joachim Kühn. Le batteur en effet, a déjà le regard ailleurs, travaillé par d'autres aspirations : il vient de monter le groupe Total Issue avec Henri Texier. Kühn trouve cette nouvelle direction bien trop commerciale, s'inscrit alors foncièrement contre ce genre de visées. Dès lors, irrémédiablement, leurs chemins se mettent à diverger ; le quartet redevient trio…

Les concerts parisiens n'en restent pas moins fréquents jusqu'en avril, au Gill's Club notamment mais aussi à la résidence universitaire d'Antony ou au Salon du Son. Si la critique est à présent unanime quant à la beauté des performances du trio, le public lui, n'en finit pas de se vautrer dans la division :

> « Kühn au piano, réinvente l'orage. […] Encore une fournée de déserteurs. Ironie ? Humour ? Coïncidence ? Kühn attaque une sage mélodie au clavier. Flottement parmi les fuyards, bientôt boutés dehors par le déferlement d'une vague d'aigus qui s'enroule,

se déroule, lutte contre les fureurs imprécises de la batterie, explore avec la basse un inconnu mouvant, toujours redéfini. Elle triomphe enfin et s'endort. »[9]

Ces prestations en clubs provoquent d'éphémères rencontres telle que celle de Steve Lacy, amènent de nouveaux musiciens à se confronter au trio (les apparitions régulières du guitariste Georges Locatelli au sein du groupe, par exemple) ou à en remplacer temporairement l'un des membres, comme ce fut le cas pour Jenny-Clark avec Alan Silva et Jacques Vidal, ex-contrebassiste de Magma, et pour Thollot avec le jeune Jean-My Truong, qui n'allait pas tarder à intégrer le groupe Perception et qui ne cache pas sa dette envers le pianiste :

« C'est avec lui que j'ai véritablement découvert le free jazz. »[10]

D'autres concerts ont lieu en Allemagne, comme ce 22 mars au festival de Francfort où le trio invite Rolf Kühn, où encore des musiciens de l'AACM montent un incroyable orchestre de vingt-quatre membres parmi lesquels, outre ceux de l'Art Ensemble of Chicago, on compte Karin Krog, Manfred Schoof, Paul Rutherford, Albert Mangelsdorff, Alfred Harth, Gerd Dudek, Gunter Hampel... ou Joachim Kühn uniquement au saxophone !

Le maître du Temps

En mars 1970, l'occasion est donnée à Joachim Kühn de signer une musique de film. Il s'agit d'un film fantastique de Jean-Daniel Pollet interprété par Jean-Pierre Kalfon et Duda Cavalcanti. L'enregistrement a lieu à Paris, en compagnie de Jean-François Jenny-Clark, du batteur Rashied Houari et de... David Allen, du groupe Gong ! Malheureusement, comme c'est souvent le cas (rappelez-vous Ornette Coleman et sa *Chappaqua Suite*), le choix du producteur se portera au dernier moment sur une musique qui ne heurtera pas les esprits ! Dommage car hormis les bandes originales de quelques téléfilms est-allemands réalisées avec le Werner Pfüller Quintet, le pianiste n'avait encore guère eu la chance de travailler pour ce Septième Art dont il se plaît à parsemer des échos dans sa musique.

Une bourrasque venue du Nord

Après huit ans d'absence, le tromboniste suédois Eje Thelin reparaît en France. Le temps d'un concert, simplement, donné avec Joachim Kühn, l'Autrichien Adelhard Roidinger et Jacques Thollot ; nous sommes le 2 février 1970. Brève apparition donc, histoire de proposer une nouvelle tournée scandinave au pianiste.

Le voyage s'étale entre la dernière dizaine d'avril et la première semaine de mai. Outre les prestations du quartet, il se trouve ponctué par trois sessions parallèles d'une vingtaine de minutes chacune (les deux premières réalisées pour la radio, la troisième pour la télévision), le principe étant d'enregistrer des improvisations de Joachim Kühn au sein de trois trios différents, correspondant aux trois pays scandinaves.

La première étape s'ancre en Norvège, où Kühn constitue son trio avec Arild Andersen et le batteur John Christensen. Après avoir réalisé l'enregistrement, ils se produisent en clubs, où tour à tour Jan Garbarek (avec lequel le pianiste s'empresse de souffler dans son alto!) puis le guitariste Terje Rypdal viennent jammer avec eux. En Finlande, le trio est composé de Pekka Sarmanto et d'Edward Vesala, tandis qu'en Suède, pour la session télévisée, Kühn joue avec Palle Danielsson et à nouveau Jon Christensen.

C'est durant la matinée du 30 avril, à Stockholm, que s'effectue aussi l'enregistrement de ce qui deviendra *Acoustic Space*[11]. Thollot, qui n'a pas fait le voyage, est remplacé par John O'Prayne. Musique tonitruante, admirablement boursouflée, qui met en relief l'explosive paire trombone / saxophone alto, les bourrasques du piano, ainsi qu'une rythmique diablement affûtée.

L'après-midi même, Karin Krog se rend au studio avec Palle Danielsson et Aldo Romano : elle doit donner un concert dans la ville et, ayant appris la venue du groupe, veut en profiter pour enregistrer avec Kühn et Thelin. La rencontre s'organise, le bassiste Roidinger tenant pour l'occasion une guitare électrique. De là sortiront trois perles improvisées : « *Tine's Nightmare* », cauchemar psychédélique aux intonations bulleuses, « *Glissando* », splendide pièce en suspension : une sorte de free en apesanteur, et le tempétueux « *Different Days, Different Ways* ». Ces trois titres figureront sur le disque *Different Days, Different Ways* qui paraîtra six ans plus tard, uniquement au Japon : une œuvre qui comprendra aussi, entre autres, de somptueuses expérimentations de la chanteuse en solitaire, à la voix et aux electronics.

Une session pour la radio sera parallèlement enregistrée avec le trio Kühn / Danielsson / Christensen et Karin Krog.

De retour à Paris, Joachim Kühn et Gaby emménagent à Brévannes dans une bâtisse à la Edgar Poe, et dont le principal avantage est la possibilité de jouer à n'importe quelle heure du jour et de la nuit. Sa compagne lui offre un vieux piano droit... Dès lors, les jam-sessions se multiplient, chez les uns, chez les autres, avec les habituels compagnons du pianiste et d'autres encore, Alan Shorter, Radu Malfati... « Mon dieu, comme je détestais ces jam-sessions ! Si longues ! Si fréquentes ! »[12], nous confiera Gaby par la suite…

Eje Thelin et sa femme vont alors habiter chez Kühn pendant six mois. C'est à l'issue de la tournée scandinave, prolongée par quelques dates européennes durant la deuxième semaine de mai 1970, que naît véritablement le Joachim Kühn & Eje Thelin Group. Cette fois, Jacques Thollot reprend sa place dans un large premier temps en tout cas, mais on dénombrera pas moins de quatre contrebassistes différents au sein du groupe, selon leurs disponibilités immédiates : Jenny-Clark, Vidal, Silva et finalement à nouveau Adelhard Roidinger. Ils se produiront régulièrement en région parisienne, notamment à la fin du mois de mai, à l'automne ainsi qu'en février 1971, tournées qui, là encore, seront émaillées de petits scandales, comme en témoignent ces deux comptes rendus de leur première apparition depuis le concert de février dernier ; nous sommes dans le hall des Floralies de Vincennes, pour un gala de jazz où défilent pêle-mêle les Dixie Players, Memphis Slim, Léo Ferré, le Kühn & Thelin quartet (cf. cd du livre, plage n° 5), Herbie Mann et la Machine de Phil Woods, le 21 mai 1970 :

> « Quatre hommes sur scène, tendus sur leurs instruments, prêts à tout moment à s'emparer du silence. Joachim Kühn est à l'alto ; à ses côtés, le tromboniste suédois Eje Thelin […]. Derrière eux, Jenny-Clark et Thollot. Tout à coup ça part, ça éclate ; ça démarre sur les chapeaux de roues avec une vitesse et une violence indescriptibles et ça surprend une bonne partie du public qui se met à huer, à siffler et à brandir des drapeaux blancs : on n'avait pas vu cela depuis Shepp à Pleyel en 1967. Et voui, le free jazz parvient encore à choquer ceux-là même qui n'avaient pas bronché une heure plus tôt lorsque Ferré bouffait du flic et déculottait les bourgeois. […] Surexcités par les mouvements de la salle, les membres du quartet donnèrent le meilleur d'eux-mêmes, ce qui nous valut une musique exceptionnellement riche et variée. »[13]
>
> « [Le public accueillit] avec une consternante goujaterie le quartet Kühn / Thelin. Que la libre musique puisse encore provoquer ces réactions d'hostilité puérile, voilà qui, après dix ans de combat, surprend. Que des minets et des minettes jettent au visage de ces créateurs boules de papier, paquets de cigarettes vides et même, m'a-t-on affirmé, une bouteille vide (qui heureusement manqua son but), voilà qui révolte. […] Malgré les pouces baissés qui appelaient à la curée, les oreilles bouchées avec affectation, les morceaux de nappes blanches ironiquement brandis en signe de reddition, les hurlements, les injures, les quolibets, une rixe qui, à quelques pas d'eux, s'ébauchait entre adversaires et partisans, opiniâtrement, ils bâtirent leur univers sauvage et multiple. […] Eje Thelin, celui qu'on connaît le moins, est un technicien incomparable et un créateur exceptionnellement inspiré : à lui seul, il joue comme l'orchestre de Mingus tout entier. […] Ce qu'on entendait, au bout du compte, c'était la même musique d'amour, d'amour humilié et hanté par les rumeurs du monde. Quand tout fut retombé, les goujats restèrent sans voix. Ils avaient baissé leurs drapeaux dérisoires et rengorgé leurs sarcasmes. Ils se regardaient entre eux sans ricaner. On aurait presque dit qu'ils étaient gênés. »[14]

Il est intéressant de constater la critique d'alors unie sur le même front, nous faisant regretter par là même les frilosités engourdissant la presse officielle et certains « grands » festivals des deux dernières décennies du siècle...

Fin septembre, se tient à Paris l'enregistrement du dernier disque du groupe, un double album. La session dure deux jours, mais Jacques Thollot se casse une jambe durant la nuit intermédiaire : une partie du disque est donc constituée de duos et de trios sans batterie, pour une musique toujours aussi alerte. Les concerts de novembre au Gill's Club et au Musée d'Art moderne marquent la fin de la collaboration entre Kühn et le batteur. Ce dernier va se lancer dans une épopée solitaire et gravera trois mois plus tard un disque culte : *Quand le son devient aigu, jeter la girafe à la mer*[15]. Il nous rappelle la formidable imbrication qui existait entre lui et le pianiste :

> « [Avec Don Cherry], avec Sonny Sharrock, avec Joachim Kühn, c'était complètement libre ; peut-être est-ce un peu présomptueux de dire cela, mais avec tous ces musiciens, c'est un peu moi qui imposais un rythme : le centre rythmique était la batterie, quoiqu'avec Joachim, c'était plutôt des échanges. Il amorçait une idée, moi je le suivais, jusqu'au moment où l'on pensait que la tension commençait à baisser un peu et c'était l'échange. C'est une formule que j'aimais beaucoup. »[16]

Un autre batteur est engagé dans le groupe, le futur compagnon de route de Steve Lacy : Oliver Johnson. C'est lui qui sera présent lors des concerts du quartet en février 1971 et lors de leur ultime prestation, au Riverboat les 5 et 6 mai de la même année.

Les sessions du Baden-Baden New Jazz Festival de 1970

Parallèlement aux tournées avec Eje Thelin, Joachim Kühn participe aux ateliers de Baden-Baden axés cette année-là sur l'Angleterre, dont on retrouve ici, hormis Evan Parker ou les musiciens du Keith Tippett Group, la plus fine fleur. Sont aussi invités Steve Lacy, Don Cherry, John Tchicai, Willem Breuker, Fred Van Hove, Peter Brötzmann et la plupart des têtes de file du jazz moderne européen.

Musiques le plus souvent expérimentales, du solo au big band en passant par les configurations les plus atypiques. Concernant ce dernier cas, on trouve Kühn pour un duo saxophone alto / electronics avec Han Bennink, un trio saxophone / trombone / trompette avec Albert Mangesdorff et Manfred Schoof, d'autres duos avec Karin Krog, qu'il retrouve, ou avec Manfred Schoof, des trios sans batterie avec Dave Holland ou encore ce double quintet de John Tchicai, réunissant d'un côté Trevor Watts, Paul Rutherford, Willem Breuker, Tomasz Stanko et Han Bennink, de l'autre Derek Bailey, Gunter Hampel, Kühn, Steve Lacy et Peter Brötzmann ! Quant aux big bands, citons celui de John Stevens pour un hommage à Albert Ayler ainsi que celui de Steve Lacy et le Whole Earth Catalogue de Don Cherry…

Une sorte de marmite infernale, comme en témoigne Pierre Favre :

> « C'était une période très intéressante, les choses se passaient sur la scène européenne, il y avait un vent d'aventure, de révolution, de création. Nous souffrions aussi, mais enfin beaucoup de choses se passaient. »[17]

Joachim Kühn joue aussi avec Peter Warren et Pierre Favre avec lesquels il montera un trio en automne 1971.

Après les orages, l'arc-en-ciel

Toujours en Allemagne, au milieu du mois de décembre 1970, Rolf Kühn fait appel à son frère pour enregistrer *Going To The Rainbow*, où figurent John Surman, Alan Skidmore, Chick Corea, Peter Warren et Tony Oxley.

Avec ce disque, c'est un changement d'ère qui s'amorce ; l'heure n'est déjà plus aux tempêtes issues du free, il y a comme un apaisement dans l'air, une errance bienvenue, toujours libre, mais moins drainée par les masses d'énergies brutes, syndrome d'un essoufflement des protagonistes mêmes de la New Thing, annonce discrète d'un changement « météorologique » avant d'autres orages plus… électriques. Les compositions deviennent plus complexes, traversées de délicieuses incertitudes, flottements où les sons se heurtent avec retenue, comme c'est le cas sur cette splendide *Sad Ballad* de Joachim Kühn (par ailleurs rejouée sur *Open Strings* et *Interchange*).

Peu après cette envoûtante session, Chick Corea, Alan Skidmore et bien sûr John Surman partiront enregistrer le troisième opus du Trio[18].

Alan Silva et son « Orchestre de Communication Céleste »

Le 29 décembre 1970, Alan Silva réunit le gratin des musiciens de free jazz installés à Paris pour un enregistrement magmatique en forme de baroud d'honneur, au studio 104 de la Maison de l'ORTF. Huit cents personnes se déplacent. André Francis annonce, en guise de préambule :

> « Nous entendrons ce soir une seule œuvre, "*Seasons*", qui a nécessité de difficiles répétitions. Il s'agit d'une musique naturelle réclamant du public une grande disponibilité et un parfait état d'innocence. »[19]

Vingt-deux musiciens, deux heures trente de musique qui seront confinées sur un triple album : une œuvre… mastodonte ! (Faut-il rappeler qu'Alan Silva a joué quelques années aux côtés de Sun Ra ?)

Construction protéiforme de par sa durée extrême (atteignant une sorte de « jusqu'au boutisme » de la free music, qui s'était depuis ses débuts employée à faire exploser – en plus des structures musicales elles-mêmes – toute notion de durée « normée » : guère plus de cinq minutes) et la conduite proprement dite de son chef d'orchestre, consistant simplement à livrer des indications gestuelles aux musiciens, comme il nous le laisse entendre lui-même :

> « Nous n'avions aucune partition, aucun thème, aucune variation, tout était basé sur de nombreuses discussions, sur une entente et une stimulation que j'essayais de donner aux musiciens afin de leur faire créer des compositions totalement personnelles ; ce genre de direction peut paraître nébuleux pour certains, mais les relations entre musiciens sont très importantes au niveau de la création. […] Cette forme de conception est basée sur l'extension de la liberté de chacun vers la personnalité des autres. […] Je ne veux pas dire que le jazz n'a jamais été collectif, mais il a toujours été dirigé par des forces individuelles. Maintenant, avec l'orchestre que je souhaite, ce serait des forces collectives qui dirigeraient. Ce serait une musique basée sur les rapports entre les êtres humains et les sons. »[20]

Même si par la suite, Anthony Braxton a tenté (dans une moindre mesure toutefois) une expérience similaire, cette titanesque entreprise de déconstruction signe en quelque sorte une petite mort du free jazz en France.

> « Osons une image : le concert du Celestrial Communication Orchestra de ce 29 décembre 1970 nous apparaît, dans sa démesure, comme une immense thérapie de groupe du free jazz en France. Les conflits et les contradictions qu'il recèle (premier plan / arrière plan, soliste / groupe, répétition / variation, problèmes de la durée et de la résistance physique de l'auditeur…) cristallise en définitive la plupart des questions soulevées par le free en grande formation. »[21]

Solo, la grande épreuve

Probablement un peu usé par tous ces contextes « sismiques », certainement rendu possible, en tout cas, par son choix d'adopter le saxophone alto pour élargir ses moyens d'expression, Joachim Kühn décide d'ouvrir une nouvelle brèche, que dès lors il ne cessera d'explorer : l'aventure en solitaire, au piano.

D'autres commencent à s'y risquer, comme François Tusques six mois plus tôt ou pour les plus célèbres, Chick Corea et Keith Jarrett un an plus tard, avec le succès que l'on sait[22].

C'est Gérard Terronès, ex-barman au Chat Qui Pêche puis propriétaire du Gill's Club, fondateur de la firme Futura consacrée au free jazz et au new rock, organisateur de concerts à l'American Center et au Théâtre Mouffetard notamment, par ailleurs grand admirateur de Joachim Kühn, qui donne au pianiste l'occasion de réaliser son premier disque en solo. Le 15 mars 1971 – jour de ses vingt-six ans –, il entre au studio avec un concept plutôt précis : celui de ne pas avoir de concept… juste laisser ses doigts parcourir le clavier. Une idée qui ne le lâchera jamais tout à fait puisqu'un quart de siècle plus tard – le jour de ses cinquante ans ! –, il rééditera le procédé pour son solo *Abstracts*. En deux jours, une trentaine de solos seront enregistrés, dont sept figurent sur le disque.

Puzzle fabuleux où les pièces se font écho, se reflètent, s'imbriquent ou s'entre-heurtent en un bris de notes, se renvoient l'une l'autre des images déformées, doucement abîmées. Miroir surtout d'une âme, d'un moi qui s'est construit à travers Bach et Coltrane, puis s'en est libéré, une autre histoire, déjà : la sienne.

Cette petite bombe a éclaté où personne ne l'attendait ; la surprise digérée, l'ensemble de la critique a fait part de son émoi. Ainsi Jean-Robert Masson :

> « Joachim Kühn, l'homme des vertigineux maelströms, des tourbillons dynamiques exacerbés, l'apôtre du baroquisme multi-instrumental, a revêtu l'habit de cérémonie pour nous donner le plus raffiné, le plus délicieux des récitals impressionnistes. »[23]

L'écrivain Jean Echenoz :

> « Ici est démontrée l'existence de toutes les couleurs possibles, avec une grande liberté dans les choix des alliages entre ces couleurs. »[24]

Et même le pianiste Siegfried Kessler interrogé à l'occasion d'un *blindfold test* :

> « [Silence]… Il n'y a que Joachim Kühn pour jouer comme cela… [Silence]… très beau disque… bien joué… C'est riche et plein de bon sens. Il y a par moments un petit air de Debussy, mais si la musique était interprétée par un pianiste classique, cela n'aurait plus rien à voir. Ici, le feeling est jazz… (Silence)… Le son est beau… le piano est très bien enregistré. C'est vraiment un très beau disque. »[25]

Et lui :

> « C'est la première fois que j'enregistrais seul et il n'y avait aucune composition préétablie. Le free jazz n'implique pas nécessairement un son sauvage et collectif ; ces solos étaient "free" d'une autre manière, avec une autre esthétique. »[26]

L'expérience Ponty

Le 21 février 1971, le groupe Circle[27] se produit à la Maison de l'ORTF. Parmi les spectateurs : Stu Martin, Barre Phillips, Joachim Kühn et… Jean-Luc Ponty. En janvier, le violoniste a dissout son ancien groupe, tandis que le pianiste égrène ses toutes dernières notes en compagnie d'Eje Thelin. L'association qui va naître entre les deux hommes, a priori incongrue, durera un an et demi et ne cessera de diviser la critique, les uns saluant une musique nouvelle, haute en couleurs, les autres criant au collage vain et inutile. Il est vrai que la structure violon (Ponty) / piano - piano électrique - saxophone alto (Kühn) / guitare (Catherine)[28] / contrebasse - basse électrique (Peter Warren puis Jenny-Clark) / batterie (Oliver Johnson ou (parfois) Stu Martin ou encore Pierre Favre) / percussions (Nana Vasconcelos) a de quoi surprendre !

Ainsi tout au long de la vie du groupe, parsemée de deux disques et de nombreux concerts en France et en Europe, on ne manque pas de parler de lui dans les colonnes de la presse spécialisée :

> « Ce fut pour moi le choc. […] En deux mots je crois que tout l'intérêt du quintet repose sur le choc entre les personnalités de Kühn et de Ponty. […] Cette nouvelle orientation du violoniste risque fort d'effrayer sa clientèle habituelle, celle qui aimait un Ponty plus complaisant, un Ponty plus proche de la pop music ! Jamais le nom d'Experience n'aura été aussi justifiée pour qualifier le groupe de Jean-Luc Ponty. »[29]

> « Il n'y a plus à s'extasier béatement sur les diverses formations d'Outre-Atlantique qui pratiquent un jazz ayant su bien faire sien les apports positifs de la pop music et ayant pris ce qui lui convenait des fureurs de la free music : nous avons aussi bien en France et même mieux, pas bien loin des orchestres récents de Miles, en l'occurrence l'ensemble de Jean-Luc Ponty. Il serait tout de même temps de s'en rendre compte. […] Ajoutons que Kühn est un des rares à avoir compris que le piano électrique est un instrument en soi et nécessite une approche différente de celle du piano classique. »[30]

> « C'est plutôt à une esquisse, à un brouillon que nous avons affaire ici. »[31]

> « C'est bien de jazz qu'il s'agit, de jazz contemporain, bien vivant, et à classer dans le rayon réservé aux albums de choix. Comment pourrait-il en être autrement d'ailleurs, vu le générique ? »[32]

> « Il est évident qu'entre Nana [Vasconcelos], Kühn et le leader la soudure ne se fait ici qu'au prix d'une imagination complaisante. »[33]

Alors, affaire de goût ? Bien sûr, mais pas seulement. Il est certain que le Jean-Luc Ponty Experience est davantage un groupe de scène que de studio, et la singulière mixture cuisinée par le groupe, entre ragas indiens, ébullitions free et envolées planantes, n'offre pas à chaque coup une alchimie diabolique ; c'est aussi le témoignage du violoniste, même si nous ne partageons pas exactement son jugement :

> « La pire de mes périodes, ça a été celle du free jazz – il aurait fallu un magnétophone tous les soirs, et ne garder que les concerts où ça marchait. À l'époque, on faisait ça sans structure aucune. Il faut vraiment être inspiré, c'est arrivé, mais pas nécessairement le jour où nous étions en studio. »[34]

Une expérience qui aura été pourtant d'une grande richesse et dont il nous relate les grandes lignes :

> « Quand je suis rentré des États-Unis, j'avais beaucoup de pop dans les oreilles et je me suis dirigé dans cette voie. J'ai formé un orchestre qui comprenait Michel Grailler et Aldo Romano. Mais j'avais envie d'aller plus loin que je ne l'avais fait jusqu'alors dans un contexte purement jazz. J'ai donc réuni une formation composée essentiellement de musiciens free (Joachim Kühn, Oliver Johnson, Peter Warren) avec qui j'aurais eu bien du mal à faire ce que je faisais auparavant ! En fait, l'orchestre s'est constitué un peu par accident. Le groupe précédent s'est arrêté assez brutalement, en janvier 1971. Très vite, il a fallu que j'en forme un pour une tournée en Italie. Joachim était à Paris – a priori je n'aurais pas eu l'idée de lui demander de se joindre à moi, mais je l'avais entendu jouer avec Robin Kenyatta et je m'étais dit qu'il pouvait faire autre chose que ce qu'il faisait avec son trio. […] J'avais le même répertoire qu'avant, mais ça ne sonnait

> plus pareil. Dès le premier concert, je me suis aperçu du potentiel qu'il y avait dans cet orchestre. Le lendemain, j'ai décidé de supprimer tous ces thèmes. Comme je n'en avais pas d'autres, pendant toute la journée nous avons improvisé librement ! Après quoi, nous avons trouvé de nouveaux thèmes… J'avais envie de faire éclater le tempo, de jouer d'une façon beaucoup plus libre. C'était la première fois que je pouvais vraiment le faire, grâce aux musiciens qui m'entouraient… J'ai redécouvert mon instrument pendant tous ces mois. Le free m'a donné l'occasion d'utiliser des possibilités techniques que j'avais jusqu'alors laissées de côté. […] Et curieusement, c'est pour jouer free que ma technique classique m'a le plus servi.
>
> Au bout d'un an et demi, j'ai eu l'impression d'avoir été au bout de mes possibilités dans ce contexte. En outre, j'avais la nostalgie du tempo. J'ai dissous l'orchestre en juin 1972, je ne me sentais pas le droit de lui faire prendre le virage que je voulais prendre moi-même. J'ai essayé de les entraîner, mais j'ai vu très vite que je n'y parviendrais pas… »[35]

C'est au sein de ce groupe que Joachim Kühn se met à jouer du piano électrique : une étape charnière donc pour le pianiste, qui peu à peu délaissera le saxophone au profit du Fender Rhodes ; le piano toutefois, demeure.

La mort du free

Dans le courant de l'année 1971, Kühn et Gaby quittent la banlieue pour emménager à nouveau dans la capitale, rue Notre-Dame des Champs durant quelques mois, puis avenue Alphonse XIII.

Parallèlement aux tournées avec le Jean-Luc Ponty Experience, le pianiste n'en continue pas moins de poursuivre d'autres trajectoires : dans la veine free entamée quatre ans auparavant avec Michel Portal, en solo, avec son frère Rolf, avec le groupe Interchange, enfin avec Anthony Braxton. Il se produit aussi à Helsinki en compagnie d'Archie Shepp, Palle Danielsson et Edward Vesala.

Au cours d'un séjour londonien du groupe de Ponty, Kühn joue avec les saxophonistes Mike Osborne et Alan Skidmore, ainsi qu'avec le batteur anglais Tony Oxley. Il appelle ces deux derniers pour un nouveau disque de son frère ; les 20 et 21 juin à Cologne, *Devil in Paradise* est enregistré par le Rolf Kühn Jazzgroup, un prestigieux sextet européen réuni pour la circonstance : outre les deux frères, sont présents Alan Skidmore, Albert Mangelsdorff, Wolfgang Dauner au piano électrique, le contrebassiste Eberhard Weber et Tony Oxley. Apologie de l'effilochement, ce disque est tout à fait symptomatique de la nouvelle direction qui s'offre au free jazz, où l'énergie brute n'est plus l'élément moteur de la musique : ici, on procède par douces lacérations de thèmes souvent alambiqués ; une sorte de construction par la déconstruction plutôt qu'absence pure de structures. Rien à voir non plus avec les conceptions bebop : il ne s'agit en aucun cas d'un retour en arrière, d'un quelconque rétrogradage, puisque cette alternative possible du free, qui semble par ailleurs toujours valable aujourd'hui, repose sur une forme plus ouverte de la composition, inextricablement mêlée à l'improvisation, toujours libre.

C'est à cette époque encore, que Kühn est régulièrement invité à se joindre au quintet de Mangelsdorff, qui comprend alors Heinz Sauer, Manfred Schoof, Gunter Lenz et Ralph Hübner.

Un à un, les clubs mythiques qui ont grandi dans les beaux jours du free jazz, ferment, telle une prémonition. D'autres, plus ou moins éphémères, voient le jour, comme le Jazz Inn, un des nouveaux temples du jazz moderne malgré une existence destinée à n'être que fort brève, qui ouvre ses portes le 18 mars 1971, inauguré entre autres groupes par le Jean-Luc Ponty Experience.

D'une manière plus générale, si les musiciens restent les mêmes, c'est-à-dire ceux qui ont révolutionné le jazz en France, et à l'image de *Going to the Rainbow* et *Devil in Paradise*, les musiques ne sont déjà plus tout à fait les mêmes. Non qu'elles s'assagissent d'une quelconque manière, mais elles se métamorphosent vers une esthétique différente : non plus basée sur le cri bien qu'il en demeure l'une des entités structurales essentielles, mais plutôt sur ce dernier souffle expiré à la toute fin du cri, lorsque celui-ci s'érode, que la gorge brûle encore. Une musique à l'image du célèbre *Cri* peint par Edvard Munch : le cri que semble pousser le personnage n'émet aucun son – les autres passants n'entendent rien : il est simplement enfoui dans son crâne. Le free jazz de cette fin d'année 1971 n'est plus le même que celui de 1968 : s'il en a intégré toutes les composantes, il s'ouvre à présent sur un ailleurs encore inconnu, bouleversant de par sa propre incertitude, en tout cas libre, plus libre que jamais. Et c'est ce qui pouvait arriver de mieux à cette musique tant décriée, tellement adulée aussi : cette mue lui permettant de grandir, de mûrir, évitant ainsi le carcan d'une systématisation, d'une pourriture annoncée. Tous les acteurs de la New Thing n'ont pas su s'en dépêtrer, certains y ont même succombé, restent englués dedans trente ans après, mais les autres, les Steve Lacy, John Surman, Chris Mc Gregor, Barre Phillips, Jacques Thollot, le Workshop de Lyon, Willem Breuker, pour n'en citer qu'une poignée : ceux-là ont ainsi pu emprunter de nouvelles voies, plus personnelles, parfois jalonnées d'impasses elles aussi, mais c'est ainsi qu'ils ont pu grandir.

Ainsi en est-il pour Michel Portal et Joachim Kühn ; aussi lorsqu'ils se retrouvent, en automne 1971 pour une série de concerts[36], ce n'est pas *Our Meanings And Our Feelings* qu'on ressuscite :

> « Le free jazz, au sens propre du terme, n'est plus au rendez-vous : l'abord des instruments est redevenu passablement classique (même si Portal embouche parfois deux clarinettes), les sonorités et les sons créés délaissent les cris et les grincements systématiques, les évasions et les rencontres n'explosent plus au moindre effleurement, mais se nouent et se dénouent paisiblement, et pourtant dans la plus grande chaleur. Reste l'improvisation, collective ou successive ; le primat des sensibilités sur les cadres préétablis, des mélodies et de leurs développements sur les harmonies ; l'importance d'une percussion discontinue et multiple, d'une basse mouvante et souple. Kühn et Portal s'entendent remarquablement pour créer une musique moderne, contemporaine, qu'aucune étiquette ne saurait annexer. On l'a déjà dit à propos de Kühn et cela reste vrai pour le présent orchestre : il s'agit d'une sorte de romantisme, réévalué et adapté, où la poésie des sons s'affirme avant toute chose, où la sérénité évince l'angoisse sans possible retour en arrière. [...] Pour le premier des concerts de jazz de la Biennale de Paris : un art moderne dans son épanouissement le plus heureux. »[37]

Michel Portal lui-même se souviendra longtemps de ces quelques concerts d'octobre :

> « Mon passage au Jazz Inn avec Joachim Kühn, Peter Warren et Aldo Romano a été très important, car c'était la première fois que je passais dans un cadre spécifiquement jazz. C'est au cours de cet engagement que j'ai réellement su que j'étais capable de faire du jazz. »[38]

Plus tard, bien plus tard, Portal tentera de poser un regard mesuré sur cette période du free jazz :

> « Ce que je pense aujourd'hui... il y a des gens qui ont laissé leur vie, là-dedans, et leur âme. C'est assez dramatique comme histoire. [...] C'était quelque chose de complètement incertain, fait par des gens incertains comme moi ou d'autres... une sorte de déchirure. C'est une question assez grave, je n'ai pas envie de rire avec ça. [...] Dans le free, l'objectif était l'improvisation collective. La question n'était pas de laisser une trace, seul le concert comptait, ce qui était "live", avec la conviction que la spontanéité était la condition de l'invention. [...] Cette musique a fait exploser beaucoup de tabous et a permis à des jeunes de s'exprimer et d'inventer des musiques. »[39]

Il est important de constater que les principaux acteurs du mouvement free, s'ils ont bien laissé un héritage exceptionnel aux générations suivantes et demeurent eux-mêmes marqués au fer rouge par cette période, ont peu à peu cherché à aller au-delà du free, par souci personnel, désir d'aller encore plus loin ou simplement ailleurs, par crainte aussi de s'enfermer dans de nouveaux clichés identiques à ceux qu'ils avaient foncièrement cherché à détruire. Kühn apporte un nouvel éclairage à cette question :

> « Je pense que ce qui s'est produit du be-bop à nos jours ne peut offrir de réponse satisfaisante, définitive au jazz. Jouer seulement free aujourd'hui, ou be-bop, n'est plus une proposition valable. Je n'ai rien contre les gens qui jouent ça, mais je ne crois pas qu'il faille refaire comme les vieux maîtres ; ne cherchons pas à les copier, à les répéter : cherchons plutôt de nouvelles orientations. »[40]

En d'autres termes, éviter toute forme de sclérose – même au nom d'une soi-disant liberté –, vivre la musique : ce n'est, à l'image de l'improvisation, que riche de toutes ces histoires, mais riche surtout de les avoir digérées que le musicien va pouvoir entreprendre une route vierge, qui lui sera propre : voilà, certainement, une idée de la liberté selon Kühn, qui conclut :

> « À l'époque, il fallait absolument sortir des clichés bop, changer de direction, et le free jazz est venu au bon moment pour cela. […] Je crois qu'il faut être extrêmement bon musicien pour jouer le free jazz ; vous ne pouvez pas jouer n'importe quelle note à n'importe quel moment, sans quoi il n'y a bientôt plus de musique du tout ! Beaucoup de musiciens se sont dits après-coup "ça n'a pas l'air si difficile, je prends un saxophone et je joue quelque chose comme ça". […] Le problème est qu'il y avait à peu près 95 % des musiciens de free jazz qui étaient de mauvais musiciens. C'est ce qui a tué cette musique, si bonne qu'elle ait pu être. […] Sans cette expérience, je ne jouerais pas comme maintenant. La liberté est toujours là, mais elle nécessite plus d'idées musicales. […] Je joue toujours aujourd'hui de la free music, mais plus structurée musicalement. Je crois à la composition, aux nouveaux systèmes, je me demande comment jouer, quelles notes jouer ou ne pas jouer. Il ne s'agit pas d'obtenir plus de contrôle mais plus de profondeur musicale. »[41]

C'est encore au Jazz Inn qu'il est programmé en solo pour quatre soirs de septembre. Ce sera la première fois qu'il sera confronté en public à cette grande épreuve en solitaire… Une voie dans laquelle il ne cessera de s'épanouir, de se renouveler. Deux mois plus tard, il enregistrera son deuxième disque en solo : *Piano*, comme un territoire d'exil.

> « *Piano* s'avère le complément indispensable de *Solos*, car il nous révèle une autre facette d'un art magnifique. »[42]

Tout est dit.

Le 19 février 1972, le pianiste se produit à nouveau en solo, à la Maison de l'ORTF, cette fois, devant un public beaucoup plus nombreux. Ici, au lieu de collectionner une dizaine de pièces d'assez courte durée comme c'est le cas sur les deux disques, il choisit de se lancer dans deux longues suites introspectives, liant et prolongeant en quelque sorte les « miniatures » amorcées lors des enregistrements.

Interchange

Le mot « *interchange* » est ici issu d'une combinaison de deux mots anglais pour indiquer l'interaction (*inter-action*) et l'échange (*exchange*) des idées entre les trois personnalités. Le groupe est composé de Joachim Kühn, du contrebassiste Peter Warren, du batteur / percussionniste suisse Pierre Favre qui se souvient :

> « Cette période parisienne fit encore partie du Paris qui bougeait, qui cherchait, qui tâtait, quelquefois un peu maladroitement, mais de manière très riche : il y avait une vie qui annonçait plein de choses à venir. »[43]

Le premier concert d'Interchange est programmé le 11 septembre 1971 pour la Fête de l'Humanité à la Courneuve, sous une pluie battante. Quelques autres suivront çà et là jusqu'en janvier 1972, mais leur prestation la plus mémorable reste sans doute celle du 30 octobre 1971 au Parc Floral de Vincennes, assaillis par les courants d'air et un froid glacial. Les trois hommes s'étaient donnés rendez-vous chez Kühn dans la matinée et en guise de répétition, avaient écouté des disques de Coltrane…

À la suite de ce concert, Alain Tercinet écrira avec une clairvoyance remarquable (nous ne sommes qu'en fin d'année 1971 !) :

> « Joachim Kühn démontre que son album *Solos*, loin d'être un aboutissement, était au contraire un point de départ. »[44]

Pour preuve encore, l'enregistrement du trio en décembre 1971 : sept pièces spontanées et labyrinthiques, perles en suspension dans un ailleurs, comme ce splendide « *Cello Fane* » sur lequel Warren renoue avec le violoncelle[45] et Favre entonne une mélodie atemporelle avec une scie musicale…

Lors de sa parution, le disque est salué par l'ensemble de la presse spécialisée :

> « Avec Interchange, la création se situe sur un plan essentiellement collectif et se revendique comme telle. D'autres groupes participent du même processus […] mais aucun n'aboutit à un résultat aussi probant dans un contexte aussi exigeant, débarrassé de tout paroxysme et de toute exaspération a priori, qui n'ont bien souvent d'autres fins que de masquer des impuissances. […] Fluctuante mais définitive, ouverte mais habitée, sans facilité aucune, la musique d'Interchange est indispensable. »[46]

Ou encore :

> « [De Kühn], voici sans doute l'album le plus abouti – c'est-à-dire l'un des très grands disques de piano de ces dernières années. »[47]

Il est vrai que ce disque est une merveille…
Quant au pianiste, il dira simplement :

> « L'enregistrement se déroula exactement comme il le devait. Nous sommes entrés dans le studio et deux heures plus tard, nous avions terminé. Nous aurions tout aussi bien pu mettre deux jours entiers. »[48]

En fait, deux jours d'enregistrement auront bien lieu, mais comme pour mieux symboliser la pluralité des activités du pianiste, ce sont trois disques *Open Strings* du Jean-Luc Ponty Experience, le solo *Piano* et *Interchange* qui seront gravés !

Le RBN – 3° K 12

Pendant une quinzaine de jours à cheval sur les mois de février et de mars 1972, Joachim Kühn travaille avec Anthony Braxton. La rencontre est ponctuée par quelques concerts, encadrés par une première apparition en quartet avec Peter Warren et Oliver Johnson le 25 février au 2ᵉ festival de Free Jazz de Colombes (devant une affluence relativement restreinte) où le groupe exécute une longue et unique pièce, et par la première mondiale du Creative Music Orchestra d'Anthony Braxton, le 11 mars à Châtellerault.

Dès le milieu des années soixante, Braxton s'est essayé à la composition pour orchestre, nous laissant par exemple des pièces pour orchestre symphonique et même une composition pour cent tubas (!). C'est de cette période qu'est née l'idée de monter le Creative Music Orchestra. Il s'agit d'un orchestre de quatorze musiciens comprenant Kühn, Oliver Johnson, Ambrose Jackson ou encore François Méchali : en tout cas trois saxophones, quatre trompettes, un tuba, un piano, deux contrebasses, deux batteries / percussions et les divers instruments de Braxton (saxophones, clarinette et flûte). Composition unique dédiée à Ornette Coleman, « *RNB – 3° K12* » se fragmente en douze unités (« *Unit* ») s'échelonnant de A à L, l'idée étant de réaliser par la suite une seconde partie pour obtenir au final autant de séquences que de lettres de l'alphabet… Cette œuvre de près de deux heures, si elle se rapproche du « *Seasons* » interprétée par le grand orchestre d'Alan Silva quinze mois plus tôt de par sa « taille » (près de deux heures, nombre élevé de musiciens) et sa structure polymorphe (favorisant les configurations de jeu les plus diverses, du solo au grand ensemble), s'avère moins magmatique, moins énorme, distillant une musique plus étrange, intranquille mais non cataclysmique, mieux équilibrée, plus réussie.

Le 22 novembre de cette même année, Braxton organise une écoute publique des bandes enregistrées lors du festival de Châtellerault à l'American Center dans l'espoir d'intéresser un producteur de disques. Malheureusement, peu d'entre eux se déplacent et ce n'est que quelques années plus tard que l'œuvre sera éditée, sous la forme d'un coffret de trois disques.

Anthony Braxton remontera son Creative Music Orchestra quatre ans plus tard, avec un personnel différent.

Un dernier tango à Paris

Le réalisateur italien Bernardo Bertolucci, qui vient de tourner *Le dernier tango à Paris*, fait appel au saxophoniste argentin Gato Barbieri pour en composer la musique. Ce dernier avait déjà interprété deux compositions de Gino Paoli en 1963 pour son film *Prima Della Rivoluzione*. En août 1971, après trois visions d'un montage de quatre heures du film, Barbieri compose une cinquantaine de courtes pièces. En automne, la musique est enregistrée à Rome ; il a fait appel à Joachim Kühn, deux contrebassistes : Charlie Haden avec qui il a déjà travaillé au sein du Liberation Music Orchestra et Jean-François Jenny-Clark avec lequel il se produit régulièrement, le percussionniste « Mandrake » Nascimento et... Daniel Humair. Oliver Nelson quant à lui est chargé des arrangements et de la direction d'un orchestre à cordes. La session d'enregistrement dure trois jours. Les musiciens jouent directement sur les images du film qui défilent devant eux, puis en discutent après coup sous l'œil attentif de Bertolucci. Quant à cette mélodie mille fois entendue, écrite dit-on, sur une nappe de restaurant :

> « Elle est fantastique ; très simple, on peut s'en souvenir pour la vie dès la première écoute. Elle est très profonde, musicalement. »[49]

Suite au succès mondial du film, Barbieri décide de sortir un disque de la musique. Mais intégrées au film à la manière d'un commentaire off, les séquences musicales qui se tricotent autour du fameux thème de Barbieri restent impubliables en l'état... Il choisit donc de rejouer ses compositions de manière plus « propres ». Ce sera cette fois Franco d'Andrea qui assurera les parties de piano...

Au printemps 1972, Gaby et Joachim Kühn se sont passablement lassés de Paris et choisissent de retourner en Allemagne.

Itinéraires :
vers une ramification des pistes (1973-1977)

« Avec les musiciens de jazz, on fonce tant qu'on tient le coup… »

Joachim Kühn[1]

Buchholz in der Nordheide

Le couple s'installe à Buchholz, un village campagnard non loin de Hambourg. Toutefois, il est plus raisonnable de considérer Buchholz comme un pied-à-terre pour Joachim Kühn que comme son domicile fixe, tant les voyages à l'étranger comme dans le reste du pays seront incessants. Pendant quatre ans, il va s'ingénier à multiplier les pistes, brouiller certaines cartes…

C'est à cette période que Gaby deviendra peintre professionnelle.

Cela commence en avril 1972 par un enregistrement effectué pour la Radio Danoise, dans la ville allemande de Flensburg, située sur la frontière entre les deux pays. Kühn se produit en quartet avec le trompettiste Palle Mikkelborg et présente, en fin de concert, une composition pour piano et big band écrite à Paris : ce sera « *Paris 71* ». D'une durée de vingt minutes, l'œuvre a nécessité deux jours de répétitions dans les locaux de la radio. L'orchestre – le Radio Jazz Group – dirigé par Mikkelborg, comprend quatre trompettistes, deux trombonistes, quatre saxophonistes, flûtistes, clarinettistes…, un guitariste, le contrebassiste, deux batteurs : Alex Riehl et le jeune Kasper Winding âgé de quinze ans, Kühn étant le soliste au piano électrique.

Cette composition dont l'ébauche figurait sur Piano est la première que le pianiste a écrite pour un grand ensemble.

En juin 1972 sont donnés les ultimes concerts du Jean-Luc Ponty Experience dans sa configuration habituelle[2] : Fresnes, Montreux, Altena, Metz, etc.

Profitant de son passage en France, Kühn rejoint Michel Portal à Hélancourt : ils jouent aux côtés de Bernard Vitet, Léon Francioli, Beb Guérin, Pierre Favre, Jouk Minor, Peter Warren et Daniel Humair devant un public d'une trentaine de personnes ! Concert halluciné, sous la pluie, l'orage, la grêle, avec déchirement de la toile du chapiteau et panne d'électricité... Deux mois plus tard, le sextet de Portal allait se produire à Châteauvallon...

Phil Woods retrouvé

En juillet, Rolf fait appel à son frère et aux rescapés du Jean-Luc Ponty Experience pour enregistrer avec... Phil Woods.

L'ambiance est chaleureuse, avec « *a happy feeling and a little alcohol* »[3] mais le premier jour au studio s'avère un véritable fiasco, une mayonnaise qui ne se décide pas à prendre. Alors au bout de cinq heures de vaines tentatives, Rolf interrompt tout, la musique s'arrête. Le lendemain, les musiciens, certainement plus frais, donnent tout ce qu'ils ont...

Phil Woods s'élance avec bonheur dans ces compositions à peine plus chaotiques que celles qu'il jouait durant les derniers mois d'existence de son groupe et intègre parfaitement sa voix à celle du clarinettiste, on assiste à quelques tendres capharnaüms, à de doux glissements de terrains, comme au ralenti, à un intense rapport au silence, surtout. Le disque se clôt avec une étrange et belle « *Sonate pour Percussions, Piano et Clarinette* ».

Le titre *The day After* comporte une double signification : en regard de la session, il faut comprendre : « The Day After The Catastrophe » ; au niveau de l'esthétique, il s'agit bien entendu de « The Day After The Free Jazz »...

Humair ou la vraie rencontre

Daniel Humair a quitté l'European Rythm Machine de Phil Woods – celle dont il avait lui-même barré l'accès à Joachim Kühn deux ans plus tôt –, le pianiste vient d'enregistrer avec ce même Phil Woods, tous deux ont participé à la musique du *Dernier Tango A Paris* et viennent de se retrouver (presque !) par hasard le temps d'un concert sous l'égide de Portal... La boucle est sérieusement en train de se boucler.

L'explication tombe, logique :

« Daniel m'avait entendu beugler dans mon sax et jouer du piano sans les doigts... Lui faisait encore partie des Swingle Singers à ce moment-là. Imagine...
Puis il a intégré le groupe de Phil Woods, son esprit s'est largement ouvert à des styles de jeux modernes ; parallèlement, j'avais un peu changé mon état d'esprit : je jouais

toujours de manière libre, mais dans un esprit plus ouvert à la composition... Je me souviens même d'avoir joué ensemble *"All The Things You Are"* ! »[4]

La rencontre débouche sur la formation d'un trio avec Peter Warren, qui au cours de l'hiver 1972-1973 se produit en de nombreux lieux parisiens. Au milieu, le trio grave un double album : *This Way Out*, sur lequel apparaît le saxophoniste Gerd Dudek pour quelques morceaux.

Le chemin amorcé par les précédents disques du pianiste au cours de l'année 1971 se poursuit ici de fort belle manière : une nette tendance à l'épure, découverte de nouveaux territoires, vers un effleurement plutôt qu'un déracinement ; un contre-point finalement entre le free jazz (éclatement des structures) et la musique écrite, où la mélodie n'a pas de chair mais se devine, ne se palpe pas davantage qu'une ombre chinoise.

Le 9 novembre 1972 à l'American Center, Anthony Braxton se joint au trio pour les quatre derniers morceaux du concert. Les deux soirs suivants dans ce même lieu, c'est lui qui tient l'affiche pour présenter un programme intitulé « Forms » qui consiste à alterner les musiciens et les configurations de jeu, le saxophoniste faisant figure de trait d'union. Ainsi assiste-t-on avec Kühn à une prestation du trio augmenté de Braxton et du trompettiste Baikida E.J. Carroll, à un duo avec Braxton et à un quintet reprenant le « *Straight No Chaser* » de Monk. Sont présents aussi dans d'autres formules Steve Lacy ou encore Oliver Lake.

> « Du particulier au général, de l'élémentaire au complexe, de la cellule à l'organisme... C'est ce type de progression qui apparaît comme l'axe majeur du discours de Braxton. [...] Bilan : foule le samedi, beaucoup moins le dimanche, comme s'il s'était agi d'assister à une seconde édition du même concert. »[5]

Le saxophoniste retrouvera le trio le 9 décembre en remplacement de Rolf Kühn qui était invité mais n'avait pu se rendre au concert.

Association PC

Le groupe Association PC a été fondé en août 1970 lorsque le batteur Pierre Courbois a invité le pianiste Jasper van't Hof, le guitariste Toto Blanke et le contrebassiste Peter Kreiynen a se joindre à lui pour un festival hollandais. Blanke et van't Hof jouaient déjà ensemble depuis un an lors de soirées, mariages et... enterrements ! Peu après, Association PC fait paraître un premier disque[6], qui séduit le producteur de la firme MPS Joachim-Ernst Berendt. S'ensuivent des programmations dans d'importants festivals (Berlin, Donaueschingen, Baden-Baden, etc.) et la parution de deux autres disques[7]. Entre temps, le contrebassiste a laissé sa place à Siggi Busch.

ASSOCIATION P.C.

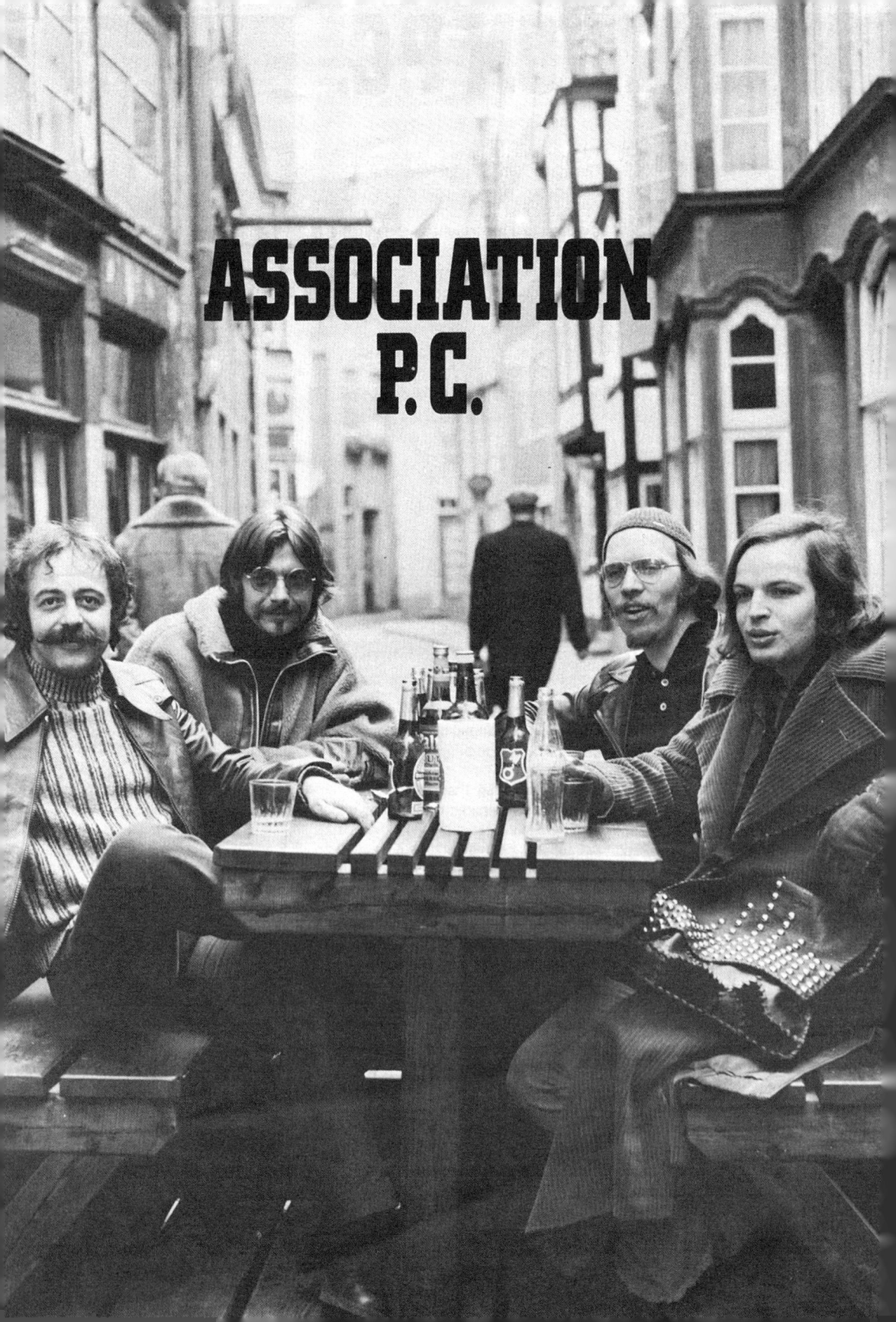

À la fin de l'année 1972, Jasper van't Hof quitte le groupe pour se produire avec Chris Hinze, puis avec le groupe Pork Pie, et le saxophoniste Karl-Heinz Wiberny apparaît ponctuellement aux côtés du trio pendant l'hiver.

En mars 1973, se tient le premier meeting de l'UDJ[8], qui regroupe le temps d'une nuit bon nombre de jazzmen allemands. Après la réunion, une jam-session s'organise autour de Klaus Doldinger, Manfred Schoof, Günter Lenz, Klaus Weiss, Joachim Kühn et Toto Blanke; le jour même, Pierre Courbois et le guitariste proposent au pianiste d'intégrer leur groupe. Le remplacement de Jasper van't Hof par Kühn oriente la musique d'Association PC vers une direction nouvelle :

> « Ce changement de pianiste a été très important pour moi car Joachim avait une conception harmonique beaucoup plus free, je pouvais donc "m'envoler" davantage avec la guitare lors des improvisations. Et Joachim a une excellente oreille et nous pouvions réellement faire ce que l'on voulait. [...] C'est un excellent compositeur, avec un style tout à fait personnel ; il est un des musiciens et l'un des hommes les plus libres que je connaisse, qui ne s'autorise aucun compromis. »[9]

Dès le mois de mai démarre une tournée européenne de huit semaines visitant la Hollande, la Belgique, la France, la Suisse, l'Allemagne de l'Ouest et l'Autriche, au cours de laquelle le flûtiste Jeremy Steig est régulièrement invité. Musique énergique, débridée, où Pierre Courbois fait fureur avec sa batterie en plastique transparent armée de deux grosses caisses, où Siggi Busch tisse un garde-fou bancal, où guitare et Fender Rhodes entremêlent joyeusement leurs chants arides, extasiés, leurs chants hallucinés... Deux disques et demi plus tard[10], une nouvelle tournée est engagée, mondiale cette fois. Elle est organisée par la Goethe Institute, sorte d'ambassade culturelle allemande à l'étranger. Lancée en janvier 1974, elle débute par un périple de huit semaines à travers l'Asie. À Bombay, Don Cherry se joint au groupe le temps d'un concert. Quelques mois plus tard, elle se poursuit dans les pays du Magreb, puis au Portugal et en Espagne. De quoi nous faire regretter l'absence de disques pour témoigner de l'évolution prise par le groupe au cours de l'année 1974...

En juillet toutefois, poussé par Kühn, Toto Blanke grave le premier album sous son nom : le merveilleux *Spider's Dance*.

Les *summits*

Les *summits* sont nés d'une idée de Berendt : il s'agissait de réunir quatre grands musiciens d'un même instrument et d'ajouter une section rythmique (piano - piano électrique / contrebasse - basse / batterie et parfois percussions). Ainsi ont été réalisés deux Violin Summits, deux Alto Summits, un Clarinet Summit, un Guitar Summit, un Flute Summit...

> « J'aime la plupart des idées de Berendt... Mais pas celle des *summits* ! Ce n'était pas très intéressant de faire partie des sections rythmiques. *Altissimo* réunit tout de même quatre monstres du saxophone alto, mais j'aurais nettement préféré jouer en quartet avec n'importe lequel d'entre eux ! »[11]

Altissimo, composé de Gary Bartz, Lee Konitz, Jackie Mc Lean, Charlie Mariano, Joachim Kühn, le contrebassiste Palle Danielsson et le batteur Han Bennink remplaçant Motohiko Hino initialement prévu, se révèle tout de même fort intéressant et renferme quelques moments bien réjouissants, comme le thème de « *Love Choral* » entonné à la voix a capella par le groupe, puis délicieusement malmené par chacun des saxophonistes.

Flute Summit, enregistré trois mois plus tard en octobre 1973, demeure quant à lui nettement plus anecdotique, à l'image des retrouvailles avec Aldo Romano qui tient ici la batterie.

C'est durant ce même mois que Rolf, comme chaque année depuis 1970, fait appel à son frère pour enregistrer un nouveau disque. Et comme à chaque fois aussi, c'est Joachim qui propose les musiciens pour former le groupe ; on y trouve logiquement Toto Blanke avec lequel il est en pleine association, Palle Danielsson qui faisait partie quelques jours plus tôt de la section rythmique du Flute Summit à ses côtés, le trompettiste Randy Brecker que Joachim avait rencontré lors de la compétition de jazz organisée par Gulda en 1966 à Vienne, et Daniel Humair. L'idée d'origine était de réaliser un projet réunissant deux paires de frères : les Kühn et les Brecker ; malheureusement, Michael Brecker n'était pas libre à ce moment-là...

La plupart des titres ont été composés à Salinas, dans l'île d'Ibiza, où Rolf Kühn vient d'acquérir une maison. D'un impact certainement moindre que les précédents disques du Rolf Kühn Group, *Connection 74* contient néanmoins le premier duo enregistré par les deux frères.

Le 20 novembre 1973, un concert cloture les NDR Jazz Workshops de Hambourg organisés autour des frères Kühn, où l'on retrouve quelques acteurs du disque (Randy Brecker, Toto Blanke et Palle Danielsson) ainsi que les batteurs Edward Vesala et Kasper Winding.

La vie en cinémascope

En 1974, les activités du pianiste continuent de se diversifier, notamment en avril lors d'un séjour en Hollande, où il retrouve le flûtiste Chris Hinze qui faisait partie du Flute Summit. Avec lui, il enregistre quelques duos qui ne paraîtront qu'au début des années quatre-vingt[12].

Ensemble, ils rencontrent Toots Thielemans et Philip Catherine le temps d'un disque. L'occasion surtout pour le pianiste de se confronter à la section rythmique de la Chris Hinze Combination : le bassiste John Lee et le batteur Gerry Brown. Séduit par le ronflement groovy de l'un et par la vélocité de l'autre, il fera fréquemment appel à eux pour l'accompagner vers une musique de plus en plus jazz-rock. Ainsi, dès le mois suivant, ce sont eux qui soutiennent Kühn et Toto Blanke sur *Cinemascope* : un monument du jazz psychédélique avec notamment le titre « One String More » sublimé par les envolées au violon de Zbigniew Seifert.

Faux hasard : c'est à cette époque où les sons se bariolent que Joachim Kühn délaisse progressivement le saxophone.

Naissance d'un trio

Parallèlement à cette nouvelle direction plus électrique qui se profile, Joachim Kühn n'en poursuit pas moins des explorations d'un ordre tout autre... Au printemps et à l'automne 1974, Joachim Kühn séjourne quelque temps à Paris où il forme un nouveau trio avec Jean-François Jenny-Clark et Daniel Humair : deux compagnons qui ont déjà, nous l'avons vu, fait les beaux jours des précédents trios de Joachim Kühn, mais jamais encore dans la même formation (hormis, pour l'histoire, dans *Last Tango in Paris*).

Les prestations du trio au Théâtre de la Ville (21 mars) – avec une incursion de Jean-Louis Chautemps –, au Théâtre de la Gaîté Montparnasse (23 mars), au Riverbop (une semaine en novembre, une en décembre) et la poignée de concerts donnés en février 1975 dévoilent un trio en pleine maturité, enchanté, enchanteur, laissant présager de l'évidence des retrouvailles au cours des années quatre-vingt après le retour de Kühn des États-Unis. La critique en redemande :

> « On vit alors un Joachim incisif, tendre et mordant, farouche. Le même soir Keith Jarrett jouait à cinq cents mètres de là. Kühn, enthousiaste, se permit même quelques "jarretteries". Mais loin d'avoir affaire à un caméléon virtuose et démagogue, nous avions face à nous une démonstration de cohérence et de concision. Le public qui était venu faire salle archi-comble ne s'y était pas trompé. »[13]
>
> « Joachim Kühn au jeu mûri doté d'une sobriété et d'une force exemplaire, Daniel Humair à qui tout réussit, J.-F. Jenny-Clark dont l'intelligence et la technique ne gomment jamais la sensibilité, forment un véritable trio. Il y en a peu qui atteignent une telle intensité. »[14]
>
> « Ces concerts ne furent pas ceux d'un soliste accompagné mais ceux d'un véritable trio équilatéral. »[15]

De quoi amèrement regretter l'absence de traces discographiques...

Un Américain à Paris

En octobre 1974, Joe Henderson est de passage à Paris. Il monte un groupe avec le trio Kühn / Humair / Jenny-Clark, avec lequel il se produit pendant deux semaines au Club Saint-Germain et donne quelques concerts alentour. Un matin, le groupe passe par les studios parisiens d'Europa Sonor pour graver *Black Narcissus*, un album frais, trait d'union entre une certaine « avant-garde » européenne, une brise jazz-rock et la sensualité des bons vieux Blue Note.

Des claviers non tempérés

Malgré la multiplication des horizons qu'il arpente avec une même vigueur, Joachim Kühn n'en continue pas moins de se produire en solo à travers l'Europe. Le courant des années soixante-dix marque alors un certain « âge d'or » du piano solo ; chaque pianiste de jazz se lance dans l'aventure avec plus ou moins de bonheur – entre illuminations sincères et simple poudre aux yeux –, introspections exposées aux oreilles du monde où chacun dépasse le cadre strictement formel du jazz pour y intégrer des éléments annexes de son propre folklore, géographique ou imaginaire : les entreprises en solitaire fleurissent donc, où Jaki Byard passe gaiement en revue toute l'histoire du jazz, où Dollar Brand et (un peu plus tard) Chris Mc Gregor enracinent leurs solos dans les terres du Transkei, où l'écho du Maroc et la figure d'Ellington résonnent sous l'ivoire de Randy Weston, où Sun Ra revisite Monk et le cosmos… Deux cents noms pourraient allégrement figurer dans cette liste ! Ajoutons, forcément, les deux plus connus du grand public : Chick Corea et ses envolées hispanisantes, ses cheminements à la croisée d'Herbie Hancock et de Béla Bartók, et surtout Keith Jarrett et ses fresques lyriques, entre exaltation et rébarbatisme. L'Allemagne et la France tirent largement partie de ces engouements pour l'épreuve du solo, à l'image du festival d'Antibes Juan-Les-Pins qui présente du 23 au 28 juillet 1974 un Special Piano Stars : quatre récitals où se succèdent au piano Randy Weston, Martial Solal, Joachim Kühn et Keith Jarrett, ainsi qu'une prestation de Paul Bley accompagné de NHOP.

Fort de ce succès, probablement, les inévitables duos de piano vont à leur tour se multiplier, tout comme d'autres projets plus incongrus : le Jazz Piano Quartet de Hank Jones, Roland Hanna, Marian McPartland et Dick Hyman, le Piano Choir de Stanley Cowell qui réunit sept pianistes… ou le Piano Conclave de George Gruntz.

Créé à Vienne en automne 1973, ce dernier est composé des pianistes européens Gordon Beck, Wolfgang Dauner, Jasper van't Hof, Martial Solal, Joachim Kühn, Fritz Pauer et George Gruntz, auxquels se joindront plus tardivement Bobo Stenson et Adam Makowicz ainsi que Georges Arvanitas pour une courte période, soutenus par une section rythmique basse / batterie. Durant les trois années de vie du Piano Conclave, l'ensemble de ces douze pianistes ne sera jamais au complet : l'idée de base étant de toute façon de n'en regrouper que six, les prestations scéniques oscilleront finalement – difficultés d'accorder les agendas obligent – entre quatre et six membres et seront peu nombreuses : Pontoise, Genève, Laupheim, Londres et Bergamo figurent parmi les plus marquantes d'entre elles. Ils ne se contenteront d'ailleurs pas de jouer sur des pianos et disposeront le plus souvent d'une incroyable armada de pianos électriques et autres synthétiseurs.

Malgré tout, en dépit de quelques bons moments, l'entreprise finit par davantage tourner à la vaine démonstration plutôt qu'à l'expérience jubilatoire, et Solal puis Kühn quittent le groupe avant sa dissolution.

> « Un piano, c'est parfait ; deux pianos, c'est trop ; et six pianos, c'est... six fois trop !!! »[16]

À la fin de l'année 1975 pourtant, Kühn retrouve Martial Solal pour une dizaine de concerts en duos dont le premier, donné au festival de Massy le 24 octobre, constituera le disque *Duo In Paris*.

> « Je ne suis pas fou des duos de pianos, on a toujours tendance à abuser de tout le clavier, notamment une surabondance de notes dans le registre aigu. Mais avec Martial, je n'ai que des bons souvenirs. On se disait tout le temps avant les concerts, qu'on ne jouerait pas trop vite... mais ça durait les deux premières minutes, après quoi notre jeu reprenait le dessus ! »[17]

Le 20 novembre 1975 au festival de Reims, leur duo se transformera même en trio avec Irène Schweitzer.

D'autres duos émailleront le parcours de Joachim Kühn en 1975 : avec Daniel Humair, à nouveau avec Anthony Braxton, à Antibes, ainsi qu'avec Zbigniew Seifert.

Zbiggy

Joachim Kühn rencontre le violoniste polonais Zbigniew Seifert dans le courant de l'année 1974 et l'invite à jouer sur un titre de *Cinemascope*. En août, Kühn participe à Hannover à son « *Concerto for Violin and Orchestra* » aux côtés d'Eberhard Weber et de Daniel Humair. L'année suivante, ils forment un duo, puis un quartet qui tourne en Allemagne avec le contrebassiste Bo Stief et le batteur Kasper Winding (qui apparaîtront tous deux sur *Total Space*, le nouveau disque du Rolf Kühn Group en janvier 1975). Dès lors, Seifert et Kühn se retrouvent à intervalles réguliers durant les mois qui vont suivre : en été, ils s'associent à Daniel Humair le temps de quelques concerts en France. Le 13 octobre, le pianiste joue en solo, puis dans le quartet de Seifert au festival Nancy Jazz Pulsations, lendemain d'une soirée explosive avec le Brotherhood of Breath de Chris Mc Gregor suivi du fameux Centipede de Keith Tippett... Le

5 novembre 1975, une mémorable prestation jazz-rock du Joachim Kühn Quintet est donnée au festival de Berlin, avec Seifert, Palle Danielsson et deux batteurs : Alphonse Mouzon et Daniel Humair.

Du 24 février au 5 mars 1976, une tournée française intitulée « Jazz et musique de désert » est organisée, qui comprend un quartet formé par Kühn, Seifert, Humair et Ron Matthewson puis Bunny Brunel à la contrebasse, auquel se joignent des musiciens bédouins en deuxième partie des concerts. Un concert du même type aura lieu le 13 avril à Créteil, cette fois avec une rythmique brésilienne.

Toujours en avril, Joachim Kühn enregistre *Springfever* où là encore, Seifert joue sur un titre. En septembre à Stuttgart, le violoniste grave *Man Of The Light* en quartet avec Kühn, Cecil Mc Bee et Billy Hart, acoustique celui-ci (hormis une intervention de Jasper van't Hof sur un morceau), plus proche de ce qu'ils pouvaient jouer en concert.

La critique française n'a pas toujours été tendre avec Zbigniew Seifert (« Il n'apporte pas grand-chose de nouveau au violon »[18] ; « Je trouve ses capacités d'improvisateur très limité et son sens du swing… pour le moins personnel. »[19]…) ; coltranien dans l'âme, il possédait pourtant une vivacité impressionnante, une fibre mélodieuse d'une grande tendresse, un vibrato époustouflant et surtout un son unique, particulièrement acéré en fin d'envolées improvisées.

Il est mort le 15 février 1979 à New York, des suites d'un cancer ; il avait seulement trente-trois ans.

Joe Henderson, le retour

Gaby et Joachim Kühn se séparent en 1975 ; de plus, le pianiste commence à éprouver une certaine lassitude vis-à-vis de la scène musicale européenne. En avril, il décide donc d'aller se régénérer quelque temps à New York. Il en profite pour jouer avec Karl Berger et son Creative Studio, avec Jack DeJohnette et ses vieux complices Peter Warren et Stu Martin, avec lesquels il fait quelques enregistrements pour la radio.

Parallèlement, Joe Henderson, de retour aux États-Unis, présente les bandes de *Black Narcissus* à son producteur Orrin Keepnews ; ce dernier les apprécie, mais regrette l'enregistrement des quinze minutes de « *Round Midnight* » : c'est la troisième fois que le saxophoniste interprète le morceau pour le label Milestone… Il lui demande de le remplacer par deux autres pièces, plus courtes.

Joe Henderson recontacte donc le pianiste et lui propose de le rejoindre à San Fransisco pour graver la fin du disque. La section rythmique sera alors composée de David Friesen et de Jack DeJohnette. Rendez-vous un matin dans les studios de Berkeley, dans la Bay Area, pour trois heures de prises. Le saxophoniste arrive avec une heure trente de retard et là... commence à composer les morceaux !

Joachim Kühn a le coup de foudre pour la ville et son séjour, initialement prévu pour quatre jours, s'étend sur plus de trois semaines.

Il rentre à Buchholz pour un petit mois, puis Jan Akkerman le contacte de Los Angeles et lui propose de jouer sur son disque... Le guitariste hollandais, ancien membre du groupe de rock Focus, avait eu l'occasion de jammer avec Association PC deux ans auparavant à Bonn. Joachim Kühn, enthousiaste, accepte l'offre et à nouveau s'envole en Californie. Le disque, finalement, ne sera jamais édité : le producteur, issu de Radio Luxembourg, trouvait que leur musique n'était pas assez commerciale... À nouveau, le pianiste rentre en Allemagne.

Outre la nostalgie du soleil californien et des nuits sans dormir, la West Coast a inspiré bon nombre de nouvelles compositions à Kühn, dont certaines se trouvent sur son disque *Hip Elegy*. Il a pour le fait monté un nouveau groupe qui comprend Philip Catherine qu'il a souvent croisé, notamment au sein du groupe de Jean-Luc Ponty, John Lee, Nana Vasconcelos, Alphonse Mouzon et le trompettiste japonais Terumasa Hino, flamboyant. Un sextet détonnant, qui en cette fin d'année 1975, engrange concerts en Allemagne et sessions pour la radio, ainsi qu'un show télévisé.

Une parenthèse expérimentale

Vers la fin de l'année, Joachim Kühn compose pour un film expérimental de Holger Henze consacré à l'artiste-plasticien Raffael Rheinsberg une musique de l'étrange, longue suite qui plane entre lancinance et bruitisme absurde : il s'agit de l'errance désenchantée de Raffael qui, sorti d'un dolmen (l'âge de pierre ?), coiffé d'un chapeau colonial et vêtu d'un bermuda trop large, croise des rebuts de notre civilisation tels qu'un masque à gaz, un oiseau mécanique ou une silhouette humaine recouverte d'aluminium peuplant un triste désert... Les scènes s'enchaînent sous forme de puzzle et plonge le spectateur dans une confusion temporelle. Peu à peu, Raffael subit une grotesque métamorphose : il se fait tondre la tignasse, au sécateur d'abord, au rasoir ensuite, puis se coiffe d'une nouvelle chevelure, verte, toute en feuilles, qui peu à peu envahit son torse. Avec cette nouvelle peau végétale, débute une seconde errance dans un autre désert, celui d'une ville anonyme, peuplée d'anonymes. Le film s'achève sur l'étreinte de Raffael avec un arbre gigantesque qui finit par le phagocyter.

Un pas de l'autre côté de l'Atlantique

Après sept disques sous son seul nom chez MPS en un peu plus de sept ans, le contrat est en passe de s'éteindre. Parallèlement, Kühn rencontre le producteur Siggy Loch, qui le convainc facilement de signer pour la firme américaine Atlantic :

> « Atlantic était bien sûr l'un de mes labels favoris. Loch me disait que c'était mieux pour moi d'intégrer une grosse compagnie ; MPS avait une bonne réputation mais était bien mal distribué, il était difficile d'en trouver les disques. Comme plus tard pour le label CMP, le directeur était très riche et aimait faire ces disques, mais il se moquait de les vendre ou non. Il y avait donc peu de promotion, etc. Avec Atlantic, mes disques étaient vendus en Asie, au Japon ! »[20]

La chance aussi, de pénétrer le marché américain...

Springfever, sa première réalisation pour Atlantic date d'avril 1976. Il s'agit de son premier véritable disque de jazz-rock ; son premier aussi parmi ses disques en leader où, hormis évidemment pour ses deux enregistrements en solo, on n'entend pas le moindre instrument à vent... Ce nouveau cap musical franchi par le pianiste, est boudé des Européens :

> « Kühn, pianiste passionnant, compositeur fécond, a commis un disque insipide. [...] Ce disque n'est même pas mauvais : les musiciens jouent bien, parfaitement même, tout "baigne dans l'huile" ; il est futile, ordinaire. »[21]

Et, comme un mauvais présage : « Joachim Kühn mérite mieux que la conquête du public disco »[22], séduit la critique américaine :

> « Le résultat est riche, agréable pot-pourri de morceaux qui devraient ravir les oreilles. »[23]

> « C'est un album de grande qualité d'un bout à l'autre et une excellente entrée dans les richesses musicales de la paire Kühn / Catherine. [...] Procurez-vous le, quelle qu'en soit la raison, mais procurez-vous le. »[24]

En début d'année 1977, Kühn retourne en Hollande pour participer au nouveau disque de Jan Akkerman... qui sera lui aussi produit par Atlantic.

Les jours, les semaines s'écoulent, tachés du souvenir d'une vie californienne qui ne parvient pas à s'estomper, hante toujours le pianiste.

Puis, une nuit, un coup de téléphone résonne dans la maison de Buchholz, une voix qui vient d'Amérique...

Le rêve américain (1977-1981)

« Je me sentis un intrus dans le chaos. »

Jorge Luis Borges[1]

1ᵉʳ round : histoires de frappeurs

Le batteur américain Billy Cobham, dont le groupe Spectrum avec George Duke et John Scofield vient de se dissoudre, cherche à monter une nouvelle formation et fait appel à Joachim Kühn. Ce dernier décide alors de s'installer en Californie, à Larkspur, un petit village de la Bay Area de San Fransisco, avec sa nouvelle compagne Nicky.

En fait, Kühn ne tournera jamais en concert avec ce groupe, mais participera à l'enregistrement des deux disques de Cobham : *Magic* et *Simplicity of Expression – Depth of Thought*. Ballades langoureuses, chansons suaves, voix claires et douceâtres des chanteurs, limpidité des arrangements, mécanique parfaitement huilée d'où toute trace de furie, toute esquisse de déconstruction ont abruptement disparu, d'où le périlleux et l'incident de parcours sont irrémédiablement bannis, cette musique (fusion pour décapotables et palmiers ? mélodies insouciantes pour foule apaisée ? rock pantouflard ?) veut faire rêver ; elle annonce en tout cas la pile de plages ensoleillées que Groover Washington Jr ne va guère tarder à enregistrer à Los Angeles, et qui fera chavirer des millions de cœurs : tout baigne dans la mer californienne…

Dans la foulée, Kühn joue aussi avec Jack DeJohnette et Alphonse Mouzon qui l'engage dans sa « recherche d'un rêve » qui sera enregistrée en novembre 1977, là encore tournée vers des horizons bien dégagés : l'influence certainement de bulletins météo fort encourageants si l'on s'en réfère au succès du groupe Weather Report… Le résultat est cependant nettement plus palpitant que celui de son association avec Billy Cobham. Ce sont principalement ces batteurs noirs américains – auquel il convient naturellement d'ajouter Gerry Brown – qui éveillent Kühn à la fusion :

> « Je trouve le sens du rythme des Américains fascinant. Les batteurs et les bassistes américains ont réellement un sens du swing tout à fait différent. »[2]

Dès lors, le pianiste se meut tranquillement en spécialiste des claviers :

> « À cette époque, j'avais un deal avec le célèbre fabriquant de lutherie électronique Roland : il m'offrait tous les claviers qu'il faisait, gratuitement. J'en avais plein la maison ! Je n'en ai jamais payé un seul, excepté le Fender Rhodes, mon premier. »[3]

Kühn écrit ainsi une musique entièrement électronique pour un téléfilm allemand…

Il rencontre aussi quelques musiciens basés dans la Bay Area tels que Toots Thielemans et Bobby Hutcherson avec lesquels il se produit en club pendant une semaine, ou encore Eddie Henderson et surtout Dave Liebman, qu'il avait croisé lors des Berliner Jazztage de 1975 lorsque le quintet de Joachim Kühn avait succédé à la prestation du groupe Lookout Farm du saxophoniste : une rencontre qui ne restera pas sans lendemain…

Solo Now

C'est à cette époque que s'opère une dichotomie importante dans le parcours musical de Joachim Kühn comme l'illustre sa réponse à la question « comment conciliez-vous vos penchants néoclassiques et votre intérêt pour le rock ? », posée en 1978 par l'Américain Len Lyons :

> « En ayant deux personnalités musicales. Je n'utilise le piano acoustique que pour le jazz, les solos en particulier, et les claviers électroniques avec le rock band[4], c'est un style très différent qui m'intéresse aussi. »[5]

Le piano acoustique pour l'exercice du solo donc, mais pas seulement…

Au programme du festival de jazz mis en place pour les Jeux Olympiques de Munich en 1972, Joachim-Ernst Berndt incluait une soirée intitulée « The art of solo » : premier concert de l'histoire où tous les musiciens se produisaient en solo, avec Gary Burton, Chick Corea, John Mc Laughlin, Eubie Blake, Gunter Hampel, Pierre Favre et Albert Mangelsdorff qui avait pu joyeusement expérimenter son trombone et développer ses fameux effets de polyphonie.

Quatre ans plus tard, Berendt réunit ces trois derniers musiciens ainsi que Joachim Kühn sous le titre de Solo Now pour l'enregistrement d'un disque qui jongle avec les morceaux en solos, duos et quartet. Le groupe ne se produira qu'une seule fois en Europe, au Francfort Jazz Festival. En revanche, deux longues tournées mondiales vont suivre, organisées par la Goethe Institute. Chaque concert comprend deux sets : le premier présente deux solos suivis d'un duo entre les deux musiciens, le second deux solos des deux autres musiciens, clôturés par une improvisation en quartet, l'ordre des apparitions et les combinaisons étant modifiés de concert en concert. Autre caractéristique du projet : chaque performance, en solo ou non, est exclusivement le fruit d'improvisations.

La première tournée se déroule au Canada, aux États-Unis et dans trente-cinq villes d'Amérique Latine, en août et septembre 1976. Elle constituera une grande source d'inspiration pour le pianiste, et bon nombre de nouvelles compositions :

> « C'est une des plus belles tournées de ma vie ; j'ai une histoire dans chaque ville : dis-moi le nom d'une ville, je te raconterai une histoire ! »[6]

En voici une, pour le clin d'œil, narrée par Pierre Favre :

> « Joachim et moi étions toujours fourrés ensemble ; nous avons même été arrêtés en plein après-midi par la *junta* argentine et emmenés en prison, c'était à Cordoba. On a été sauvés de justesse par une première page du journal du coin présentant nos photos pour le concert du lendemain ! »[7]

Deux ans plus tard, la seconde tournée part visiter l'Asie à travers vingt et une villes ; elle débute le 24 septembre 1978 à Téhéran, par un solo de Gunter Hampel, un de Kühn, leur duo, un solo d'Albert Mangelsdorff, celui de Pierre Favre, puis le quartet final. Elle s'achèvera à la fin du mois de novembre, après avoir sillonné le Pakistan, l'Inde, le Sri Lanka, Hong Kong, la Thaïlande, l'Indonésie, la Malaisie, etc.

Au total, beaucoup de visages rencontrés, de couleurs, de dialectes entendus, d'odeurs respirées, de rires, de musique...

De quoi à nouveau regretter l'absence de disque pour témoigner de l'évolution certaine de Solo Now entre le premier enregistrement recueilli à froid un jour de février 1976 et à l'issue de ces deux mémorables tournées...

Charisma

Siegfried Loch ayant enregistré les improvisations de Kühn en solo à Rio de Janeiro lors de la tournée sud-américaine de Solo Now, contacte Enckels, le producteur de la firme Atlantic, pour les proposer en vue de l'édition d'un disque. Enckels lui suggère alors de programmer plutôt une date en studio pour enregistrer au moyen d'une technique toute nouvelle... Le pianiste, constamment à l'affût de la moindre expérimentation, est immédiatement séduit par l'idée.

Il s'agit du procédé Sheffield, dont le principe est de capter directement le son de l'instrument dans la matrice qui va presser le disque. En clair, cela signifie que l'enregistrement se fait ici sans passer par les bandes, ce qui élimine tout sifflement et autre perte de hautes fréquences. Le son ainsi obtenu s'avère effectivement d'une qualité exceptionnelle pour l'époque. Inconvénient majeur (et non des moindres) : l'obligation de jouer une face entière sans s'arrêter (sauf six secondes entre chaque morceau...).

La face ainsi obtenue ne peut plus être retouchée. Technique efficace mais éprouvante, dont on contourne les difficultés comme on le peut ; la solution de Joachim est simple : il s'installe un week-end dans le studio et grave une bonne trentaine de faces… Ne lui reste plus qu'à en choisir les deux meilleures, qui donneront son troisième disque en solo : *Charisma*.

Les cinq pièces qui y figurent sont d'une grande beauté et le disque, ponctué par un concert en solo le 11 février 1977 à la Campagne Première de Paris après un an d'absence, rassurent l'oreille de la critique française :

> « Ouf ! Le jeu de Joachim Kühn n'a rien perdu de son charme ni de son éclat… On avait eu peur après Springfever et quelques autres productions du même tonneau. […] Mûri, assagi mais non dompté, Kühn n'a gardé de ses flirts avec le jazz-rock qu'une puissance rythmique parfaitement remarquable, ajoutant ainsi une dimension supplémentaire à son jeu. […] Il nous prouve qu'il est au sommet de son art. »[8]

> « Joachim devait s'empresser de déjouer nos craintes nées de ses décevantes expériences américaines. La formule choisie, le piano solo, allait, mieux que toute autre, nous permettre de faire le point sur l'évolution réelle du pianiste. »[9]

L.A. man : un pied dans le rock

Pourtant, l'intérêt que porte le pianiste envers les musiques rock est loin de s'émousser :

> « C'est la Californie qui m'a réellement ouvert au rock, ainsi que ma compagne (Nicky) qui m'a initié à cette musique il y a trois ans. Je n'en écoutais jamais auparavant, et j'ai découvert que j'aimais des groupes comme les Doors, Jefferson Starship et les Average White Band. »[10]

Toujours en 1977, Kühn est appelé par Jan Akkerman pour participer à son nouveau disque dont l'enregistrement a lieu en Hollande : une musique fortement teintée de pop. Le guitariste lui fait parallèlement découvrir Joe Walsh et les Temptations tandis que Kühn l'ouvre à McCoy Tyner… Un nouvel univers se dévoile aux yeux du pianiste, l'attire…

En décembre, Joachim Kühn cherche à former un nouveau groupe pour enregistrer ses dernières compositions, écrites après Springfever. Il essaye en vain bon nombre de musiciens de San Fransisco ; Akkerman lui suggère alors d'aller à Los Angeles, où il connaît du monde… Il y demeurera plus de trois ans !

Tout commence de manière incongrue : le très populaire chanteur allemand Jurgen Drews (considéré dans son pays comme Michel Sardou en France pour donner une idée) séjourne en Californie et explique à Achim Torpus qu'il souhaite réaliser un disque américain avec de très bons jazzmen… Torpus qui est entre autre manager de Kühn à cette époque contacte ce dernier pour écrire les arrangements de la musique. Le pianiste propose aussi John Lee et Gerry Brown pour tenir la rythmique ; Drews de son côté, engage le guitariste Ray Gomez. La section des vents est de qualité : David Sanborn et les frères Brecker en sont les piliers... Le projet de Drews s'avère ambitieux et son développement s'étalera sur plusieurs mois.

Entre temps Joachim Kühn, à peine débarqué à Los Angeles, se rend aux studios Atlantic où il expose son désir de monter un nouveau groupe : en deux jours, il déniche le batteur Glenn Symmonds (du groupe Automatic Man) et le bassiste Tony Newton (du Tony Williams'Lifetime), le troisième jour, il y intègre Jan Akkerman et Ray Gomez qu'il côtoie pour ce travail parallèle avec Jurgen Drews... Le Joachim Kühn Band est né.

Un mois après avoir vu Kühn se produire en solo au Keystone Corner de San Fransisco, le journaliste Michael Zipkin écrit ses impressions à l'écoute des premières bandes enregistrées par le groupe :

> « Nous nous sommes assis dans l'agréable appartement de Joachim, encombré de disques, de matériel audio et d'une éblouissante baignoire jaune transformée en canapé [...]. Notre hôte nous a passé la bande enregistrée par ses nouveaux amis de L.A. [...] ; le chanteur chante comme quelqu'un qui n'a pas dormi depuis une semaine, ne résistant qu'à coups d'expressos et de Lucky Strike, et si les claviers de Kühn sont magiques ici, ils sont suffisamment noyés par les tsunami des guitares électriques et le slam-bang de la batterie. Que se passe-t-il ? Se pourrait-il que le pianiste qu'on a vu il y a un mois soit le même que celui qui nous sourit farouchement pendant qu'on entend ce rock and roll apocalyptique ? Plus tôt lors de notre discussion près de la piscine, Kühn nous a fait remarquer [...] : "Pourquoi ne pas aimer toutes les musiques ? Prenons-en le meilleur et intégrons-le dans la nôtre !" »[11]

Un parti pris louable quoique susceptible de s'avérer dangereux quant à l'intégrité de son identité propre... La forte personnalité musicale de Kühn ne résistera pourtant pas à une certaine mode en ce début d'année 1978, lorsque sera gravé *Sunshower*, le premier disque du groupe, auquel participe sur deux titres l'ex-chanteur de Nektar, Willie Dee[12] : l'album démarre pourtant fort bien avec un « *Orange Drive* » tout en saccades, introduit par les somptueuses lignes de basse électrique de Tony Newton... mais ne tarde pas à choir dans une soupe par trop en vogue sur les radios de Californie et d'ailleurs. Notons cependant ce court échappatoire de quatre minutes treize secondes : le doux égarement en solo du « *Short film For Nicky* »...

Le 2 septembre 1978, Sunshower entre dans le Jazz LP Chart américain, devant... Groover Washington Jr ; on enregistre 80 000 ventes au compteur : un record absolu pour Joachim... ironie du sort ?

Guitarismes

En février 1978, à peine remis de leur escapade chez Charles Mingus[13], Larry Coryell et Philip Catherine débranchent momentanément leur instrument et ouvrent le second volet de leur duel à la guitare acoustique[14] avec *Splendid*, pour lequel Kühn se joint au duo sur la célèbre composition d'Astor Piazzolla : « *Deus Xango* ». S'ensuit une tournée européenne de vingt-trois dates, étalée du 17 mai à la Stadthalle d'Offenbach au 12 juin à l'Olympia de Paris, passant pour une large partie en Allemagne, en Suisse puis en Belgique. De ce périple est issue une sorte de *best of* des meilleurs moments dont l'agencement retrace le déroulement de chaque soirée, à savoir : un solo inaugural de Kühn, des duos Coryell / Catherine, enfin les prestations du trio, qui s'achèvent en général par un effroyable rappel bluesy... Malheureusement, comme c'est bien souvent le cas, ce genre de compilations dessert plus qu'autre chose la qualité du groupe, comme en témoigne Armand Meignan lors de la parution du disque en 1981 :

> « Il faut bien l'avouer, cet album "souvenir" de l'European Tour 78 de Coryell / Catherine / Kühn est très largement décevant ! Car pour avoir écouté de nombreuses fois les deux guitaristes, lors de cette tournée ou dans des formules fort diverses, je pense qu'ils méritent beaucoup mieux que ce *best of* fumeux des meilleurs morceaux de la tournée ! »[15]

Et de conclure, tout comme Daniel Soutif[16], qu'il vaut nettement mieux s'en tenir aux deux précédents disques des mêmes musiciens, ce qui ma foi est une sage idée.

Une semaine après la fin de cette tournée, Joachim retrouve Philip Catherine pour enregistrer *Symphonic Swampfire*, le nouveau disque de Rolf, particulièrement ambitieux :

> « J'ai toujours été très intéressé par les big bands. J'ai voulu pour cet album combiner des éléments symphoniques à un groupe de jazz. Au départ, nous avons joué en petite formation, puis j'ai transformé le résultat en une sorte de symphonie en y ajoutant un orchestre, exactement comme lorsqu'on fait tout le travail en studio. Grâce à cette technique, le risque d'inhibition des individualités causé par la lourdeur d'un grand orchestre est éliminé, ce qui permet de conserver la liberté d'un petit groupe de jazz. »[17]

Rolf s'est en partie basé, pour l'écriture de cette étrange symphonie, sur des musiques de films qu'il avait réalisées auparavant.

Une expérience intéressante... mais très coûteuse puisqu'en plus de l'orchestre symphonique, il faut aussi payer des jazzmen renommés comme NHOP ou Charlie Mariano. Cet enregistrement marque surtout la rencontre de Joachim Kühn avec l'ingénieur du son Walter Quintus, qui produira par la suite de beaux feux d'artifice sonores...

Un album similaire quoique moins ambitieux (si la section de cuivres demeurera, les sections de cordes auront disparu) sera enregistré aux mois d'avril et de mai 1980, avec à peu près le même noyau de musiciens pour le groupe de jazz (notons tout de même le remplacement de Bruno Castelucci par Alphonse Mouzon).

En novembre 1978, Joachim Kühn participe sous le pseudonyme de Paul v. Schlingengheim au disque *Wham Bang* du groupe Es : un rock atypique qui brille autant par son instrumentation que par le travail sur les voix de Bernd Kiefer, Zabba Lindner et particulièrement celle du claviériste George Kochbeck ; entre ce dernier et Joachim va naître une longue amitié qui donnera entre autre naissance, quelques mois plus tard, au groupe Information.

En début d'année 1979, Joachim Kühn présente son Band en Europe. En fait, la formation originelle américaine ne tournera jamais : le groupe sera ici composé de Larry Coryell, John Lee et Gerry Brown, pour une musique logiquement tournée vers le rock.

Dans le courant de l'été, Kühn fait escale à Copenhague. Le groupe JTB, fondé par les guitaristes Jukka Tolonen et Coste Apetrea, l'invite à jouer sur quelques titres de son nouvel album, pour un jazz-rock propre et musclé, ainsi qu'à participer à leur tournée qui visite la Finlande puis l'Allemagne.

Décembre sonne les retrouvailles avec le guitariste hollandais Jan Akkerman : après les invitations mutuelles de l'un à l'autre pour participer à leurs propres disques, quelques concerts ensemble avec Alphonse Mouzon et une tournée en Angleterre du 3 au 20 mars 1977 où ils se produisent avec Kaz Lux, l'heure est au duo. Le concert du 12 décembre 1979, à Landau, marque la première date d'une tournée européenne qui en comprendra quarante. Ce périple resserrera davantage encore leur amitié… ainsi que les liens musicaux comme l'atteste intelligemment le disque *Live!* qui présente une composition de Joachim Kühn jouée en début puis en fin de tournée.

> « Lorsqu'on a fait ce premier enregistrement, le morceau était tout nouveau ; mais la seconde fois que nous l'avons enregistré, Jan et moi étions beaucoup plus aventureux et, bien sûr, nous avions développé une compréhension l'un de l'autre bien plus profonde. »[18]

Ainsi, parmi les diverses compositions jouées ensemble tout au long de la tournée, certaines se retrouvent (et évoluent) invariablement d'un concert à l'autre, comme « *Angel Watch* » de Jan Akkerman, « *Santa Barbara* » de Kühn ou « *Turbulent Plover* » de Zbigniew Seifert.

Leur collaboration ne s'arrête pas là puisque dès l'été 1980 ils participent ensemble au disque *Ardent Desire* de Thilo von Westernhagen. Du 28 octobre au 21 novembre, ils entament une seconde tournée européenne visitant l'Allemagne, la Hollande, la Belgique et la Pologne où sont donnés deux mémorables concerts au Philarmonic Hall de Wroclaw, agrémentée de bon nombre d'invitations radiophoniques et télévisuelles, et qui s'achèvera finalement en décembre à travers la Suisse, la France et la Scandinavie… Enfin, Akkerman fera une nouvelle fois appel à Kühn pour *Pleasure Point*, son disque suivant.

L'anecdote Zappa

Une petite histoire simplement, pour la saveur…

Nous sommes le 3 juin 1980, dans un restaurant de Hambourg. Joachim Kühn est attablé aux côtés de Frank Zappa, qui doit se produire le lendemain soir devant deux mille personnes. Zappa, qui en est resté à la présentation qu'il avait faite du trio de Kühn à Amougies en 1969, où ce dernier avait joué davantage de saxophone que de piano. Zappa propose au pianiste de prendre son saxophone et de se joindre à lui le lendemain. Lorsque Joachim lui précise qu'il n'en joue plus depuis belle lurette, Zappa se penche vers lui et murmure à son oreille : « Ne le dis à personne… »

Et Kühn, le matin suivant, qui ressort son alto, s'entraîne. Quelques heures pour combler des années de non-pratique. Il se rend à dix-sept heures dans la salle de spectacle pour une tentative de répétition qui va avorter, Zappa ayant lui-même des problèmes de réglage avec sa guitare.

Vingt et une heures, le concert commence. Kühn, au premier rang, son saxophone sur les genoux, écoute, attend, évite de se tourner vers les deux mille visages derrière lui… Puis le geste de Zappa, l'annonce : Joachim est sur la scène. Avec son alto tout d'abord, puis aux claviers. Clin d'œil.

Dejarle Solo

Malgré la multiplication des chemins empruntés, le discours en solo, depuis l'année 1971, reste et restera un cheminement privilégié du pianiste. Ainsi durant sa période californienne, il ne cesse de se produire en solo : à Santa Barbara, au Goethe Center et au Keystone Corner de San Fransisco, à Santa Cruz, à Half Moon Bay, mais aussi de par le monde grâce aux deux tournées de Solo Now, en Allemagne, notamment par de fréquentes visites au fameux club Onkel Pö's Carnegie Hall de Hambourg, en Pologne, ainsi que quelques dates parsemées au fil des ans à travers l'Europe.

À noter par exemple qu'en janvier 1978, il donne douze concerts en Californie, couplés à ceux de Andrew Hill, lui aussi en solo et qu'en décembre 1979, il entame une nouvelle tournée solo en Allemagne, intercalant ses dates de concerts avec celles de son propre duo avec Jan Akkerman.

L'heure donc, de graver un nouvel album en solo. Le rendez-vous est pris en avril 1980, au Tonstudio Bauer de Ludwigsburg. Cette fois-ci, Joachim Kühn n'utilisera pas la technique Sheffield : l'enregistrement digital vient de faire son apparition. Le pianiste dispose de deux jours…

mais lorsqu'il commence à jouer, une tendinite lui paralyse le bras : impossible de continuer. Le studio dépêche un kinésithérapeute spécialisé dans le sport, qui lui injecte un produit miracle : Kühn se met à jouer des heures durant non-stop ! Il résultera de cette session les disques *Snow in the Desert* et *United Nations*, qui paraîtront à un an d'intervalle.

Leur publication, ainsi que quelques concerts en solo au Musée d'Art Moderne de Paris en 1980, sont vécus en France comme le retour de Joachim Kühn : un retour qui séduit, même si ce que certains qualifient de « lyrisme jarrettien » laisse parfois perplexe.

Ainsi, à propos de *Snow in the Desert* :

> « Si les qualités de technicien, le punch et la "pointure" sont notoires, quelques carences d'imagination en matière de composition laisseront l'amateur / admirateur sur sa faim. Une énergie sans faille, un désir permanent de séduction mais, aussi, une irrépressible tendance à la redite, au lyrisme mécanique tempèrent ce qui aurait pu être le disque exceptionnel d'un musicien disparu vers quelques brumes californiennes et qui fait ici sa réapparition. »[19]

À l'occasion de la sortie de *United Nations* :

> « Le retour d'un des pianistes européens les plus attachants. [...] Prouesse technique qui évite les "à la manière de" éblouissants, hommage sincère à tous les tritureurs de clavier... Le paradoxe veut que le pianiste soit pleinement lui-même dans l'évocation d'autrui et "jarrettien" dans sa façon de se promener dans ses ballades. »[20]

Deux disques en tout cas qui permettent au pianiste d'être élu pour la huitième fois depuis 1968 « n° 1 European Jazz Pianist » par la International Jazz Federation (*Jazz Forum*).

Presque dans la foulée, Joachim Kühn entreprend une tournée mondiale en solitaire, en Europe à la fin de l'année 1980, puis en Australie en janvier de l'année suivante, au Japon en février, en Amérique du Sud et aux États-Unis en mars. Tournée qui stigmatise chez son unique protagoniste, une volonté de plus en plus ferme d'évasion, de fuite peut-être...

Électricité statique ou la fin d'un rêve

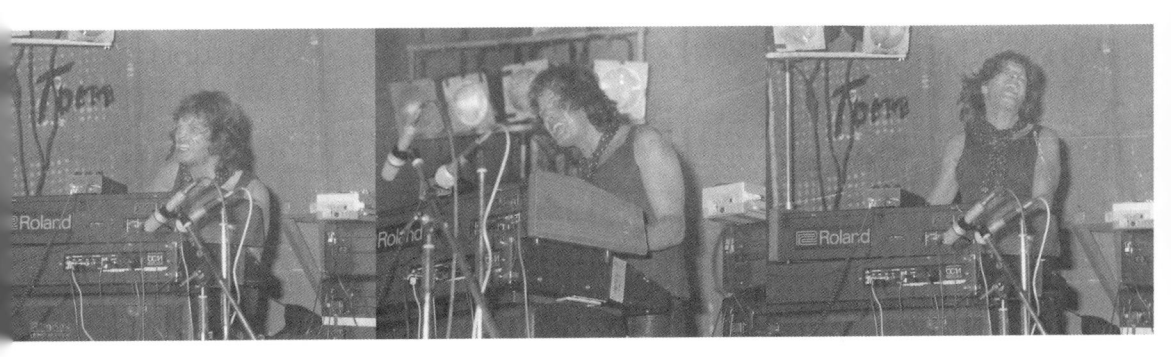

Quelques mois auparavant en effet, dans l'effervescence et la folie de la vie californienne, était né le second album du Joachim Kühn Band : *Don't Stop Me Now*, au titre bien ambigu : un cri d'alarme qui aurait voulu signifier le contraire de ce qu'il beugle…

Kühn assénait quelques bonnes vérités dès son installation à Los Angeles :

> « Le jazz-rock fusion est une chose que je n'aime pas du tout. Je crois que ce mélange n'est vraiment pas une réussite ; ça sonne comme un jazzman qui essaierait d'être commercial, ce qui est bien souvent le cas. En Europe, il est plus facile de jouer ce qu'on ressent tandis qu'en Amérique, la tentation de faire de l'argent est tellement forte… Je ne crois pas que ce soit le bon endroit pour jouer du jazz. »[21]

Il se trouve rattrapé par la soupe musicale en vogue à cause de ce disque dénué de tout relief… Il avait été pourtant en quête d'autre chose lorsqu'à propos du premier disque du groupe, il suggérait :

> « Le rock que mon nouveau band jouera ne sera pas traditionnel parce que ce qui m'intéresse est de greffer des harmonies européennes sur des rythmiques américaines. Les harmonies seront ainsi plus complexes et plus variées, et non basées sur le blues. […] Notre rock ne sonnera pas comme une musique américaine. »[22]

Faut-il déceler dans ces propos une belle assurance ou les traces d'une inquiétude naissante, l'avant crainte de se laisser submerger par la mode ?

Kühn succombant ici à la trop grande pression commerciale régissant la musique en Amérique, et qu'il a par la suite maintes fois dénoncée, vante comparativement la relative liberté de faire en Europe, presque en dehors de toute contrainte économique. Logiquement, cette prise de conscience rigoureuse s'instaure en lui :

> « Ce rock-jazz, jazz-rock ou fusion, comme vous voudrez, ne me correspondait définitivement pas, il ne traduisait ni mes racines, ni le chemin que je voulais prendre. J'en ai eu marre de tout ça. […] Tout ça m'a effrayé, je me suis dit que si je restais là-bas plus longtemps, je finirais par me perdre moi-même. »[23]
>
> « C'est devenu de pire en pire. Les musiciens de fusion sont totalement interchangeables. L'électricité autorise le manque de personnalité, on peut intervertir deux batteurs : personne ne verra la différence. La musique n'a pas de personnalité. […] Tout est seulement question de vendre le plus de disques possible et de remplir les salles de concerts. Tout est une question de fric. C'est à vomir ! »[24]

Son autocritique est tombée d'elle-même deux décennies plus tard, claire, nette, en forme de point final au chapitre californien :

> « Ce disque était une sorte d'erreur. J'étais comme dans un autre monde, je voulais certainement être commercial, je n'étais plus dans mon état normal, trop d'alcool, trop de drogues… J'étais séparé de Nicky, j'avais gagné assez d'argent et je me suis dit qu'il n'y avait plus aucune raison pour que je reste là.
>
> J'étais trop loin de ce que je faisais lorsque j'étais jeune, je voulais revenir au jazz et arrêter cette musique. »[25]

Les années de transition (1981-1984)

« Un à un, ils m'ont souri, gueules fragiles, frimousses inachevées. »

Francis Berthelot[1]

Petites pièces symphoniques

Outre la perspective du solo donc, qui permet à Joachim Kühn de s'extirper du joug des musiques rock commerciales, une ambitieuse entreprise voit le jour à l'automne 1980. Le pianiste a en effet composé « *Turbulent Lover* », une symphonie à l'écriture complexe, multipliant les climats et les points de rupture. L'ouverture par exemple, d'une vingtaine de minutes, alterne parties orchestrales et longs solos de piano, et nous plonge dans l'univers intérieur de Kühn à travers des réminiscences de ses trois derniers albums en solo, notamment *Snow in the Desert*. Une seconde pièce, moins lyrique, moins emballée, installe un climat inquiétant, tendu, par instants envahi de brèves secousses (au piano, à la trompette bouchée, et même des bribes de voix parlée, sourde, se superposant au paysage sonore), se développe ensuite par un violoncelle, puis par les violons, dans l'ombre d'un Chostakovitch, puis s'en détourne radicalement pour une métamorphose en big band, avant de mourir en un chaos fracassant. Une troisième composition enfin, s'inscrit dans la lignée du « *Concerto for Aranjuez* » de Gil Evans et Miles Davis. Kühn a « grandement » arrangé deux standards à intercaler entre ces trois pièces – « *Naima* » de John Coltrane et « *In a Sentimental Mood* » de Duke Ellington –, ainsi que deux compositions originales presque ludiques : une valse de Vienne particulièrement enlevée sur fond de charleston, et surtout un somptueux intermède dans la tradition de Kurt Weill.

Quelques représentations à Hannover, Lugano et Zürich seront ainsi programmées en septembre et octobre, sous la direction de George Gruntz.

Nouvelles impressions de New York

En mars 1981, Joachim Kühn quitte définitivement la Californie et embarque pour New York : il séjourne deux mois avec la danseuse Yvonne Lechtenbrink, sa future femme, au Chelsea Hotel.

Le projet entamé deux ans auparavant pour Jurgen Drews se termine en véritable fiasco à cause d'une forte mésentente avec le producteur : n'en restent sur le disque que quelques miettes (sur les quatre titres où il apparaît), la section des instruments à vent étant par exemple amputée de David Sanborn initialement prévu aux côtés des frères Brecker.

Kühn profite de New York pour retourner dans les clubs écouter et rencontrer (ou retrouver) d'autres musiciens comme le bassiste Jaco Pastorius, Miles Davis, Terumasa Hino ou Jack DeJohnette, et, fortement inspiré par la ville, écrit bon nombre de nouvelles compositions. Retour à une certaine sérénité.

Comme pour mieux marquer le coup, il y enregistre en avril *Nightline in New York*, avec les deux saxophonistes ténor Michael Brecker et Bob Mintzer, le contrebassiste Eddie Gomez, le batteur Billy Hart (à la place de Jack DeJohnette pressenti pour le disque mais indisponible cette semaine-là), et son futur complice : un batteur / percussionniste fou du nom de Mark Nauseef. Un disque entièrement acoustique, parfaitement maîtrisé : une soif de jazz non encore assouvie…

> « Une des surprises ici est la "découverte" de ce requin de studio qu'est Michael Brecker. Au point qu'on pourrait le croire signataire de l'album. Contaminé peut-être par la conviction du leader, il propose un jeu chaleureux, impeccablement torturé / serein, soit un curieux mélange des meilleurs Wayne Shorter – Jan Garbarek. »[2]

Sitôt la session d'enregistrement achevée, Yvonne et Joachim Kühn décident de quitter New York. Poussé par le pianiste, Mark Nauseef s'envole avec eux.

L'envie, enfin, de retrouver l'Europe.

Yvonne et Joachim Kühn s'installent dans l'appartement d'Yvonne à Hambourg :

> « Je vivais ça comme une véritable déclaration d'amour, car Joachim détestait Hambourg… »[3]

Ils se marient le 15 mai 1981.

Mark Nauseef

La rencontre date du courant de l'année 1979, à Los Angeles. Le batteur américain, basé à Santa Monica, joue alors régulièrement avec Gary Moore, l'ex-guitariste de Thin Lizzy, et le bassiste Tony Newton, qui travaille parallèlement avec Joachim Kühn. Nauseef, probablement l'unique fan de *Paris is Wonderful*, *Bold Music* et *Sounds of Feelings* existant à Los Angeles ne manque pas l'opportunité qui se présente à lui de rencontrer le pianiste : sur les conseils de Tony Newton, il se rend dans le studio où Kühn enregistre avec le bassiste et les membres du Frank Zappa's Band une version rock du thème « *Moonraker* » du dernier James Bond (à l'époque…), qui aurait dû donner un 45 tours avec une face chantée, la seconde instrumentale. Le projet ne se concrétisera donc pas, mais marquera le début d'une histoire passionnante entre Mark Nauseef et Joachim Kühn.

Rappelons que Mark Nauseef s'était déjà produit aux côtés d'Aldo Romano avec le Gamelan Orchestra of Saba, un ensemble de gamelans de Bali, pour une série de treize concerts donnés en Allemagne. Un point qui ne pouvait laisser Kühn insensible…

Le soir même, tous deux se retrouvent à Santa Monica :

> « Il avait pris un cahier de musique avec lui. Lorsqu'on est arrivé chez moi, je l'ai laissé le temps de prendre une douche. Quand je suis revenu, il avait écrit deux compositions ! Il est tellement rempli de musique ! »[4]

L'histoire ne mentionne pas la durée des douches de Mark Nauseef, mais les faits sont là : dès ce premier contact, le batteur américain se réclamera ouvertement comme élève de Joachim Kühn, même vingt ans plus tard :

> « Il m'a apporté énormément de choses, il m'a notamment poussé à composer, à improviser, il m'a donné des clefs pour ça, m'a ouvert sur le dialogue en improvisation tout en m'en pointant certains pièges… Joachim veut que les choses bougent constamment, de manière fraîche, jouer des musiques intenses, non en jouant des notes fortissimo, ce qui sclérose la musique, mais en jouant les bonnes notes. Ça a été une grande leçon pour moi.
> Et il me donne de l'inspiration aussi ; quand il vient chez moi, il me montre toujours de nouvelles choses, des peintures, de nouvelles compositions : il est constamment en ébullition ! Et il m'apporte toujours le feu lorsqu'on improvise ensemble ! »[5]

Dans la foulée de leur rencontre, Nauseef invite Kühn à une jam-session fumeuse en compagnie de Gary Moore et de Tony Newton. S'ensuit l'enregistrement du disque *G-Force* du guitariste, avec Tony Newton, Mark Nauseef et le chanteur Willie Dee qui apparaissait déjà sur *Sunshower* : une session à laquelle le pianiste participe en s'installant derrière un orgue… Dès lors, les liens entre Kühn et Nauseef vont se resserrer de manière quasiment fraternelle, et c'est logiquement que quelques mois plus tard, va naître leur premier groupe.

L'Information ultime

Ils sont trois.

Deux tiennent les claviers, le troisième la batterie : Joachim Kühn, George Kochbeck et Mark Nauseef.

Une idée de Joachim Kühn.

> « C'était clairement lui le leader : c'est un si grand compositeur, il a tant d'idées qu'il ne peut en être autrement. Quand Joachim est dans un groupe, c'est toujours lui le leader. Bien sûr, on a donné une grande contribution au projet, et Joachim est très à l'écoute des idées des autres, mais c'est bien lui qui avait la plus forte personnalité dans notre groupe, pas pour nous rabaisser non, simplement parce que George et moi nous considérions comme des étudiants avec lui. »[6]

Avec Information, Joachim joue principalement du piano et un Roland Jupiter-4 synthétiseur, clavier au son inouï : encrassé, presque sale, urbain. Kochbeck utilise des claviers Yamaha en complément, pour agrémenter l'espace sonore de nouvelles harmonies, d'autres couleurs, mais c'est avec son moog-bass ou micro-moog (à ne pas confondre avec le minimoog) qu'il opère le contrepoids. Un instrument au son et au jeu très particuliers, ici parfaitement maîtrisés.

Étrange combinaison qui séduit la firme RCA puisqu'en fin d'année 1980, paraît un 45 tours de promotion qui comporte deux titres du futur album, enregistré en décembre. Le disque présente un contenu inégal (le refrain de « *The Informer* » louche dangereusement vers un rock dur, le thème de « *Dreamworld* » se révèle trop langoureux et entache son développement par ailleurs remarquable, « *Come This Way* » manque cruellement de relief), mais le plus souvent de bonne qualité, voire hautement surprenant.

Chaque protagoniste en effet, parvient à confronter une partie de son propre univers à celui du groupe pour une alchimie en effervescence presque constante. Le son mat de la grosse caisse, issu des courants de rock décalé, fait mouche, allié aux timbres très particuliers des caisses claires, le plus souvent frappées très sèchement ; les emballements mutuels, les heurts, provoquent une rythmique enfiévrée : déjà, les premières caractéristiques du jeu de Mark Nauseef batteur nous sont dévoilées.

Combinés à ce noyau hétéroclite, un microcosme d'éléments disparates est inséré dans le contexte musical : le chant de Kochbeck sur quelques titres, éraillé, qui scande des lambeaux de phrases en jouant sur les modulations, les inflexions de sa voix ; la présence de bruitages multiples injectés dans le tissu mélodique de manière dysparcimonique et qui régalent l'oreille, évitent le travers du bricolage, du collage et autres racolages : affaire plutôt de bistouris et de cicatrices, de découpe en profondeur ; le chœur entonné sur « *Growl* » accentue le côté tribal des rythmes ; le saxophone alto enfin, que Kühn emmanche pour la première fois depuis Association PC, hurleur, sur « Murder ».

Musique inclassable, ni rock, ni hard, ni jazz, ni free, certainement tout cela quelque part, et autre chose pourtant : une espèce de jungle urbaine.

À noter le travail sur le son déjà exemplaire de l'ingénieur Walter Quintus, et nous obtenons là le noyau dur du label CMP quelques poignées de mois plus tard.

C'est avec ce groupe que Joachim Kühn va enregistrer la musique d'un nouveau film du réalisateur Holger Henze, *Montage of Paintings*, consacré à son ex-petite amie : la peintre Gabriele Laurenz (Gaby).

Lorsque Kühn et Nauseef emménagent à Hambourg en mai 1981, Kochbeck n'est pas loin non plus, et quelques concerts sont programmés, qui donnent à cette musique en gestation sa pleine maturité : les morceaux s'étirent, les vocaux de Kochbeck disparaissent au profit du saxophone, l'improvisation devient matière première. Un terreau propice à l'intégration d'un quatrième membre pour un groupe à deux claviéristes et deux batteurs / percussionnistes : le « peintre » indien Trilok Gurtu fait son entrée ; une histoire d'équilibre... des histoires, déséquilibres : sur scène, les quatre musiciens s'en donnent à cœur joie, l'énergie déferle, confine par moments à la transe. Comment ne pas penser un instant, dans une autre époque, un autre langage, à John Coltrane ?

Au fil de ces quelques concerts, la musique a mué, toute trace de rock a fini par s'effilocher pour un défrichage plus expérimental qui s'ouvre sur l'Orient : nous sommes déjà beaucoup plus proches de ce que sera *Personal Note* de Mark Nauseef que du LP *Information* ; certains thèmes qui composeront cette œuvre sont dès à présent mis en chantier.

Un événement terrible tombe malheureusement au cours de l'année 1982 : Joachim Kühn perd Achim Torpus, son ami et manager depuis la période Atlantic ; il serait tombé d'une fenêtre. Quelques nouveaux managers vont lui succéder, sans grand succès. Les dates de concerts commencent à se raréfier, le groupe n'a plus que quelques semaines de vie devant lui.

Mais la fin d'Information reste cependant un choix délibéré de Joachim Kühn. Information étrangement prémonitoire que le titre de l'album[7], *The Ultimate Information* : au moment où peut-être, Kühn aurait pu se satisfaire d'une musique à base électrique parfaitement aboutie avec ce double duo détonnant, enfin libérée du joug commercial après plusieurs mois d'égarement dans les rythmes binaires et les mélodies calibrées, enfin riche et originale, enfin nouvelle, le titre même de l'œuvre nous informe que c'est la dernière dans le genre ; l'envie d'en finir une fois pour toute avec l'électrique :

> « [Mon son au synthétiseur] tenait de la guitare électrique, presque "Heavy Metal". Ça m'a pris dix ans pour obtenir un tel son, et quand je l'ai enfin trouvé, j'ai pensé qu'il était temps de s'arrêter là. »[8]

Hormis son épopée en solo qui dès 1971 a traversé les modes et les ans, *Nightline in New York* marquait en avril 1981 son retour au jazz acoustique (avec déjà, rappelons-le, la participation de Mark Nauseef), coïncidant par là même avec son retour en Europe ; son installation à Hambourg creuse le même sillon puisque parallèlement aux activités du groupe Information, Joachim Kühn décide de monter un nouveau quartet de jazz acoustique.

Le Joachim Kühn Quartett

Composé du saxophoniste ténor Christof Lauer, du contrebassiste Detlev Beier, du batteur Gerry Brown et de Joachim Kühn, le Quartett, par le souffle de Lauer, par les phases d'accompagnement du pianiste, par des montées en ébullition progressive sur tempos rapides dans les phases de développement, s'inscrit directement dans la lignée du quartet de John Coltrane. Pas question cependant pour le groupe de traquer les effets de mimétisme, il s'agit en fait d'un héritage pleinement assumé, intégré, qui sert d'engrais à la croissance du quartet.

Principalement nourrie des compositions de Joachim Kühn, la musique distille une grande sensibilité dans l'interprétation des ballades autant qu'une exécution musclée des thèmes les plus vifs derrière lesquels s'élaborent les crescendos par la voix acérée du ténor, par une assise pianistique qui gronde par à-coups à force d'accords en cascades dans les tons graves, par la mobilité de la rythmique.

Quelques dates de concerts sont semées en Allemagne dès février 1982, ainsi qu'en France en avril et juillet ; un disque est aussi gravé au mois de juin, assez brillant malgré une prise de son qui en atténue certainement les reliefs.

Durant la même semaine, Rolf Kühn enregistre *Don't split* avec son frère, Detlev Beier, Bob Mintzer, Mark Nauseef et le guitariste Peter Weike. La séance se déroulant dans le même studio que précédemment, le son manque à nouveau de profondeur. Soulignons malgré tout l'intelligence de jeu de Nauseef qui s'intègre parfaitement à ce contexte réellement jazz.

Ces deux disques, sortis sur des petits labels (respectivement Aliso Records, le label de Toto Blanke, et L+R Records), bénéficieront d'une bien mauvaise distribution.

Les années de transition (1981-1984)

Beschtein : rencontre avec un monstre

2 mètres 75 de long, d'un noir satiné, un ventre énorme d'où sort une voix ample et profonde : tel est le Beschtein EN Piano Concert, construit par M. Weingärtner. Un instrument magnifique pour lequel Kühn, jusque-là coutumier des Steinway, ne résiste pas.

> « Il y a actuellement trois pianos fantastiques sur le marché : le Bechstein, exceptionnel […], avec un toucher très particulier, un son très chaud dans les basses et brillant dans l'aigu ; puis les vieux Steinway de Hambourg, et le Fasioli… Voilà tout ce que j'aime ! »[9]

C'est au printemps 1981, à Berlin, que le contact se produit. Joachim Kühn se rend à l'usine de fabrication des pianos Beschtein, qui appartient à une compagnie américaine ; il est immédiatement séduit par le toucher, le son de ces pianos. Par l'intermédiaire de Frau Kaufman qui travaille chez Beschtein Pianos, par ailleurs grande fan de la musique de Kühn, la compagnie saisit l'opportunité qui se présente à elle de concurrencer les pianos Steinway, pour le plus grand bonheur de Joachim :

> « Ils ont été très généreux avec moi : ils ont décidé de m'envoyer de Berlin un piano Beschtein pour chaque concert, quelqu'en soit le lieu ; ainsi, même durant ma tournée en Australie, j'ai pu jouer sur ce IM Piano de 2 m 75 ! Une chance incroyable pour un pianiste de jazz ! De plus, ils m'en ont fait choisir un pour chez moi, de 2 m 10… »[10]

Un contrat qui durera plus de treize ans…

Utilisé dans l'enregistrement avec le Quartett et sur le disque de Rolf, c'est bien en solo que le Beschtein donne la pleine mesure de ses capacités. Joachim Kühn en profite pour poursuivre sa tournée mondiale, entamée en fin d'année 1980 : il revisite l'Allemagne du 11 janvier au 4 février 1982, puis la France en février, l'Autriche, la Suisse et la Scandinavie en mars.

En juin, Kühn et le pianiste Thilo von Westernhagen donnent chacun un concert en solo à Kiel : on en retrouve des extraits sur le très beau disque *Solidarnosc* dont les bénéfices sont versés à la fondation polonaise ; le disque est d'ailleurs livré avec un poster de Lech Walesa.

Kühn se produit aussi en duo avec d'autres pianistes : toujours en juin, avec Jasper van't Hof (pour le disque *Balloons*), le 15 janvier 1983 à Cologne avec Stu Goldberg, puis séjourne le 27 décembre à Barcelone chez le pianiste classique Josep Maria Balanyà… qui ce soir là ne jouera que du saxophone ténor !

Industrial End

Le 15 février 1982, Joachim Kühn donne un triple concert à la Musikhalle de Hambourg : s'y succèdent le groupe Information avec Trilok Gurtu et en invité Phil Lynott, chanteur de Thin Lizzy pour interpréter un « *Chemistry* »[11] ravageur, Kühn en solo, enfin le Quartett augmenté d'un *guest* de marque : Chet Baker.

Une sorte de baroud d'honneur puisque quelques mois plus tard, Information et le Quartett ne tourneront plus.

L'expérience est reconduite un soir dans le Quartier Latin de Berlin, tandis que dans l'après-midi même s'était jouée « *Industrial End* »...

Suite symphonique en quatre mouvements, « *Industrial End* » est dirigée par Rolf Kühn. Comme pour « *Turbulent Lover* » un an et demi plus tôt, il s'agit d'une pièce pour orchestre symphonique avec solistes de jazz, en l'occurrence ici le pianiste, le contrebassiste et le batteur. Œuvre comme toujours complexe, ambitieuse, d'une écriture résolument moderne, elle ne comporte que des compositions originales des deux frères, dont la splendide « *Ostriconi* »[12] de Joachim Kühn et la reprise de « *Yvonne* » qui figurait déjà sur Nightline in New York. On perçoit aussi brièvement le rythme et les harmonies de ce qui deviendra douze ans plus tard « *Come Back to the Islands* » !

Une symphonie qui présente un sens aigu du drame, de l'exaltation aussi, qui ballote l'oreille entre velours et chaos.

La représentation d'« Industrial End » était donnée avec le SFB Radio Orchestra et les solistes Joachim Kühn, Detlev Beier et Mark Nauseef.

Creative Music Production

Né en 1977 sous le nom de Contemp Records, le label Creative Music Productions (CMP) est un projet du producteur Kurt Renker et de Vera Brandes. Dès les premières parutions, il se démarque du reste du marché : de superbes couvertures réalisées par Ulf von Kanitz en ornent les pochettes, des enregistrements digitaux, leur propre studio d'enregistrement, et surtout un contenu musical décalé. Ainsi vont s'y côtoyer par exemple avant 1980 le groupe Nucleus de Ian Carr (CMP 1), le trio Jeremy Steig (fl) / Eddie Gomez (b) / Joe Chambers (dm, perc) (CMP 3), le trio Philip Catherine (g) / Charlie Mariano (ss, as, fl, nagaswaram) / Jasper van't Hof (p, elp, o, synth, kalimba) (CMP 5), l'ensemble de Dave Liebman comprenant le pianiste Richard Beirach, Eddie Gomez et un quatuor à cordes (CMP 9), un solo de guitare électrique de Karl Ratzer (CMP 13)... Cela simplement pour illustrer l'idée mère qui régit les productions CMP : oser des concepts différents, originaux, des formules instrumentales inédites, ouvrir les champs d'instrumentation du jazz aux domaines classiques et aux musiques du monde, tout cela dans le but de permettre aux musiciens d'exprimer des idées qu'ils n'auraient nulle part ailleurs la possibilité de mettre en place.

Cette ligne directrice suivie par le label invite au plus grand respect, sachant de plus que les productions des années quatre-vingt n'allaient pas non plus se calquer sur celles du marché habituel, bien au contraire. Ceci est d'autant plus méritoire que, comme le soulignait Mitchell Feldman, chargé de la promotion du label :

> « On ne peut espérer survivre en enregistrant des solos de tambourins. »[13]

Et, ce qui ne nous surprendra malheureusement pas, soulignons les graves problèmes de distribution qui ont trop régulièrement entravé sinon le bon développement du label, en tout cas sa reconnaissance auprès du public.

Une démarche artistique qui a de quoi séduire Kühn :

> « Je ne peux pas dire que j'aime tous les disques CMP : certains sont trop intellectuels à mon goût ; mais Kurt a réalisé des disques que vraiment personne d'autre ne faisait, absolument anti-commerciaux, et je les aime pour cette raison. »[14]

En cours d'année 1981, Joachim Kühn pousse de plus en plus Mark Nauseef à composer et lui suggère de songer à réaliser un disque sous son nom. C'est presque par hasard qu'il croise Kurt Renker sur un ferry entre la Corse et le continent. L'un parle de son label, de sa volonté de l'ouvrir davantage encore à une musique d'ailleurs, un nouveau son ; l'autre lui affirme qu'il connaît un percussionniste ayant un projet qui pourrait tout à fait convenir…

Parallèlement, les rapports entre le pianiste et l'ingénieur du son Walter Quintus sont de plus en plus étroits. Après avoir, dans sa jeunesse, été violoniste dans un conservatoire de musique classique et soliste dans divers orchestres, puis monté le groupe de rock Parzival[15], Quintus s'est pris de passion pour le travail sur le son : ainsi, il participe à la fondation du studio Russel à Hambourg, enregistre un disque du groupe Kratfwerk et collabore avec le groupe Kraan et Udo Lindenberg… mais ses rencontres avec Joachim et Mark Nauseef servent de détonateur et il choisit dès lors de définitivement abandonner les sphères de la musique commerciale pour ne plus se consacrer qu'à celles, plus expérimentales, de musiciens dans la lignée des deux précédents. Avec eux, rapidement, il outrepasse le simple rôle d'ingénieur du son pour tester, déjà, toutes sortes d'expérimentations sonores…

Personal Note allait pouvoir naître…

Passionné par les sons et les rythmes du monde, Nauseef avait commencé à étudier à la California Institute of the Arts de Los Angeles la musique classique d'Inde du Nord, les rythmes d'Inde du Sud, la musique indonésienne, celle de Ewés du Ghana ainsi que la musique européenne du 20ᵉ siècle : John Cage, John Bergamo, Frank Zappa, etc. Il allait chez CMP pouvoir exprimer toute la démesure de son talent.

Enregistré à la fin de l'été 1981, *Personal Note* est un album fantastique, organisé autour du noyau d'Information (les quatre membres sont présents), avec les participations de Phil Lynott, Jan Akkerman et Detlev Beier.

Au-delà du travail sur les percussions de la paire Gurtu / Nauseef qui procède par questions / réponses, complémentarités ou discordances des échanges, au-delà de l'aspect purement technique de leur maîtrise des instruments (où l'on assiste d'ailleurs, étourdi, à un Mark Nauseef aussi à l'aise et personnel à la batterie qu'aux percussions), c'est l'agencement de l'espace sonore dans son ensemble qui nous laisse interdits : tantôt aérés, tantôt cataclysmiques, les éléments affleurent avec fracas tant les combinaisons entreprises ici sont inhabituelles ; un véritable tour de force puisque cela fonctionne à plein : nous ne sommes pas en présence d'un kaléidoscope de traditions musicales diverses et variées exposées à la manière d'un catalogue, encore moins face à un de ces melting-pots fadasses et affligeants qui allaient être en vogue deux décennies durant sous l'égide de la world music... Nous sommes simplement confrontés à une musique autre.

Un côté fantasque urbain, à nouveau, transparaît par endroits, le son du Jupiter que Kühn est en passe de délaisser pour de bon, la voix du saxophone alto probablement aussi, dont sont gravés ici deux des plus beaux solos qu'il ait donnés sur « *Doctor Marathon part 1* » et « *Corsica* »...

Pourtant, plus extrême encore, le second disque de Mark Nauseef, *Sura*, enregistré en janvier 1983. Dans la continuité du précédent, un travail énorme sur les contrastes (de sonorités, de timbres, de couleurs, d'harmonies, de rythmes, de climats, de cultures, de géographies, lenteur / vivacité, calcul / spontanéité...) est réalisé au profit d'une cohésion impressionnante.

Les paysages bouleversent : le son froissé du bugle de Markus Stockhausen sur « *Kids* », la guitare électrique asthmatique de David Torn emmêlée aux cithares d'Herbert Försch, les rauques balbutiements des moines du monastère de Bhutan, l'harmonium de Kühn sur « *Bach* », grave, majestueux en duo avec les échos flottant du sarod, avant de se mettre à grincer, à glisser vers la folie...

Chaque nouvelle écoute dévoile de nouveaux détails...

Personal Note, *Sura* : deux chef-d'œuvre, vraiment.

Et le trio infernal n'allait pas s'arrêter en si bon chemin : avec Joachim Kühn, Walter Quintus et Mark Nauseef, le label CMP allait connaître un essor créatif incroyable.

I'm not dreaming

Durant ce même mois de janvier 1983, une nouvelle pièce symphonique de Kühn est présentée, à Cologne cette fois, avec le WDR Radio Orchestra, Mark Nauseef, Detlev Beier et Trilok Gurtu. Il s'agit de « *Conversation for Piano and Orchester* », une suite dans laquelle on peut reconnaître l'ébauche de « *Guylène* », thème de prédilection du trio Kühn / Humair / Jenny-Clark quelques années plus tard, mais aussi celui de « *Heavy Birthday* » qui allait être formidablement déjoué sur *I'm not Dreaming* enregistré en mars…

Fort de cette dernière expérience symphonique et de la nouvelle direction prise aux côtés de Mark Nauseef au sein de CMP, Joachim Kühn nourrit l'idée de commettre un disque résolument « à part » :

> « J'ai souhaité faire un disque totalement différent de ce que j'avais pu faire jusqu'alors, et j'ai opéré un changement rigoureux dans ma musique. »[16]

La démarche entreprise est effectivement inédite chez le pianiste : il se rend une semaine avec l'ingénieur du son Gerd Bischoff dans un célèbre château de Kiel, le SchlossBredeneek, où un Bechstein Concert EN Piano l'y attend, et improvise dessus des heures durant, jour après jour.

À partir de cette matière première, il s'isole dans une campagne bordée de lacs, toujours dans les environs de Kiel, pour écrire des compositions pour violoncelle, trombone et percussions. Sous les conseils de son frère, il contacte pour son projet le premier violoncelliste du Berlin Philharmonic dirigé par Karajan, Ottomar Borwitzky :

> « J'ai expliqué mon travail à Ottomar, il est venu chez moi pour écouter la musique… Il n'avait encore jamais procédé de cette façon, en utilisant l'overdub. Il a emmené les partitions chez lui et les a travaillées pendant deux mois ! Il m'a confié plus tard qu'il avait passé cinquante heures à lire ma musique ! C'est quelqu'un de vraiment sérieux. Et lorsqu'il est venu au studio, il a joué magnifiquement ! »[17]

C'est ensuite au tour du tromboniste George Lewis de se superposer au duo. Quant aux percussionnistes, ils sont enregistrés séparément : Mark Nauseef d'un côté, puis Herbert Försch, qui invente ses propres instruments, de l'autre.

Walter Quintus est chargé de mixer l'ensemble et réalise un énorme travail sur le son, y compris d'ailleurs quelques tentatives de détournement de l'écho du piano, ce qu'il développera de belle manière avec Joachim Kühn quelques années plus tard.

Un projet assez long à mettre au point, qui débouche sur un disque étrange et inouï, à la croisée des mondes (classique avec le violoncelle, jazz avec le trombone, asiatique avec les percussions, imaginaire, surtout), point d'orgue de la trilogie initiée avec *Personal Note*.

C'est avec ce disque que les chemins de Mark Nauseef et Joachim Kühn vont momentanément se séparer. Le premier se lance dans une autre direction, toute aussi personnelle, en trio avec Trilok Gurtu et le bassiste Jack Bruce et concrétisée par *Wun Wun* (CMP 25), puis retournera s'enfermer dans la California Institue of the Arts de Los Angeles comme dans un monastère, étudiant à nouveau les rythmes d'ailleurs : le gamelan javanais avec K.R.T. Wasitodiningrat, le gamelan balinais avec I. Nyoman Wenten, la théorie et le Pakhawaj[17], les rythmes ghanéens, les techniques des percussions en Europe du 20e siècle avec John Bergamo et Glen Velez... avant de partir en Indonésie. Il en rapportera par ailleurs des enregistrements traditionnels de Bali et de Java qui donneront les premières pierres de la collection CMP 3000 World Series.

Joachim Kühn quant à lui, commence à se produire en duo avec Ottomar Borwitkzy : une poignée de concerts, musique de chambre atypique, semée entre décembre 1984[18] et le printemps 1987.

Morosités

Malgré ces belles réalisations en studio, le groupe Information ne tourne plus depuis le printemps 1982 et le Quartett, en mal de dates, se dissout avec le départ de Gerry Brown pour les États-Unis. C'est finalement avec un autre Quartett qu'il se produit aux Jazzworkshop de Hambourg : Leslek Zadlo est au saxophone, Palle Danielsson à la contrebasse et Billy Hart à la batterie. Le travail pourtant, commence sérieusement à manquer pour Joachim, aussi décide-t-il de s'atteler à l'écriture d'une méthode intitulée *Modern Jazz-Pianist*, dans laquelle il offre au pianiste amateur quelques clés pour aborder les harmonies, le phrasé, l'accompagnement d'un soliste... ainsi que des exercices destinés à travailler la technique. L'ensemble est illustré d'exemples inscrits sur des portées et agrémenté des partitions du disque *Nightline in New York* ainsi que de deux partitions inédites : « *Raw Oysters* » et « *For Stu Martin* ». Ce recueil aujourd'hui introuvable, est édité par Francis, Day & Hunter GMBH.

En 1983, tandis qu'en Allemagne, les projets de Kühn concernant le jazz frisent l'inexistence, quelques vieux amis français l'invitent le temps de quelques concerts ; du 25 au 30 mai, dans divers théâtres des 18e, 19e et 20e arrondissements parisiens, Daniel Humair reçoit une pléiade d'anciens partenaires qui ont jalonné son parcours, parmi lesquels François

Jeanneau, Henri Texier, Michel Portal, Dave Holland, George Lewis, George Gruntz, Franco Ambrosetti, Joachim Kühn, Martial Solal, Benny Wallace, David Friedman, Éric Lelann, Jean-Pierre Drouet, Mike Richmond, etc. Kühn s'y produira en solo, puis en trio avec Humair et Richmond. Une manifestation qui aura permis, aux dires de François Narboni :

> « [De] (re)découvrir quelques grandes personnalités du jazz européen. [...] Kühn allait confirmer cette image de musicien-chercheur qui sans cesse remet ses acquis en question. Refus de toute concession et de certaines tendances pianistiques dominantes (du genre broderies impressionnistes interminables, étalage technique...) : une authenticité peu courante. »[18]

Une étape qui ne reste pas sans suite puisque ce même trio donnera quelques nouveaux concerts parisiens : dès le surlendemain avec Benny Wallace au Musée d'Art Moderne, mais aussi au New Morning[19] et, à nouveau au Musée d'Art Moderne pour une soirée double : le pianiste Dado Moroni et Joachim Kühn jouent respectivement en solo puis en duo, la rythmique les accompagnant ensuite, tour à tour, puis ensemble.

Toujours peu de travail en Allemagne durant le premier semestre 1984, hormis quelques dates éparses en solo, notamment les 9 et 10 janvier au Quasimodo de Berlin. En mai, Kühn enregistre son sixième disque en solo au titre révélateur, *Distance*. S'ensuivent le 14 juin un duo avec Martial Solal, une incursion au festival de Bracknell en Angleterre où Kühn joue seul ainsi qu'avec le Siger Band de Paul Rogers, une participation à un disque du saxophoniste Knut Rössler puis une mémorable tournée solo de quatre semaines en Australie durant le mois d'août. Un pied, déjà, hors d'Allemagne :

> « Ces trois années passées à Hambourg ont été assez difficiles ; j'ai été déçu par les habitants, ainsi que par les radios où je ne pouvais trouver de bons contacts. La dernière année, je n'avais plus de dates de concerts, plus de travail, et j'ai réalisé qu'en restant là-bas, je ne pourrais pas jouer de jazz.
> Lorsque je suis revenu en France à cause d'une invitation de Portal pour un concert à la Porte de Pantin, j'ai trouvé Paris toujours aussi belle... La musique est mieux appréciée là-bas que n'importe où ailleurs, donc je me suis dit qu'il fallait à nouveau que j'y vive. C'est ce que j'ai fait... »[20]

Yvonne et Joachim Kühn se séparent ; en septembre 1984, le pianiste s'installe en région parisienne.

Priorité Trio (1984-1988)

> « Cette association avec Jean-François et Daniel restera dans mon cœur, sublime, éternelle, irremplaçable. Jusqu'à ma mort. »
>
> Joachim Kühn[1]

Michel Portal

Musicien phare de la scène internationale, aussi à l'aise chez Mozart ou Boulez que dans le jazz le plus débridé, Michel Portal, au crépuscule des années soixante, a ouvert une voie (voix ?) nouvelle en France, une « conjonction de "l'esprit" du free-jazz et la prise en compte des racines populaires et savantes de la musique européenne »[2]. Un bouleversement qu'il a instauré aux côtés de François Tusques, de Jean-François Jenny-Clark, de Joachim Kühn aussi, comme nous le rappelle le pianiste :

> « Mon interaction avec Michel date de cette époque, […]. On aimait tous les deux la musique et on était très impliqués dedans, on cherchait à ce moment-là à faire une sorte de musique libre. On essayait de trouver un nouveau langage, notre propre identité ; je pense qu'on a réussi : déjà à cette époque, nous étions très conscients d'être dans cette *New Thing*. Il n'y avait pas beaucoup de travail mais notre croyance là-dedans était très forte. Ça avait de l'importance pour moi de sentir que j'étais un des Européens appartenant à ce mouvement au moment où l'Europe cherchait son identité. J'ai rencontré des gens d'un peu partout qui faisaient la même chose et on était tous liés d'une manière ou d'une autre. »[3]

Portal : un musicien doté d'une ouverture d'esprit très large, au parcours hors pair jalonné de disques finalement assez peu nombreux mais le plus souvent remarquables – les deux *Châteauvallon*, *Alors !*, *Splendid Yzlment*, *Arrivederci le Chouartse*, *Men's Land*, *Turbulence*, *Minneapolis*… – voire historiques (*Our Meanings and our Feelings*, *Dejarme Solo*)[4], compositeur de nombreuses musiques de films[5] et interprète virtuose d'œuvres classiques (Brahms, Mozart, etc.) et contemporaines (Stockhausen, Boulez, Berg, avec le New Phonic Art), un chemin qui surtout se tisse sur les scènes de concerts.

Au début des années quatre-vingt, Portal tourne régulièrement en trio avec Jean-François Jenny-Clark et Daniel Humair. Ensemble, ils vont ouvrir leur porte à Joachim Kühn :

> « La raison de mon retour à Paris est plus ou moins due à Daniel et Michel : lorsque j'étais en Allemagne, ils me rappelaient ces bons moments que nous avions passés ensemble, ils me téléphonaient quelquefois pour que je les rejoigne à des concerts, alors je suis revenu et j'ai été heureux de jouer avec eux à nouveau. Entre temps, ils étaient devenus des musiciens extraordinaires ; ils l'étaient déjà avant mais maintenant qu'ils ont mûri, ce sont vraiment des musiciens inventifs et créatifs. »[6]

Tenor Madness

Le dimanche 24 juillet 1983 à Saint-Rémy, marque la date des retrouvailles du trio après huit années d'interruption : il joue ce soir-là avec le guitariste Harry Pepl. Une rencontre qui fonctionne puisque sitôt le pianiste installé à Paris le quartet se reforme (quoique de manière éphémère) sous l'impulsion de Daniel Humair pour servir de base (ou de tremplin) à quelques électrons libres, tous joueurs de ténor. Le projet s'appelle selon l'humeur Humair European Reunion ou Tenor Madness. Une courte tournée française est programmée à la fin du mois d'octobre, avec François Jeanneau, Christof Lauer, Harry Sokal, Larry Schneider et Tomasz Szukalski[7], qui aboutit le 28 à une prestation au festival Jazz Jamboree de Varsovie. Bien peu de dates au final, pour une formation à caractère explosif :

> « La *front line* de ce Tenor Madness a eu vite fait de convaincre tout un chacun qu'il n'est probablement guère facile d'en aligner une du même accabit. »[8]

Le groupe apparaîtra aussi le 18 avril de l'année suivante au festival du Mans, avec cependant une section de ténor limitée au seul Christof Lauer.

Le réveillon du 31 décembre 1984 se passe autour d'un bœuf bourguignon chez Aldo Romano ; toute la nuit un autre bœuf s'organise, avec Steve Grossman, Enrico Rava, Joachim Kühn, Barry Altschul, Alby Cullaz, Al Levitt et Jimmy Slide. Et, entre le trompettiste italien et Joachim Kühn : l'embryon d'un nouveau projet…

L'International Quintet

Une longue histoire déjà, lie le contrebassiste Ali Haurand, le saxophoniste et flûtiste Gerd Dudek et le batteur anglais Tony Oxley, tant au sein du quartet avec le pianiste Rob van den Broeck qu'avec l'European Jazz Quintet (A. Skidmore / G. Dudek / L. Zadlo / A. Haurand / P. Courbois) dès 1976 qui s'élargira en European Jazz Ensemble, ou avec le groupe SOH (Skidmore / Oxley / Haurand). Un nouveau chapitre s'ouvre brièvement avec l'International Quintet qui les unit à Enrico Rava et Joachim Kühn pour quelques poignées de dates en 1985 et 1986 en Allemagne, Hollande, Belgique, Angleterre et Scandinavie. Le concert du 20 mars 1985 au Candem Festival de Londres, enregistré par la BBC, est l'unique témoignage officiel qui demeure de la musique du groupe : chaotique, bousculée, elle n'aligne pas la sempiternelle construction thème / succession des solos / thème, tissant au contraire des conversations débridées, parfois lâches, traversées par moments par d'incisives incursions d'un soliste ; une architecture favorable à l'étirement des durées des morceaux. Seule exception prévue au programme : la reprise de « 'Round Mindnight ».

Si Kühn finit par quitter le groupe[9] pour donner la priorité au trio Kühn / Humair / Jenny-Clark, les collaborations entre le pianiste, Gerd Dudek, Tony Oxley et surtout Ali Haurand, quoique très épisodiques, n'en resteront pas moins riches et variées durant les vingt années suivantes[10].

Kühn / Humair / Jenny-Clark, tierce augmentée

Parallèlement, le trio Kühn / Humair / Jenny-Clark commence à se produire en France, toujours augmenté cependant d'un quatrième membre : le plus souvent un saxophoniste (François Jeanneau et surtout Michel Portal) mais aussi avec le trompettiste Franco Ambrosetti et le vibraphoniste David Friedman. Cette fois enfin, Joachim Kühn est dans un groupe qui tourne : les échos dans la presse sont unanimement favorables et les dates de concerts se multiplient... Pour le pianiste : la fin d'un tunnel :

> « Je n'oublierai jamais lorsque je suis arrivé à Paris, tous les amis qui m'ont aidé à l'époque. Le premier bien sûr était Daniel qui m'avait toujours soutenu et m'aidait comme il pouvait à trouver du travail, et Michel dont j'ai intégré le quartet avec JF et Daniel.
> Après quelques mois, j'ai recommencé à retravailler énormément mon piano : je me disais que plus je travaillerais, plus je trouverais de jobs, et c'était vrai. Je travaillais plus que je ne l'avais encore jamais fait. Les dates sont venues avec notre premier disque, les concerts se sont mis à pleuvoir : parfois un chaque jour ! »[11]

Peu à peu, se dessine la (re)naissance du trio, l'idée de ne jouer qu'à trois... Un accouchement qui ne se fait toutefois pas sans douleur :

> « Je ne me souviens plus lequel d'entre nous a eu l'idée du Trio, car nous étions loin d'imaginer que cette décision aurait autant d'impact sur nous. Ce doit être Daniel... ou peut-être s'est-on posé la question ensemble ? On est tombé d'accord immédiatement... Quelques heures cependant ont été très pénibles, car j'étais aussi en contact avec Aldo, qui était un ami très proche dans les années soixante ; j'avais aussi de bonnes relations avec Daniel... Aldo voulait aussi jouer en trio et j'ai dû faire un choix. Je ne pouvais

pas jouer avec les deux. J'en ai parlé avec JF et on s'est finalement décidé pour Daniel. Une décision vraiment lourde à prendre…

Mes relations avec Aldo ont bien sûr pâti de ce choix… C'est comme ça ; JF et Daniel jouaient déjà beaucoup ensemble, avec Michel, avant que je ne m'installe à Paris. JF est aussi très proche de Daniel musicalement et n'avait plus joué avec Aldo depuis longtemps. »[12]

Rapidement, l'idée d'un disque aussi, la musique étant pour eux jubilatoire dès les tout premiers concerts. Ce sera *Easy to Read*, une petite bombe dans l'univers du jazz français :

« Ici, la musique naît d'une étroite collaboration. Toujours en mouvement, pluridimensionnelle, elle est beaucoup plus intéressante car aventureuse et expérimentale au point que l'importante prise de risque excuse certaines faiblesses. »[13]

« Après une écoute soutenue des plus récentes productions américaines il semblerait que le jazz contemporain se fasse en Europe et l'écriture de ce trio en est la plus belle preuve. Dotée d'un lyrisme prenant, elle possède une forme rythmique très unifiée à laquelle il est impossible de s'abstraire. »[14]

« Il faut voir dans ce trio l'épanouissement de propositions formulées au début des années soixante-dix. On ne peut s'empêcher de prendre Kühn comme référence centrale. Il est, parmi les pianistes au langage contemporain, l'un de ceux qu'on reconnaît d'emblée : un lyrisme marqué par l'empreinte du romantisme européen et porté par un tempérament exubérant qui, pour donner toute sa mesure, réclame de solides appuis rythmiques. […] Les thèmes, malgré leur richesse, ne sont que prétextes ; l'essentiel se passe ailleurs. »[15]

Modernité, risque, rythme, lyrisme : autant de termes qui reviennent et reviendront hanter les plumes de la presse, et qui expriment les fondamentaux de la musique du Trio.

Geneviève

L'avènement de ce premier jalon discographique coïncide pour Joachim Kühn avec la rencontre de celle qui allait devenir son manager : Geneviève Peyrègne. Jeune, d'une compétence redoutable, elle a déjà *coaché* Miles Davis sur le territoire français, et s'occupe à présent de Michel Petrucciani. Tous deux se croisent dans le bureau de Jean-Jacques Pussiau, de OWL Records, qui se prépare à réaliser le disque du Trio.

Geneviève est séduite par la musique du pianiste, par le personnage :

« Joachim est quelqu'un qui fourmille d'idées en permanence, qui est toujours en avance sur le travail que le public connaît, il ne reste jamais sans rien faire : chaque jour que dieu fait, il a une idée nouvelle, un projet nouveau. Beaucoup forcément, ne verront jamais le jour, beaucoup de musiques écrites ne seront jamais jouées : je ne suis même pas sûre qu'il aurait le temps matériel de jouer tout ce qu'il a écrit, même s'il vit très vieux ! »[16]

Pourtant débordée par le travail, elle accepte de s'engager avec lui.

Une grande complicité naît entre eux : Joachim a des idées très précises sur ce qu'il veut faire, sur la musique, la manière de la présenter, ses nouveaux projets, les disques, les concerts, les tournées ; Geneviève a l'expérience du terrain, des gens, du bon moment pour réaliser un projet, sortir un disque... Elle a assurément beaucoup œuvré en faveur du succès du Trio dès sa genèse.

Cette proche entente dans le travail ne tarde guère à profondément irriguer leur vie intime ; ensemble, ils emménagent à Châteaufort dans la Vallée de Chevreuse, au 14, chemin de la Source. Une passion aussi vive que dévorante les liera définitivement l'un à l'autre.

Événement à Strasbourg

Joachim Kühn est l'un des invités d'honneur du Strasbourg Musica'85 qui se déroule du 13 septembre au 1er octobre. Tout commence le plus simplement du monde, par deux concerts en solo, donnés le jeudi 19 à Colmar puis au Loft de la rue des Magasins à Strasbourg, le lendemain à une heure du matin. Quelques heures avant ce second concert, à l'Éden Théâtre de la rue Thirgarten, se tenait un gigantesque « Piano Star » réunissant treize pianistes au total : douze d'entre eux issus de la musique classique et de la musique contemporaine, le treizième du jazz... Outre des œuvres d'Olivier Messiaen, de John Mac Guire, de Pierre Boulez, de Mauricio Kagel, de Karl-Heinz Stockhausen et de Luc Ferrari dans lesquelles s'illustrent les douze premiers avec des formules allant du solo au quatuor de pianos, trois pièces pour douze pianos sont présentées : « *Et / ou* » de Michel Decoust, « *Machination IX* » de Louis Roquin, et « *Music for piano* » de John Cage. Kühn participe à l'interprétation des trois compositions. Un projet ambitieux sur le papier, qui fait encore sourire Joachim Kühn :

> « Il y a eu une répétition dans le courant de l'après-midi, mais c'était très facile... Il n'y avait vraiment rien à jouer, vraiment... Rien de sérieux... Une plaisanterie ! Et c'était marrant de voir dans les loges tous ces musiciens de musique classique véritablement nerveux ! Je fumais tranquillement à côté d'eux... »[17]

L'occasion de prouver, puisque le besoin s'en fait sentir même quinze ans plus tard, que l'étanchéité qui sépare jazz et musique classique est bien souvent autre chose qu'une simple question de valeur, de niveau ou de virtuosité. Au beau milieu de la soirée, une longue improvisation en solo s'est élevée dans le théâtre, la seule improvisation du concert ; elle n'était pas due à un pianiste classique...

Le 21, retour au Loft, pour une autre soirée inédite : le trio Michel Portal / Joachim Kühn / Jack Bruce. Idée toujours attrayante de ce genre de rencontres inhabituelles : la prise de risque (musical, s'entend) reste forcément élevée, le résultat parfois surprend... Ce soir-là pourtant, du choc il ne reste que trois noms sur le papier, trois noms qui, ensemble, auraient dû faire rêver.

Priorité : Trio

De l'automne 1985 à l'hiver 1987, la très haute fréquence des concerts donnés avec le Trio définit clairement la priorité donnée par chacun de ses trois membres : une sorte de boulimie qui ne parvient pas à se tarir.

Le nombre d'invités du groupe ne cesse d'augmenter et de se diversifier : outre Portal, définitivement lié à l'histoire du Trio (plus de vingt concerts ensemble durant cette période), François Jeanneau et Larry Schneider reviennent ponctuellement lui livrer bataille. Et d'autres aussi, de nouveaux arrivants : Johnny Griffin le 14 décembre 1985 (aux Mureaux), Rolf Kühn le 13 mars 1986 (au Musée d'Art Moderne), Christian Escoudé et Didier Lockwood le 21 mars (à Font-Romeu), le trompettiste Palle Mikkelborg (avec Portal) le 21 mai (à Paris), Mino Cinelu (là encore avec Portal) le 21 juillet (à Nîmes), les mêmes avec Jean Schwartz le 26 (à Uztailak) puis plus tard, en décembre 1986 (à San Sebastian en Espagne), Martial Solal le 28 juillet 1987 (à Montpellier)...

C'est pourtant bien seuls qu'ils donnent la pleine mesure de leur talent, démontrant par là même que le Trio a déjà fort à faire pour canaliser les fougues de ces trois personnalités, se suffisant amplement à lui-même. Les concerts, les tournées s'enchaînent, se déchaînent : pour l'année 1986, des dizaines de dates en France (dont le soir de l'inauguration de l'Orchestre National de Jazz le 3 février, au Théâtre des Champs Elysées), en Guadeloupe, une tournée printanière en Suisse, en Allemagne et en Autriche, une tournée américaine en juin (Californie, Chicago), une tournée hivernale en Espagne, etc.

Transformation

Quelques autres projets affleurent cependant, hors de la trajectoire du Trio. Kühn poursuit ses travaux en duo avec Martial Solal et Ottomar Bortwizky, et continue à se produire en solo : outre quelques dates éparses, une tournée en Allemagne en octobre et novembre 1985, une autre à l'automne 1986 en Californie, qui débute le 26 octobre à la Music Academy de Santa Barbara.

Entre temps, en mai 1986, Joachim Kühn enregistre un nouvel album en solo : *Transformation*. Une œuvre qui, comme l'annonce le titre, se démarque des solos antérieurs puisque l'ingénieur Walter Quintus, crédité des « Piano Sound Effects », prend une part réellement active concernant les traitements sonores : la visée ici n'est plus seulement d'obtenir un son de la meilleure qualité qui soit, mais bien d'interférer directement sur les sons produits par le pianiste : travail de remodelage *in vivo* de la pâte sonore ; les sons peuvent ainsi être étirés plus que de coutume ou à l'inverse compressés, les résidus de sons tout juste éteints peuvent entrer en réverbération avec le nouveau son produit, lui insuffler d'autres couleurs ou entraîner sa dissolution... Un potentiel de sculpture sonore certainement infini, qui permet aussi de brouiller toute notion de durée, de gommer l'inévitable cloison entre passé (ce qui vient d'être joué) et présent (ce qui se joue dans l'instant) sans l'usage désormais balisé du re-recording : tout ici se faisant « en direct ».

Cet époustouflant travail d'expérimentation sonore trouve sa source dans les centaines d'heures passées ensemble à chercher de nouvelles directions, tentatives inédites empruntant des chemins non encore débroussaillés. Il a été rendu possible lorsque Kurt Renker a fait construire son propre studio pour le label CMP, à Zerkall, tout près du petit village de Kreuzau, au beau milieu de la campagne allemande.

> « C'était comme ma deuxième maison, j'y étais très souvent. Je restais dans le studio avec Walter et on passait nos nuits à jouer : on essayait plein de choses différentes... On pouvait expérimenter avec la technique, un ordinateur, toutes sortes de claviers... On était vraiment libres dans le travail là-bas ; j'ai pu faire exactement les disques que je voulais faire, avec tout le temps dont j'avais besoin ! C'était une excellente opportunité pour moi. »[18]

Au cours de ce même mois de mai, les travaux de Kühn et de Quintus sur la transformation du son prend toute son ampleur avec les enregistrements de *Time Exposure* et du *Requiem of Death* (resté inédit), qui pour le coup fonctionne pleinement comme un véritable duo.

Passé tout à fait inaperçu dans les colonnes des journaux spécialisés[19], dans les émissions de radio autant bien évidemment que sur les programmes de télévision, ce premier disque du duo Kühn / Quintus est une œuvre majeure par la qualité de son contenu musical ainsi que par l'extrême nouveauté de ce travail sur le son.

Carolyn Carlson

Née à Oakland mais d'origine finlandaise, la danseuse-chorégraphe Carolyn Carlson fait déjà figure de légende vivante dans le monde de la danse contemporaine. Elle s'installe en France en 1971 et y intègre la Compagnie Anne Béranger. Nommée « étoile-chorégraphe » de l'Opéra de Paris en 1974, elle y monte plusieurs spectacles en collaboration avec John Surman, Barre Phillips et Stu Martin, etc. Une collaboration qui va s'échelonner sur cinq ans. De 1980 à 1983, elle siège à Venise où elle travaille avec un nouveau groupe : le Teatro Danza La Fenice di Carolyn Carlson. Rencontre aussi, majeure, avec le compositeur René Aubry, qui dès 1981 signe la musique de bon nombre de ses ballets. Créatrice à l'inspiration intarissable, au parcours presque boulimique, métamorphosée par un voyage en Inde qui lui a ouvert la porte de la philosophie zen, Carolyn Carlson est obsédée par la lumière, le temps, le sens de la vie, le sacré, les grands mythes de l'humanité…

En 1987, la compagnie new-yorkaise d'Elliot Feld, le Feld Ballet, invite comme à son habitude un chorégraphe travaillant en Europe à venir créer un nouveau ballet pour ouvrir sa saison : cette année-là, c'est au tour de dame Carlson. Un mois avant la première, le spectacle est monté… mais la musique n'est toujours pas trouvée ! En mai, un beau hasard lui fait croiser Joachim Kühn à la poste de la rue des Pyrénées, à Paris… L'après-midi même, elle est emballée par l'écoute du morceau « *Ostriconi* », de *Time Exposure* :

> « Je cherchais quelque chose d'inhabituel pour ce spectacle ; j'avais écouté en vain des dizaines de musiques… Vraiment, j'adore le sens des espaces mystiques que Joachim a créé sur *Time Exposure* ! »[20]

Par manque de temps, Carolyn Carlson va directement utiliser les bandes enregistrées pour son ballet : la première de *Time Exposure* se déroule le jeudi 5 juillet 1987, au Joyce Theater de New York.

La chorégraphie, qui se développe sur un décor réduit à une scène rougeâtre sur laquelle trône un arbre unique, filiforme et déplumé, traite du thème du double, jeux de miroir avec reflets inversés qui parfois se disloquent, renvoient une image divergente, puis peu à peu apparaissent d'autres copies de couples ; accent porté aussi sur la durée, dilatation temporelle, mouvements exécutés comme au ralenti, un ballet hors du temps et de l'espace, « à la croisée d'une peinture surréaliste et d'un film qu'on aurait conçu à partir du Nouveau Roman ».[21]

Time Exposure rencontrera un assez joli succès, mais donne surtout l'envie à Carolyn Carlson de retravailler sur la musique de Kühn, en *live* cette fois…

Re-création des « *Meditations* » de JC

Entre temps, le TTB Jazz de Boulogne-Billancourt vibre du 22 mai 1986 au 2 juin en hommage à John Coltrane, grâce à une programmation alignant, entre autres, les groupes de Jean-Marc Padovani, Arthur Blythe, Richard Raux, Yochk'o Seffer, Tommy Flanagan avec James Moody et George Coleman, Dave Liebman…

Dave Liebman, donc.

Bien qu'ayant souvent croisé Kühn au hasard des festivals ainsi qu'à Los Angeles à la fin des années soixante-dix, tous d'eux n'ont encore jamais vraiment joué ensemble. Leur passion commune pour Coltrane a cependant rapidement resserré les liens entre eux :

> « J'ai toujours été proche de Joachim, il est tout le temps accueillant, intéressé pour parler de jazz : il est toujours très bien informé sur qui joue quoi… »[22]

La soirée du 30 mai présente un double concert de Dave Liebman :
1) Hommage à John Coltrane
(Dave Liebman + Trio Kühn / Humair / Jenny-Clark)
2) Re-création de la « *Meditations Suite* »
(Les mêmes + Yochk'o Seffer (ss), Bobby Rangell (as), Caris Vifejean (hautbois), Jean-François Canape (tp), Hélène Labarrière (b), Oliver Johnson (dm))

La suite comporte les cinq mouvements écrits par Coltrane : « *The Father and the Son and the Holy Ghost* » / «*Compassion* » / «*Love* » / «*Serenety* » / «*Consequences* ». Une musique protéiforme, une interprétation libre :

> « Aucune nostalgie, mais comme un courant d'air frais pour remettre les pendules à l'heure. Liebman, amoureux fou de l'œuvre de Coltrane, n'a pas copié mais s'en est profondément inspiré pour créer une musique belle comme l'oasis rencontrée après une longue marche dans le désert. »[23]

Ce concert qui voit Liebman confronté au Trio constitue la première d'une longue série de dates semées par la suite tout au long de l'existence du groupe.

Dernier round de J.-E. Berendt à Baden-Baden

Du 1er au 5 décembre 1986, se tiennent les derniers Baden-Baden New Jazz Meetings organisés par Joachim-Ernst Berendt, intitulés « Old Friends » ; une pléiade de musiciens, agitateurs historiques des sessions de Baden-Baden, est invitée : les trompettistes Manfred Schoof, Kenny Wheeler et Herbert Joos, les saxophonistes Heinz Sauer, Gerd Dudek et Charlie Mariano, le tromboniste Albert Mangelsdorff, le clarinettiste Michel Pilz, les guitaristes Philip Catherine et Toto Blanke, le pianiste Joachim Kühn, les contrebassistes Barre Phillips et Jean-François Jenny-Clark, le batteur Daniel Humair, le percussionniste Okay Temiz et le vibraphoniste Karl Berger. Les travaux s'effectuent quatre jours durant pour aboutir au concert du 5, et présentent diverses configurations de jeu. Les compositions sont pour la plupart signées par Kenny Wheeler, Karl Berger ou Joachim Kühn. Ce dernier livre par exemple les pièces « *After Ibiza* » et surtout « *Walkie Talkie* » en souvenir des sessions du festival en 1966 où son groupe (Rolf et Joachim Kühn, Jean-François Jenny-Clark, Aldo Romano, Karl Berger) avait déjà joué ce morceau ; vingt ans plus tard, Heinz Sauer a pris la place de Rolf, Daniel Humair celle d'Aldo Romano.

Un film en trois volets produit par la Südwestfunk retrace de larges extraits de ces cinq journées à Baden-Baden.

Drôles de drames

Projet ambitieux, nécessaire, né d'Emmanuelle K. en août 1987, et dont il ne reste malheureusement qu'une poignée de miettes…

À la tête de réalisations audiovisuelles fort diverses, Emmanuel K., qui s'était déjà chargé en juin 1986 du montage d'un film de 27 minutes sur le Michel Portal Unit (avec Kühn, Humair et Jenny-Clark) pour la Maison de l'Image de Bourg, cherche cette fois à mettre au point une création télévisuelle originale autour du jazz avec une série d'émissions agencées selon un thème précis pour chacune d'entre elles, et d'une durée évoluant entre 26 et 52 minutes. Les différents sujets abordés peuvent concerner un musicien, un instrument, les formations (du duo au big band), la géographie du jazz en Europe, l'idée de lutte / censures à travers le jazz, etc. La « grille » de réalisation, ouverte et variée, comprend des « *Itinéraires* » (film de création vidéo musicale), des « *Anecdotes* » (histoires brèves, solos très courts sur le thème choisi), des « *Passions* » (plusieurs créateurs expriment leur point de vue sur le thème choisi), des « *Haïkus* » (petits poèmes musicaux), des « *Archives* » (accords ou controverses sur le thème choisi), et « *Les Mordus* » (reportages sur des concerts, des événements, etc.)…

Le premier film, intitulé *Cuisines*, est consacré à Daniel Humair, avec la participation de Michel Portal, David Friedman et des membres du Trio. D'autres s'articulent autour de Joachim Kühn (un *Itinéraires* avec Carolyn Carlson, un *Passions*, un *Haïkus*), Didier Lockwood, Eddy Louiss et Richard Borhinger, Philip Catherine, Tamia et Pierre Favre…

Et, quelque dix ans plus tard, ce navrant constat : que reste-il aujourd'hui de cette floraison d'idées aussi nombreuses qu'originales ? Que reste-il de cette démarche peu commune, alliant jazz et audiovisuel sur un mode nouveau ? Quelques extraits des mêmes concerts peut-être, des mêmes festivals, des mêmes musiciens (le plus souvent américains) qui se noient dans les petites heures de la nuit au milieu du torrent inouï des vomissures en forme de « variétés » qu'on nous inflige quotidiennement ?!

Libre, de temps en temps

Tandis que la fréquence des concerts avec le Trio ne cesse d'augmenter, les jam-sessions qui se tenaient au chemin de la Source (avec Éric Lelann, Yves Robert, Didier Lockwood, etc.) ont, elles, tendance à grandement diminuer. Lorsque le propriétaire décide de vendre la maison où vit le pianiste, ce dernier n'a guère les moyens de l'acheter. Il emménage alors dans une bâtisse construite sur la tour d'un autre siècle, rue de la Tour, toujours dans la petite bourgade de Châteaufort. Quant à l'ancienne maison, Michel Petrucciani va en être le nouveau propriétaire...

L'année 1987, presque entièrement partagée entre activités en solo et avec le Trio, s'avère assez pauvre d'un point de vue discographique puisqu'un seul disque paraît : le superbe *Unison* de Jean-François Jenny-Clark, où le pianiste l'accompagne pour un duo le temps d'un morceau. C'est la seule œuvre du contrebassiste qui paraît sous son seul nom : une collection de neuf pièces, principalement des solos avec usage de re-recording. Un disque capital... excepté pour son propre auteur :

> « Je vais être très sincère : si Joachim n'avait pas été là, je n'aurais pas fait *Unison*. Je n'en ai pas fait d'autres depuis, et si personne ne me pousse, je me dis qu'un disque de plus ne sert à rien. »[24]

Le 5 décembre, Portal, Kühn, Jenny-Clark et Alphonse Mouzon gratifient le public du Théâtre de la Ville d'une prestation mémorable, tandis que les 26 et 27, le pianiste fête Noël en duo avec Martial Solal. En février de l'année suivante, Kühn entreprend une tournée en solo en Tchécoslovaquie puis en Yougoslavie.

Le 23 mars 1988 à Francfort, il se joint au quartet de Christof Lauer auquel il participe ponctuellement et qui comprend ici Thomas Heidepreim à la contrebasse et l'illustre Roy Haynes à la batterie. Du 29 mars au 2 avril, le Trio se produit à Paris, à Albi et au Mans en compagnie de Larry Schneider et de David Friedman. Quelques jours plus tard, est enregistré le deuxième disque du groupe : *From Time to Time Free*, qui s'ouvre sur « *India* » et se ferme sur « *Expression* »... Comme le précisait fort justement Xavier Matthyssens lors de la sortie du disque :

> « Le ton est donné d'emblée : Coltrane, surtout Coltrane. Ni copie ou facile faire-valoir, mais héritage dûment revendiqué, tremplin vers de nouveaux horizons. »[25]

Dark ou une vision de l'Apocalypse

Celle que l'on a surnommée « la fée » ou « la magicienne », a cette fois décidée d'opérer une vertigineuse plongée dans les ténèbres.

Des mois qu'elle ressasse les poèmes d'Emerson, les peintures de William Blake, les prophéties de Merlin, la Bible surtout, avec son Livre de l'Apocalypse. La vision d'une gravure de Gustave Doré avec un ange veillant le tombeau du Christ, enfin, qui ne cesse de la hanter.

Le nouveau projet que Carolyn Carlson porte en elle est un changement de cap radical :

> « Bien sûr, il n'est pas question de raconter la fin du monde. Ce qui m'intéresse, c'est le contraste entre l'obscurité et la lumière, la terre et le feu. L'opposition entre le diable et l'ange qui sont en chacun de nous. [...] Pour la première fois, j'incarne une femme mauvaise ; je suis ravie de casser ainsi mon image de marque. »[26]

Pour figurer cette apocalypse, la chorégraphe a besoin d'une musique empreinte d'une puissance dévastatrice hors normes.

> « Certaines personnes n'étaient pas prêtes à recevoir cette création, après une dizaine de spectacles plus lumineux faits avec René Aubry. Lui a des qualités incroyables, une poésie énorme, mais il n'a pas cette agressivité… J'avais besoin de la musique de Joachim, de son énergie. Il fallait une musique pleine de feu, un bouillonnement magmatique… Certaines pièces sont très fortes, très puissantes, une force qui vient de l'intérieur : c'est vraiment ce que je voulais pour l'Apocalypse. »[27]

Joachim Kühn, emballé par le projet, est heureux de pouvoir y prendre part dès l'origine. Dès lors, les rencontres se multiplient : discussions à Châteaufort, travaux avec Walter Quintus au studio Zerkall, où tous trois s'installent avec les danseurs pendant un mois… La chorégraphie se met en place, jour après jour, au travers des réactions des danseurs à la lecture de l'Apocalypse et à la musique. Certains morceaux sont issus d'improvisations, d'autres viennent de compositions préexistantes qui ont été remodelées :

> « Parfois Walter et Joachim concevaient un morceau et je leur donnais mon avis. Parfois, les danseurs improvisaient et Joachim trouvait des choses…
>
> Ses solos sont inspirés par ces vieilles peintures de Scott Morrell sur l'Apocalypse : c'est très étrange, comme si Joachim extrayait les peintures de leurs toiles et les reproduisait en musique… Pour moi, ce sont les solos les plus fantastiques qu'on puisse créer là-dessus ! Je connaissais aussi *Prince of Whales* que j'aimais beaucoup, il l'a recréé, remodelé.
>
> Souvent aussi, ils partaient d'une mélodie de Joachim et tous deux travaillaient ensemble dessus.
>
> Pour l'ouverture, j'ai dit à Joachim que je voulais une seule note, qu'il fallait tenir cinq minutes… Walter l'a distordue, comme une onde, il l'a remodelée verticalement, l'a comprimée, l'a dilatée, lui a donnée une profondeur incroyable ! »[28]

Sur scène, une terre brûlée, des fumées sombres. Au centre, une femme, jeune, vêtue d'un drap rouge sang, qui glisse lentement d'un lit de mort. Et cette note, unique, cette note qui n'en finit pas, vivante : on croirait sentir pulser un cœur dans ses entrailles… Puis naît comme une conversation d'entre les morts, une prémonition de ce qui va arriver… Deux démons à son chevet se disputent, entament une lutte. Au fond, dans le noir, une porte ouverte sur les ténèbres, peu discernable : d'autres en surgissent lentement, ce vieux au costume noir, à la crinière presque blanche, poussiéreuse, ce vieux au geste saccadé, et d'autres encore.

Elle enfin, tout en noir, le cheveu en bataille, l'œil glacé, l'œil fou, qui les domine. Elle encore, sur trois pattes, ou quatre, à la démarche affreusement malade d'insecte mutilé, de sorcière trop longtemps brûlée, qui rampe vers un grimoire et l'ouvre : éclate alors la danse de l'enfer, entre feu et chuchotements presque grotesques, éclats de voix qui se télescopent... C'est à propos d'une recherche de la lumière enfin... une recherche bien vaine au final : nous sommes au cœur des ténèbres.

Le bruit des grillons aussi, qui par moments troue le silence : une musique naturelle que Kühn a extraite du film *Fourth Canto* de Holger Henze revisitant la *Divine Comédie* du poète italien Dante Alighieri.

Le spectacle se joue donc sur la musique directement interprétée par Joachim Kühn et Walter Quintus, pour la première fois sur la scène avec sa console digitale. Les lumières, splendides, sont de Patrice Besombes, et la troupe, outre Carolyn Carlson, réunit neuf danseurs. Un projet live ambitieux, du coup non dépourvu de risque :

> « Parfois, Joachim entre dans une espèce de transe et ne peut plus visualiser la chorégraphie ! Il n'est pas très visuel, la musique sort de ses tripes, tandis que Walter voit tout et réagit instantanément... Il a vraiment un sens aigu pour creuser des brèches ; il se souvient de tout ce qui vient d'être joué, des morceaux d'avant, et en réintroduit des bribes dans ce que joue Joachim : il réalise des cercles... Leur musique pénètre mon âme. »[29]

Programmé au Théâtre de la Ville du 27 avril au 14 mai 1988, *Dark* provoque un grand retentissement dans le monde de la danse, surpris, séduit par cette chorégraphie du chaos. Morceaux choisis :

> « Il y a dans ce spectacle une intensité, parfois même une solennité violente, qui contraste singulièrement avec le souvenir de Carolyn Carlson fluide et lyrique. Image de ce changement de style : la longue coiffe d'or de Carolyn s'est muée en une tignasse ébouriffée, qui lui donne une allure sorcière assez étonnante. »[30]
>
> « D'une force bouleversante, d'une originalité absolue, Dark s'impose de manière impérieuse. Une sorte de chef-d'œuvre, par la nature du propos, la façon dont il est traité, la musique le soutenant, les images qui jaillissent devant nos yeux, l'interprétation passionnée des dix danseurs et de Carlson elle-même, une scénographie sulfureuse, une esthétique entièrement renouvelée. [...] La musique de Joachim Kühn, qu'il interprète lui-même au piano, jouant de son corps et de sa chevelure presque autant que les danseurs, est elle aussi d'une originalité et d'une puissance évocatrice remarquables. Comment renoncer à dire à quel point une création comme celle-ci remet des pendules à l'heure et rappelle ce que sont le vrai talent et la vraie interprétation ? »[31]

Et Carolyn :

> « Ils variaient la musique d'un soir à l'autre, allongeant certaines pièces, transformant des fins de morceaux... Ce danger constant d'être avec des musiciens en *live*, j'adore ça ; c'est la raison pour laquelle je suis tellement attachée aux musiciens de jazz : ils sont spontanés, ils sont libres. C'est ainsi que je conçois mon propre travail. »[32]

Une tournée mondiale s'ensuit : Helsinki, Lisbonne, Belgrade, Amsterdam, puis la France et la Suisse en janvier-février 1989, l'Espagne en mars, la Grèce en avril, l'Italie en mai, les États-Unis et le Canada en octobre. Le spectacle est aussi filmé à Stockholm pour les télévisions suédoise, néerlandaise, allemande, anglaise et française.

Un succès qui ne se dément pas, mais use le pianiste, qui ne participera pas à la tournée au Canada :

> « C'est un grand souvenir. Je regardais de temps en temps les gestes des danseurs, ce qui me donnait de nouvelles directions à prendre et m'offrait une grande liberté d'improvisation. Mais peu à peu, j'ai souhaité arrêter ces performances *live* parce qu'après tout, je reste un musicien de jazz et je veux vraiment jouer du jazz, pas seulement pour la danse. Carolyn a donc terminé la tournée avec les bandes. Mais j'ai vraiment aimé faire ça. »[33]

N'ayant jamais touché un sou des ventes de leur disque *Time Exposure* paru chez Entente, Kühn et Quintus décident d'éditer la musique de *Dark* eux-mêmes – sachant pertinemment qu'aucun grand label ne serait intéressé – et créent pour l'occasion leur propre label : Ambiance. Malheureusement là encore, ils vont « bénéficier » d'une bien mauvaise distribution et le disque passera pratiquement inaperçu.

C'est à cette période que pour la troisième fois, Joachim va emménager dans une autre maison de Châteaufort : il délaisse la rue de la Tour et s'installe à nouveau chemin de la Source.

> « La vie là-bas était très apaisante ; je pouvais jouer jour et nuit. Les gens étaient vraiment sympathiques. »[34]

Voici donc Joachim Kühn, nouveau voisin de Michel Petrucciani…

Situations (1988-1993)

> « Tchaki Estherkhan créait autour d'elle une sphère sonore dont la richesse harmonique dépassait les limites de la sensibilité et de la mémoire humaines. À ces moments de somptueuse émotion, les murs s'écroulaient, le théâtre flottait, dérivait. »
>
> Antoine Volodine[1]

Chet

Joachim Kühn est un inconditionnel de Chet Baker. La première fois qu'il assiste à un concert du trompettiste remonte à 1955, à Berlin. Depuis, Kühn a collectionné ses disques, lu tous les livres qui lui ont été consacrés. C'est à Dortmund qu'ils se sont vraiment rencontrés, lors d'un concert où le pianiste se produisait en duo avec Jan Akkerman. Par la suite, ils se croisent à plusieurs reprises, Kühn ne manquant jamais de se rendre dans les clubs où jouait Chet.

> « À chaque fois qu'il m'a vu débarquer dans un club où il se produisait, il m'a toujours, toujours proposé de jouer avec lui. Bien sûr, quand Chet Baker te le demande, tu ne peux pas refuser ! Donc on a joué ensemble plusieurs fois, en clubs, souvent avec différents musiciens. »[2]

Cette année-là, Chet veut s'installer à la campagne, près de Paris. Kühn lui conseille alors de visiter une maison voisine de la sienne, qui est à vendre. Un peu plus tard, il ira la voir et tombera sous son charme. Le pianiste est ravi : Chet va être son voisin !

Nous sommes le 5 mai 1988, au New Morning.

Chet Baker se produit avec le flûtiste-guitariste Nicolas Stilo, Alain Jean-Marie, Hein van de Geyn, Jacques Pelzer. Joachim Kühn, tout juste sorti du Théâtre de la Ville où se jouait *Dark*, s'est rendu dans le fameux club de la rue des Petites-Écuries. À la pause, il retrouve Chet Baker dans les loges.

> « Chet m'a demandé si je voulais l'accompagner. J'ai accepté bien sûr… On a joué quelques minutes après seulement, un long set d'une ou deux heures. Chet jouait très

> souvent "à côté", ses solos n'étaient pas normaux… Il avait parfois été très *stone* mais jouait toujours de manière fantastique, le meilleur timing qu'un jazzman puisse avoir ; mais ce soir-là, il alignait les fausses notes, perdait le contrôle des choses. Finir le set a été très long, très éprouvant… Les gens sortaient, il était de plus en plus tard. Le son n'était plus le même… Je me disais : "Mon dieu, c'est terrible, c'est la fin…". »³

Chet Baker s'éteindra quelques jours après, le 13 mai.

> « Il allait emménager à la fin du mois à Châteaufort, mais devait finir une tournée en Hollande auparavant ; il n'en est jamais revenu. Ça a été la fin de mon histoire avec Chet.
> Une grosse déception car on s'était promis de jouer ensemble pendant nos nuits là-bas… Je lui avais demandé s'il voulait qu'on fasse un disque ensemble et il avait accepté… »⁴

Un nouveau quartet

Dix jours exactement après la dernière représentation de *Dark* à Paris, se forme un groupe délicieux à l'existence fort éphémère : le temps de neufs concerts en France et en Allemagne compressés entre les 24 mai et 2 juin⁵. Joachim Kühn est au piano, John Abercrombie à la guitare, Miroslav Vitous à la contrebasse et Paul Motian à la batterie.

Suite à cette courte tournée, deux autres concerts seront donnés avec la même rythmique Vitous / Motian, mais où Abercrombie sera remplacé par Dave Liebman : en France le 23 juin, à Santa Barbara en Californie, le 2 juillet, concert à propos duquel ce dernier préviendra :

> « Les gens qui nous écouteront nous prendront certainement pour des "*aboriginaux*" ou pour un groupe tout juste débarqué de Pluton ! […] Ceux qui sont habitués à entendre un jazz bien propre et bien ficelé ne vont pas comprendre ce dont il sera question… »⁶

Jazz français à New York

L'opération Jazz Français à New York est une initiative de Daniel Humair : constatant l'omniprésence de musiciens américains dans les festivals de jazz français, il propose à George Wein, responsable des festivals de Newport et de Nice, de monter un projet dans lequel on verrait des musiciens français jouer en Amérique. Humair établit donc un programme « en fonction de la connaissance d'un public américain qui ne sera pas passionné par l'écoute de gens qui font la même chose que ce qu'ils entendent tous les jours ».⁷

Ainsi se succèdent sur la scène du Town Hall de New York, le 28 juin dès vingt heures : le trio Kühn / Humair / Jenny-Clark, Martial Solal en solo, le trio Didier Lockwood / Marc Ducret / Hélène Labarrière, le Trio avec Lockwood, le Trio avec Portal, puis avec Portal et Ducret, enfin tous les musiciens excepté Solal pour le final.

Un film de trois heures signé Christian Palligiano donne un bel aperçu de ce bref séjour new-yorkais : morceaux du concert, interviews des musiciens, instants volés de leurs déambulations dans Manhattan, un œil dans les coulisses... L'événement sera aussi accompagné de l'édition du cd *9.11 PM Town Hall* paru chez Label Bleu.

Malheureusement, si les organisateurs américains ont accepté le projet, ils n'ont paradoxalement rien fait pour le soutenir, et le succès auprès du public américain n'était pas au rendez-vous... Un constat qui relance le débat sur l'éternelle dichotomie entre jazz américain et jazz européen. Et pourtant, qu'on nous le montre donc du doigt, le trio américain qui joue d'une manière aussi énergique, aussi orchestrale, que le trio Kühn / Humair / Jenny-Clark !

Situations

La fin d'année 1988 voit le pianiste se lancer dans une longue tournée en solo, ponctuée par le remarquable disque *Situations* sorti chez... Atlantic. Il se produit notamment en octobre en Colombie et au Mexique, puis en novembre en Allemagne, à la Cigale à Paris et en Suisse. Le programme débute en général par une « *Dark Suite* », suivie de quelques « *Situations* » interprétées sur le disque.

Le 16 février 1989 à Marseille, entre les concerts du Trio et la tournée européenne de *Dark* avec Carolyn Carlson, il travaille avec la chorégraphe Mireille Conotte et les danseurs Mitou Manderson et Pierre Boisserie sur des compositions de *Transformation*.

En avril, Joachim Kühn a l'occasion d'enregistrer successivement avec deux des membres de son Quartett du début de la décennie : le saxophoniste Christof Lauer et le contrebassiste Detlev Beier.

Le disque de Lauer, avec l'excellent Palle Danielsson et Peter Erskine, nous donne pleinement l'occasion de (re)découvrir l'intensité énorme de son saxophone ténor : un son acéré, tranchant, brûlant à un point tel qu'il semble se consumer lui-même lorsqu'en s'épanouissant il se tord, s'enroule, s'émiette... Le pianiste reconnaît en Christof Lauer l'un des meilleurs ténors qu'il ait jamais eu : tout comme Dave Liebman, il est toujours ouvert à la nouveauté, cherchant vraiment à jouer une musique originale, deux caractéristiques importantes qui ne sont en tout cas pas étrangères à la réussite de leurs intégrations respectives au Trio.

Le second disque, *As Time Goes by*, présente un trio sans batteur : Detlev Beier, Rolf et Joachim Kühn, pour une musique intimiste, poétique, réellement rafraîchissante, notamment dans cette « *Spontaneous Construction* » qui développe un doux chaos de presque vingt minutes et dans l'effarant « *Speed of Speech* » orchestré de main de maître par Walter Quintus.

Fin mai, Michel Portal et le Trio sont programmés au 7ᵉ festival de Jazz de Jérusalem qui se clôt par une vaste fête où l'ensemble des musiciens du festival noue des formules inédites telles que le quatuor de saxophones unissant Roman Schwaller, Mathias Ruegg, Wolfgang Pushnig et Michel Portal, un quatuor de contrebasses, un duo Kühn / Lauren Newton... :

> « Nuit mémorable qui se termine par une exécution collective de "*India*" de John Coltrane et par des rappels délirants : un morceau dixieland, Rava et Portal se mettent au tango, Kühn danse la valse sur scène et tous se demandent : "Mais pourquoi on ne fait jamais ça en Europe ?" »[8]

Jeu de massacre

Au chemin de la Source, entre les demeures de Petrucciani et de Kühn, quelques belles jam-sessions ont troublé la quiétude nocturne... L'une, mémorable, a vu Joachim, Jean-François Jenny-Clark et Simon Goubert se régaler toute une nuit durant ; une autre à un anniversaire de Michel Petrucciani, s'est déroulée avec la chanteuse Helen Merrill. Premier contact.

En juin, elle décide de faire appel au Trio pour l'accompagner avec Stan Getz. Le seul nom du saxophoniste suffit à Joachim Kühn pour accepter l'offre :

> « C'est un de mes héros... Je peux l'écouter tous les jours ! J'ai eu la chance de faire un enregistrement avec cet homme... »[9]

Joachim Kühn est chargé d'écrire les arrangements pour tous les musiciens. Malheureusement, la séance d'enregistrement tourne au cauchemar : le producteur Kiyoshi « Boxman » Koyama impose ses choix artistiques, n'hésitant pas à interrompre à plusieurs reprises la musique en cours pour ordonner à l'un de ne pas prendre tel chorus ou à un autre de jouer telle mesure... De plus, lui vient la navrante idée de changer la section rythmique sur quelques morceaux, remplaçant les membres du Trio par le seul pianiste Torrie Zito, au jeu beaucoup plus convenu. Pour couronner l'ensemble, il cause un joyeux charcutage pendant le mixage :

> « Comment un type peut-il massacrer les choses comme ça ?! Quand j'ai écouté la musique après le mixage, c'était horrible... »[10]

Enfin, Kühn n'a pas été payé au tarif « normal » pour son travail d'arrangements. Un désastre généralisé qui amène une discussion houleuse entre les deux hommes.

Histoire d'un gâchis...

Pour terminer sur une note bleue, rappelons le concert du 19 mars 1990 au Théâtre de la Ville, où Helen Merill était invitée par le Trio :

> « Cette fois, elle a joué un autre rôle, celui de la déconstruction mélodique (aidée avec acharnement par un Joachim Kühn démoniaque), de l'explosion textuelle qui soumettent la voix à des tensions insupportables, tant et si bien que la faiblesse, l'éraillement, la note qui ne sort pas […], la puissance, l'incroyable tenue, participent d'un langage total qui ne laisse plus que l'émotion à nu, le bouleversement. »[11]

A jazz experience

> « A l'écoute de l'enregistrement fourni avec ce recueil, vous allez comprendre ce qu'est le jazz…
> Daniel Humair, Jean-François Jenny-Clark et moi-même nous sommes installés dans un studio. Nous avons pris les partitions pour bases (grilles d'accords et mélodies). La musique a fait le reste…
> Ne cherchez surtout pas de similitude "à la note près" avec les partitions.
> Le jazz est une musique vivante. C'est ce que je vais essayer de vous transmettre par l'intermédiaire de ce livre.
> J'espère que vous prendrez autant de plaisir que nous en avons pris à jouer ces morceaux.
> Bonne chance… »[12]

C'est par ces mots que Joachim Kühn ouvre sa méthode intitulée *A Jazz Experience*. Basée sur son précédent recueil *Modern Jazz-Pianist* paru en Allemagne, cette version de quarante-quatre pages a subi d'importants rajouts, des retouches, quelques suppressions (toutes les partitions du disque *Nightline in New York* ont disparu). Agrémentés de photos souvent inédites de Guy Le Querrec, les textes sont ici en français : des mots simples, sincères, pour décrire le jazz, pour conseiller l'apprenti pianiste, lui apporter une ouverture nécessaire afin qu'il puisse peut-être, s'engager après coup dans une musique qui lui sera plus personnelle.

Loin de chercher à théoriser d'une quelconque manière le jazz en général, ou ses aspects harmoniques et rythmiques en particulier :

> « L'objectif de cette méthode est de vous aider à vous approcher de cet "état" de jazzman. »[13]

Elle s'adresse à un public déjà muni d'un certain bagage technique, curieux de s'ouvrir au jazz autrement que par le scrupuleux respect des partitions abondamment commercialisées sous les étiquettes du genre *Piano Jazz* et autres *Piano Bar* : soit une manière différente d'aborder la partition.

Elle se découpe en onze chapitres :
1) La notation des accords
2) La lecture d'un leadsheet
3) Les harmonies

4) Le phrasé
5) La technique
6) Le bebop / La musique modale
7) Le free-jazz
8) Le jazz-rock
9) L'accompagnement d'un soliste
10) Les solos
11) La composition

Chaque chapitre expose assez brièvement les lignes directrices qu'il convient de connaître sur chacun de ces thèmes. Ainsi par exemple, ces quelques extraits au gré des pages :

> « C'est à vous d'essayer de trouver vos propres harmonies qui deviendront plus tard vos signes distinctifs » (chapitre 3) ; « Les deux mains doivent avoir absolument la même dextérité » (chapitre 5) ; « Laissez respirer votre improvisation, n'oubliez pas que votre phrasé doit évoluer comme une histoire que l'on raconte : on parle, on respire, le rythme évolue. Alors, surtout, respectez des silences dans vos phrases » (chapitre 6) ; « Plus un musicien gagne en expérience, plus il doit oublier les règles et donner libre cours à sa fantaisie. Bien sûr, ceci n'est valable qu'avec de solides connaissances de base » (chapitre 10) ; « C'est votre propre interprétation rythmique ainsi que l'accentuation de certaines notes qui rendront un morceau vivant » (chapitre 4) ; « Le swing, c'est le jazz, et pour cela, un tempo correct est indispensable. [...] Au début, jouez lentement mais respecter le tempo jusqu'au bout et jouez sans heurts. Laissez venir le swing, qui n'est pas lié à la vitesse » (chapitre 4).

Comme on le voit, l'accent est souvent porté sur l'assimilation (notations, lecture, technique, phrasé, etc.) à faire par le praticien en vue d'une libération de son jeu, libération alors rendue, sinon possible ou probable, en tout cas plus aisée. À ce moment-là, le praticien est en mesure de développer sa propre interprétation, ce qui reste le but final...

Cette méthode comporte, comme la précédente, grilles, partitions (dont un indispensable exemple de ballade écrite comme dans un recueil de standards, puis réécrite enrichie de nouvelles harmonies de passage d'un accord à l'autre), exercices, etc.

Une cassette est aussi livrée avec : la première face comprend l'enregistrement intégral des morceaux par le Trio (Kühn jouant seulement l'accompagnement pour laisser au praticien assez d'espace pour travailler, improviser...) tandis que la seconde correspond aux play-backs de ces morceaux (contrebasse / batterie, sans piano).

Une méthode fort sympathique en somme, qui fonctionne davantage comme une ouverture sur le jeu de piano en jazz plutôt que comme une notice théorique. Un ouvrage qui en amènerait bien un suivant, plus important, permettant d'aller davantage au fond des choses, ce qui nécessiterait un travail à part entière, comme nous le confirme son auteur :

> « Cela donne beaucoup de travail d'écrire tous ces éléments pédagogiques dans un livre, et je ne veux pas passer tout mon temps là-dessus. C'est pour cette raison que ces deux méthodes ne sont pas très profondes, mais j'ai été content de les faire… Je ne sais pas… J'espère que quelqu'un a pu en retirer quelque chose d'intéressant… »[14]

Récidives

Fin juin, début juillet 1989, une tournée s'organise en Europe avec Joachim Kühn, à nouveau David Liebman et Miroslav Vitous, et Daniel Humair à la batterie[15] : en Allemagne, en Italie, en France.

Parallèlement, l'été marque pour la danseuse Carolyn Carlson le début d'une série d'*Improvisations* qu'elle effectuera (souvent en solo ou en duo avec le danseur Larrio Ekson) jusqu'à l'été 1991 avec pour musiciens privilégiés John Surman et Michel Portal en solo, ainsi que le duo Quintus / Kühn (juin-août 1989 puis février 1991 à Metz et Miramar) et plus tard Trilok Gurtu.

Improvisations fantasques lorsque Carolyn s'installe dans le piano pendant que Joachim continue à jouer…

> « À un moment, il jouait de manière si puissante, si débridée, que je ne pouvais plus rien faire ! Joachim m'apporte une sorte d'énergie nouvelle ; il a une puissance phénoménale dans son jeu. C'est pour ça qu'il faut que l'on refasse quelque chose ensemble… »[16]

Toujours en danse, le pianiste réalise la musique de la chorégraphie *Die andere Seite* écrite et dirigée par Renato Zanella.

Il donne cet été-là aussi quelques concerts en duo avec Walter Quintus, d'autres en solo, entreprenant une nouvelle tournée en Allemagne au mois de septembre, une autre en Afrique courant décembre. Le Trio n'en continue pas moins ses activités, avec Portal et Liebman en particulier, et se produit au Japon fin septembre, en Allemagne, en Suisse, en Espagne[17] et en France[18] en novembre.

Rythm Attack

Du 25 octobre au 3 novembre 1989, l'Allemagne est traversée par la Rythm Attack, un quintet dévastateur : Joachim Kühn (p), Michel Portal (cl, bcl, ss, ts), Christof Lauer (ts, ss), Miroslav Vitous (b), Peter Erskine (dm). Chacun amène pour l'occasion quelques compositions : ainsi « *Pastor* », l'hommage de Portal à Jaco Pastorius, l'inévitable « *Para* », « *Sometimes I don't Remember my Second Breakfast* » de Kühn, « *Bass Desire* » de Peter Erskine, le presque classique « *Murching* » de Vitous, « *Descent* », le thème phare de Lauer ou « *Radar* » de Kühn, le plus souvent servi par une éblouissante introduction en piano solo… Événement organisé par Uli Fild, le nouveau manager de Kühn, chargé de compléter Geneviève Peyrègne : elle, axant son travail principalement sur la France ; lui, sur l'Allemagne et le reste du monde.

L'association Portal / Lauer provoque des instants de surrégime, l'un bousculant l'autre pour une musique tonitruante autant que raffinée, toujours alerte, inspirée ; la rythmique, Vitous et Erskine pour la première fois réunis, fonctionne si bien que sitôt la tournée achevée, les deux musiciens entament une étroite collaboration, qui va notamment se concrétiser chez ECM.

La chute du Mur

Tandis que Joachim Kühn continue à se produire tant en trio qu'en solo en décembre (cinq concerts en Allemagne, une tournée en Afrique), le Mur de Berlin est tombé.

En janvier 1990, les disques du pianiste sont à nouveau autorisés en Allemagne de l'Est. Mieux : en février, à la suite d'une tournée solo de quinze concerts en Allemagne et en Autriche, Kühn donne un concert le 19 au Deutsche Theater de Berlin-Est. Retour aux sources, après plus de vingt-quatre ans d'exil.

> « Est-ce pour cela que chaque note semble plus appuyée, que le public, sage, ordonné, semble plus attentif et plus présent que de coutume ? Phrases en cascade, clins d'œil à la musique romantique, figures rythmiques épurées et précises, fragments épars avant d'être liés en un discours sans cesse relancé et soutenu par (et autour de) la main gauche, obsédante, souplesse et puissance, force et douceur ; […] autant de signes qui sont à la fois sources et effets d'une intensité, d'une émotion inévitables. […] Moment privilégié, comme suspendu. »[19]

La tournée se poursuivra en Allemagne de l'Est, puis en Roumanie au mois de mars, pour déboucher sur l'enregistrement du disque *Dynamics* en juin.

Information de dernière minute

Le printemps 1990 voit les activités du Trio redoubler : le 19 mars au Théâtre de la Ville avec Helen Merrill, tournée franco-suisse en avril et juin, le plus souvent avec Portal, tournée de juillet au Japon avec Dave Liebman, au cours de laquelle Kühn et Jenny-Clark en profitent pour jouer au Pit Inn de Shinjuku le 20 juillet avec le batteur Masahiko Togashi, tournée en Allemagne, puis en Colombie pour le mois de septembre.

Entre temps un disque hallucinant : *Let's be Generous*.

Mark Nauseef, fraîchement revenu de Bali, a l'idée de concevoir un disque très électrique et fait appel à Kühn, alors plongé dans les espaces entièrement acoustiques. Il invite aussi le guitariste Miroslav Tadic qui fut l'un de ses professeurs à la California Institute of the Arts et qui jouait déjà sur le second disque de Dark, un groupe de Mark Nauseef, dans lequel ils reprenaient une version de... « *Para* ». Leur compagnon de la période californienne, Tony Newton, vient en renfort pour assurer les grondantes parties de basse.

Musique électrique, mais si loin de toute réminiscence de fusion, tellement autre.

Instrumentation diabolique entre les claviers électroniques (dont le fameux Jupiter utilisé avec Information), le Bechstein Grand Piano, la Fender Stratocaster emmanchée par un maître des musiques est-européennes, la basse électrique incroyablement lourde et ronflante, et la batterie plurielle de Nauseef, les compositions admirables (dont « *The Prophet* » et « *Something Sweet, Something Tender* » d'Eric Dolphy), les rythmes enfiévrés, les structures frénétiques, les structures « molles », les dé-structures, les sons qui se télescopent, virulents, criards, acides, bruitisme exquis, abandon et résurgence des tempêtes tout juste créées, *Let's Be Generous* donne une musique absolument hors norme qui s'écoute à haut volume... La critique a d'ailleurs senti un vent brûlant fouetter ses tympans :

> « À l'ordre du jour : le jusqu'auboutisme grinçant, l'orgie métallique. [...] Le champ de bataille : dévasté, jonché de carcasses métalliques et fumantes, terrifiant. [...] Musique inconfortable, aux accidents multiples, radicale. Musique d'esthète torturé aux antipodes de la douceur et de la joliesse. »[20]

> « Les genres sont brisés et les horizons s'élargissent sur *Let's Be Generous*, forçant l'auditeur à recevoir de nouvelles idées sur la musique. »[21]

> « Si c'est du jazz, c'est certainement l'enregistrement de jazz le plus audacieux, le plus original, le plus innovant qu'il m'ait été donné d'écouter cette année. La batterie de Mark (Tony Williams vs John French) Nauseef, les guitares de Miroslav (John McLaughlin vs Zoot Horn Rollo) Tadic, la basse virtuose de Tony Newton, et les sons incroyablement étranges, passés de mode, distordus, des claviers de Joachim Kühn, tout cela réuni crée quelque chose qu'on n'avait encore jamais entendu. »[22]

En peu de mots : une gifle magistrale.

Pianismes

En fin d'année 1990, il partage son temps entre les habituelles programmations en solo et avec le Trio.

En janvier, le pianiste anglais Howard Riley monte un projet autour de quatre pianistes : Joachim Kühn, Andrew Hill, Jason Rebello et lui-même. Une tournée en Angleterre est organisée : dix dates étalées entre le jeudi 24 janvier 1991 au Queen Elisabeth Hall de Londres et le mardi 5 février au Garden Arts Centre de Brighton. Le programme est principalement centré sur des prestations en solos et en duos, l'ordre des solos et les duos se modifiant d'un concert à l'autre. Un concert toutefois présentera en plus la formule du quartet de pianos. Une tournée qui se déroule dans une bonne ambiance et qui connaît un assez bon succès.

Orchester Works

Le 1ᵉʳ mars au Philharmonie de Cologne, se tient la sixième soirée consacrée aux Soli & Big Bands. Celle-ci, intitulée *Para*, présente une formule inédite : le WDR Big Band confronté au Trio et à Martial Solal… Ce big band d'instruments à vent est dirigé par François Jeanneau pour les trois premières œuvres présentées, puis par Jerry van Rooyen. Le programme offre une alternance de formules et de compositions : la première partie est une succession de cinq pièces[23] interprétées par le Trio Kühn / Humair / Jenny-Clark + WDR Big Band, la seconde commence par un solo de Martial Solal, puis un duo des deux pianistes sur « *Solar* »[24] de Miles Davis, enfin la pièce « *Köln Duet* » composée par Solal, où le duo est augmenté du WDR Big Band.

En fin de mois, le 22 précisément, le festival de Grenoble offre une « carte blanche » à Joachim Kühn, qui là encore choisit un concert en deux parties. La première est un peu le pendant de la soirée donnée à Cologne puisque Kühn se retrouve soliste d'un orchestre (mais sans le Trio cette fois) : il s'agit ici des cordes de l'Ensemble Instrumental de Grenoble. La suite écrite par Kühn, d'inspiration impressionniste, semble dans ses moments flottants hantée par Debussy, avant d'être tendrement bousculée par les interventions au piano puis au violoncelle, puis plus dramatiquement tendue par les grondements des contrebasses arco.

Une telle rencontre pour piano et cordes se reproduira le 17 juillet suivant à Gallinaro en Italie, avec l'Orchestra da Camera Ottorino Respighi dirigé par Cesare Croci.

La seconde partie du concert grenoblois présente un quintet avec Christof Lauer, Albert Mangelsdorff et une rythmique de choc inédite : Miroslav Vitous et Joey Baron… Musiques colorées, chaotiques, qui véhiculent une énergie sous-jacente qui tantôt éclate, tantôt demeure encamisolée… La majorité des compositions sont de Kühn, avec, toujours, « *Para* », « *Baden-Baden* », « *Radar* » et son flamboyant solo inaugural… D'autres sont apportées par les membres du quintet, comme le magnifique « *Boston Highway* » de Mangelsdorff, où le tromboniste gratifie le public d'un très long solo, tout en profondeur, formidable travail sur la densité du souffle, l'effilochement, la puissance contenue…

Quatre jours plus tard, le quartet de Michel Portal joue à Épinay-sur-Seine, au sein duquel on retrouve Kühn, Jenny-Clark et Peter Erskine.

Le Trio enchaîne ensuite une tournée franco-allemande qui débute le 8 avril au Studio 10 NDR de Hambourg avec Portal et Liebman, s'offrant le 27 au festival de Villingen un vieil ami pour invité en la personne d'Enrico Rava.

Flash-back désamorcé

Le mois d'avril est riche d'expériences diverses. Citons-en les trois plus originales : l'une d'entre elle accouchera d'une montagne (malheureusement presque passée inaperçue !) tandis que les deux autres se concrétiseront par deux semi-échecs.

La montagne en question n'est autre que le second disque enregistré pour le label Ambiance : il s'agit de *Get Up Early* du duo Kühn / Quintus. Une œuvre explosive, dans le prolongement de *Dark* bien que moins sombre, plus éclatante certainement.

Le 9, le trompettiste Harry Beckett est lui aussi dans le studio Zerkall. Il a l'idée d'enregistrer un disque dans lequel il jouerait en duo avec différents pianistes. Il en résulte finalement deux albums : *Passion and Possession* et *Les Jardins du Casino*. Les pianistes en question sont Keith Tippett, Chris McGregor, Django Bates (pour des duos enregistrés dans d'autres lieux, en d'autres dates) et Joachim Kühn ; certains morceaux du deuxième disque proposent des formules augmentées avec un trio Beckett / Kühn / Jenny-Clark et un quintet avec Chris McGregor. Le concept en lui-même reste une bonne idée, mais le résultat est par trop inégal et reflète mal les tempéraments de chacun. Quant au choix d'interpréter « *Amsterdam* » de Brel, ce n'était certainement pas le plus judicieux... Un concert s'ensuivra à la New Fabrik d'ITM Records.

Le troisième événement de ces jours d'avril aurait pu prendre des allures historiques lorsque le festival d'Amiens, pour célébrer sa dixième édition, décide de programmer pour le 18 un quartet qui fit des ravages au travers de l'Europe de 1967 : Gato Barbieri / Joachim Kühn / Jean-François Jenny-Clark / Aldo Romano ! Mais au lieu du raz-de-marée annoncé, ce fut un naufrage, comme en témoigne Gérard Rouy dans les colonnes de *Jazz Magazine* :

> « Dès les premières minutes de la balance, l'après-midi sur la scène de la Maison de la Culture, on pouvait déceler certaines tensions à l'intérieur du quartet [...], le saxophoniste exhortant de façon ostensible sa "rythmique" à se cantonner dans un simple rôle d'accompagnement et de neutralité. Avec une sonorité et une énergie (apparemment) intactes, il enchaîne en concert tous les thèmes qui lui sont attachés, qui lui collent à la peau [...]. Mais il n'est pas satisfait, il semble ne pas s'entendre dans les "retours" et le montre en quittant plusieurs fois la scène, laissant le trio se dépatouiller sans directives. Finalement, agacé par tant d'indécisions et de caprices, le public fait transparaître son sentiment, quelqu'un lance même : "À bas les stars, qu'on nous laisse entendre le trio"... Au cours d'une conférence de presse improvisée après le concert, visiblement blessé, Barbieri se lança dans un long et douloureux monologue, maudissant les producteurs, évoquant plusieurs fois la destinée malheureuse de Maradona le footballeur (!), reconnaissant sa méforme... »[25]

Pianos dans la nuit

Initiée par Martial Solal, cette manifestation présente deux pianistes « classiques », Anne Queffelec et Érik Berchot, et deux pianistes « jazz », Joachim Kühn et lui-même. Le programme propose solos et duos : côté classique, Berchot interprète Chopin, Queffelec, Ravel, Debussy et Liszt, puis leur duo présente des compositions pour deux pianos de Mozart et de Marius Constant. Côté jazz, Solal rejoue Gerschwin, « *Caravan* » du Duke et ses propres compositions tandis que Kühn improvise sur Coltrane et quelques thèmes de son cru. Enfin, le duo Solal / Kühn est chargé de clôturer le spectacle. Présenté au Vesinet le 29 mai, puis à Noisy-le-Grand le 8 juin, le public apprécie l'éclectisme de l'événement, tout comme Kühn :

> « J'ai beaucoup aimé cette diversité, qu'il ne serait pas possible d'avoir en Allemagne où tout est trop cloisonné : il est quasiment impossible là-bas pour un jazzman de jouer avec des musiciens classiques, ils ne veulent pas : ce sont souvent des musiciens très conservateurs. Il n'y a que des orchestres de "seconde main" (je ne devrais pas dire ça, car ils sont excellents) qui accepteraient de temps à autre. En France, ça avait été possible, et les gens ont aimé l'ensemble. C'était une bonne idée. »[26]

Amalgames

Amalgames de dates, de lieux, de projets : depuis 1989, après quatre années essentiellement axées sur le Trio, Joachim Kühn, nous l'avons vu dans ce chapitre, diversifie ses activités bien que solo et Trio demeurent les deux fils conducteurs de cette période. Le second semestre de l'année 1991 confirme cette tendance à la divergence ; citons pour l'illustration du propos les concerts du 7 juin à Noisiel avec Ray Lema et les percussionnistes Paco Séry et Louis-César Éwandé (une rencontre qui ne restera pas sans suite), celui du 20 juillet à Douarnenez où le pianiste est invité par le trio d'Henri Texier avec Glenn Ferris et Aldo Romano, une tournée en solo en Finlande au mois d'août, la tournée du Trio avec le WDR Big Band courant septembre, le concert du 10 octobre avec le sextet du vibraphoniste Wolgang Lackerschmid (qui avait produit *Nightline In New York* et réalisé le disque en duo avec Jan Akkerman et celui de Danny Toan sur son label Sandra), avec notamment Kenny Wheeler, Chistof Lauer, Palle Danielsson et Billy Hart, la soirée du 16 octobre à la Fabrik de Hambourg où l'European Jazz Ensemble invite Kühn et la Khan Family, les rencontres presque simultanées des chanteuses Özay et Eartha Kitt, le disque en duo avec le saxophoniste ténor Jerry Bergonzi, le concert du 16 novembre au New Morning, avec Eric Lelann et Mike Stern, la tournée européenne du Joachim Kühn Jubileum Orchestra en octobre, un concert en solo à Tel Aviv le 25 décembre…

La rencontre avec Özay remonte en fait à quelques années en arrière, en Allemagne : une rencontre ponctuelle. Elle se concrétise ici par l'enregistrement d'un disque étrange, ni jazz, ni rock, avec ses déceptions (la version de « *The Man I Love* » en particulier) et ses surprises comme « *Turkish Delight* », « *Dark Veils* » ou l'hallucinant « *Automatic Paradise* » dans lequel Kühn se met à chanter... quoique beugler soit le terme le plus approprié. Un disque à l'instrumentation atypique puisque, outre la présence d'Özay, Kühn est au piano, aux claviers électroniques et aux beuglements, le saxophoniste Uli Lask derrière un ordinateur, le tout distordu et mixé en direct par Walter Quintus, et qui donne une musique étonnante qui fait un peu figure d'extra-terrestre...

> « C'est une musique bizarre, Uli tripatouillait sa console : c'est passionnant de travailler avec un ordinateur en musique... On obtient des choses vraiment étranges, ce que j'aime beaucoup en général. Peut-être qu'ici, les directions auraient-elles dues être prises davantage par les musiciens que par la machine... »[27]

Du Joachim Kühn Jubileum Orchestra il faut rappeler les membres, tous amis de longues dates du pianiste : Michel Portal et Rolf Kühn aux clarinettes, Albert Mangelsdorff et Conny Bauer aux trombones, Christof Lauer et Joe Lovano aux saxophones, Randy Brecker et Palle Mikkelborg aux trompettes, Jenny-Clark et Adam Nussbaum à la rythmique. Une double section d'instruments à vent détonante que Kühn, moins pianiste que chef d'orchestre, se fait une joie de diriger. Concerts qui inexorablement s'achèvent par un « *India* » particulièrement malmené...

Eartha Kitt

Eartha Kitt, la chanteuse noire américaine, la vocaliste, qui a marqué le siècle de sa voix sombre, grande dame de variétés dans les années cinquante, que Kühn admirait déjà :

> « Je l'aime depuis que je suis enfant. Eartha et Marlène Dietrich étaient, à l'époque, les plus belles femmes du monde. »[28]

Aussi, lorsque Rolf appelle son frère de Berlin pour lui annoncer qu'il donnait un spectacle avec Eartha Kitt, Joachim s'émerveille et souhaite réaliser un disque avec eux. Un mois plus tard, en novembre, est gravé *Thinking Jazz* : un quintet de jazz au service de la chanteuse. L'album comprend standards et compositions originales du pianiste sur des textes d'Eartha. Il émane de cette musique quelque chose d'impalpable, de l'ordre de l'intime : comme si, au crépuscule d'une vie, la grande dame nous livrait son chant le plus poignant, loin des années folles, des cabarets et des vestiges de l'après-guerre, mais pourtant riche de tout cela, riche d'avoir vécu et de chanter encore. Une voix à l'accent grave, qui surprend, étonne, puis qui séduit : voix d'une femme qui se fane, et n'en est que plus belle, à l'heure surtout où des hordes de gamines pré-pubères en mal d'amour nous éclaboussent l'oreille de sornettes en do majeur trop calibrées…

Une tournée allemande du groupe (sans Rolf Kühn ni Daniel Humair, alors remplacé par Thomas Alkier) sera programmée du 17 au 29 septembre 1992, organisée autour du même répertoire, et dont sortiront un cd et un single (réminiscence du côté variétés ?).

Euro African Suite

Le 19 mars au festival de Zürich, Kühn se produit en duo avec Dave Liebman. Trois jours après, il rejoint Ray Lema au Studio Sofreson à Paris. Joachim Kühn cherchait depuis un an à travailler avec des rythmes africains. Il avait tenté en vain de contacter Manu Dibango et quelques autres, jusqu'à ce que Ray Lema réponde à sa demande : neuf mois après leur concert de juin 1991, il enregistre *Euro African Suite*. Jean-François Jenny-Clark et Raymond Doumbe tiennent les basses, Francis Lassus la batterie, Manuel Wandji et Moussa Sissoko les percussions. Hormis la percutante « *Euro African Suite* », le disque offre un sympathique bouquet de compositions au parfum exotique mais s'avère au final décevant pour qui attendait une autre sorte de cocktail, tirant sur le molotov celui-là, pour la plongée d'un pianiste tellement percussif dans un univers qu'on espérait tribal. Ce sera pour plus tard…

Après quelques concerts en solo qui s'achèvent le 30 mai au festival de Porto et une tournée du Trio échelonnée sur mai et juin en Belgique, Allemagne et France, Kühn est invité le 24 juin chez le contrebassiste Paul Rogers pour une jam-session avec Barry Altschul. Le soir même, il se rend à Paris pour retrouver Ray Lema et participer à l'enregistrement d'un disque avec les Voix Bulgares de l'Ensemble Pirin' dirigé par le professeur Stefanov.

De ces projets ponctuels réalisés avec Ray Lema, primera surtout pour le pianiste sa rencontre avec l'un des percussionnistes du groupe :

> « Moussa et moi restions souvent tous les deux dans le studio, à jouer : je ne parle pas français, lui ne parle pas anglais, donc le meilleur moyen de communiquer pour nous était la musique. Je le trouvais vraiment incroyable ! »[29]

Sissoko a commencé sa carrière à Dakar avec le groupe Yehour puis avec le ballet Diamono Koura. Il collabore étroitement avec d'autres troupes de danse durant les années soixante-dix avant d'intégrer pour deux ans le fameux ballet Koteba de Souleymane Coly. Il travaille au cours de la décennie suivante avec Salif Keïta, Otis M'Baye, Mory Kanté, Jacques Higelin, Bernard Lavilliers, Touré Kounda, les Gypsies Kings…

À la suite des sessions avec Ray Lema, Kühn et lui décident de se produire en duo. C'est à Bilbao, le 11 juillet 1992, qu'ils donnent leur premier concert. Une poignée d'autres suivra : à Dakar (9 juin 1993), Eisenbach (1er juillet 1993), Bonn (25 janvier 1995), Séville (4 mars 1995), Welkenraedt (26 août 1995), Angoulême (24 mai 1996) ainsi qu'un disque fabuleux enregistré le 14 février 1993, fort mal distribué et dont personne en France n'a vraiment parlé à l'exception de Maud Encre dans *Improjazz* :

> « Mariage entre l'un des plus majestueux emblèmes du classicisme européen, le piano, et des tambours venus d'ailleurs. […] On plonge dans la fournaise du chaudron africain : ici, on cogne à tout va, procédant sans cesse par envoûtements réciproques. Le toucher du pianiste, d'emblée percussif, élabore des climats rhizomiques convenant parfaitement aux poly-rythmiques du percussionniste. Kühn use aussi du piano préparé, dont les sourdes échauffourées servent à nouveau de tremplin pour Moussa Sissoko. […] La stimulation mutuelle des deux musiciens, leur connaissance de l'autre et leurs formidables qualités techniques mises au service de la rage de jouer font de ce disque un monument d'énergie pure. »[30]

Effectivement sur cette galette, le cocktail tribal que l'on espérait…

Flash back

Le 3 juillet 1992, le Trio à l'affiche des Leipziger Jazztage invite Rolf et Conny Bauer ; moment d'émotion pour les deux frères qui rejouent ensemble à Leipzig après vingt-six ans… Plus poignant encore, les retrouvailles du pianiste avec le contrebassiste de son premier trio : Klaus Koch… Tous deux se produisent avec Conny Bauer à Eisenbach le 10 juillet lors du festival intitulé Jazz in DDR. Par l'intermédiaire de la WDR, la télévision filmera le concert.

Cette rencontre ne s'enchaînera pas avec d'autres dans l'immédiat, mais se concrétisera trois ans plus tard avec le disque *Generations from « East » Germany*.

Manipulations

Le 8 octobre, le Jerry Bergonzi Quintet joue à Boston ; Kühn, le trompettiste japonais Tiger Okoshi, Dave Santoro et Daniel Humair sont dans les rangs. Les deux jours suivants sont consacrés à l'enregistrement de *Peek a Boo*, de facture post-bop et qui comporte une composition du pianiste : « *Manipulations* ».

Cette pièce est rejouée le jeudi 5 novembre au Parvis de Tarbes, à l'occasion d'une carte blanche. Elle prend ici des allures de concerto pour piano et cordes puisque Kühn l'interprète avec l'Orchestre du Domaine Musical de l'École nationale de musique de Tarbes. Construite en trois mouvements, elle est ponctuée par deux interventions en piano solo.

Œuvre dynamique à caractère atonal, elle se dote dans un tel contexte d'une toute autre dimension.

La seconde partie du concert s'effectue en quartet avec Louis Sclavis, Jean-François Jenny-Clark et Simon Goubert, et marque la première rencontre entre le pianiste et le saxo-clarinettiste. La musique, de haute volée, est placée sous le double signe de l'énergie et de la virtuosité. Louis Sclavis participera par la suite au groupe Euro African Connection de Joachim Kühn avec Moussa Sissoko, Jenny-Clark et Simon Goubert.

Deux jours après, Kühn est à nouveau invité par l'European Jazz Ensemble avec la famille Khan pour célébrer leur quinzième anniversaire à Cologne, dont un disque paru chez Konnex et un film pour Arte gardent le témoignage. Après les Baden-Baden New Jazz Meeting de novembre, Kühn s'envole pour le Japon avec le Trio du 3 au 9 décembre, puis effectue une tournée solo en Inde et au Pakistan durant la mi-décembre. En janvier 1993, il se produit en duo avec un vieil ami de l'Est : le saxophoniste polonais Zbigniew Namyslowski (le 19 à Kiel), puis avec Christof Lauer au Musée d'Art Moderne de Paris (le 30).

Rupture

Joachim vit là ses derniers jours à Châteaufort. En effet, la passion qui l'unissait à Geneviève Peyrègne s'est au fil des ans muée en enfers fabuleux : amour frénétique de l'un pour l'autre, gangrené par l'affrontement de deux esprits forts, entiers et extrêmement jaloux l'un de l'autre ; une passion qui créa aussi bon nombre de jalousies autour d'eux :

> « C'est difficile d'être un couple dans le monde du spectacle : tous les gens s'en mêlent, règlent ses comptes avec les uns, avec les autres… »[31]

Et, au final, ce choix crucial : un enfant ou la musique.

Ces deux dernières années ont accouché d'une séparation impossible : l'amour ne réchauffe pas, il brûle.

La solution peut-être, dans un exil solitaire.

> « Châteaufort, c'était un paradis… infernal ! Alors Joachim m'a dit : "Paris, c'est trop petit pour toi et moi ; c'est ton pays, c'est ta ville : c'est moi qui pars". »[32]

En février, le pianiste s'installe dans la maison de son frère, sur les hauteurs d'Ibiza.

Ibiza (1993-1998)

« Peut-être que j'écrirai une symphonie, ou je marcherai sur la plage... »

Joachim Kühn[1]

Famous abstracts melodies

C'est l'histoire de deux œuvres ; deux collections de pièces pour piano solo.

Fausses jumelles, nées les mêmes jours[2], dans une même « clinique » (Studio Zerkall), avec la même « équipe médicale » (l'ingénieur Walter Quintus, le Label Bleu, les agents Geneviève Peyrègne et Uli Fild, les producteurs Michel Orier et Martine Patrice, le graphiste Jacques Leclercq, le photographe Xavier Lambours...), nées surtout du même père (Joachim Kühn) et... de la même « mère » (l'EN Bechstein Piano).

Famous Melodies & *Abstracts* : deux œuvres pourtant fort disjointes, pour ne pas dire diamétralement opposées.

L'une est le fruit d'un concept préalablement réfléchi, mûri, l'envie simplement de rejouer ces airs qui hantent une vie :

> « Au-delà de ma propre musique, je suis toujours à l'affût d'autres compositions à utiliser comme matière première, prétexte à jouer du jazz. Récemment, lors d'un séjour en Allemagne, je me suis souvenu de quelques mélodies qui m'ont bercé dès l'enfance : la musique de Kurt Weill, *"Touchez pas au Grisbi"* (Jean Wiener) ou *"Lili Marlène"* (Norbert Schultze). Après avoir arrangé ces compositions, j'ai développé cette idée d'enregistrer un disque entier de *"Famous Melodies"*. »[3]

Dix fragments d'une liste bien longue de mélodies chères au pianiste sont enregistrés ici, auxquels s'ajoute un onzième : « *Aline's House* », composition de Kühn lui-même, qui fait presque office de standard dans sa propre musique. Et cette question qui vient effleurer notre raison : ce disque aurait-il vu le jour sans la chute du Mur de Berlin ?

L'autre, issue de l'urgence :

> « Que fait-on pour fêter son cinquantième anniversaire quand on est pianiste de jazz ? Ou bien on organise une grande fête, ou bien on va au studio avec Walter Quintus pour

> enregistrer, sans restriction aucune, sans penser à rien… seulement jouer jusqu'à la transe. Créer un sentiment abstrait, enraciné dans l'expérience free jazz des années soixante, en 1994, est toujours fascinant. Aller au studio, dire aujourd'hui je vais jouer quelque chose que je ne connais pas, mais avec suffisamment d'expérience en arrière-plan et de savoir dans l'âme, pour oublier toute pensée.
>
> Que l'enregistrement soit finalisé par un cd ou non ne m'a pas traversé l'esprit. C'est peut-être pour ça que c'est le meilleur enregistrement de piano solo que j'ai jamais fait. »[4]

Sept joyaux non prémédités, abstraits, ivres de liberté.

Si les directions empruntées restent divergentes, que les formes musicales n'ont que peu en commun, l'évidence d'un sentiment englobe pourtant ces deux œuvres : l'imminence d'un retour aux sources, fenêtre sur le passé ouverte pour un instant, vers l'enfance avec *Famous Melodies*, vers cette entrée dans l'âge adulte, affirmation irrémédiable d'une quête de liberté marquée du double sceau de l'autonomie et du territoire vierge avec *Abstracts*, qui renvoie directement au premier disque de Joachim Kühn seul : *Solos*, réalisé selon ce même mode de non-préméditation, recueil poétique d'instantanés sonores.

Soit deux manières antithétiques de rompre une trajectoire qui avait pris l'habitude de se dessiner à partir de longues improvisations nourries de thèmes du pianiste.

Les parutions de ces deux disques seront ponctuées par deux tournées européennes (entre le 1er et le 17 mars 1994, puis en janvier 1995) reliées l'une à l'autre par quelques poignées de concerts isolés.

Edward Vesala

Après un concert en solo donné le 20 mars au Festival Turko, en Finlande, Joachim Kühn retrouve un ami de longue date, le batteur Edward Vesala, qui habite dans un village à une cinquantaine de kilomètres de là :

> « Il y avait une neige très épaisse dehors, on a dû mettre une heure et demi pour gagner sa demeure ! Nous sommes arrivés vers 2 h 30 du matin et nous avons mangé avec toute la famille. Comme le veut la tradition, nous sommes ensuite allés au sauna ; on fumait, on buvait du bon vin… En revenant chez lui, nous étions bien. Il habitait dans une ancienne école qu'il avait transformée en studio. Il y vivait avec sa femme, Hero, et Jimmy Sumen, un guitariste qui était aussi ingénieur du son : Edward a fait beaucoup de disques dans sa propre maison ! Il y avait des centaines d'instruments à percussion… Lorsqu'il a su que je venais en Finlande, il a loué un piano ; nous avons commencé à jouer vers 6 heures, sans compositions. À neuf heures du matin, on s'est arrêtés pour se balader : au milieu des bois sous la neige, on a vraiment l'impression d'être au bout du monde.
>
> Quelque temps plus tard, Edward m'a envoyé une cassette de ces improvisations. La musique était vraiment très bonne ! Lui me demandait si je ne parviendrais pas à la vendre à un label quelconque. Le son de la batterie était fantastique, mais celui du piano manquait d'ampleur, c'était un petit piano : un "crapaud…". »[5]

Confusion

Peu après un New European Jazz All-Stars donné le 15 mai 1993 à Pittsburgh aux États-Unis, avec Ronnie Scott (ts), Albert Mangelsdorff (tb), Palle Mikkelborg (tp) et George Mraz (b), Daniel Humair et Joachim Kühn retrouvent Jean-François Jenny-Clark pour *Usual Confusion*. Exactement contemporain des deux solos précédents puisque gravé entre leurs deux premières sessions d'enregistrement et paru, comme eux, chez Label Bleu (marquant ainsi la fin de l'aventure CMP), ce nouvel opus du Trio semble contaminé par les bouleversements opérés par Joachim Kühn dans son œuvre en solo. Hormis le fait qu'on voudrait croire anodin de comporter une composition déjà présente sur chacun des solos (« *Lili Marlène* » et « *Express* »), ce disque à son tour prend à revers les productions antérieures du Trio et sème une goutte de confusion en proposant une musique qui se fait ici moins violente, certainement plus grave, plus sombre, musique d'aujourd'hui enracinée dans l'histoire d'un siècle qu'on a numéroté vingtième, spectres de mélodies joyeuses sur fond de drames, et entretient la confusion en se clôturant par une variation d'un thème de *I'm not Dreaming* dont Kühn a ironiquement falsifié le titre[6].

Comme pour étayer cette théorie de la confusion, le Trio qui a ralenti la fréquence de ses concerts, multiplie en revanche à la fin de l'année 1993 les concerts avec invités : on y retrouve les inévitables Portal, Liebman et Lauer, mais la porte s'ouvre à quelques rencontres moins attendues (le guitariste John Scofield et Franco Ambrosetti le 30 octobre à Zürich ou Jerry Bergonzi le 4 novembre à Brives) voire incongrue, comme lors de cette soirée du 3 juillet à Sens, en hommage à Jorge Donn, où le Trio se produit avec la danseuse belge Nadia Deferm…

German Trio

C'est à cette époque encore que naît le German Trio, groupe de l'intermittence qui semble surgir de nulle part, éphémère, avant de se dissoudre puis de réapparaître de manière tout aussi abrupte en d'autres lieux, d'autres temps.

A mieux y regarder évidemment, la mention « nulle part » constitue une exagération grossière puisque le bassiste, Detlev Beier, est un compagnon de route récurrent du pianiste depuis le Joachim Kühn Quartett de Hambourg, qu'on a revu par exemple dans les premiers disques de Mark Nauseef ou dans le *As Time Goes By* de Rolf Kühn. Quant au batteur, Thomas Alkier, il faisait partie du quartet de Christof Lauer en 1987 et 1988 – groupe auquel Joachim Kühn avait ponctuellement participé.

Ce trio donc, s'assemble ici pour la première fois le temps d'une tournée en Inde et au Pakistan du 8 au 18 septembre 1993.

Parallèlement, Kühn qui se produit en duo avec Moussa Sissoko de manière presque régulière monte un autre nouveau groupe : l'Euro African Connexion, qui outre le duo comprend Jean-François Jenny-Clark et Simon Goubert. Certainement inspiré par la bonne expérience de Tarbes l'année précédente, le groupe tourne avec pour invité Louis Sclavis.

Il réédite aussi quelques concerts en duos avec la danseuse Carolyn Carlson sous le titre : *Beneath the River*.

Europeana

Le second semestre 1994 est parsemé de dates peu habituelles ou inédites : le 20 mars à Budapest avec l'European Jazz Ensemble, le 30 mars à Valence et le 1er avril à Nice pour de nouvelles improvisations avec Walter Quintus et Carolyn Carlson, une tournée en trio avec Humair et Michel Benita à travers les Émirats Arabes du 30 avril au 3 mai, une carte blanche à Humair réunissant Kühn, Bergonzi, Portal, Jeanneau, Jenny-Clark, Texier et Marc Ducret le 26 mai à Noisy-le-Grand, un concert en trio avec Eric Le Lann et Jean-François Jenny-Clark le 3 juin à l'église St-Savinien de Melle, l'enregistrement du disque *Brothers* en duo avec Rolf du 5 au 7 juillet, trois nouvelles dates en août avec l'European Jazz Ensemble, l'enregistrement d'un disque d'Uli Lask (qui restera inédit) le 10 septembre, un autre concert du German Trio le 22 octobre à Dessau, une tournée du Joachim Kühn Quartet avec Joe Lovano, Jenny-Clark et le batteur Adam Nussbaum qui s'étale entre le 28 octobre au Hot Brass de Paris et le 5 novembre à Rotterdam, passant par la Suisse, le Luxembourg et Madrid…

En ce même temps, un projet de grande ampleur est concocté par Siggi Loch. Ce dernier a fondé la compagnie de disques ACT en 1990 en vue d'établir une production de musiques multiculturelles, « musiques pour oreilles et esprits ouverts… »[7]. Une sorte de petit frère de CMP.

Pour illustrer un tel point de vue, outre des combinaisons aussi diverses que celle de Joe Pass confronté au NDR Big Band, celle unissant Attila Zoller à Don Friedman, Barre Phillips et Daniel Humair, le groupe de Kudsi Erguner avec Mark Nauseef, Christof Lauer, Michel Godard et Derya Turkan, ou la bien curieuse réédition des duos Philip Catherine / Larry Coryell de la fin des années soixante-dix[8], Loch souhaite réaliser un triptyque élaboré à partir de musiques folkloriques (dé)jouées par des solistes et un big band. Les deux premiers volumes sont parus sous la direction de Vince Mendoza, avec le WDR Big Band[9], *Europeana* en constitue le dernier volet.

Enregistrée en septembre et décembre 1994 avec l'orchestre Radio Philharmonie Hannover NDR, la musique est arrangée par le renommé

Michael Gibbs et repose sur un répertoire traditionnel de quelques contrées européennes : la France, l'Espagne, l'Allemagne et les pays scandinaves. Si les solistes sont pour la plupart issus du jazz (Django Bates, Klaus Doldinger, Richard Galliano, Christof Lauer, Albert Mangelsdorff et Markus Stockhausen), est aussi présent Douglas Boyd venu du classique. L'ensemble met en orbite (à moins que ce ne soit le contraire) le trio Kühn / Jenny-Clark / Jon Christensen.

Au final, cet album coloré, vivant, mêle avec sincérité éléments symphoniques, folkloriques et free jazz. Notons la chaleur des interventions des solistes, en particulier le hautbois de Boyd et le cor de Bates, qu'on a peu l'occasion d'entendre. Une curiosité aussi : le constat d'une dichotomie d'interprétation des thèmes, puisque les musiques du répertoire scandinave, très aérées, offrent beaucoup d'espace, tandis que les musiques du folklore méditerranéen s'avèrent bien plus enlevées. Tout juste peut-on regretter l'absence de ce grain de folie gommé lors du mixage au profit d'un son d'ensemble plus soigné, un peu à l'image des productions ECM.

Michael Gibbs est parvenu à écrire des arrangements originaux qui évitent le cliché ou l'amalgame des genres ; il s'est d'ailleurs fortement imprégné du jeu de Kühn pour certains d'entre eux, sur « *Crebe de Chet* » en particulier. Cette première collaboration entre les deux hommes[10] se révèle fructueuse et donne à Gibbs l'envie d'écrire un concerto pour piano très avant-gardiste avec un orchestre symphonique avec Joachim Kühn en soliste. Pour le pianiste, la rencontre était depuis longtemps désirée :

> « Michael Gibbs est un si grand bonhomme, ça a été un plaisir énorme de travailler avec lui sur ce projet. C'est un des arrangeurs les plus incroyables ! »[11]

Generations from (East) Germany

L'idée de départ tourne autour du duo entre le tromboniste Connie Bauer et Joachim Kühn, le dernier en date étant celui donné pour la Radio Brandenburg à Berlin le 10 novembre 1994 :

> « J'ai eu envie de faire un duo avec Connie depuis qu'il a fait partie de mon Jubileum Orchestra, j'aime beaucoup le son de son trombone, très puissant. »[12]

C'est Ulf Drechsel, chargé d'organiser les concerts pour le duo, qui leur propose de faire un disque. Pour mémoire, son père Karlheinz Drechsel était producteur des disques Amiga et avait dans les années 1965-1966, présenté plusieurs concerts du Joachim Kühn Trio : c'est donc logiquement qu'il pense élargir le duo en invitant sur certaines pièces quelques vieux amis de l'époque. Ainsi, Rolf Kühn évidemment, mais aussi le contrebassiste Klaus Koch, sont de la partie. Lui vient aussi le désir d'ajouter à la « vieille garde » quelques musiciens de la nouvelle génération. Sont donc appelés le guitariste Uwe Kropinski, venu au jazz grâce à Conny Bauer avec qui il a fondé le (d)étonnant quartet Doppelmoppel, ainsi que le saxophoniste alto Volker Schlott. L'enregistrement a lieu en mars 1995. Le disque présente différentes configurations de jeu, du duo piano / trombone au sextet, pour une musique intimiste, délicate, inventive, résolument moderne : certainement le free jazz tel qu'on peut le concevoir aux abords du 21e siècle. Par-delà le bonheur du duo, le quartet Bauer / J. Kühn / Kropinski / Schlott reste un modèle d'équilibre, très ouvert, tandis que le trio Bauer / R. Kühn / Kropinski régale l'oreille par sa finesse. Le guitariste Uwe Kropinski est tout à fait passionnant ; son duo par exemple avec Joachim extrait du morceau « *4 US* » le présente en percussionniste inspiré frappant sur la caisse de son instrument… Mais c'est surtout son jeu de guitare qui frappe, acéré, presque aride, pourtant extrêmement vivant.

Parallèlement aux concerts donnés ça et là en solo ou avec le Trio, d'autres manifestations moins communes continuent à voir le jour. Le 24 janvier 1995, Kühn participe à un disque du Valktrio. Quatre jours après, le German Trio se produit à Maubeuge. Le 1er avril, la Cité de la Musique de Paris présente le Joachim Kühn Special One Time Quintet avec Albert Mangelsdorff, Dave Liebman, Jean-François Jenny-Clark et Jon Christensen, puis le Duc des Lombards organise entre les 16 et 18 mai un hommage au violoniste Zbigniew Seifert avec entre autres Joachim Kühn, Dominique Pifarely, Pierre Blanchard, François Michaud, Philip Catherine, Tomasz Szukalski, Ricardo Del Fra et Simon Goubert, etc.

Le 31, Kühn et Quintus se produisent en duo à Berlin, puis le 1er septembre à Genève, où ils jouent sur le film d'une représentation de *Dark*. Le 14 juillet, le festival de Barcelone propose un duo inédit entre Joachim Kühn et le pianiste espagnol Josep Maria Balanyà : un musicien très attiré par l'aventure du duo puisqu'on l'avait déjà aperçu avec le clarinettiste Hans Koch à la fin des années quatre-vingts, mais aussi avec d'autres pianistes (en duo ou quatre mains) pour ses créations « *Ultramarinos 451* » et « *Vier Hände Verrückt* » ; il ne désavoue pas lui non plus l'exploration sonore puisqu'il a, tout comme Kühn, enregistré en duo avec Walter Quintus[13]. Le 1er août à Luberon, un étrange trio s'est formé avec Joachim Kühn, Didier Lockwood et Bireli Lagrène… Le Joachim Kühn Quartet (Christof Lauer, Detlev Beier, le batteur Jo Thönnes) qui, s'il a perdu un « t » et procédé à un changement de batteur, se reforme treize ans après, le temps de deux soirées les 14 et 16 octobre à Leverkusen. Toujours en octobre, l'enregistrement d'un cd du trompettiste Michel

Matthieu resté inédit, avec le contrebassiste Ricardo Del Fra et Daniel Humair.

Le 13 janvier 1996 à Munich, Kühn joue en solo, puis en duo avec le pianiste Cornelius Claudio Kreusch ; le 16 février à Bonneuil, c'est avec Didier Lockwood qu'il se confronte en duo. Deux jours plus tard à Clermont-Ferrand, il se produit en soliste avec l'Orchestre d'Auvergne...

L'Opéra de Quat'sous

Après avoir enregistré pour OWL, CMP et Label Bleu, le Trio pense qu'il est grand temps de travailler avec un « gros » label. Son choix se porte sur Verve ; les producteurs Daniel Richard et Jean-Philippe Allard précisent toutefois à Joachim Kühn que le Trio ne pourrait se contenter de faire un disque de jazz mais qu'il faudrait au contraire travailler autour d'un concept. Kühn songe rapidement à un projet autour de Kurt Weill, ce qui enthousiasme tout le monde. Pourtant, quelques jours après, Allard recontacte Joachim et lui annonce qu'un disque du pianiste Masabumi Kikuchi vient de paraître : il y rejoue Kurt Weill avec Gary Peacock et Paul Motian[14] ! Il faut donc changer son fusil d'épaule... Kühn finit par se remémorer une production pour la radio qu'il avait réalisée en 1965 avec son trio, autour de *L'Opéra de Quat'sous*. Il soumet donc l'idée au Trio puis aux producteurs : le projet allait pouvoir naître.

Musicien du monde classique, Kurt Weill, à l'instar de Gershwin, a très tôt cherché à incorporer à la musique dite « noble » des éléments d'essence populaire : complainte des rues, jazz, cabaret... Rien d'étonnant à ce que son plus vif succès ait été en retour digéré par bon nombre de jazzmen : le célèbre « *Mack the Knife* » chanté par Ella Fitzgerald puis par Louis Armstrong frappe évidemment l'esprit, mais des travaux plus en profondeur sur la musique elle-même pullulent, du pire au meilleur, forcément. Citons parmi les plus originales *Mack the Knife and other Berlin songs of Kurt Weill* arrangé et dirigé par Mike Zwerin pour le Sextet of Orchestra USA en 1964 et 1965[15], « *My Ship* » de Gil Evans avec Miles Davis sur *Miles Ahead*[16] et l'inégal *Lost in the Stars, The music of Kurt Weill* du producteur Hal Willner avec Charlie Haden, Dagmar Krause, John Zorn, Gary Windo, Tom Waits, Carla Bley, Sting, Lou Reed[17]... Plus curieux encore de la part d'un jazzman : cette entreprise de Jean-Louis Chautemps dirigeant *L'Opéra de Quat'sous* à la note près au Théâtre National de Chaillot en novembre 1995 (soit un mois avant l'enregistrement de l'œuvre par le Trio).

Pas question par contre pour le Trio d'une relecture à la lettre :

> « Les chansons ne sont pas adaptées au contexte d'un trio de jazz moderne et il m'a donc fallu modifier certaines harmonies et mélodies, trouver des climats de façon à ce

que nous puissions improviser dans le style propre à notre trio tout en préservant la beauté caractéristique des mélodies et des harmonies de Kurt Weill. De façon aussi à ce que le trio puisse jouer avec sa liberté coutumière… »[18]

Effectivement, l'écoute du disque trouble par cette sensation d'entendre quelque chose de connu et pourtant d'indéfinissable, d'entièrement nouveau… L'ensemble de la presse spécialisée salue la sixième réalisation du Trio, les interviews du Trio se multiplient, ambiance :

« Le travail d'arrangeur de Kühn, particulièrement délicat dans le cas présent, a consisté à laisser planer en permanence le songe des thèmes de Kurt Weill, thèmes connus et reconnus, complaintes, chants d'amour ou marches populaires. Refusant le texte même et sa paraphrase, […] il a pris le parti du sous-entendu, d'autant plus impressionnant qu'il laisse transparaître parfois la mélodie, qui joue alors pleinement son rôle de repère mémorial. »[19]

« Comme si, par le piano de Joachim Kühn, on entendait les ricanements de Brecht. »[20]

« Une version magistrale de "Mack the Knife" : 9'34 inouïes d'un morceau que vous croyiez pourtant connaître… »[21]

Le Tanz-Forum de Köln

Jochen Ulrich, chorégraphe de la troupe de danse de Cologne, le Tanz-Forum, est séduit par le disque *Get Up Early*. Il contacte Joachim à Ibiza pour lui proposer un projet chorégraphique basé sur cette musique jouée en live. Le pianiste, fort de ses souvenirs de Dark avec Carolyn Carlson, est emballé…

La première du spectacle est donnée en Autriche, à Vienne, le 22 février 1996.

Une programmation régulière s'instaure à l'Operahaus de Cologne : onze dates étalées du 13 juin au 5 décembre, entrecoupées de quelques spectacles à l'affiche d'autres théâtres de grandes villes d'Allemagne.

Une production pour la télévision (WDR-Arte) est même tournée en 1998 par Bob Rooyens au fameux Hotel Excelsior de Cologne. La somptueuse chorégraphie de Jochen Ulrich, basée sur l'ambivalence séduction / jalousie, est filmée sur des morceaux du disque ainsi que sur deux nouvelles compositions. Au fil des notes, des mouvements, des regards, d'autres thèmes se greffent à la dramaturgie : la solitude, la difficulté d'aimer, celle d'être aimé… Malheureusement, le film est jonché d'effets spéciaux grandiloquents – jeux de silhouettes transparentes aux contours affreusement blancs, mouvements saccadés ou à l'inverse, effets de traînée qui imprègnent l'écran de gerbes colorées, surimpressions des images – qui nuisent à la chorégraphie, parasitent la musique. L'intervention d'une speakerine qui par instants cite des extraits de *Revenants* de Paul Auster et de *La Maladie de la mort* de Marguerite Duras, le décor mi-urbain mi-fantasque, les lieux déserts qui se peuplent de fantômes / phantasmes : autant d'éléments qui contribuent à la confusion d'une œuvre dont la thématique aurait dû s'avérer passionnante. Malgré quelques passages fort réussis (où l'on réalise d'ailleurs combien la pièce « *Electrochocs* » se prête à la danse !), Joachim Kühn, Walter Quintus et le Tanz-Forum méritaient beaucoup mieux que ce témoignage au(x) cadre(s) clinquant(s) : nous aurions largement préféré le film d'une des représentations à l'Opéra de Cologne !

Entre la première à Vienne et les soirées d'automne au Köln Operahaus, la danseuse Vera Sanders de cette même Tanz-Forum travaille sur la chorégraphie d'un autre ballet : *Salinas*, du nom de la plage en bordure de laquelle vit Joachim Kühn. C'est à nouveau lui qui fait la musique avec Walter Quintus, et si la majorité du spectacle s'élabore sur des compositions originales jouées par leur duo, on retrouve la pièce « *Manipulations* », admirablement réinterprétée avec saxophone soprano et percussions, et le morceau « *Decadenz* », drainé par les tambours de Moussa Sissoko.

Pour cet hymne à la mer, un décor unique et sobre : du sable sur le sol et une toile bleutée pour fond. L'éclairage mime la danse des jours et des nuits qui se succèdent, tandis que la chorégraphie dépeint le calme plat ou la tempête, les corps, les gestes ondulent. Malgré cette ambiance marine, un caractère humain est donné au ballet, par ces drames qui se jouent, qui s'échouent sur un rivage.

Plus lumineux que *Dark* malgré une fin assombrie qui laisse l'impression de couler, *Salinas* ne sera joué malheureusement que deux fois : le 15 avril à Leverkusen et le 18 à Remscheid.

Les collaborations entre Kühn et le Tanz-Forum ne s'arrêteront pas là : le pianiste écrira la musique du ballet *Double Exposure* de Wally Cardona, l'un des danseurs de la troupe, qui sera joué à New York ; Quintus et Kühn feront surtout la musique du ballet *Citizen Kane* de Jochen Ulrich, basé sur le plus célèbre film d'Orson Welles et dont la première se tiendra le samedi 4 mai 1997, toujours à Cologne. Treize représentations suivront, jusqu'au 23 juin.

Composées par Kühn en juillet et août 1996, les vingt-deux pièces de *Citizen Kane* sont écrites pour piano (Joachim Kühn), violon et sounboard (Walter Quintus), claviers (Pablo Paredes) et percussions (Harald Bernhard). Une sorte de chef-d'œuvre malheureusement jamais commercialisé, qui s'articule autour de thèmes principaux (« *The G-Point* », « *Sucht* », « *Kane Thema* », « *Night Sun* », « *Officiel* ») qui par moments réapparaissent, telle une ritournelle entêtante ; musique qui mêle à merveille naïveté et grandiloquence et, bien que relativement écrite, possède des mailles assez lâches pour donner libre cours à de juteuses improvisations collectives. L'orchestration, atypique, est à souligner : il ne s'agit plus du seul duo Kühn / Quintus, mais d'un amalgame d'instruments au travers duquel on peut noter un retrait plus marqué de l'utilisation de la console digitale de Quintus par rapport aux opus précédents.

Ornette Coleman

Après avoir participé à la soirée intitulée Birthday Manfred Schoof le 6 avril 1996 à Cologne, Kühn fait une tournée solo en Europe centrale qui passe par Salsbourg (le 1er mai) et Prague (les 4 et 5), puis joue au Bath Festival en Angleterre le 26. En ce même mois de mai se forme un groupe épisodique, l'Ensemble Franco-allemand, qui réunit le pianiste, le violoniste Dominique Pifarely, Michel Benita et Simon Goubert. Un noyau avide d'électrons libres puisque s'il se produit pour la première fois sans invité (le 15 au Nuremberg Festival), il accueille Christof Lauer dès le lendemain à Freibourg et le saxophoniste Heinz Sauer le 1er juin à Delmenhorst. Entre temps, Kühn joue en duo avec Lauer (le 17 mai à Ulm) et Moussa Sissoko (le 24 à Angoulême). Mais c'est un tout autre duo qui va naître le mois suivant...

En effet, sa manager Geneviève Peyrègne est amenée un soir à rencontrer Ornette Coleman à Paris. Tous deux sont passionnés par la philosophie et entament une conversation qui va durer... trois semaines ! Puis cette idée qui germe, timide : Geneviève veut faire écouter à Ornette des musiciens qui sont en quelques sortes eux aussi victimes d'un certain racisme : ils sont blancs, ils sont européens... Elle lui propose donc en blindfold test les disques *Dynamics*, *Easy to Read* et *Live 1989*.

Il a écouté, puis lui a dit :

> « Ce type-là, c'est un musicien, un vrai ! »[22]

Et elle qui insiste, lui parle de ce désengagement de certains festivals contre les musiciens non-Américains, qui jouent pourtant du jazz et qu'ils refusent :

> « Je lui ai dit que ce pianiste qu'Ornette trouvait tellement génial en souffrait lui aussi, comme tous les musiciens européens... Et je lui ai soufflé qu'à sa manière il pourrait contribuer à lutter contre ce phénomène, qu'il pourrait s'il le désirait jouer avec Joachim Kühn. »

Et lui :

> « Ce n'est pas forcément la question du racisme qui me convainc, même si je comprends qu'elle puisse exister ; mais la musique est là. »[23]

Ornette qui doit jouer avec son quartet à Vérone le 24 juin est dans l'impossibilité de réunir les membres de son groupe, sa pianiste Gerry Allen étant enceinte. Il décide alors de remodeler le programme et de s'y produire en duo avec Kühn :

> « J'ai appelé Joachim et réécouté ce qu'il faisait – une musique que j'ai trouvée vraiment "pianistique", pianistique classique, de concert... J'ai décidé d'écrire des thèmes que je n'aurais pas joués avec un autre pianiste, de la musique de jazz, une musique qui supporte les changements liés à l'improvisation... [...] En écrivant, j'avais en tête sa manière de jouer. »[24]

Pour Joachim, qui à seize ans se procurait les disques d'Ornette au marché noir, l'événement est historique :

> « Je l'ai rencontré à la fin des années soixante, dans un festival. Nous avons parlé, il a été très chaleureux, mais à l'époque je n'aurais même pas rêvé de jouer avec lui, et puis ça s'est réalisé, l'année dernière. [...] J'ai plongé dans la musique d'Ornette sans hésitation ni problème. »[25]

Un bain de jouvence :

> « J'ai à de nombreuses reprises joué en duo avec toutes sortes de musiciens. Ornette, par contre, a rarement utilisé cette formule, hormis avec Charlie Haden. La première fois que nous avons travaillé ensemble, nous nous sommes retrouvés trois jours avant le concert. La seule chose qu'il m'a dite est : "Jouons." C'est le genre de premier contact que j'apprécie. J'ai donc commencé à jouer, lui est entré dans le morceau... Je n'ai pas le souvenir de difficultés particulières : si j'ai passé ma vie à développer ma propre musique, celle-ci n'est après tout pas tellement étrangère à la sienne : j'ai passé quarante années dans son sillage ! »[26]

Un premier concert en Italie, devant douze milles spectateurs, qui fait figure d'OVNI :

> « Une entreprise impossible, une aventure à haut risque : un grand succès. Un tel duo pouvait ressembler à un pari. À cause d'abord du piano – dont Coleman souvent s'est tenu à distance, sauf en de rares exceptions près : Walter Norris, Paul Bley, Cedar Walton, Gerry Allen. À cause surtout des différences de styles entre les deux musiciens, le premier affranchi de toute forme avec son harmolodie, le second au contraire attaché à une extraordinaire richesse harmonique. [...] Un triomphe peut être inattendu, mais certainement mérité. »[27]

Le 31 août, le duo se retrouve à... Leipzig, pour une soirée principalement consacrée aux duos puisque sont aussi programmés Manfred Schoof / Albert Mangelsdorff, Elvin Jones / Albert Mangelsdorff et Jamaaladeen Tacuma / Uwe Kropinski. Les compositions sont les mêmes mais la musique est déjà différente, évolue. Huit des douze thèmes joués sont présents sur le disque *Colors*, dont Ornette a illustré la couverture. La parution de ce cd constitue un choc dans le monde du jazz. Ainsi, pour la nouvelle revue anglaise *Avant Magazine* :

> « Coleman découvre (redécouvre ?) comment jouer sa musique avec un piano [...] ce qui lui apporte de nouvelles dimensions. »[28]

The Wire de mars 1999 souligne :

> « Ces huit pièces à fort degré d'improvisation élargissent le travail d'Ornette davantage que son Prime Time. Il s'élève magnifiquement et pousse Kühn a réalisé l'une de ses plus délicates performances. […] Ce n'est plus seulement du jazz. Il y a autre chose. »

Octopus, par la voix de Xavier Matthyssens, confirme ce sentiment d'un nouvel horizon qui, pour les deux musiciens, s'ouvre à eux :

> « Chez Ornette Coleman, un propos que l'on n'aura pas connu aussi bouleversant depuis des années et chez le pianiste, une concision et une musicalité en tout point remarquables. »[29]

Quant à Philippe Méziat, il affirme :

> « Cette rencontre s'inscrit sous tous les signes combinés de la danse, de la force et de la douceur. […] L'écriture native d'Ornette Coleman […] s'adjoint à la perfection rageuse de Joachim Kühn, pianiste éveillé s'il en est. Au point que la rencontre s'opère, qui mène le saxophoniste vers des horizons insoupçonnés, plus libre que lui-même à l'occasion, en des spirales rêveuses et fulgurantes. […] Joachim Kühn, qui ne cède rien sur sa manière, apparaît comme l'un des pianistes les plus essentiels de ce temps, et Ornette Coleman, qui ne cède rien sur son désir mais qui accepte de le laisser s'accomplir, comme un exemple de probité musicale. »[30]

Car c'est bien, au-delà de la musique, d'amitié et d'échanges réciproques dont il s'agit : pour Ornette, le savoir musical de Kühn est une mine ; par lui, ce sont les techniques de la composition, la structure de la musique, toute la théorie classique qu'il n'a jamais reçue, l'histoire même de la musique, qu'il peut toucher. L'assurance aussi, pour cet homme dont on a clamé haut et fort qu'il ne connaissait rien à la musique, d'une reconnaissance enfin là, symboliquement concrétisée par ce pianiste qui porte en lui toute la musique classique européenne. Et pour Joachim, outre la rencontre d'un père : cette sensation de pouvoir accoucher de lui-même, comme seul Ornette est capable d'insuffler. L'envie plus déterminée que jamais, d'être vraiment soi, librement et sans concessions.

Brèves

Le lendemain du premier concert du duo, Joachim Kühn rejoint l'European Jazz Ensemble d'Ali Haurand à Leverkusen à l'occasion du 20e anniversaire du groupe. D'autres concerts s'ensuivent, à Aachen et Cologne, filmés pour la télévision allemande.

Le 18 juillet, le pianiste se rend à Stuttgart pour la soirée Klaus Doldinger & Friends qui réunit les trompettistes Randy Brecker et Till Brönner, le tromboniste Ray Anderson, le vibraphoniste Mike Mainieri, NHOP et Al Foster.

Avant la reprise automnale de *Get Up Early* avec le Tanz-Forum à Cologne, il joue le 28 septembre à Wittlich avec Claudius Valk, Hartmut

Kracht et Marc Lehan, du Valktrio, puis il participe en novembre aux Berliner Jazztage et aux Baden-Baden New Jazz Meetings. Ces derniers se tiennent du 18 au 20 novembre 1996 et réunissent Conrad Bauer (tb), Jim Blak (dm), Vincent Courtois (cello), Joachim Kühn (p), Sylvie Courvoisier (p, prepp), Dominique Pifarely (vln), Miroslav Tadic (elg), Mark Nauseef (dm), Marcus Rojas (tu), Tomasz Stanko (tp), Julien Lourau (ts) et Michel Benita (b). Ces ultimes cessions free jazz de Baden Baden avant un virage vers des pôles plus électroniques servent de préparation au concert du 21, à Mainz. On retiendra particulièrement le duo des deux pianistes (« *Body 2* »), une splendide version de « *Salinas* » (par Kühn / Pifarely / Courtois) tirant sur la musique de chambre, le tempétueux « *4 Ornette* » (par Kühn / Benita / Nauseef / Blak) – quartet à deux batteurs dans la pure tradition post-soixantuitarde du pianiste –, « *Maldoros War Song* » de Stanko suivi du « *So What* » de Miles Davis (par Stanko / Kühn / Benita / Blak) ou l'« *Overture To The G / Point* » (de Kühn) et « *Silencieusement* » (de Courvoisier) joués par le big band au complet !

Le 3 janvier 1997, les frères Kühn se produisent en duo au 16ᵉ festival de Münster ; Joachim présente à cette occasion Ornette Coleman à Rolf : ils vont au cours du mois enregistrer un duo qui apparaîtra sur un disque de Rolf[31].

Toujours en janvier, Joachim Kühn compose *Citizen Kane* pour le Tanz-Forum.

Le 16, il enregistre en trio avec Daniel Humair et Michel Portal pour le disque du batteur intitulé *Quatre Fois Trois* : quatre trios opposés (instrumentations avec ou sans contrebasse, styles et couleurs différents...) mais complémentaires, où Daniel Humair joue le rôle de témoin. Dans la formule qui nous concerne, pas de contrebassiste :

> « J'ai pensé à ce trio où le piano remplirait le rôle de la contrebasse avec un support large. J'ai donc pensé au pianiste qui pour moi, joue le plus large, Joachim Kühn, et je lui ai opposé un musicien qui a un instrument à tessiture complètement différente et ne joue pas dans le même feeling, Michel Portal. »[32]

Ce disque est livré avec un cd-rom présentant en sept chapitres des informations sur la réalisation de cd (enregistrement, mixage, etc.), un portrait du batteur, des interviews, une visite du studio Label Bleu...

Au cours des mois suivants, le Trio qui multiplie les concerts de *L'Opéra de Quat'sous* (principalement en France et en Allemagne, mais aussi au festival Visions de New York avec Dave Liebman le 1ᵉʳ avril, au Portugal en juin, en Italie en juillet, à Lausanne en novembre, etc.) est de plus en plus souvent contraint de jouer sans Jean-François Jenny-Clark, qui est alors remplacé par Jean-Paul Celea : atteint de leucémie, sa santé oscille entre convalescences et rechutes.

Le 30 mai, Kühn enregistre avec un batteur de Cologne une suite tour à tour baptisée « *Pigs* » et « *War Suite* », restée inédite. Cette composition a été écrite en janvier à Ibiza lorsque le pianiste a assisté à l'égorgement de cochons – à la mode ancienne –, c'est-à-dire au couteau... Elle sera jouée le lendemain de son enregistrement au musée de la guerre d'un petit village près d'Amiens par le Trio augmenté de Christof Lauer.

Le 1er juillet, le duo Coleman / Kühn donne un concert à La Villette, marqué par une intervention du philosophe Jacques Derrida invité par Ornette mais fort peu appréciée du public, sifflant et réclamant en hurlant le retour à la musique.

Le 21 septembre, Joachim Kühn participe à la soirée d'adieu d'André Francis à la salle Olivier Messiaen de la Maison de Radio France, où défilent de nombreux musiciens dont Michel Petrucciani et Martial Solal. Il y joue en solo puis en duo avec Didier Lockwood.

C'est à cette époque aussi que Joachim Kühn se remet à travailler son saxophone alto : une pratique quasiment quotidienne, qui demeure pour lui un loisir privilégié ; il n'en rejoue toutefois pas sur scène.

Le 24 novembre, il se rend au Studio Zekall et enregistre un disque de... drums'n bass. L'œuvre d'un soir, qui véritablement tient de l'amusement, réalisée avec une envie délibérée de non-commercialisation puisqu'absolument non représentative des intérêts du pianiste. Pourtant, la musique étonne avec ses motifs mélodiques récurrents qui se froissent et se défroissent au fil des plages, assourdissent ou planent... Kühn y joue des claviers, du piano, y embouche surtout son saxophone pour quelques phrases aux accents free particulièrement acérés. À ses côtés, Walter Quintus qui là aussi se régale, ainsi que Ralph Adler à l'ordinateur et au sampling.

Du 5 au 8 décembre, est enregistré le dernier disque du Trio : *Triple Entente*, un disque qui causera grand bruit... jusque dans les colonnes de *Classica*, comme pour enfin marquer la place désormais essentielle du groupe dans la musique de cette fin de siècle :

> « Kühn a plusieurs veines créatrices. Ici, peut-être parce qu'il travaille en ce moment avec Ornette Coleman, ses compositions sont très free jazz, très rythmiques, ce qui ne les empêche jamais d'être mélodieuses et d'un lyrisme expansif. [...] Ils forment réellement un tout homogène. Kühn joue moins que d'habitude, Humair et Jenny-Clark viennent plus souvent en avant, ce qui nous éloigne (encore plus) des trios avec piano vedette, même des plus brillants et unis (Jarrett, Mehldau, Solal, Pieranunzi...). [...] Le trio continue ses recherches en toute tranquillité, nous enchante avec de belles compositions et reste décidément d'une force hors du commun. »[33]

Le 11 décembre, Joachim Kühn retrouve pour Jazz Focus'97 le sextet est-allemand co-fondé avec Conny Bauer. Une note douloureuse toutefois, en raison de l'état de santé de Klaus Koch :

> « C'était un peu nostalgique et un grand plaisir de retrouver Klaus. Malheureusement, il sortait d'une opération du cœur et recommençait seulement à jouer. Il a participé à deux morceaux et m'a dit qu'il était trop fatigué pour jouer davantage. »[34]

Ils ne se reverront plus ; Klaus Koch succombera d'une crise cardiaque en novembre 2000.

Du 5 au 8 janvier 1998, Joachim Kühn participe au nouveau disque du guitariste lyonnais Christian Escoudé, *A Suite for Gypsies*. Leur première rencontre remonte à la soirée d'inauguration d'un club de jazz parisien, le Jazz Inn ; c'était le 18 mars 1971, Escoudé venait de quitter sa ville natale pour tenter une carrière à Paris... Dès ce soir-là, ils avaient joué ensemble pour un bœuf. Ils se sont par la suite occasionnellement croisés, mais ce disque reste à ce jour le seul projet de grande ampleur qui les réunit. Le pianiste n'est pas au mieux de sa forme lors de la session : il vient d'avoir un accident de voiture à Ibiza quelques jours auparavant et son bras reste encore tuméfié.

Escoudé a pris le parti de confronter un quartet de jazz à un quatuor à cordes : une confrontation qui, malgré le terme, ne comporte rien de violent et offre une musique le plus souvent délicate, aux arrangements raffinés, emplie de ce savant dosage de joie et de tristesse cher aux gitans. Un nouveau jalon en marge des directions habituelles prises par le pianiste, qui s'avère au final une assez belle réussite.

La symphonie Châteaufort

En ce début d'année 1998, de nouveaux projets symphoniques se concrétisent : tout d'abord le 27 février au festival d'Helsinki, en Finlande, où Joachim Kühn est invité à se produire avec l'UMO Jazz Orchestra, puis le 15 mars à Magdeburg où il présente un Franco-allemand Band Barock Modern avec, parmi les solistes, Dominique Pifarely et Uli Korsth, l'orchestre étant dirigé par David de Villiers. Mais c'est à Cologne, le 27 mars, que sera donnée avec le WDR Symphonic Orchestra la première de la symphonie « *Châteaufort* », une pièce pour piano et orchestre là encore dirigée par de Villiers, avec pour solistes, outre le pianiste, Jean-François Jenny-Clark et Mark Nauseef (crédité des percussions et des « bruits »). Œuvre magistrale qui se joue au travers de nombreux décalages (entre le piano et l'orchestre, entre différentes sections de l'orchestre, au niveau des harmonies, des rythmes, des couleurs...), enchevêtrements d'éléments multiples alternant, telle une respiration titanesque, phases de tensions et phases de détente, qui parfois se résolvent, parfois non. Les cuivres sont brillants, les cordes sensibles – notamment les étonnantes incursions de Jenny-Clark lézardant le bloc orchestral –, le bruitisme bienvenu de Nauseef, tel un parasite moderne aux accents électronico-métalliques, se plaît à contaminer quelques sections musicales qui, dès lors, semblent perdre tout repère et se heurtent l'une l'autre en un fracas débridé, la « conclusion » s'élabore sur des rythmes un peu fous, réminiscence à peine voilée de ceux de « *La Danse des Adolescentes* » du *Sacre du Printemps* d'Igor Stravinsky : tout concourt à faire de cette œuvre l'un des travaux symphoniques de Joachim Kühn les plus aboutis.

« Châteaufort » sera rejouée en fin d'année, sans Jean-François Jenny-Clark ni Mark Nauseef, le 27 novembre à Grenoble et le lendemain de nouveau à Cologne. Deux nouvelles versions différemment agencées – l'absence de contrebassiste ici, sciemment non remplacé, contribue fortement au chamboulement des structures – qui n'en demeurent pas moins aussi fortes que l'originale.

Portrait

Entre deux concerts en duo (le 25 avril 1998 à Graz avec Rolf, le 9 mai à Strasbourg avec Didier Lockwood), Joachim Kühn est à l'honneur au club Porgy and Bess de Vienne, du 3 au 5 mai, pour une série de concerts allant du solo au quartet, intitulée Portrait. Un projet pour lequel le pianiste apporte de nouvelles compositions qu'il a comme à son habitude pris soin d'envoyer à l'avance aux musiciens, et qui lui permet de jouer dans des formules alternées : le 3, après une ouverture en solo, il joue en duo avec le trompettiste Franz Hautzinger, le tromboniste Christian Muthspiel et le contrebassiste Christian Weber ; le 4, il se produit en trio avec le bassiste Achim Tang et le batteur Wolfgang Reisinger ; le 5 en quartet basé sur le précédent trio augmenté du saxophoniste Wolfgang Pushnig.

L'occasion pour Kühn de rencontrer quelques noms qu'il appréciait sans avoir joué avec eux – particulièrement Reisinger – et de découvrir de nouveaux talents comme Achim Tang et le très spécial Hautzinger avec lequel il s'est régalé le temps de longues improvisations libres.

Le 4 octobre, Joachim participe à l'enregistrement d'*Inside Out* de son frère Rolf. Succession de morceaux au personnel variable où le clarinettiste côtoie tour à tour quelques amis de longues dates tels que Michael Brecker, Detlev Beier ou Lee Konitz, ce nouveau disque est en quelque sorte le pendant de *Affairs* paru l'année précédente, dans lequel Rolf Kühn s'escrimait avec Randy Brecker, Dave Liebman, Buddy DeFranco, Albert Mangelsdorff, Eddie Daniels… ou Ornette Coleman rencontré grâce à Joachim. Pour *Inside Out*, Joachim apporte (et joue sur) trois compositions, dont le splendide « Go From Here » où la danse de la clarinette et le son feutré du trompettiste Till Brönner n'évoluent pas sur le même tempo que le trio rythmique.

Deux jours plus tard, un drame viendra frapper Joachim en plein cœur, l'histoire d'un autre frère qui s'est abruptement terminée.

Puzzle ou la mort d'un frère

Le 1ᵉʳ juillet au festival de La Villette à Paris, Daniel Humair propose une soirée Puzzle en cinq pièces, configurations éclatées où, comme pour son disque *Quatre Fois Trois*, Humair reste le dénominateur commun. Entamé par le trio Humair / Ducret / Chevillon qui rejoue « *Para* », le concert se poursuit avec la paire Humair / Chevillon confrontée à trois élèves du conservatoire – dont le saxophoniste, déjà lumineux, Christophe Monniot –, puis avec le Trio qui interprète « *Helligoli* » et le brillant « *4 Ornette* », invitant pour la première le saxophoniste Chris Potter pour « *Salinas* » et « *Missing a Page* », enfin le final avec l'ensemble des musiciens pour un somptueux « *Manipulations* » se brisant sur un mémorable duo Jenny-Clark / Chevillon, pour se clore avec « *Hot Tuna* ». Soit six compositions du pianiste sur onze!

Pourtant, malgré la beauté de la soirée, rien ne masquera un constat autrement plus terrible: c'est la dernière fois que Jean-François et Joachim jouent ensemble… Le 6 octobre 1998, Jean-François Jenny-Clark est emporté par son cancer du sang.

Le milieu du jazz européen encaisse mal le choc de la disparition de celui dont certains contrebassistes français avaient loué le génie musical, la simplicité de pédagogue, l'humanité surtout, dans un numéro d'*Improjazz* qui lui était consacré quelques mois auparavant[35]; retenons ces quelques extraits des témoignages de trois d'entre eux:

> « Quand je suis arrivé à Paris en 1989, j'ai eu le désir non seulement de m'inscrire à un cours mais de rencontrer de près un maître: JF était de ceux-là. Je le savais déjà, mais quand vous entendez le SON en vrai, ça en dit long sur un musicien… » (Hubert Dupont)
>
> « JF a une approche instrumentale très virtuose, parfaite. Il a une précision rythmique extraordinaire; il a vraiment su trouver sa place dans l'improvisation. » (Hélène Labarrière)
>
> « Son jeu, contrairement à d'autres contrebassistes, est d'un grand niveau technique, et à la fois très relâché, comme si les choses venaient d'elles-mêmes, simples. On n'a jamais l'impression qu'il force; ça va de soi… C'est très agréable à regarder, c'est une musique qu'il faut regarder. » (Jean Bolcato)

D'autres voix s'élèveront dans *Jazzman*[36] dès la nouvelle de sa mort : Aldo Romano l'ami de toujours qui de manière touchante confesse que « c'est probablement avec Kühn et Humair qu'il a eu la plus grande latitude comme créateur », Jean-Paul Celea qui souligne que s'il se joignait régulièrement à Kühn et Humair lorsque JF ne pouvait pas le faire durant les deux années précédentes, il ne le remplaçait pas car « JF était irremplaçable », Steve Lacy qui rappelle que « JF a été un pionnier du free. Peut-être le plus important car le plus développé musicalement. Il avait, en plus, un bagage classique, dont il n'était absolument pas prisonnier. Il était la disponibilité incarnée », le proche compagnon Dave Liebman qui, ému, affirme qu'« il était, dans tous les sens du terme, un géant. Le meilleur bassiste que j'ai entendu et avec lequel j'ai eu le privilège de jouer. Et cela sur le plan technique comme humain ».

Joachim Kühn aussi, qui, plus que tous, perd un frère.

> « Lorsque je fais quelque chose musicalement, mon ami Jean-François Jenny-Clark reste toujours très présent. […] Après qu'il est parti, je me demande parfois : aimerait-il cette pièce ? cette phrase ? »[37]
>
> « Reste gravée en moi la voix de Stan Getz disant de JF : *Supreme*. »[38]

Un concert en son hommage et au profit d'Anne Jenny-Clark sera organisé au New Morning le 23 février 1999 avec Joachim Kühn, Daniel Humair, Dave Liebman, Aldo Romano, Michel Portal, Richard Galliano, Henri Texier, François Jeanneau, Ronnie Paterson et le contrebassiste classique Bernard Cazuran qui se produiront selon différentes formules. Si le solo de Cazuran sur une pièce de Bach est riche d'émotion, les mots de Liebman dédiés à JF mais aussi à deux autres absents, Michel Petrucciani et Kenny Kirkland, s'élèveront dans un silence triste ; puis il prendra sa flûte en bambou pour déposer dans l'air un fragile solo, plein de finesse, rejoint par Kühn pour un duo émouvant. Le final, presque comme à l'accoutumée entre ces musiciens, fera résonner l'« *India* » de John Coltrane.

Le Trio est mort.

Dès lors, Daniel Humair et Joachim Kühn annoncent qu'ils ne rejoueront plus ensemble en trio…

Entre Bach et Ornette (1998-200...)

> « Bach était le premier jazzman de Leipzig... même si les gens ne savaient pas encore ce qu'était le jazz... »
>
> Joachim Kühn[1]

Bach Now !

Le 9 octobre 1998, Joachim se rend à la Nikolaikirche de Leipzig et y enregistre entre dix-neuf et vingt-deux heures son premier solo de piano depuis cinq ans, resté inédit : *Act of Balance*, qui comporte treize compositions du pianiste, deux d'Ornette Coleman... et une de Jean-Sébastien Bach. Cette reprise de l'« *Allemande* » de la *Partita II* de Bach, qu'on pourrait croire anodine, résulte en fait d'un long cheminement né au lendemain du concert donné en duo avec Ornette, toujours à Leipzig, deux ans plus tôt. Ce jour-là, dans la voiture qui les conduisait à l'aéroport, le saxophoniste constatait que Kühn était natif de Leipzig – la ville de Bach – et lui suggéra de travailler sur sa musique.

> « J'ai répondu qu'après avoir écouté Bach pendant des années, après avoir entendu Glenn Gould, je ne pouvais pas imaginer jouer du Bach : je crois que personne ne peut le faire mieux que lui. De plus, j'ai toujours pensé que les associations du genre jazz et classique, a fortiori jazz et Bach, donnaient des résultats désastreux... Ornette m'a alors simplement dit : "Non, mais fais-le à ta manière."
>
> Sa remarque a commencé à faire son chemin : après tout, Bach lui-même était un grand improvisateur ! Finalement, je me suis dit que je pourrais peut-être utiliser ses pièces pour violon car elles comportent une bonne tessiture pour ça ; en prendre seulement les "coutures", si l'on veut, et les jouer à ma manière, c'est-à-dire comme s'il s'agissait de grilles de jazz. [...] Toute ma vie, lorsque je me suis attaqué à un standard ou à une grille harmonique pré-établie, j'utilisais mes propres changements d'accords, cherchant à me démarquer de ce qui était noté, qui est souvent trop réducteur, une sorte d'emprisonnement... Du coup ici, je me suis retrouvé en territoire familier, j'ai pu faire ma propre interprétation de la musique de Bach. »[2]

Il ne s'agit pourtant pas de jouer les pièces de Bach comme de simples grilles de jazz, Kühn va plus loin :

« J'ai harmonisé ces pièces dans le style de Bach, les improvisations suivent, mais elles ne sont pas en relation directe avec les harmonies des thèmes de Bach. Je n'ai désormais plus de raisons d'improviser sur des grilles. J'utilise simplement le thème comme plate-forme pour un plus large développement de mes propres idées musicales. À la place d'être orienté par des accords donnés, de nouvelles idées émergent de l'improvisation. Ensuite seulement, je reviens au thème. »[3]

Les choses s'éclaircissent : le thème, à la différence du jazz, ne sert que de support, de propulsion à des improvisations libres qui se nourrissent uniquement d'elles-mêmes (et non des harmonies établies).

L'aboutissement d'une telle approche se concrétise avec une soirée intitulée Bach Now : Motets and Improvisations organisée pour les 22nd Leipzig Jazz Days deux jours après l'enregistrement de *Act of Balance*, dans la même église. L'idée du directeur artistique du festival, Bert Noglik, consiste à présenter un projet mêlant Joachim Kühn au chœur de l'église Saint-Thomas de Leipzig : celui-là même que dirigeait Bach deux cent soixante-dix ans auparavant! Le professeur Christof Biller, Thomaskantor et donc héritier direct du dernier poste de Bach[4], dirige le Thomanerchor constitué par des enfants et de jeunes adolescents.

Le concert présente en alternance le chœur chantant principalement les cinq parties du « Komm Jesu komm » de Bach et Joachim Kühn improvisant sur ses propres compositions en solo, respectivement : « *Velvet Skin* », « *Time is Faster* », « *Right Hand* », « *Thoughts for JF* », « *Dur and Moll* », « *Salinas* » et « *It's not Forbidden / Mar y Sal* ». Le final réunit chœur et piano pour « *Ich lasse Dich nicht* » (Bach) et « *Nun danket alle Gott* » (Crüger / Bach).

L'expérience se révèle si concluante que le Cantor invite Kühn à se joindre à eux, pour toute la durée d'un concert cette fois, lors du 314e anniversaire de la naissance de Bach, le 21 mars 1999. Pour préparer l'événement, le pianiste passe des semaines entières à s'imprégner des « *Motets* » de Bach pour mieux en saisir l'esprit et ainsi se détacher des harmonies afin d'improviser de la manière la plus libre possible. Cette fois, le concert se déroule dans la fameuse Thomaskirche :

> « On a joué Bach dans cette église où j'avais reçu ma confirmation étant jeune, le jour de l'anniversaire de la naissance de Bach, à quelques mètres seulement de sa tombe : c'était pour moi, imagine, une sacrée expérience! »[5]

Dès lors, de nouveaux concerts suivront à Quedlinburg (14 juillet 1999) et à Jena (18 juillet), et d'autres encore au cours des années à venir.

Duos

En cette fin de décennie, on note une fréquence plus élevée qu'à l'accoutumée du nombre de duos donnés avec divers musiciens : amis de longue date ou premières rencontres. Outre ceux occasionnés par les concerts de Vienne en mai 1998, Kühn retrouve son frère au festival de Graz le 25 avril, puis Didier Lockwood le 9 mai à Strasbourg. Le 19 juillet aux Jazz Open de Stuttgart, il joue avec le saxophoniste Charlie Mariano. Le 1er novembre à Elmau, il se produit avec le pianiste Bobo Stenson. Le 27 janvier 2000, il est au Théâtre de la Ville de Paris, à nouveau avec Lockwood. Il forme aussi de manière épisodique un duo avec un complice du début des années soixante-dix : le saxophoniste Gerd Dudek, avec qui il se produit à Viersen (14 avril et 10 novembre).

Toutefois, deux partenaires privilégiés se dessinent peu à peu, deux saxophonistes... Le 22 mai 1999, Kühn joue avec Michel Portal au Vicenza Jazz, en Italie : il s'agit pourtant là, après plus de trente ans d'amitié et maintes aventures communes en pleine explosion free jazz ou avec le Trio, d'une de leurs toutes premières rencontres en duo... Une formule qu'apprécie Portal :

> « Ce duo me convient bien, nous jouons des musiques qui offrent une continuité avec ce que nous avions entrepris au départ ; avec l'improvisation, on peut faire jaillir du sublime, mais on peut parfois aussi descendre très bas… Avec Joachim, ça n'arrive jamais, car c'est quelqu'un qui a une énergie morale à toute épreuve, je crois qu'il n'a jamais reculé devant les situations, devant le risque. Il a toujours été assez solide, il a encaissé le choc de toutes ces musiques, du free, du reste aussi, beaucoup plus facilement que d'autres. Il est constamment à la recherche de quelque chose de positif. Donc une ouverture sur l'humanité beaucoup plus grande, finalement. »[6]

Ils se retrouveront le 28 janvier 2000 à Avon, près de Fontainebleau, puis le 2 juillet au festival de La Villette à 23 heures, juste après les prolongations de la finale de la Coupe d'Europe entre la France et l'Italie…

Quant au second…

To be Ornette to be

Au cours des années 1998 et 1999, les liens entre Ornette Coleman et Joachim Kühn se resserrent et les séjours de quinze jours du pianiste chez Ornette à New York se multiplient : du 1er au 15 février 1998, du 19 au 26 août 1998, en mars 1999 pour l'anniversaire du saxophoniste qui, le 19, fête ses soixante-neuf ans dans un club, entouré de bon nombre de musiciens dont Joachim, Joni Mitchell, Dewey Redman, Jack DeJohnette et Charlie Haden, puis du 1er au 14 juin 1999.

Tous deux passent une dizaine d'heures chaque jour à jouer dans le studio privé d'Ornette, à enregistrer, à discuter, à s'apprendre l'un l'autre… Ils poussent même le vice, parfois, à échanger leurs instruments : Ornette s'installant au piano et Joachim empoignant le saxophone…

Peu à peu pourtant, les concerts en duo vont s'estomper ; ceux donnés en Italie en février 1998 seront les derniers ; une nouvelle formation est en train de voir le jour : le Ornette Coleman New Quartet qui commence à sévir le 3 septembre en Sardaigne, puis à Stockholm (le 27 octobre), Zurich (le 29 octobre)… Il faudra attendre le 10 juillet 1999 pour l'entendre en France, à Vienne.

Ornette Coleman est au saxophone alto, au violon et à la trompette, Joachim Kühn au piano, Bradley Jones puis Charnett Moffett à la contrebasse, Denardo Coleman à la batterie.

La majorité des compositions est signée du saxophoniste : pièces courtes au mélodisme acéré, petits brûlots qui fonctionnent comme des instantanés, solos brefs, inextricablement mêlés aux thèmes de sorte qu'il est presque impossible de déterminer la part écrite de la part improvisée, comme le souligne Kühn lui-même :

> « Ce qui est formidable avec la musique d'Ornette, c'est qu'elle est suffisamment rigoureuse et libre pour que chacun puisse très naturellement s'y intégrer. L'improvisation y est primordiale. Avec Ornette, tout est toujours très ouvert. C'est ce qui fait de lui une

> personnalité extraordinaire. Je n'ai jamais rencontré un musicien aussi ouvert et généreux que lui. »[7]

Ces pièces, souvent abruptes, se caractérisent par une entrée directement dans le vif du sujet, dénuées d'introduction, tout se joue sans qu'aucun décor n'ait été planté… Les fins aussi sont sèches, on ne voit rien venir, la musique est déjà sortie sans prévenir. En général basés sur des tempos excessivement rapides bien que soient aussi parsemées quelques ballades décalées, les morceaux donnent l'impression de giclures violentes qui une à une jaillissent, éclaboussent, avant de brutalement s'éteindre.

Si la rencontre entre Joachim Kühn et Ornette Coleman a terrassé la critique[8], elle a surtout servi de détonateur chez le pianiste : après la concrétisation d'un tel rêve, de nouveaux horizons peuvent s'ouvrir à lui, souvent pointés du doigt par Ornette : Bach, comme nous l'avons signalé précédemment, l'élaboration d'un système musical personnel hors des modes et des clés pour libérer le jeu du musicien, une pratique plus soutenue du saxophone, un engouement de plus en plus vif pour la peinture, art déjà abordé par Coleman ; une source d'inspirations multiples donc, et cette certitude surtout, qui se confirme :

> « Refuser les compromis, faire ce que l'on a envie de faire à cent pour cent, voilà une démarche on ne peut plus saine dans laquelle la fréquentation d'Ornette m'a conforté. »[9]

Le diminished augmented system

> « Toutes ces expériences avec Ornette effectivement, m'influencent. Un jour, il m'a suggéré de me pencher sur un problème. Je m'y suis sérieusement attelé. Et ça a débouché sur quelque chose : le matin du 1er janvier 1999, la première chose que j'ai faite en me levant a été de m'installer au piano, je venais de trouver la base de ce qui allait devenir le *diminished augmented system*. Ça a marqué la nouvelle direction que j'allais prendre. »[10]
>
> Plus qu'un concept, la mise au point d'un système qui éclate les structures théoriques de la musique classique, basé sur la logique de cette même musique classique pour mieux l'outrepasser, pour mieux transgresser les étiquettes, élargir les brèches pour construire une ouverture vers de nouveaux territoires, mise en relation directe entre une note abstraite et le son qu'elle produit : une recherche absolue de liberté dans le jeu sans tomber dans les excès du free jazz. Jouer, simplement jouer, de manière cohérente et sincère, avec un maximum de possibilités offertes : je pense que ce qui s'est produit du bebop à nos jours ne peut offrir de réponse satisfaisante, définitive au jazz. Jouer seulement bebop ou free aujourd'hui, n'est plus une proposition valable. Je ne crois pas qu'il faille refaire comme les vieux maîtres : ne cherchons pas à les copier, à les répéter ; cherchons plutôt de nouvelles orientations.
>
> À la base, j'aime le free, vraiment. Jouer le plus librement possible. Mais on ne peut être vraiment libre en musique lorsqu'on débute, ce n'est pas en jouant n'importe quoi que ta musique est libre : en fait, plus tu en sais, plus tu peux être libre, c'est une évidence. »[11]

Dès lors, tout un pan de la musique de Joachim Kühn va se métamorphoser : même si bon nombre des caractéristiques de ce système étaient dans les doigts du pianiste avant même sa conception, les pièces jouées en solo ou en trio connaissent une tendance certaine à l'amputation de leur durée de vie, au contraire des morceaux free jazz des années soixante mais aussi des thèmes abordés jusque dans les années quatre-vingt-dix, notamment en solo, qui se développaient dans la durée. Le son, surtout, diffère. Une limite mal définie entre l'écrit et l'improvisé, un côté abrupt du discours, un cheminement pluriel qui cherche davantage à enchaîner les idées qu'à s'éterniser sur la même : autant de particularités directement héritées des conceptions musicales d'Ornette Coleman.

D'un point de vue compositionnel, un autre bouleversement s'opère puisque dans le cadre de ce *diminished augmented system*, Kühn ne pense plus en terme de morceaux indépendants les uns des autres, mais en terme de programmes, chacun d'eux fonctionnant comme un recueil de dix compositions qui se répondent, trois morceaux successifs pouvant par exemple être bâtis sur un même tempo.

Les deux premiers de ces programmes, notés *Programm I* et *Programm II*, sont joués pour la première fois en concert en duo avec Michel Portal le 22 mai 1999 en Italie, puis en trio, trois soirs de suite au Duc des Lombards à Paris, du 17 au 19 juin. Simon Goubert est à la batterie, et Michel Zenino à la contrebasse, remplaçant en dernière minute un Jean-Paul Celea souffrant. Le public parisien, enthousiasmé, découvre cette nouvelle musique, à la fois énergique et intime comme c'est souvent le cas avec Kühn, mais aux thèmes brisés, hachurés, plus encore que de coutume, un climat qui sans être totalement atonal, n'en reste pas moins en dehors des tonalités familières à l'oreille… Surprise encore, lorsque le pianiste a soufflé dans un saxophone alto noir et or : c'est la première fois depuis des années qu'il se risque à en jouer sur scène… et le son, tortueux, d'une tendresse âpre, ravit.

Une semaine plus tard, le 25, Joachim Kühn grave un nouveau disque en solo, logiquement titré : *The Diminished Augmented System*… Il comporte les dix compositions tirées du *Programm I*, trois d'Ornette Coleman et trois de Jean-Sébastien Bach, extraites de la *Deuxième Partita pour violon seul*. Un disque qui cristallise exactement les préoccupations nouvelles du pianiste, œuvre ambitieuse qui fait office de trait d'union entre Bach et Ornette…

L'ensemble des magazines spécialisés adhère avec une fougue virulente à la démarche de Joachim Kühn et en traduit parfaitement les sentiments avec, c'en est presque étonnant, l'utilisation récurrente des mêmes mots ou adjectifs (libre, risque, romantisme, rigueur, brillant) :

> « Une série de pièces brèves, quasi définitives dans leur construction à la fois rigoureuse et tourmentée. Le romantisme de Kühn, depuis toujours, touche moins à la romance

qu'à l'emportement. […] S'il subsiste toujours dans le jeu de notre plus brillant pianiste européen (avec Martial Solal) un soupçon – ou un parfum – du bebop le plus pur, la manière est fondamentalement plus libre et plus risquée. »[12]

« Chaque thème est prétexte à une improvisation libre et libertaire qui semble explorer des paysages toujours plus larges. Le pianiste ne s'autorise nulle facilité. Il n'utilise aucune formule éprouvée. Il assume le risque de l'invention, sans redondance ni manque. Énergie, lyrisme, rigueur, brio. Une manière de romantisme qui colore des phrases volubiles, enjouées, recueillies, sombres. Des développements marqués d'une fraîcheur mélodique, d'une sorte de spontanéité dans l'énoncé, qui évoque parfois l'atmosphère des compositions d'Ornette Coleman. Une brillante réussite. »[13]

S'ensuit du 2 au 9 juillet une courte tournée en solo qui débute à Orléans et s'étend en Allemagne. À cette occasion, si le quotidien *La République du Centre* du 3 juillet salue « son fantastique récital », le pianiste ayant « littéralement envoûté son monde par son jeu torrentiel, lisztzien disent certains, mâtiné de périodes à la Monk, et surtout ce grand style, architecturé et puissant qui coule comme une lave », il ne croit pas si bien expliquer le *diminished augmented system* lorsqu'il précise que « Kühn est comme habité par ce qu'il joue : un artiste complet qui enfante des mondes avec toutes les blanches et surtout les noires qui passent sous ses doigts » ! Car au final c'est bien de ça dont il s'agit : être libre de jouer l'idée qui naît sans barrière aucune, armé pour cela de tout le bagage technique, théorique, de toute l'expérience nécessaire.

Le 30 juillet, les chorégraphes Carolyn Carlson et Gianni De Luigi présentent au festival de Venise une nouvelle création intitulée *Parabola* jouée au Teatro Verde, avec des musiques du duo Kühn / Quintus tirées de *Get Up Early* ainsi que de bandes inédites. Toujours à Venise mais cette fois au Teatro Goldoni lors du festival Solo Donna d'octobre 1999, Carlson dévoile un *Seven Women Seven Women* avec des musiques de ce même duo.

Deux quartets avec Daniel Humair

Tenant la promesse de ne plus jouer ensemble en trio, Daniel Humair et Joachim Kühn ont l'idée d'un quartet avec violon. Le pianiste décide d'intégrer Dominique Pifarely, selon lui assurément le violoniste le plus talentueux de sa génération. Trois contrebassistes vont résider dans le groupe de manière alternée, selon les disponibilités de chacun : Jean-Paul Celea, Detlev Beier et Bruno Chevillon.

La première apparition sur scène du groupe date du 26 juin 1999, près de Venise, avec Celea. Quelques concerts suivent au mois d'août en Allemagne avec Chevillon, puis en septembre en Suisse avec Beier. Après deux concerts à Grenoble (le 15 mars 2000) et en Italie (le 17 mars), un concert en trio sans Pifarely est organisé à Istanbul le 8 avril, puis le quartet se retrouve au Mans le 29 avril. Une série de trois concerts a lieu en Allemagne du 17 au 20 mai, avec cette fois le quartet Portal / Kühn / Chevillon / Humair, puis un quatrième à Châteauvallon le 30 juillet. Les deux derniers concerts du Daniel Humair / Joachim Kühn Quartet se jouent à Nevers le 16 novembre puis à Freiburg sept mois plus tard, le 11 juin 2001…

L'emploi du temps surchargé des membres du groupe explique en partie le petit nombre de concerts du quartet sur une période d'un an et demi, la frilosité de certains organisateurs devant cette formule violon / piano / contrebasse / batterie n'a pas dû aider à son développement non plus ; c'est dommage, car le quartet proposait une musique originale, aussi étonnante que détonante.

Un second quartet se forme autour du noyau Kühn / Humair dès la fin août 2000 où il se produit à Bonn : Ali Haurand est à la contrebasse, Gerd Dudek aux saxophones ténor et soprano. Ils invitent le flûtiste-altiste Jiri Stivin à se joindre à eux le 22 octobre à Leverkusen, puis se retrouvent à Strasbourg le 8 décembre. D'autres concerts suivront, éparses, en mars et durant l'été 2001.

The New Joachim Kühn Trio

Après avoir été invité par Dave Liebman au festival de La Villette le 5 juillet 2000 aux côtés de Daniel Humair, Michel Portal, François Jeanneau et Jean-Paul Celea, Kühn se rend le 22 à Äänekoski, en Finlande, pour jouer avec un trio inédit : Jean-Paul Celea est à la contrebasse, Wolfgang Reisinger à la batterie. Rencontre passionnée que chacun des trois aimerait renouveler par la suite.

Mais le nouveau trio que va monter Joachim Kühn est tout autre : il réquisitionne la rythmique attitrée d'Ornette Coleman, Charnett Moffett donc, et Denardo Coleman. Un premier concert se déroule le 27 octobre à Francfort, suivi d'un second à la Cité de la Musique de Paris le 16 janvier 2001.

Entrant seul sur scène à Francfort avec son saxophone alto, Kühn désarçonne et régale une salle déjà enthousiaste. Rejoint par ses deux compagnons, il s'installe au piano pour une série de compositions tirées du *Programm IV* ainsi que trois autres du *Programm V* sous-titré « *Together with my Mother* », composé entre août 1999 et janvier 2000. À ses propres compositions, il ajoute six morceaux d'Ornette Coleman, dont une somptueuse version de « *Lonely Woman* » en rappel.

On retrouve dans la musique les caractéristiques désormais familières de ce que jouait le quartet avec Ornette, à savoir la brièveté des morceaux (une moyenne de cinq à six minutes), cette urgence qui fait se confondre écriture et improvisation, des phases de tensions qui brusquement éclatent, les courts solos, escapades free, échauffourées et autres fièvres qui s'enchaînent, bannissent le temps mort, le côté acéré, abrupt des thèmes : un lyrisme ravagé qui au fil des différents programmes semble à chaque fois plus beau ; écoutez « *Phrasen* » où Moffett nous gratifie d'une citation de « *A Love Supreme* », écoutez l'envol de « *Concorde* », un swing qui contre vents et marées traverse de hautes zones de perturbations et parvient à conserver sa ligne... Écoutez enfin le splendide « *Semantic Expression* » dans lequel le contrebassiste alterne jeux de propulsion pizzicato et lyrisme exacerbé à l'archet, dans lequel encore Kühn s'empare de son alto pour une improvisation déchirée : ce sera l'unique pièce en trio où il en jouera, la plus longue aussi puisqu'elle avoisine les dix minutes.

La personnalité des deux Américains est par ailleurs fort différente de celles de Humair et de Jenny-Clark : là où le bassiste français jouait la justesse absolue, l'extrême sensibilité d'un univers intérieur écorché, Moffett, certainement profondément marqué par le contrebassiste François Rabbath, joue la fougue, la robustesse, le plein enracinement dans les cultures américaines (jazz et folklore) et orientales (par ses envolées « arabisantes ») ; là où Humair excellait avec ses tintements multiples, ses couleurs impossibles, l'indépendance totale de ses quatre membres, Denardo Coleman répond par une sécheresse de la frappe entièrement vouée à la vitesse et à l'engagement corps et âme.

Avec ce trio américain, le pianiste semble saisir une chance unique d'entreprendre une musique radicalement différente de celle entreprise avec Humair et Jenny-Clark :

> « Avec Daniel et JF, nous formions une telle unité : on avait le swing, les compositions, la liberté de jouer, tout ce qu'il faut pour que ça sonne... C'était un véritable "Unit".
> Depuis Ornette avec qui j'ai joué aux côtés de Charnett et Denardo, j'ai senti vraiment quelque chose... Je jouais différemment, mon son changeait, je vivais ce trio de manière complètement différente. C'est la raison pour laquelle je suis avec eux ; pas pour continuer la route prise auparavant avec Daniel et J.-F. Une autre direction, avec deux Américains, issus d'une tradition différente de la mienne. Je ne veux pas jouer les mêmes compositions, je ne veux aucune comparaison entre les deux trios : ils sont opposés. Je n'aurai plus de trio comme avec JF et Daniel, une telle histoire ne se produit qu'une seule fois dans une vie, je cherche donc quelque chose d'autre, qui n'a plus rien à voir. Cela va aussi me donner la chance de rejouer un peu de saxophone... »[14]
> « Fils de deux musiciens parmi les plus inventifs, Charnett et Denardo ont grandi au cœur du jazz. Nous brûlons tous trois du désir d'expérimenter, d'aller vers l'inattendu. »[15]

Une nouvelle route, peut-être, qui commence...

2001, du solo au big band : une odyssée de l'espace sonore...

Solo d'abord, tragique, devant la mort : Grete, la mère des frères Kühn, qui avait l'habitude, ces dernières années, de demeurer des semaines entières à Ibiza auprès de Joachim, s'éteint à Hambourg en février 2001.

Une déchirure à laquelle le pianiste réagit en se plongeant d'avantage encore, dans le travail, la musique. Si c'est possible.

> « Le jour où j'ai perdu ma mère m'est venue la mélodie de *"Thoughts about my Mother"*, pour oublier, ou y penser encore plus, je ne sais pas. Le thème longuement exposé et l'improvisation au piano ont des structures harmoniques différentes, comme pour éviter toute fantaisie à propos de ce qui venait de se passer… Ma mère a été une source d'inspiration constante. Même quand j'ai annoncé : "Je veux être musicien de jazz !", à l'inverse d'autres mères elle ne m'a prodigué que des encouragements – alors qu'en Allemagne de l'Est ça n'existait pas un musicien de jazz professionnel ! »[16]

Les concerts solos émaillent les mois de cette année 2001, couronnée par une tournée franco-allemande en mars de l'année suivante.

Trois semaines après la mort de sa mère, Kühn se rend au studio Zerkall – cette seconde maison – et enregistre à deux ces œuvres aux titres douloureux : *Delirium*[17] (cf. cd du livre, plages n° 3 et 4) avec Walter Quintus, le 14 mars, et *Stories of Love*, le jour de son 57e anniversaire, avec Rolf, son frère.

Fin mai, le pianiste se rend à New York pour enregistrer *Universal Time*, avec une formation inédite : le noyau Joachim Kühn (p, as) / Scott Colley (b) / Horacio Hernandez (dm) augmenté sur certains titres des électrons Chris Potter (ts) et Michel Portal (as, bcl).

> « Quand je joue avec des musiciens originaires de toutes les régions du monde, nous avons une chose en commun : ce temps universel (universal time) ; notre rythme, notre temps sont universels. C'est à partir de ce feeling que nous pouvons créer de la musique ensemble. »[18]

Un trio de base en tout cas dans la lignée de celui formé avec Charnett Moffett et Denardo Coleman – certains titres sont d'ailleurs joués par les deux trios –, compositions le plus souvent délectables et passionnées comme le troublant « *Thoughts about my Mother* » – où l'on jugerait entendre les larmes se briser sur l'ivoire – et l'aérien « *Concorde* ». C'est aussi le premier disque officiel depuis vingt ans[19] où l'on peut réentendre Kühn au saxophone alto.

Quinze jours plus tard, contre-plongée dans l'univers de Bach pour cette nouvelle série de concerts donnée en dialogue avec le Thomanerchor de Leipzig : le 17 juin à la Saluctos Kirche de Duisburg[20], le 18 au Philharmonie de Cologne et le 19 à la Tonhalle de Düsseldorf.

Dans un tout autre registre mais toujours en grande formation, la confrontation avec le NDR Big Band à Hambourg du 11 au 14 septembre à l'occasion d'un nouvel enregistrement de grande ampleur pour la radio allemande, intitulé « *Begegnungen* » puisqu'il revisite la composition du même nom pour « saxophone alto, batterie et six voitures ». D'autres pièces aux titres en forme de journal intime sont elles aussi au programme, inédite (« *Can Misses* ») ou non (« *Salinas* », « *Still in Thaly's* », « *Universal*

Time », « *August in Paris* » ou l'un des morceaux phare de l'époque : « *Phrasen* »); tous excepté « *Can Misses* » figurent sur le cd *Universal Time* enregistré avec le trio : le champ des comparaisons s'ouvre donc largement à l'oreille curieuse...

Le big band, dirigé par Kühn, s'axe sur le trio qu'il forme avec Detlev Beier et Wolfgang Reisinger ainsi que sur une horde de souffleurs endiablés, dont le ténor Christof Lauer. Les compositions de Kühn, toutes, comme à son habitude pour ses travaux en big band, architecturalement complexes, servent de tremplin à l'orchestre qui dès lors entre en résonance avec la version préenregistrée de « *Begegnungen* » ou se déchaîne sur un fabuleux « *Phrasen* » (cf. cd du livre, plage n° 6)...

Parallèlement, ce projet parisien, intimiste, qui au fil des mois fleurit : l'enregistrement de chansons écrites par Geneviève Peyrègne, les « *Geneviève Trash Songs* »...

Pour clore sur un volet expérimental – préoccupation toujours première chez le pianiste – signalons son Special Project : Zeitgeschehen avec Michel Portal, Dominique Pifarely, Vincent Courtois, Jean-Paul Celea, Wolfgang Reisinger, Pablo Paredes, Marcio Doktor et Walter Quintus, concert qui s'est tenu le 5 juillet 2002 dans l'enceinte d'une splendide usine désafectée de Duisbourg.

Demain...

Le nouveau siècle, pour Joachim Kühn : tant musical que pictural.

Solidement enracinés dans les sillons des mois et des années passées, ses projets musicaux, toujours centrés sur la composition et sur son *diminished augmented system*, se nourriront tant des esprits d'Ornette Coleman et de Jean-Sébastien Bach que d'explorations nouvelles, comme le projet d'un trio avec Walter Quintus et une DJ woman de New York, des travaux à l'orgue, une rencontre avec Matthias Eisenberg, l'idée de la mise en place, toujours avec Quintus, d'un nouveau label de disques : Avanture, à distribuer uniquement par correspondance[21], ou l'enregistrement, dès le 6 janvier 2002, d'une nouvelle version de « *Begegnung in der Bewegung* » élargie à un sextet de jazz et à une armada de huit voitures avec, clin d'œil à l'histoire, son ancienne petite amie Gabriele Laurenz au volant de l'une d'entre elle...

Quant à l'aspect pictural, il semble désormais quotidien au pianiste (lorsqu'il est à Ibiza) : bien plus qu'un passe-temps, une nouvelle nécessité pour son intarissable besoin d'expression.

La première exposition de Joachim Kühn peintre aura lieu au Schloss Burgau, un château situé près de Duren, en Allemagne, au cours du mois de décembre 2002. Elle présentera une cinquantaine de toiles de l'artiste.

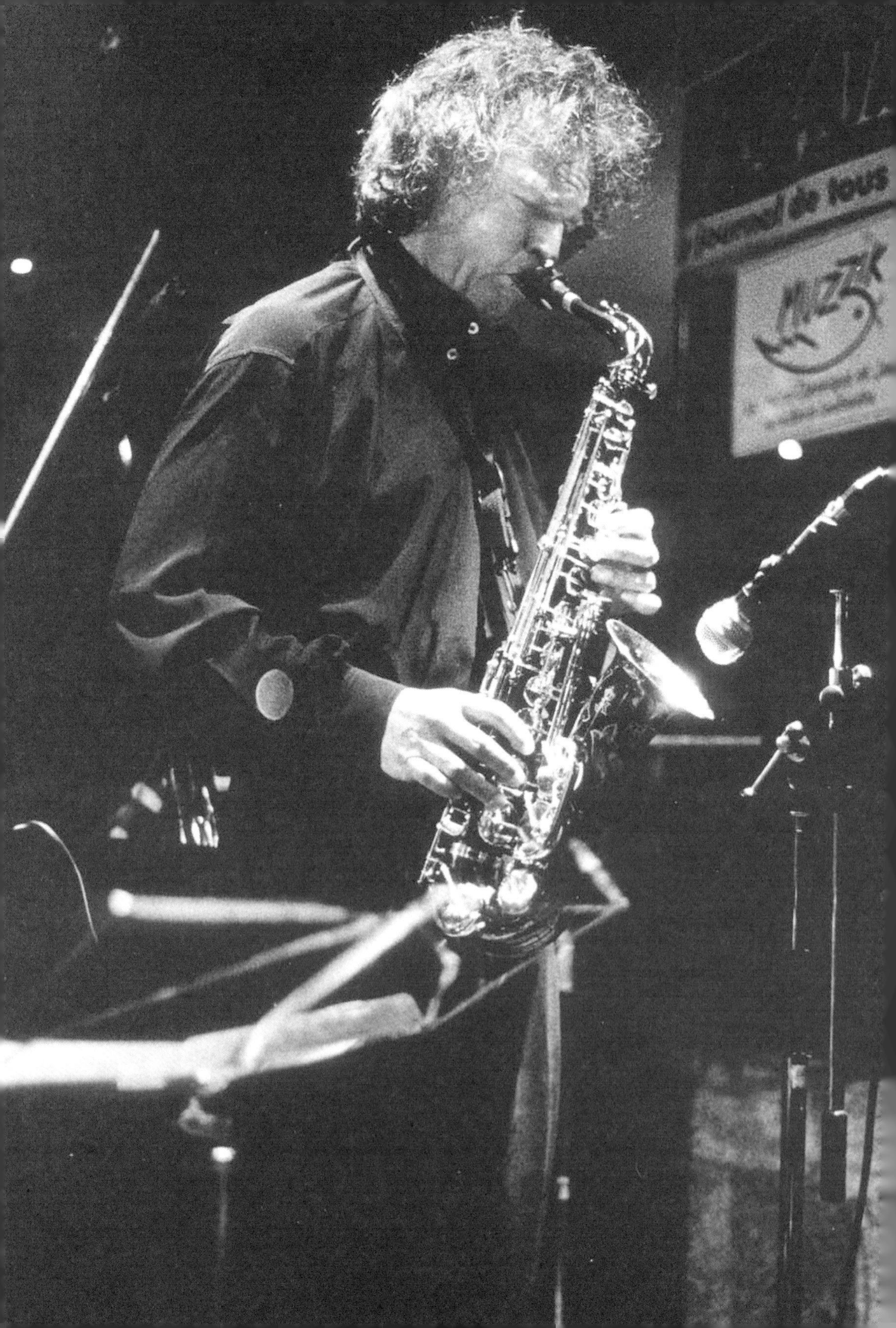
de tous

Joachim Kühn saxophoniste : la trajectoire de l'alto

> « Music is a concentration of life. »
>
> John Zorn[1]

Le mur du son

1968, au cœur de l'explosion free en Europe ; Joachim Kühn doit se cogner à l'évidence : il a beau tempêter sur son piano, déchaîner ses feux intérieurs et se faire saigner les ongles sur l'ivoire : cela ne suffit plus.

Pour assouvir sa soif de liberté dans un jeu qu'il veut total, Kühn est en face d'un nouveau mur à franchir. La vraie liberté, c'est celle de pouvoir tout jouer : se saisir d'une note et la modeler au gré de ses sensations, l'étirer puis brutalement la comprimer, l'effilocher ou la tracter dans un registre grave, ou préférer la fendre, l'émietter en giclures moulées par un aigu improbable ou la laisser mourir. Être capable de s'asseoir exactement entre un la et un si bémol. Comme n'importe quel piaf de banlieue. Comme le Bird aussi, et tous les autres.

Or cette assise entre deux demi-tons est, au piano, physiquement impossible. Nulle acrobatie ne pourra venir à bout de cet axiome, exceptée celle du temps et de l'humidité forçant le désaccord fatal. Aucun pianiste n'aura cependant la patience d'interrompre son morceau et d'attendre que six mois ou quelques pluies viennent hypothétiquement distordre son si bémol. Ainsi chaque jour, chaque minute peut-être, il sera contraint de se heurter à cette impossible déformation du son.

Les voix parallèles

Un mur cependant, d'autres vous le diront, est fait pour être franchi. Un mur aussi, ça se fissure. La première lézarde qui va ronger ce mur du son est de taille : c'est la voix qui s'en mêle. Un premier pas vers la liberté. Très tôt déjà, cette tendance au fredonnement peut s'observer chez Kühn, comme en témoigne sa réponse à Philippe Carles qui le comparait à Glenn Gould :

> « C'est vrai. J'essaie de ne pas le faire en solo, mais c'est difficile. Quand j'étudiais la musique classique, mes professeurs me disaient toujours de cesser. »[2]

Ces éclats de voix qui courent sur les touches traduisent parfaitement cette tension intérieure qui gonfle et qui n'aspire qu'à l'explosion, tout comme ces incroyables mouvements du corps tout entier : il faut que ça sorte !

On retrouve chez bon nombre de pianistes ce moyen presque inconscient de fracturer un tant soit peu la rigueur du clavier par la voix. Keith Jarrett ou Bud Powell viennent forcément frapper notre esprit, Abdullah Ibrahim, aussi, ou Glenn Gould effectivement (ce qui est beaucoup plus rare chez les interprètes de musique classique). Mais l'exemple le plus émouvant de ce phénomène réside dans le morceau « *I've got the map, I'm coming home* »[3], lorsque Keith Tippett, après une longue errance en piano solo, au comble de sa transe, se met soudain à crier « In – Ca » (ou un vocable approchant) à plusieurs reprises en allongeant bien les syllabes, comme pour déverser un trop plein d'émotion non communicable par le seul piano. Une voix d'ailleurs, brisant toutes les impasses taillées d'ivoire.

D'autres (Sergey Kuryokhin, François Tusques, Fred Van Hove, Christine Wodrascka[4], Jean-Marie Machado, François Raulin, etc.) ou parfois les mêmes (Keith Tippett) parviennent à partiellement détourner cette rigidité relative du clavier en envahissant l'intérieur même de l'instrument afin de le « préparer » à l'aide de vis, de maracas, de boules de billards et autres matériaux les plus divers :

> « [Ce qui] permettra d'utiliser le piano sans être paralysé par toute sa technique traditionnelle. […] Malgré l'abondance relative des harmoniques, les dissonances ne produisent pas sur le piano une sensation aussi forte que sur les instruments où les notes sont tenues parce que le son ne présente une grande intensité qu'au moment de l'attaque. »[5]

La voix donc, comme moyen d'émancipation privilégié pour Joachim Kühn, mais déjà, la voilà qui ne suffit plus, qui souffre elle aussi de limites naturelles :

> « Je n'ai pas une voix qui me permette de chanter ou de crier, aussi, pour me donner la possibilité d'un choix plus vaste dans l'expression, j'ai commencé à jouer du saxophone. »[6]

C'est ainsi qu'il répondait à Philippe Serra en novembre 1969 lorsque ce dernier soulignait que :

> « Cecil Taylor avait accepté la notion – d'esthétique du cri – pour caractériser quelques-unes des opérations majeures de la New Thing, ajoutant que son problème à lui était de crier sur son piano. »[7]

Le choix de l'alto

Nombre de pianistes, avant ou après Kühn, ont opéré ce choix de jouer du saxophone. Ce peut être de manière radicale et définitive, jouant alors en public après quelques semaines de pratique seulement. Mais le plus souvent, ce choix se fait plus nuancé : non pas à l'encontre du piano mais pour en enrichir le discours. C'est le cas par exemple d'Abdullah Ibrahim ou de Keith Jarrett optant pour le soprano, Sergey Kuryokhin pour l'alto ou Bheki Mseleku qu'on trouve au ténor (les deux derniers jouant parfois des deux instruments en même temps !).

Joachim Kühn a bien souvent revendiqué l'influence énorme qu'ont eue sur lui les grands ténors américains tels que Pharoah Sanders, Archie Shepp, Albert Ayler, et surtout celle, capitale, de John Coltrane. Aussi pourrions-nous nous étonner de son choix porté sur le saxophone alto plutôt que sur le ténor. Il s'en est expliqué dès ses débuts de souffleur :

> « Il n'y a qu'un instrument que je ne veux pas jouer : le ténor. C'est celui de mes musiciens favoris [...]. Personne ne peut toucher Trane. Un génie. »[8]

Et :

> « Coltrane a ouvert une voie. Il faut l'écouter et réfléchir, mais surtout pas le copier. Il a montré par son jeu qu'il y a plusieurs chemins et que chaque musicien doit saisir le sien. »[9]

À d'autres donc, de prendre en charge un tel héritage un ténor dans les mains. Il ajoutera par la suite :

> « Si j'ai voulu jouer aussi de l'alto, c'est à cause d'Ornette, de Cannonball Adderley et d'Eric Dolphy, sans parler de Charlie Parker. »[10]

L'alto comme un compromis entre le ténor et le piano.

> « Depuis longtemps je suis passionné par les possibilités d'expression du saxophone. [...] J'ai essayé pendant longtemps de transposer sur le piano la variété d'expression du saxophone. Mais c'est impossible : vous ne pouvez pas avoir cette voix forte, puissante, vous ne pouvez pas gémir, hurler, rire, crier sur un piano. »[11]
>
> « Le piano, on ne peut pas en changer le son. Seul le toucher compte, alors que l'on respire au travers de l'alto. J'aime en jouer une ou deux fois lors d'un concert, pour le sound. L'alto est un instrument merveilleux. Je l'ai adopté tout à fait par hasard après

> avoir essayé celui d'un ami lors d'une party. Maintenant, je le travaille chaque jour, comme le piano. »[12]

Un regard vers l'Orient (ou l'élaboration d'un folklore imaginaire)

> « De tout temps, on rencontre de nombreux poly-instrumentistes parmi les jazzmen, notamment chez les saxophonistes qui pratiquent souvent plusieurs instruments de la même famille. […] Le free jazz systématise ces habitudes. Bien qu'il se situe en marge de la New Thing, Roland Kirk transforme le jeu poly-instrumental en véritables performances. Il se sert simultanément de trois saxophones, chante dans sa flûte et multiplie les bizarreries telles que le stritch, le manzello, divers sifflets et sirènes. »[13]
>
> « Les sons, affirme Ayler, deviennent plus importants que les notes et le musicien semble se moquer désormais qu'elles soient "jugées" "bonnes" ou "mauvaises". Cris, bruits, chocs, grognements, grincements : tous les effets infra-musicaux participent du discours de l'improvisateur. »[14]

Cette soif de sons nouveaux en vue d'enrichir son propre discours touche bon nombre de musiciens qui dès lors vont se détourner de l'enseignement classique occidental, rejetant son académisme, et vont s'essayer à toutes sortes d'instruments malgré un bagage technique souvent fort maigre. C'est probablement Don Cherry, en particulier lors de ses longs séjours scandinaves ou parisiens, qui a véritablement influencé les musiciens de la New Thing européenne dans l'élargissement de leur palette instrumentale, comme en témoignent aussi les fameuses journées de Baden-Baden à la fin des années soixante, où les rencontres étaient nombreuses et les expériences souvent fertiles. Don Cherry disposait en effet d'un incroyable attirail instrumental avec ses cornets, toutes sortes de flûtes (en bois, en do, du Bengale ou d'Afrique, en bambou, en si bémol ou en métal, en plastique…), des gongs ou des gamelans :

> « Des instruments artisanaux remodelant la texture primitive issue d'éléments naturels (animal, bois, métal, terre, air) : tous sont de formes simples et ont résisté aux millénaires depuis le jour où l'homme a commencé à faire de la musique. »[15]

Joachim Kühn ne fait pas exception en la matière :

> « Je joue aussi du Jamaïcan steel drum, du gong et de la corne d'antilope. La corne m'a été donnée à Hambourg une semaine seulement avant la session par Chris Carter, un musicien américain. Il me l'a offerte spécialement pour ce disque. En jouer ne m'a pas posé de problème. Elle a un beau son. […] J'ai commencé à jouer du shenai indien après l'alto, il y a neuf mois environ. J'ai ajouté en même temps la corne d'antilope et le steel drum. Je pense que je vais en essayer d'autres. Une fois qu'un musicien maîtrise son instrument et sa musique, c'est relativement facile pour lui de se mettre à d'autres instruments. »[16]

Le phénomène allait toutefois s'avérer passager puisqu'après quelques mois seulement, Kühn n'allait plus se consacrer qu'au piano et à l'alto, puis plus tard, après l'explosion du jazz-rock et de sa multitude de claviers, presque exclusivement au piano lui-même, remodelant ainsi complètement son approche de l'instrument. Jean-François Jenny-Clark aura d'ailleurs un cheminement tout à fait similaire, abandonnant rapidement ses tentatives poly-instrumentales pour ne plus s'attacher qu'à la seule contrebasse :

> « À l'époque free, ça allait, mais je me vois mal en jouer sérieusement aujourd'hui. Le violoncelle est un instrument merveilleux, comme la guitare basse : ils sont trop bien pour qu'on s'amuse avec. […] À un moment donné, je jouais de la guitare basse dans l'orchestre de Gato Barbieri, dans un contexte où je pouvais le faire. Tout dépend de la musique. »[17]

Premiers pas dans la cire

La toute première trace phonographique de Joachim Kühn jouant d'un instrument à vent se trouve gravée sur « *I'm A Jew* », du disque des Mad Rockers.

Le morceau débute par une note tenue à l'archet par le contrebassiste Günter Lenz tandis que Stu Martin introduit le rythme de manière sourde, cotonneuse. Kühn s'empare du shenai, son frère de sa clarinette électrifiée, un ocarina se fait aussi entendre, ils se mêlent en de lointains échos, créant une atmosphère méditerranéenne : celle des semi-déserts et du soleil brûlant, celle des côtes du Moyen-Orient. Puis Joachim s'installe au piano et ébauche quelques trémolos, le contrebassiste va alors jouer pizzicato, mettant les autres « au pas » : le morceau est lancé. Il va peu à peu tendre vers un début de confusion, Joachim quitte le piano et reprend le shenai puis pousse quelques éclats de voix, les bribes d'un chant oriental. Rolf lance un thème simple et efficace auquel vont se rallier les autres musiciens, excepté Joachim Kühn qui utilise le shenai pour développer une phrase très libre, un écho vif et urgent de ce qui précède, comme s'enroulant autour d'un point, avant de se joindre avec la voix aux autres chants qui s'élèvent, amorçant un ultime égarement.

C'est sur « *Rocking Chair to The Moon* » qu'on peut l'entendre pour la première fois au sax alto. Le « départ » est donné après l'égrènement d'un fragment de compte à rebours : décollage imminent. Rythmique rock, thème carré à la clarinette électrifiée, le sax s'y joint par de longues notes qui semblent s'entasser les unes sur les autres, puis c'est la musique tout entière qui se ramasse sur elle-même : comme si quelqu'un posait son doigt sur la galette de cire jusqu'à ce qu'elle cesse de tourner. Faux départ. De là va naître une orchestration plus free même si la rythmique demeure binaire. Les notes du sax et celles de la clarinette s'emmêlent,

Joachim Kühn se fait de plus en plus violent : des plaintes qui s'élèvent, une cadence qui s'accélère, des sons qui s'enrayent ; c'est l'ébauche du cri.

Le même groupe[18] enregistre un second disque quelques semaines plus tard, conservant les mêmes composantes free-rock : une rythmique binaire sur laquelle Rolf à la clarinette électrifiée, Volker Kriegel à la guitare et Joachim élaborent un climat très libre où se profilent quelques thèmes simples et mélodiques. Kühn prendra son sax pour trois morceaux. Sur « *Circus Life* » par exemple, Rolf s'évertue dans un solo à transposer la même phrase sur différentes hauteurs, créant ainsi un crescendo que reprend son frère en balbutiant avec son sax, comme pour tester de nouvelles tonalités, puis qui ne tarde guère à s'auto-bousculer en laissant quelques plaintes suraiguës s'insinuer dans son jeu, débouchant peu à peu sur de véritables cris. Sur « *To Our Father* », Kühn joue véritablement de l'alto à la manière d'un ténor, ce qu'il va accentuer puis peaufiner au fil des mois : son jeu s'enracine dans un registre grave au sein duquel il trépigne et se cogne, et dont il ne parvient en général à s'extraire que par une accélération des fréquences de jeu, un accroissement brutal des hauteurs de sons et une intensification forcenée du souffle, le tout débouchant presque systématiquement sur l'explosion du son lui-même : l'avènement du cri.

« *El Dorado* » est aussi un excellent exemple du rôle du saxophone pour Kühn : il n'intervient que lorsque le pianiste ne parvient plus à exprimer pleinement sa fougue débordante alors même qu'il s'était plongé dans le ventre du piano pour en griffer les cordes avec frénésie. Il s'empare alors du sax alto et entreprend de souffler dedans avec une furie ininterrompue. De ce développement complètement libre va émerger le thème du morceau que Kühn entonnera à l'orgue : il s'agit de « *Le bon, la brute et le truand* » d'Ennio Morricone !

Sounds Of Feelings en forme d'exemple

Une première version de « *El Dorado* » avait été enregistrée sans saxophone sur le disque *Sounds Of Feelings* un petit mois auparavant, émotionnellement plus profonde. On assiste en effet, là où Kühn utilisait le saxophone avec les Mad Rockers, à un decrescendo qui amène un splendide solo de J.-F. Jenny-Clark, rapidement rejoint par le bruissement des clochettes de tambourins qu'agitent Joachim et Aldo Romano, puis par leurs voix : râles étranges qui s'emmêlent et s'envolent vers une extase hypothétique. C'est plus tard seulement, après un égarement exquis du piano, que le thème du western spaghetti sera lancé.

Pas de saxophone non plus sur la reprise du « *Welcome* » de Coltrane, qui clôt le disque : comme pour mieux affirmer l'impossibilité pour Kühn de marcher sur les mêmes traces que le maître autrement qu'avec un piano.

En revanche, le disque amorce véritablement le poly-instrumentisme chez Kühn, qui atteindra son apogée cinq mois plus tard, en juin 1969. Ainsi shenai, flûtes, tambourins et clochettes abondent déjà dans *Sounds of Feelings*. L'alto est présent sur deux morceaux. L'intervention dans « *Western Meaning* » est assez significative de la manière qu'a le pianiste d'en jouer. Jenny-Clark à la contrebasse tisse une trame sobre mais échevelée, sublime, sur laquelle va se déposer l'alto. Le chant s'élève, pathétique, et une constatation s'impose ici : Kühn a trouvé un son ; trente ans plus tard lorsqu'il reprendra le saxophone, il sera moulé de cette même pâte : un son d'une tendresse âpre, présentant quelques traces de fêlure, stigmates avant-coureurs d'une brûlure qui jamais ne tarde à se déclarer. On en décèle les prémices par une bousculade de notes, qui devient rapidement torrent puis tempête ; le son commence alors à se scinder, tantôt grave, tantôt aigu à l'extrême : « essoufflement forcené, raclements acides, gueule affamée »[19]. De cette petite mort va naître le thème, en fin de pièce donc, spectre de chevauchées fantastiques, images d'un El Dorado...

Sur « *In The Middle Of The Way* », le saxophone s'immerge dans le doux chaos par un son suraigu, comme le bruit d'une éolienne rouillée qui s'agite sous une quelconque brise, grincement repris par la contrebasse à l'archet. Alternance des voix, du sax et des flûtes. Aldo Romano lance ensuite un rythme primitif et envoûtant basé sur les peaux, attaque du saxophone par des sons pleins qui s'empêtrent dans un registre grave, s'élèvent et se ratatinent, bouffées hyperexpressives. Puis ne reste qu'une voix qui se met à errer par-dessus la batterie, une voix hallucinée.

Cette manière de souffler, une urgence incapable d'agripper la moindre parcelle de mélodie, traquant le son pour sa chair propre, n'est pas du goût de tous : vingt et un jours plus tard, le 15 février lors d'un concert à la Maison de l'ORTF en compagnie de Jean-François Jenny-Clark et de Jacques Thollot, Denis Constant demeure sceptique, précisant :

> « À l'alto, Kühn fut beaucoup moins original, jouant du saxophone-cri à l'instar d'un grand nombre de ceux qui maintenant empoignent cet instrument, rappelant parfois Ayler. »[20]

Après *Sounds Of Feelings*, on retrouvera systématiquement Joachim Kühn couplant piano et saxophone alto sur les treize albums suivant jusqu'au double disque *In Paris*, avec Eje Thelin.

Déraison et sentiments (et autres poly-sonneries)

Juin 1969, sommet dans l'art de cet instrumentisme tellement *poly*. Les 2 et 3 à Villengen, en Allemagne de l'Ouest, le trio Kühn / Jenny-Clark / Thollot est augmenté de Stu Martin, ce sera *Bold Music*. À la fin du mois à Paris, ce même trio deviendra quintet par l'adjonction de Michel Portal et d'Aldo Romano pour *Our Meanings And Our Feelings*.

Dans le *Jazz Magazine* n° 177 d'avril 1970, le dessinateur Siné va caricaturer la tendance à user de ce poly-instrumentisme en griffonnant des musiciens manipulant un moulin à café, un yo-yo ou une chasse d'eau… visant tout particulièrement le disque *Our Meanings And Our feelings* où Michel Portal joue par exemple de la clarinette piccolo en mi bémol, de la clarinette cor de basset, du taragot, du zoukra, du steel drum, tandis qu'on peut trouver Kühn au shenai, au tambourin, à la corne d'antilope ou à l'alto…

Sur « *Nobody Knows You Tomorrow* » de *Bold Music*, Kühn reprend à la corne d'antilope les éclats de voix qui doublaient le piano : sons râpés qui brament puis s'effilochent. Il se jette alors sur le steel drum qu'il martèle avec rage, ponctué par des coups de gong assourdissants disséminés çà et là, avant d'enfin retrouver le piano. Sur « *The Child Out There - Somewhere* », aucun des musiciens hormis Stu Martin n'emploie son instrument de prédilection (Jenny-Clark est au violoncelle, Kühn au shenai et à la corne d'antilope et Thollot aux steel drums) ! Et de la pièce éponyme où « le thème est égrené par un alto jouant merveilleusement "à côté" »[21], il précisera lui-même :

> « Ce morceau est un très bon exemple de ma raison de jouer de l'alto. C'est comme une prolongation de mon jeu de piano. »[22]

Le saxophone donc, participe à une libération du piano : de nouvelles perspectives peuvent être alors envisagées sur un piano ; ce n'est pas un hasard si dans le courant de l'année 1971, où l'on assiste alors au retrait progressif des interventions à l'alto, les deux premiers disques[23] de piano solo de Kühn voient le jour.

Cette prise de conscience d'une liberté nouvelle transparaît discrètement sur « *Message From Upstairs* »[24] où l'ombre de *A Love Supreme* se profile nettement, avec un alto en forme de ténor et où Kühn se permet enfin d'assumer pleinement dans son jeu le poids de l'héritage coltranien.

> « À un moment, je voulais jouer du piano comme d'un saxophone ténor. Maintenant que je joue de l'alto, je souffle dedans comme dans un ténor. Et je reviens à un traitement plus pianistique du piano. »[25]

Tout est dit.

Dans *Our Meanings And Our Feelings*, il est très intéressant de s'attarder sur les duos alto (Kühn) / ténor (Portal) : on remarque que l'approche des deux musiciens est assez semblable (notamment en ce qui concerne l'attaque), les sons s'emmêlent parfaitement jusqu'à ce que leur origine même devienne embrouillée, peu discernable. C'est le cas dans « *Dear Old Morocco* » et plus encore dans les « sonneries » du train fou vers le milieu de « *A Train In A Very Small Town* ».

Suite à ces deux disques portant le poly-instrumentisme à son point culminant, Joachim Kühn va dès l'enregistrement suivant abandonner tous les ingrédients sonores annexes pour ne plus se consacrer qu'au saxophone alto et au piano.

Souffles

De la mi-1969 à la fin 1970, Kühn se présentera inexorablement sur ces deux instruments pour jouer sa musique, que ce soit en concert ou sur disque. Et à l'alto, toujours ce souci de recherche où l'intérêt n'est pas le but poursuivi (dénicher la mélodie ?) mais bien le labyrinthique cheminement pour essayer d'y parvenir, passant par tout un travail sur le son et son altération, avec ses tentatives, ses tentations, ses échecs peut-être.

Témoin cette dizaine d'enregistrements comprenant le magnifique *Monday Morning* où avec John Surman au baryton, il s'évertue à poser les questions et leurs non-réponses à travers de magistrales prises de becs s'achevant bien souvent dans de frénétiques tourbillons sonores. Ou encore ces somptueuses séances avec le tromboniste Eje Thelin où ce dernier développe un jeu ample et chaud, qui parfois se feutre, tandis que Kühn procède par enroulements successifs qui n'aboutissent pas, altérés par de violentes expirations ; un son à vif. Un beau duo qui s'échafaude en permanence entre chaleur et brûlure, et dont les dernières traces ont été gravées à Paris en septembre 1970.

Avec le disque suivant, *Going To The Rainbow*, en compagnie de John Surman, Alan Skidmore, Rolf Kühn, Chick Corea, Peter Warren et Tony Oxley, les horizons vont changer de couleurs et les apparitions du saxophone alto ne se feront plus qu'occasionnellement.

Essoufflements

Sur « *Jolly Green Giant* »[26] enregistré fin 1971, Joachim Kühn ne joue que du saxophone. C'est la première fois ici qu'il l'utilise de bout en bout de façon si calme. Loin des bourrasques habituelles, le son de l'alto s'ancre dans le tissu musical dressé par Peter Warren et Pierre Favre, sobre, un son plein, à l'état brut, d'où émergent quelques bribes de chants ; des écorchures en effleurent la peau, brutalisent l'atmosphère. Plus que jamais nous pouvons souligner cette tendresse âpre qui caractérise la sonorité de Kühn à l'alto. Cela nous donne l'une des pièces les plus belles et profondes de l'artiste – toutes époques confondues – et définit surtout une autre direction de son jeu de saxophone : un chant basé dès lors sur la solitude du son, son errance à travers la lenteur. En bon arpenteur, il pose ici de nouveaux jalons qui serviront de repères et plus encore : de fondations pour la plupart de ses improvisations futures. Cela est hypertrophié sur « *Corsica* »[27], l'une des toutes dernières pièces où Kühn prend l'alto : entre aridité et hypochondrie, évitant le cri pour nous offrir plus grave, une tendance à l'épure mais une tendance avortée : un chant lézardé de l'intérieur, organique à l'extrême.

Bien que Kühn poursuive sa pratique du saxophone alto en concert jusqu'au milieu des années soixante-dix – notamment avec le groupe Association PC –, les enregistrements avec cet instrument se raréfient soudainement ; entre les deux morceaux précédents, dix ans et une poignée de pièces enregistrées à l'alto : quelques-unes sur *This Way Out*, dont la brûlante « *Phallic Danse* », une timide empreinte sur *Cinemascope* en 1974, puis ce trou de vingt-quatre années… hormis deux exceptions au début des années 1980 : la première avec le groupe Information, la seconde dans le très beau disque de Mark Nauseef, *Personal Note*, une sorte de chant du cygne de l'alto.

Le second souffle

Surprise en 1998 avec le cd *Activitis'98* (enregistrement privé), il renoue avec l'instrument. L'approche n'est plus la même, débarrassée de l'urgente nécessité éprouvée à la fin des années soixante puisque Kühn est entièrement accaparé par l'exploration des énormes ressources du piano : il s'agit davantage ici du simple plaisir d'en jouer, comme il le précisait deux ans auparavant :

> « J'ai toujours été un petit peu avec mon saxo. Quand on me l'a volé en 1990, j'ai décidé d'en acheter un autre et de pratiquer à nouveau. Pour le moment, je ne sais pas si je vais m'y remettre sérieusement car le piano me prend tellement de temps. […] Je n'ai pas assez de temps à dépenser pour le saxophone, mais j'essaie. »[28]

Le déclic est certainement venu de la rencontre avec Ornette Coleman et des séjours new-yorkais qui se sont ensuivis alors régulièrement. On ressent ainsi davantage l'influence d'Ornette que celle de Coltrane, et c'est un fait nouveau, dans la composition « *Another Time* » du cd précité qui nous présente Joachim Kühn à l'alto uniquement, Walter Quintus au violon, Werner Landscher à la contrebasse et Marc Lehan qui donne à sa batterie une teinte particulièrement mate. Une sorte de pièce récréative, qui témoigne de cette nouvelle approche, plus ludique :

> « Je ne me suis jamais considéré comme un saxophoniste. [...] J'ai pris quelques leçons avec Dave Liebman, Charlie Mariano, mais je n'en joue que chez moi ou en jam-session. Aujourd'hui, j'ai deux hobbies : le saxophone et la peinture. »[29]

Alto Solo

À l'aube du troisième millénaire pourtant, Joachim intensifie sa pratique du saxophone – devenue quasiment quotidienne – et trouve au sein de ses trios américains (avec Charnett Moffett ou Scott Colley (b) / Denardo Coleman ou Horacio Hernandez (dm)) l'occasion de véritablement renouer avec une pratique scénique du saxophone, désormais utilisé avec parcimonie ; son poignant à la sensibilité hypertrophiée, évitant les surcharges de *pathos* pour inciser de manière finalement plus profonde :

> « Mon but n'est pas une technique parfaite, mais de pouvoir exprimer ce que j'ai dans le cœur ou dans la tête. Avec un sax, on joue debout, on peut marcher – ce qu'on ressent est très différent du rapport qu'on peut avoir au piano... L'important pour moi, ce sont les notes, leurs combinaisons, plutôt que le son... »[30]

C'est donc presque naturellement que pour *Universal Time*, son nouveau disque en trio, Kühn renoue « officiellement » avec le saxophone.

Le point d'orgue de ses travaux au saxophone alto reste actuellement la somptueuse session en solo enregistrée dans un parking sous-terrain en janvier 2001, expérience sublimée quelques semaines plus tard par « *Bewegung in der Begegnung* », une composition « *for Alto Saxophone, Drums and Six Cars* » enregistrée le 10 mars 2001 (cf. cd du livre, plage n° 8), et réitérée le 6 janvier 2002 pour un quintet et huit voitures...

En guise de conclusion

Le saxophone alto a véritablement permis au jeu de piano de Kühn de s'émanciper davantage, intégrant mieux l'influence des grands ténors américains et celle de Coltrane en particulier, dégageant ainsi de nouveaux horizons pour le pianiste. Le jeu de piano, « libéré de l'inexprimable, redevient lui-même ».[31]

Cette assimilation consommée, on assiste à l'abandon progressif de l'instrument à vent au profit de nouveaux territoires à explorer : le piano lui-même en particulier au moyen des solos, mais aussi en cette aube des années 1970, le piano électrique et les nouvelles sonorités du jazz-rock.

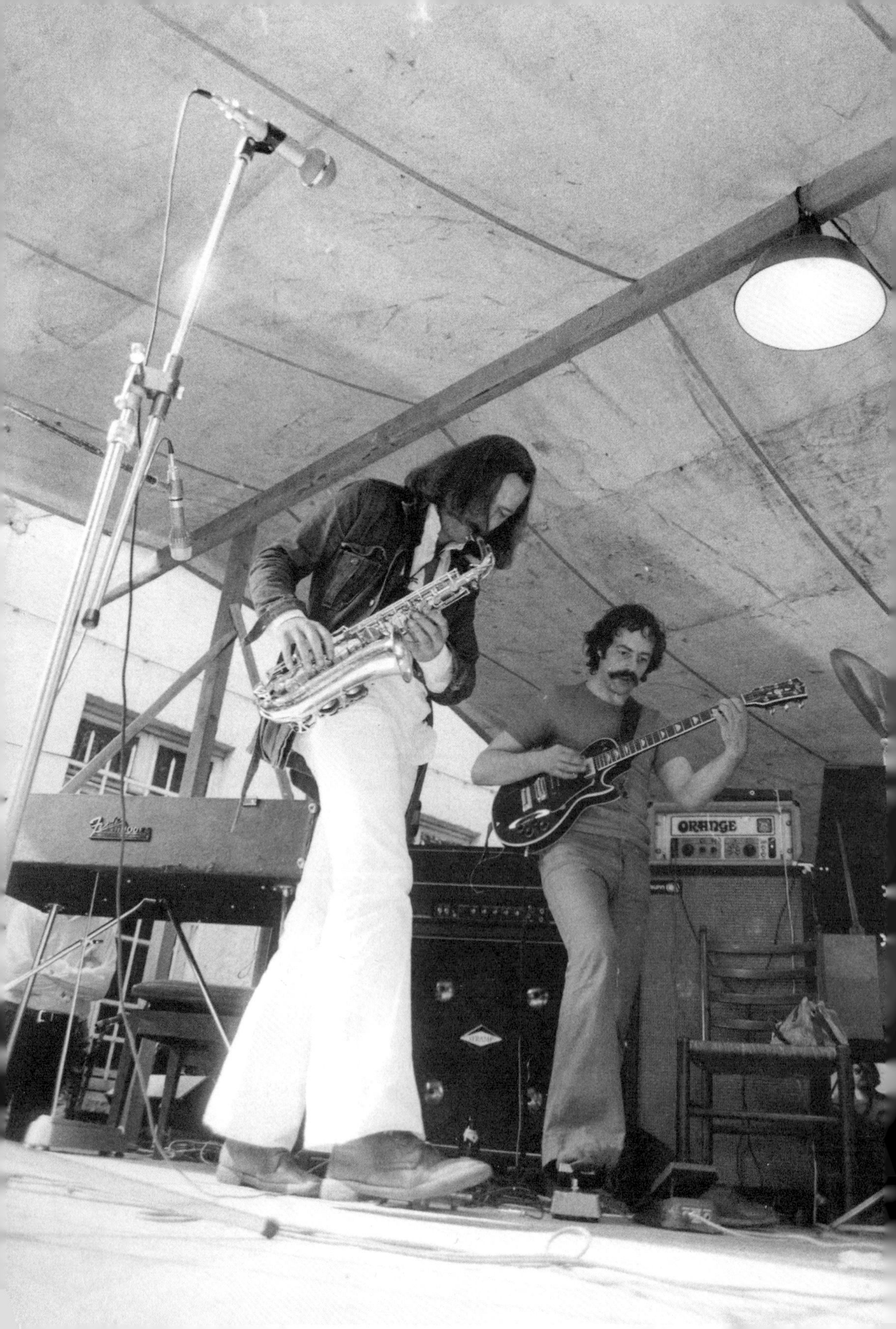
ORANGE

De l'électricité dans l'air

> « Mesdames, Messieurs, je suis affreusement désolé mais cet orchestre fait un tel bruit que je n'arrive pas à entendre le moindre mot de ce que vous dites. »
>
> Charles Mingus, interrompant son groupe face à un public inattentif[1]

Premières tendances : le free-rock

1968, toujours. L'envie d'aller voir ailleurs.

Pour cela, la rencontre avec le tromboniste suédois Eje Thelin (qui se concrétisera plus amplement deux ans plus tard, notamment par la tournée du New Joachim Kühn-Eje Thelin Group) tombe à pic puisqu'elle pousse le pianiste à s'ouvrir à la « nouvelle pop musique », celle de Jimi Hendrix, de Frank Zappa ou du Captain Beefheart tout particulièrement, trois musiciens qui vont lui montrer que le rock peut opérer une certaine révolution dans le jazz, qu'il peut en tout cas exister une musique au carrefour de ces deux genres-là. De plus, lors d'enregistrements à la Hessian Radio Network en début d'année à Francfort, Uli Ohlshausen suggère au groupe d'ajouter une dimension beat à leur musique. « Depuis ce moment-là, je suis réellement intéressé par la Beat Music. Mais bien sûr, je la joue de manière free », nous confiera Kühn dans le courant de l'année[2].

Parallèlement, et à l'instar de Larry Coryell, Barney Wilen est en proie aux mêmes préoccupations, faisant joyeusement fi de ce que les puristes pourraient en penser :

> « Où s'arrête le jazz et où commence la pop music, c'est difficile à dire et ces catégories ont un intérêt limité. […] J'en ai assez de ce sectarisme imbécile. Il y a la musique, un point c'est tout. J'aime les rythmes rock et les sonorités de guitares électriques, je ne vois pas pourquoi je m'en priverais. Il y a convergence. Tout le monde joue, ça bouge de tous les côtés, ce qui compte, c'est le plaisir de jouer, pas le petit carton qu'on vous met dans le dos. »[2]

Dès novembre 1967, Wilen forme l'Amazing Free Rock Group avec le trio d'Irène Schweitzer et le guitariste Manine Nemeyer ; ils se produisent à Zurich et à Lucerne pour une série de concerts. Dans ces conditions, il semblait peu évitable que le chemin de Barney croise celui de Joachim.

La rencontre est rapidement matérialisée les 27 et 28 juin 1968 par l'enregistrement d'un disque qui deviendra culte : *Dear Prof Leary*, en forme d'hommage au célèbre professeur américain avocat du… LSD ! Cette fois, l'Amazing Free Rock Band est constitué par un double trio hybride : Mimi Lorenzini à la guitare (qu'on a souvent vu aux côtés de Claude François !), Günter Lenz à la contrebasse et à la basse électrique, Wolfgang Paap (batteur de rythm and blues) pour la partie rock, Barney Wilen aux saxophones soprano et ténor, Joachim Kühn au piano et… à l'orgue, et Aldo Romano à la batterie pour la partie free. Les interventions de Kühn à l'orgue, au départ, diffèrent finalement peu de celles du piano : même déferlement de notes par bonds et par cascades, même nervosité teintée d'un certain lyrisme, à la différence première qu'à l'orgue, il y a la possibilité de maintenir une note ou un accord à un degré constant d'intensité (contrairement au piano où le son décroît forcément dès le moment de l'attaque), ce qui finit quand même par causer quelques changements dans les structures d'improvisation, en particulier une nette tendance à rendre le discours magmatique et parfois, plus confus. Le son de l'orgue lui-même constitue la seconde différence, énorme pour le coup : une texture moins limpide voire plus pâteuse, grossière, gagnant peut-être en épaisseur ce qu'elle perd en émotion. À titre de comparaison, le morceau éponyme se termine par une sorte de chevauchée fantasque sur un tempo rapide avec Joachim Kühn à l'orgue. Ce passage sera rejoué à la fin d'un autre morceau intitulé « *El Dorado* »[3] où Kühn est au piano et qui, malgré l'absence du saxophoniste, a une force d'impact finalement plus grande. Quant à Barney Wilen, il parvient à magnifiquement mêler urgence et naïveté dans ses chants, un peu comme dans son sublime *Zodiac*[4]. À noter des reprises célèbres comme « *The Fool On The Hill* » des Beatles, « *Respect* » d'Otis Redding ou la toujours splendide « *Lonely Woman* » d'Ornette Coleman.

Malgré un accueil médiatique favorable, le pianiste sera plutôt déçu du résultat final :

> « Je ne suis pas très satisfait du disque que nous avons enregistré : ce n'est pas réellement free, nous jouons les thèmes et faisons les improvisations ensuite. Ce n'est que plus tard, lors de concerts, que nous avons commencé à faire véritablement du free rock. »[5]

Cette démarche musicale : populariser le free, libérer le pop[6] selon une expression de Philippe Carles, bien que destinée à prendre une certaine ampleur avec la création de diverses manifestations ou festivals (celui d'Amougies en constitue certainement le meilleur exemple) ainsi que la naissance de nouveaux labels (Byg-Actuel, Futura ou encore la série Pop Free chez Bentler...), laissera çà et là quelques croustillantes cicatrices dans l'histoire de certains festivals européens.

Au fil des mois, l'aspect free de la musique va rapidement reprendre le dessus chez Kühn et l'on assiste à l'abandon presque brutal de l'orgue et un engouement nouveau pour... le saxophone alto.

Jusqu'à la nouvelle révolution...

L'avènement du jazz-rock

À la fin des années soixante, la frontière entre jazz et rock perd de son étanchéité : certaines futures stars du rock côtoient des jazzmen tandis que dans le milieu du jazz, prenant modèle sur la guitare, on commence à brancher les instruments : le piano et la contrebasse bien sûr, mais aussi le violon, le saxophone, la clarinette ou la trompette... Joe Zawinul s'essaye déjà au piano électrique Fender Rhodes dans le groupe de Cannonball Adderley lorsque celui-ci oriente sa musique vers un jazz presque funky, et Jan Hammer surtout, se spécialise dans l'exploration des nouveaux claviers. Miles Davis en électrifiant sa musique opère un tournant fortement décrié par les puristes, adulé par les plus aventureux, en tout cas remarqué du public rock : un fait significatif. Suivant l'exemple donné par John Mc Laughlin qu'il engage en 1969 pour le mythique *In A Silent Way*, la guitare électrique va prendre une place de tout premier plan au sein de nombreux groupes de jazz. Mc Laughlin va rapidement s'émanciper de l'univers de Miles en intégrant le trio Lifetime avec Tony Williams (du côté de chez Miles...) et Larry Young (du côté de chez Hendrix...) avant de fonder le Mahavishnu Orchestra. À son image, les pianistes qui vont faire étape chez Miles Davis à cette époque commencent à se plonger (parfois à se noyer...) dans l'univers électrifié et bientôt à passer maîtres dans le domaine : ainsi Herbie Hancock et ses Chasseurs de Têtes, Chick Corea et son groupe Return To Forever, Joe Zawinul et Weather Report... et Keith Jarrett, qui hormis quelques tentatives éparses n'a pas véritablement suivi le mouvement, préférant en partie se consacrer à un autre champ d'exploration (voire d'introspection) : le piano acoustique solo.

Dès lors, le jazz-rock peut naître, et les groupes ne tardent guère à fleurir.

1970, une cuvée exceptionnelle qui laisse présager de beaux jours à ce nouveau courant : année des premiers Nucleus, du *Tribute To Jack Johnson* de Miles Davis, du cultissime *Dedicated To You, But You Weren't Listening* du Keith Tippett Group (un pianiste dont le parcours – exceptionnel – demeurera imprévisible, un cas résolument à part), du *Third* de Soft

Machine, du *Dual Unity* d'Annette Peacock et Paul Bley, du *Chunga's Revenge* de Zappa… et de *Going To The Rainbow*.

Going To The Rainbow

Joachim Kühn a tout juste le temps de reposer son saxophone alto que déjà le piano électrique émerge dans son paysage musical, fascinant, ouvrant de nouveaux horizons sonores. Impossible pour lui d'y rester insensible d'autant que le premier contact, indirect, est une grande réussite : sur *Going To The Rainbow*, Kühn est au piano (mais aussi à l'orgue sur un morceau…) en magnifique compagnie avec quelques beaux fleurons du jazz anglais (John Surman, Alan Skidmore et Tony Oxley), son frère Rolf, Peter Warren et Chick Corea… au piano électrique. Justement. Chick, à peine sorti de l'expérience Miles. Notons que John Surman sur ce disque joue aussi un peu de piano électrique, par touches climatiques, préfigurant ses futures aventures en solo. La musique est de grande qualité, avec concernant ce point un très beau duo piano / piano électrique sur « *TCB* ».

Après ça, Kühn attendra pourtant plus d'un an avant de s'installer derrière un piano électrique.

Entre temps paraît quand même *Devil In Paradise*, un disque sublime où Joachim Kühn est à nouveau doublé par un piano électrique : c'est cette fois celui de Wolfgang Dauner. Je dis doubler pour en fait parler d'entremêlements réciproques, d'incursions brèves, tendres ou virulentes de leurs phrases. Le ton est donné dès les premières mesures de la face A : il y règne un certain chaos où Kühn plonge dans le ventre de son instrument et où Dauner procède par petites grappes de notes. Si ce disque, avec *Going To The Rainbow*, marque l'apparition du piano électrique dans la musique de Joachim Kühn, on reste encore bien loin d'une production aux accents rock et l'instrument électrique ici occupe une place tout à fait équivalente à un autre instrument. Le rythme n'est pas binaire et aurait même une tendance évidente à l'éclatement, comme pour mieux se mêler aux jeux de bouche et d'embouchure d'Albert Mangelsdorff, ou aux morsures assénées par les pianistes. Nous ne sommes encore que le 21 juin 1971.

Prise de courant

La première rencontre directe entre Kühn et le Fender Rhodes s'effectue alors que le pianiste tourne avec le Jean-Luc Ponty Experience et sera concrétisée par le second disque du groupe : le *Live In Montreux 72 (Sonata Erotica)* sur Pierre Cardin. Si l'on se donnait la peine de comparer avec le premier opus *Open Strings*, on remarquerait que l'atmosphère, par l'apport du piano électrique, est devenue plus aérienne, par endroits même nuageuse et presque floue, cotonneuse. Un regard plus attentif nous apprendrait qu'il y a perte relative de points d'appui dans les tons graves (main gauche) et un travail sur les couleurs (par des effets de miroitements, à la manière d'éclats de soleil sur une quelconque étendue d'eau), une idée d'habiller l'espace plutôt qu'un travail sur la matière comme avec le piano où l'on assiste à une véritable sculpture de la pâte sonore procédant tantôt par des mises au burin, la tentation de fractures multiples ou d'élagages féroces, tantôt par époussetages délicats : remodelages de la matière pour tentative de vie. Sans vouloir nous emballer. La différence peut-être entre ivoire et plastique ?

Le discours du piano électrique ici se trouve agréablement bousculé par l'aridité plus évidente du violon et se mêle parfaitement aux ébats de la basse électrique, de la contrebasse et des myriades de touches insufflées par la paire Nana Vasconcelos / Oliver Johnson. On demeure là encore à mille lieues d'une quelconque pulsation beat, assistant davantage à une errance tranquillement débridée, un déracinement atonal : une sorte de sonate érotique.

On observe au sein de l'Association PC la même évidente volonté de chercher à miner certaines structures préexistantes, de s'échapper vers la forme libre comme nous le confirment les musiciens eux-mêmes[7] :

> « En un sens, le jazz rock n'existe pas ; il y a le jazz, il y a le rock. Et il y a du jazz auquel on a greffé certains éléments rythmiques. Mais quelque soit le jazz qu'on prend dans cette mode, il est de toute façon né du jazz. » (Toto Blanke)
>
> « L'essentiel pour moi est d'être ouvert. Je ne veux pas être collé dans un style, je n'aime pas la notion de catégories. Je suis ouvert à toutes les formes de musique. Et c'est ce que j'admire dans cette Association PC : l'ouverture d'esprit avec laquelle ils font leur musique. [...] Lorsqu'on joue quelque chose de rock, on le fait comme quand on joue du jazz ; les éléments harmoniques éclatent, [...] on s'évade des clichés de la structure en 8-beat. On joue, simplement. » (Joachim Kühn)

En résultera des musiques protéiformes abolissant les frontières, violentes, âpres ou douces, aux parfums orientaux (aidées en cela par la nogoya-harp de Toto Blanke ou la composition de raga-rocks), free, assurément. Quelques points communs évidents avec les groupes Perception de Jef Seffer, Didier Levallet, Siegfried Kessler et Jean-My Truong, et Et Caetera de Wolfgang Dauner à la même époque.

La véritable intégration d'éléments dits jazz-rock dans la musique de Joachim Kühn va naître de sa rencontre avec le bassiste John Lee et le batteur Gerry Brown, une rythmique jusque-là associée à la Chris Hinze Combination.

Le colosse de Fender Rhodes

Entre 1974 et 1980 ce ne sont pas moins d'une vingtaine d'enregistrements de jazz rock auxquels participera Joachim Kühn, tant en sideman qu'en leader. Parmi eux, des bons disques, d'autres moins bons, deux chefs-d'œuvre... et quelques horreurs !

Chronologiquement parlant, c'est sur le Toots Thielemans / Philip Catherine / And Friends que l'on découvre les premières traces de jazz-rock pur (si ça existe !) : un ensemble de ballades où prédomine l'harmonica qui gravite gentiment autour du noyau guitare électrique (Philip Catherine) / basse (John Lee) / batterie (Gerry Brown), efficace, anguleux mais pas encore carré. C'est davantage à l'écoute de Cinemascope enregistré un mois plus tard que l'on réalise mieux le cap que prend la musique de Kühn dans cette mouvance. On y trouve la même rythmique mais Toto Blanke d'Association PC y remplace Philip Catherine. Insistons ici sur cette nouvelle donne qui consiste à presque systématiquement ajouter une guitare au trio de base, instrument désormais indispensable à l'univers jazz-rock, comme le soulignait le pianiste à cette époque lorsqu'il affirmait que quand il jouait du piano électrique, sa configuration de jeu favorite était le quartet avec guitare[8]. La présence incongrue dans un tel contexte d'un orchestre à cordes (dirigé par Rolf Kühn) ne se justifie en fait que pour amplifier le discours musical tandis que celle du violoniste Zbigniew Seifert sur un titre tient un rôle de tout premier plan. Ainsi se dessinent les ingrédients de base que l'on retrouvera sur les prochains enregistrements jazz-rock de Joachim Kühn, à savoir :

■ Une rythmique sèche, alerte et grondante, à la peau mate, à l'énergie canalisée car parfaitement maîtrisée par des techniciens hors pair (en général le couple John Lee / Gerry Brown, mais on verra aussi les bassistes Henri Texier, Bo Stief, Miroslav Vitous ou Cecil Mc Bee ainsi que les batteurs Alphonse Mouzon, Billy Hart ou Billy Cobham, entre autres).

■ Une guitare électrique à tendance harmonieuse, aérienne (Philip Catherine) ou plus acidulée (Toto Blanke).

■ Joachim Kühn optant pour le piano électrique (malgré des interventions acoustiques pas si rares que ça pour le domaine jazz-rock) où il développe un jeu de plus en plus aride et tortueux (à l'aide en particulier d'un vibrator) en hypertrophiant notamment ses cascades à la main droite.

■ L'adjonction d'un élément à caractère disparate (le violon avec Zbigniew Seifert, la trompette avec Terumasa Hino, le saxophone ou la flûte avec Charlie Mariano, les percussions avec Nana Vasconcelos...).

Après, tout est une question d'inspiration, de dosage, de feeling, d'énergie, de chance...

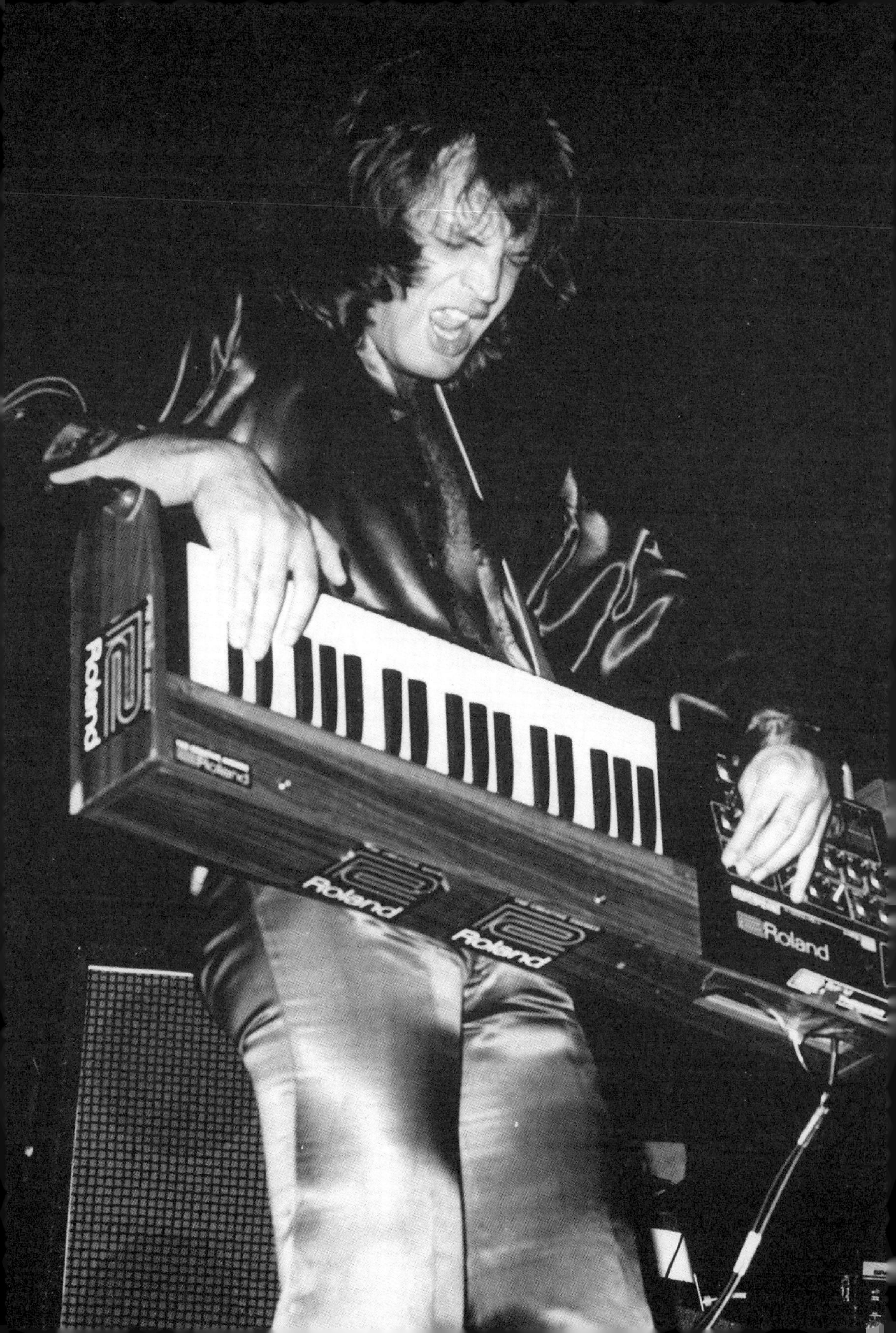
Roland
Roland
Roland
Roland
Roland

Piano conclave – clavecin – synthétiseur

Cette entreprise audacieuse née en 1973, est une idée de George Gruntz, qui en sera le leader. Au départ, l'ensemble est réuni à Vienne pour un passage à la télévision qui va devenir un disque : *2001 Keys – Piano Conclave*. Le noyau du groupe est constitué par Gordon Beck, Fritz Pauer, Joachim Kühn, Jasper van't Hof, Martial Solal et George Gruntz, la rythmique étant assurée par Henri Texier (basse Fender) et Erich Bachträgel (batterie et percussions).

> « Ce qui est intéressant, c'est que nous ne jouons pas des compositions où chacun prend un solo, mais des œuvres conçues pour un orchestre de soixante doigts. À Vienne, le studio était littéralement bourré d'instruments à claviers, une trentaine à peu près… »[9]

On trouve ainsi, pêle-mêle : pianos (Bösendorfer, Yamaha, Steinway et Ibach), orgues (Yamaha, Hammond, Holner), clavecins (Sperrhacke, Wittmayer – modèle Corelli), pianos électriques (Fender Rhodes, Wurlitzer, Sound City Jo-Anna, Holner), Mellotron, synthétiseurs (Moog type MINI, ARP 2600), clavinet (Holner) et Mini Organ Vox ! Kühn pour sa part, se contente du piano et du piano électrique Fender Rhodes ainsi que, probablement, d'un peu d'orgue.

Derrière une pochette assez terrible dans son genre (un spationaute suisse, dans une position à la James Bond, pose la main sur un clavier parcourant l'espace…) se cache une musique surprenante : une ode au clavier (toutes catégories confondues) à faire pâlir d'envie Klaus Schulze, Tangerine Dream ou David Vorhaus et son « *Concerto For Synthesizer* »[10] et pour cause : ici, six experts tout heureux d'en découdre entre eux et avec les nouveaux sons, par quelques belles joutes exploratoires. Un sommet dans l'art de jouer du Fender Rhodes, à qui George Gruntz rend hommage avec sa « *Suite For Harold* ». En fait, chaque pianiste (à l'exception de Martial Solal) a apporté une composition au disque. Celle de Kühn, « *Intermission* », comporte un thème admirable et offre une belle plage d'exploration pour les synthétiseurs. Le solo de Kühn au piano électrique est plutôt attendu et aurait certainement gagné en intensité si la rythmique avait pu le pousser dans ses retranchements, comme ce sera vraiment le cas dans le disque *Spider's Dance*, mais le reste du morceau est assez brillant : Solal nous gratifie d'une bonne attaque au piano acoustique et les interventions de chacun s'embrouillent en un joyeux capharnaüm d'où finira par émerger, très brièvement, l'exposé du thème.

Certes, on parvient malgré tout à reconnaître ici ou là quelques éléments propres à chaque pianiste, tant dans leurs envolées pianistiques que dans l'esprit de leur composition (c'est flagrant avec « *For Dennis* » de Jasper van't Hof) mais c'est peut-être pour mieux se perdre ; peu importe au final de savoir qui joue de quoi – à moins d'être féru de *blindfold test* – celui-ci reste plutôt corsé) : il s'agit bien d'un orchestre de soixante doigts.

L'inconvénient, d'aspect pratique, est dû aux multiples difficultés rencontrées pour organiser des concerts avec un tel groupe : il faut parvenir à réunir tous les pianistes le même soir, transporter l'énorme quantité de matériel, régler les taxes douanières lorsqu'il y a lieu... Autant de problèmes non favorables aux grandes tournées du Piano Conclave. Les arrivées de Bobo Stenson, d'Adam Makowitz et de Wolfgang Dauner au sein du noyau de pianistes permettent de pallier au premier problème : sans pouvoir réunir tous les membres d'un seul coup, plusieurs concerts seront donnés avec un personnel variable, souvent réduit ; il en sera de même concernant les instruments. Ainsi pour l'exemple, cette prestation du Piano Conclave à Pontoise le 1ᵉʳ février 75, avec George Gruntz, Martial Solal, Joachim Kühn et Georges Arvanitas (et pour la rythmique : Jean-François Jenny-Clark et Daniel Humair...) avec... un piano et deux Fender Rhodes seulement ! Regrettant l'impossibilité de présenter un véritable huit mains, Jean Levin saluait néanmoins l'audace du projet :

> « Reconnaissons le caractère exceptionnel de tels événements – et leur succès auprès d'un public pas forcément "éclairé" – la salle de Pontoise était comble. »[11]

L'entreprise s'éteindra après trois années d'existence, laissant tout de même une seconde galette parue sous le doux nom de *Palais Anthology*, jeu de mots entre paléontologie (qui étudie les espèces disparues) et l'esquisse d'une anthologie des danses des années 1930 (quickstep, Joxtrot, Onestep...) qui se tenaient dans des palais, danses elles aussi disparues...

Notons la présence de « *Rumba Orgiastica* », une composition de Joachim Kühn qui sera reprise par Franco Ambrosetti dans un disque avec... George Gruntz[12], et rejouée dans une version bien plus dynamitée rebaptisée pour l'occasion « *First Frisco* » apparaissant sur le disque *Hip Elegy*, avec néanmoins le même noyau rythmique : John Lee et Alphonse Mouzon.

Piano Conclave : une aventure ambitieuse, finalement plus proche du baroque que du jazz-rock, et qui a eu davantage que le mérite d'exister. Entre temps sous les mêmes latitudes (l'Allemagne de l'Ouest et les Pays Bas en l'occurrence), une multitude d'autres projets voient le jour...

Spider's Dance et *Hip Elegy*, un regard sur deux chefs-d'œuvre

Le premier est un disque de Toto Blanke paru sur Vertigo en 1975, quasiment introuvable aujourd'hui et jamais réédité en format cd. Sa pochette est tellement kitsch qu'elle ajoute encore à la dimension mythique du disque : sur fond noir, une femme masquée, vêtue d'une combinaison rouge sang jusqu'au bout des ongles (une pâle copie de Spiderman !) et disposant de deux paires de bras (!), s'accroche sobrement à une toile d'araignée tissée avec des câbles en acier…

Ça commence par une hypnotique déambulation du couple basse / guitare (électrique), sobre, presque rébarbative : c'est l'araignée. L'araignée qui entame sa danse ; énorme, velue, articulée de longues pattes filiformes, noires, mécaniques… La toile s'étend, vaste et invisible. Gerry Brown frappe précipitamment sur ses peaux tendues mais le rythme demeure effroyablement lent et lourd, créant ainsi une tension de plus en plus sourde. Par endroits lorsqu'on tend l'oreille : comme le vrombissement lointain d'un moustique, qui erre. Le malheureux ne voit pas la mort, il ne la sent même pas ! Le voilà qui se perd ! S'écrase sur la masse invisible ! Rebondit ! S'empêtre dans les fils de soie ! S'emmêle ! Coincé ! Ne voit rien, il a peur ! C'est Joachim Kühn et sa vingtaine de doigts paniqués qui se mettent à survoler le clavier du piano électrique ! Trébuchent, hésitent ! Tentent une percée ! L'insecte est pris ! Bat des ailes ! S'énerve ! S'excite : l'araignée approche. Toto Blanke. Approche. John Lee. Du pas de celle qui sait déjà l'issue fatale. Lui hurle ! Se débat ! Mais reste coincé ! De plus en plus aigu, de plus en plus vite… la mort est là, devant ses yeux, qui se dresse… la mort, qui mord… Un cri. Le venin qui s'écoule, engourdit. Paralyse. Kühn hurle avec le désespoir de son clavier qui s'émiette sous ses doigts tétanisés… Soubresauts… Ultimes spasmes.

Le son, soudain, se radoucit, une flûte se pose. Charlie Mariano. S'élève sereinement, d'une tendresse atroce, étrangement solennelle ; irréversible. Toute tension s'est éteinte. Ce chant chaud, continu, ce bruit mat qui s'évapore au ralenti avec en mémoire la sale atmosphère électrisée de l'instant d'avant : comme une âme qui s'échappe…

Cette « *Spider's Dance* » au déroulement dramatique bien réel s'avère minutieusement construite autour d'une charpente de contrastes et de décalages flagrants :

- ■ rigueur implacable des lignes de basse et de guitare « araignée », bourdonnement faiblard et désordonné (effets de vibratos) puis frénésie du clavier (1re partie) avec débordements multidirectionnels, sons qui se distordent « moustique » ;
- ■ vélocité de la batterie, lenteur apparente suggérée par la guitare et par la basse, générant un déséquilibre « facteur de tension » ;
- ■ piano électrique criard au cheminement chaotique « moustique vivant », piano électrique serein au cheminement aérien + flûte « moustique mort » ;

■ déséquilibre des rythmes, des sons, des éléments « avant la morsure », équilibre des éléments, unisson « après la morsure ».

Joachim Kühn développe ici ce qu'il serait tentant de nommer le syndrome du moustique puisqu'il constitue l'une des caractéristiques fondamentales de bon nombre de ses improvisations (passées ou futures), tant au piano électrique qu'au piano acoustique, à savoir : main droite en proie à des débuts d'errances, se délestant de quelques poignées de notes, empruntant divers couloirs, parfois rebroussant chemin, puis accélération du flux musical qui s'accompagne d'une ponctuation fortement marquée par un martèlement d'accords graves (main gauche), auto-stimulations de plus en plus violentes, crescendos successifs avec perte progressive des repères (notamment à la main gauche, avec des déferlements de notes aux deux mains, de plus en plus chaotiques), déconstruction du discours en proie à une débauche d'énergie de plus en plus difficile à contenir, jusqu'à un point d'orgue / orgasme : tout est dit. Point fatal, dans le cas de cette « *Spider's Dance* »...

Kühn poursuit dans ce disque son exploration du piano électrique réellement amorcée sur *Cinemascope* (déjà avec Toto Blanke, John Lee et Gerry Brown) en intensifiant la pratique du vibrato et en insistant davantage sur les effets de distorsion, obtenant au final un son brut, râpeux, jouant sur de discrètes modulations de timbres ou sur quelques petits traumatismes sonores en fin de phrases. L'alchimie au sein du groupe fonctionne à merveille et l'ajout de Charlie Mariano à la flûte ou au soprano contribue d'autant à la richesse de cette musique. La version de « *Intermission* » s'avère ici plus incisive que celle donnée par le Piano Conclave, un thème paradoxalement changeant et répétitif où John Lee parvient à sortir de sa basse électrique un son des plus étranges, envoûtant et extrêmement cotonneux : un régal à entendre. Une autre perle avec « *Toto* » dont le thème, splendide, a été balbutié en piano solo à la toute fin de « *Emotions* » ainsi que sur « *Open Up* »[13] : le morceau se termine en changeant graduellement de tonalités tandis que le rythme se raffermit, ce qui au piano aurait nécessité plusieurs transpositions successives sans toutefois parvenir à un glissement dans l'aigu aussi net, pour finalement s'échouer en un écrasement flasque.

Le second sommet du pianiste dans le domaine jazz-rock sera atteint à la fin de l'année 1975 avec *Hip Elegy*.

Joachim-Ernst Berendt souhaitait constituer un groupe inédit autour de Joachim Kühn à l'occasion d'une série de concerts donnée pour célébrer sa 5000ᵉ émission de radio pour la Südwestfunk.

« On était tous les deux en contact avec Alphonse Mouzon à ce moment-là et on a décidé de constituer la section rythmique avec lui et John Lee. On a joint en plus Philip

> Catherine que je connaissais du Jean-Luc Ponty Experience, et mon percussionniste favori : Nana Vasconcelos. Berendt a fait un réel effort pour qu'on ait Terumasa Hino lors des enregistrements. C'est à cette époque que je suis allé en Californie pour la première fois, l'endroit m'a énormément inspiré et il en a résulté beaucoup de compositions nouvelles, dont six peuvent être entendues sur cet album. »[14]

Effectivement, chacune d'elle est en soi une petite merveille. Les climats, variés, sont toujours profonds et la succession des morceaux envoûte.

Le trompettiste japonais s'avère sans conteste l'un des points forts du groupe, riche d'une expressivité peu commune, oscillant allégrement entre virulence extrême et bouffées de tendresse. Alphonse Mouzon, qui ne peut s'empêcher de comparer Kühn et Mc Coy Tyner (« Ils ont la même énergie, ils me provoquent, me poussent à jouer ! »[15]) apporte sa grande maîtrise technique, pointilliste et alerte, tricotant de belles lignes fondatrices auxquelles se mêlent, se frottent et se confrontent la basse rebondissante de John Lee et les couleurs semées par Nana Vasconcelos. À ce titre, précisons que le percussionniste ne cherche nullement à poivrer la musique d'une quelconque touche brésilienne à la mode mais que sa présence en constitue bien l'un des ingrédients principaux : écoutez donc l'introduction de « *First Frisco* » : un microfestival de Nana à base d'onomatopées vocales et de jeux de mains, créant une architecture rythmique sur laquelle le groupe va opérer une entrée fracassante.

C'est aussi le premier disque où Joachim Kühn s'installe derrière un synthétiseur (Roland SH 1000, Solina String Ensemble), mais son utilisation demeure paradoxalement discrète, une utilisation d'arrière plan qui consiste surtout à ajouter quelques éléments d'ambiance. Pour le reste, piano et Fender Rhodes sont présents de manière équitable. Le début de « *Travelling* » est par exemple un long solo de piano d'une grande sensibilité et « *Santa Cruz* » un duo acoustique entre Philip Catherine et Kühn.

En guise de petite conclusion, je reprendrai cette courte notice inscrite au verso de la pochette :

> « *Please, if possible, listen loud (your neighbour will be grateful)!* »

Poussée de fièvre

Le disque *Springfever* est assez symptomatique de la dichotomie qui s'opère de plus en plus entre les productions purement jazz-rock de Joachim Kühn et les productions strictement acoustiques (en particulier en ce qui concerne ses travaux en piano solo, avec des durées de morceaux qui vont en s'hypertrophiant). Le titre éponyme, pièce en solo de piano, annonce de manière flagrante ce que sera *Charisma* et plus tard *Snow In*

The Desert, ainsi que les solos parsemés avec le groupe Solo Now ou dans les parutions sur *Keytone*[16].

Parallèlement, les climats électriques de certains accompagnements, l'efficacité des thèmes (« *Mushroom* » sera repris ultérieurement[17] dans une version qui va nettement s'étirer, lui permettant une exploitation plus en profondeur), les teintes bluesy qui apparaissent dans le jeu de Kühn, des rythmes de plus en plus binaires, tout cela laisse augurer une certaine fièvre : un bain dans la fusion imminent : la tentation d'une mode de l'excès, une certaine facilité.

Courts-circuits

D'expérimentation presque avant-gardiste, le jazz-rock devient rapidement la musique en vogue, le sentier s'est transformé en boulevard. Les idées, les audaces se fanent, la musique se met tranquillement à sombrer dans un conformisme généralisé et une médiocrité navrante. Kühn n'échappe pas aux retombées du phénomène.

C'est un disque sans titre de Jan Akkerman paru en 1977 qui marque pour lui le début d'une série d'œuvres de peu d'intérêt par rapport à l'ensemble de sa production, avec des tentatives partagées entre batteurs américains (Cobham, Mouzon), guitaristes de l'électrique (Akkerman, Danny Toan, Jukka Tolonen…) et même en leader avec le Joachim Kühn Band, coïncidant pour une bonne part avec sa période californienne. Le disque d'Akkerman est une suite de morceaux basés sur des rythmes très rock, statiques et sans inventivité, et les intentions du guitariste sont de toute façon gâchées par des nappes de violons mielleux qui engluent la musique dans une certaine mélasse. Kühn au piano est relégué au second (voire au troisième ?) plan, s'engouffrant dans quelques brèches attendues pour lâcher, par courtes intermittences, un petit flot de notes. Les arrangements de cordes et de flûtes sont dus à Michael Gibbs : la déception est d'autant plus grande devant tant de fadeur, surtout lorsque l'on se souvient de ses épopées avec John Surman, Kenny Wheeler, Tony Oxley, Alan Skidmore et les autres moins de dix ans auparavant !

Même triste constat lorsqu'on se penche sur les apparitions de Kühn dans *In Search Of A Dream* d'Alphonse Mouzon et surtout dans les deux Billy Cobham : la réponse, semble-t-il, à une demande commerciale en explosion, nourrie de rêves de palmiers et de sable fin… Comment expliquer autrement cette cruelle baisse de qualité de la part des protagonistes, ce virage à 180°, boudant soudain l'inattendu pour se fondre dans le cliché ? Les paroles de Joachim-Ernst Berendt au dos du disque de Mouzon sont d'ailleurs emblématiques d'un malaise naissant :

> « N'allez pas dire qu'Alphonse ne joue pas de jazz parce qu'il est "trop commercial" […]. Ceux du milieu rock ressentent exactement le contraire : Alphonse ne fait pas du rock, il fait du "trop compliqué" pour ça. »

Mais où donc sont passés les noms qu'on aime, on ne voit plus que des ombres ? Où est le Mouzon des années Mc Coy Tyner ? Celui d'*Hip Elegy* ? Où est le Billy Cobham du remarquable *Total Eclipse*, ou même de la première face de *Shabazz* ? Et que dire de Miroslav Vitous ? De Kühn ?

Il ne s'agit certes pas pour lui de se cantonner au registre de *Our Meanings And Our Feelings* ad vitam æternam... mais de là à déraper dans les méandres de la fusion, il y a effectivement de quoi faire décrocher les adeptes de la première heure. À ce propos, l'avènement du synthétiseur n'aurait-il pas provisoirement sonné le glas du poly-instrumentisme, et plus généralement de la New Thing ? Témoin *Sunshower*, le disque suivant, où Joachim Kühn jongle entre piano, Fender Rhodes, Roland Piano MP 700, Roland Synthétiseurs SH-5 et SH-1000, Roland String Ensemble RS 202 et orgue Hammond B-3... Fort de ses expériences auprès des batteurs jazz-rock, Kühn s'est lancé dans la fusion en leader cette fois. Son jeu de piano occupe logiquement davantage de place mais une inspiration émoussée, une certaine complaisance peut-être, alliées à la batterie rigoureusement métronomique de Glenn Symmonds et au chant funky de Willie Dee achèvent de donner à la musique des allures de variétés.

Le même sillon sera creusé plus profondément encore avec le deuxième disque du groupe, *Don't Stop Me Now*, à la pochette terrible, elle aussi... Les expériences auprès de Danny Toan ou de J. Drews ne sont guère plus réjouissantes, offrant des musiques pesantes et rigides, de l'artifice.

Entre la figue et le raisin

D'autres rencontres sont plus significatives, comme au sein du groupe finlandais JTB s'adonnant à un jazz-rock efficace et propre, débarrassé des excès de la fusion (fuzz et distorsions systématiques, entre autres), ou entre les guitares acoustiques de Larry Coryell et de Philip Catherine (avec notamment l'élégant « *Deus Xango* »), bien que l'ensemble demeure en demi-teintes comme nous l'indique avec justesse Daniel Soutif :

> « Beaucoup de notes, beaucoup de brio, rien de véritablement indispensable, rien de médiocre non plus. »[18]

De même pour les deux big bands rassemblés par Rolf Kühn[19] où on trouve de forts bons passages mais offrant un résultat final en deçà des espérances, la musique, mélodieuse, ne parvenant pas à se libérer du carcan bien schématique thème / improvisations successives.

C'est aussi l'époque du trio Information aux côtés de George Kochbeck et de Mark Nauseef, alternant les morceaux accentués rock (dans les sonorités, certains rythmes, les chants surtout) et d'autres plus expérimentaux (structure débridée, chant éraillé du saxophone alto, squelette rythmique éclaté…) tels que « *Murder* » ou l'excellent « *Miles* » qui préfigurent déjà l'aventure CMP.

Peu après, les retrouvailles avec Jan Akkerman se concrétisent avec *Pleasure Point*, plages tranquilles avec de belles parties de guitare sèche, musique climatique qui a peu à voir avec le disque paru en 1977… mais qui n'arrive pas non plus à la hauteur de leur duo acoustique durant la tournée de l'hiver 1979[20].

Prise de conscience, outre-Atlantic

Le retour au continent va doucement s'accompagner d'un abandon quasiment définitif de la prise de courant.

> « J'ai vécu en Californie dans les années 1970 lorsque j'ai eu un contrat avec Atlantic Records. Après cinq années passées là-bas j'ai réalisé, tout comme mon frère, qu'après tout l'Amérique n'était pas LA terre du jazz. Je crois réellement qu'on a davantage d'opportunités pour réaliser des expériences en Europe. L'influence commerciale est énorme en Amérique. Je suis aussi allé en Allemagne et finalement, c'est la France qui me semble offrir la meilleure place pour jouer du jazz. »[21]

On assiste alors à un ressaisissement très net de Joachim Kühn, un tournant à nouveau pris vers une musique sans concessions, aidé en cela par la politique adoptée par le label allemand CMP.

Personal Note de Mark Nauseef incarne en quelques sortes cet album charnière, le disque qui témoigne de ce revirement. Le premier morceau, « *Chemistry* », est une explosion rock à base de basse électrique slappée et des scands hallucinés vomis par Philip Lynott, comme pour mieux marquer la fin d'une ère. Tout le reste du disque consiste en une folle alchimie : intégration d'éléments estampillés rock (basse, synthétiseur), indiens (certains rythmes, scands), jazz (saxophone, d'autres rythmes), musiques nouvelles (atonalité, absence de rythme, atmosphère glauque) pour un résultat surprenant, une œuvre hors catégories des plus réussies ! L'entente entre le percussionniste indien Trilok Gurtu et Mark Nauseef, la présence remarquable de Detlev Beier sur deux morceaux, l'illumination presque ultime de Joachim Kühn au saxophone alto et ses interventions au synthétiseur renouant avec une certaine âpreté du son participent pour beaucoup à la beauté de cette étrange musique, d'un caractère unique en son genre.

Ce n'est que onze mois plus tard que Kühn s'installera à nouveau derrière un synthétiseur : ce sera en duo avec son compère Jasper van't

Hof, et ce pour une musique qui élabore au fil des plages une atmosphère éthérée, une sorte d'exotisme de nulle part.

Puis (presque) plus rien.

Vers une musique débranchée

Après avoir goûté à l'excitation de la découverte et contribué à l'élaboration du jazz-rock à travers quelques brillantes expériences, après aussi avoir passablement bu quelques tasses dans ses eaux devenues sclérosantes, et si l'on excepte la bombe qui sera lancée en août 1990[22] où il utilisera des claviers électroniques en belle compagnie pour un défrichage peu réglementaire des sons au travers d'une incroyable jungle sonore, ainsi que quelques exceptions aussi éparses que ponctuelles, Joachim Kühn décide de définitivement couper l'interrupteur.

> « J'ai joué du synthé pendant une dizaine d'années [principalement des Roland] et j'ai l'impression d'avoir fait le tour de la question. J'étais insatisfait par le toucher, l'expression... j'aime les ressources sonores du synthé mais je n'aime pas en jouer. »[23]
>
> « J'ai horreur du synthé qui copie les sons d'autres instruments. En revanche, il peut en produire qui n'existent pas ailleurs. Aujourd'hui, il faut se spécialiser et le piano, c'est l'œuvre de toute une vie. Comme disait Rubinstein, il faut bien quatre-vingts ans pour le maîtriser vraiment ! »[24]
>
> « Je laisse désormais [la lutherie électronique] aux spécialistes. En 1981 je suis entré par hasard en relation avec les pianos Bechstein. J'ai essayé leur nouvel instrument et je l'ai adoré. Je suis allé à l'usine de Berlin pour en choisir un : ils me l'ont donné... Depuis qu'il est arrivé chez moi je ne joue plus de claviers électroniques. J'ai bien essayé des pianos à sons échantillonnés, mais ce n'est pas vraiment la même chose. Herbie Hancock en utilise parfois pour des enregistrements avec un son très semblable à celui du piano acoustique, mais il manque le plus important : le contact physique avec le son, le toucher, le feeling. »[25]

À l'image de son expérience au saxophone qui avait interféré avec son approche du piano, l'abandon des claviers va entraîner un nouveau remodelage de celle-ci, visible tant en solo que dans d'autres formations (particulièrement bien sûr avec le trio Kühn / Humair / Jenny-Clark).

L'intérêt de Joachim Kühn concernant les recherches sonores ne s'éteint pourtant pas et les expériences nouvelles seront les bienvenues, comme par exemple son travail en duo avec Walter Quintus.

Laissons à Kühn le soin de conclure à propos de sa période jazz-rock : « Je n'appellerais pas ça une erreur, plutôt une impasse. Dans ces cas-là, tu fais demi-tour et cherche une nouvelle direction musicale. »[26]

Le Trio Kühn / Humair / Jenny-Clark

« Rien d'extraordinaire : juste trois mecs qui avaient envie de jouer ensemble. »

Jean-François Jenny-Clark[1]

Des chiffres et des lettres

Le présent chapitre n'a pas pour visée d'explorer la place de Joachim Kühn au sein des trios aussi innombrables que divers qui ont pu jalonner son parcours, mais bien de s'attacher à un seul d'entre eux : le trio Kühn / Humair / Jenny-Clark. Ce choix délibéré s'explique notamment par la conjugaison de deux facteurs :
- l'exceptionnelle durée de vie de la formation (en regard de toutes les autres formations régulières du pianiste, qui voient leur existence s'échelonner entre un et trois ans en moyenne);
- l'impact de ce trio, tant dans le monde du jazz que chez chacun de ses trois membres.

Un troisième facteur pourrait aisément se greffer aux deux premiers, qui n'est autre qu'une simple mécanique des chiffres :
- Kühn et Jenny-Clark : une amitié de trente ans, 23 disques en commun;
- Kühn et Humair : une amitié de vingt-cinq ans, 21 disques en commun;
- Jenny-Clark et Humair : une amitié de vingt-cinq ans, 23 disques en commun;
- Kühn / Humair / Jenny-Clark : plus de 300 concerts à travers le monde, 14 disques en commun, dont 7 du seul Trio (soit en moyenne un tous les deux ans);
- Durée de vie du Trio : 14 ans, de 1984 à 1998.

Mais l'important est ailleurs : la musique ne se résume ni à une somme de chiffres, ni à une juxtaposition de noms, aussi grands soient-ils...

Jean-François Jenny-Clark

Contrebassiste hors pair au parcours multiple, de ses débuts du dimanche après-midi au Chat Qui Pêche, à l'aube des années soixante jusqu'à cette journée noire du 6 octobre 1998, qui s'est tissé au fil d'innombrables rencontres (Jackie McLean, Don Cherry, Gato Barbieri, Aldo Romano, Barney Wilen, Michel Portal, Keith Jarrett, Dave Liebman, Steve Lacy, Paul Motian…), d'expériences souvent réjouissantes (avec Barre Phillips, Evan Parker, Kenny Wheeler, quartet de contrebasses avec Jean Bolcato, Bruno Chevillon et Yves Rousseau, le groupe Perception, etc.) et les plongées au plus profond de la musique contemporaine (Boulez, Stockhausen, le groupe Musique Vivante de Diego Masson, Jean Schwartz…), inutile, impossible même de tout citer. Et, durant quinze années, les dernières, le trio Kühn / Humair / Jenny-Clark. Une épopée.

Incroyablement discret sur lui-même et sur les autres, unanimement respecté par tous les musiciens, européens ou américains, saluant ici sa grande humanité, là son époustouflante maîtrise de l'instrument, Jean-François Jenny-Clark était le véritable frère musical de Joachim Kühn. Tous deux sont nés en 1944, animés du même esprit d'ouverture, du même goût de l'aventure, du risque, l'Histoire a lié leur complicité lors de cette fameuse session du 2e festival de Jazz de Prague, en 1965, que trente années d'amitié ont définitivement scellée.

Jenny-Clark me confia un soir d'octobre 1997 que Joachim Kühn était l'unique personne qui appréhendait la musique exactement de la même manière que lui, que tous deux l'écoutaient, la comprenaient, la vivaient de façon identique. Kühn n'a d'ailleurs jamais manqué, publiquement (au cours d'interviews, à travers quelques *liner notes* dans les livrets de disques…) ou en privé, de souligner leur parfaite connivence, d'encenser l'extrême talent de son ami.

> « Pour moi, c'est le meilleur bassiste. J'en connais beaucoup d'autres, il y en a beaucoup que j'adore, mais lui… On ressent exactement la musique de la même manière. »[2]

Suite à cette première incursion, bouleversante, de Jenny-Clark dans la vie du pianiste ce soir de Prague, leurs deux histoires vont se croiser à maintes reprises notamment entre 1968 et 1972 (première période « parisienne » du pianiste) pour se nouer tout à fait en 1984 (début de la seconde période « parisienne »).

Dès les années free cependant, leur incroyable complicité est nettement palpable, ne cessera de s'affiner : qu'on le trouve à la contrebasse, au violoncelle[3] ou même à la basse électrique[4], Jean-François Jenny-Clark s'immisce à merveille dans les brèches du discours de Kühn, procédant par détournements ou résonances, prolongements multiples ou contrepoints exaltés ; tout se joue dans l'intime, entre puissance et délicatesse inouïes. C'est pourtant bien pizzicato à la contrebasse que Jenny-Clark donne la pleine mesure de son talent, alliant à la perfection maîtrise sans faille et finesse extrême : écoutez-le pour l'exemple, seul, sur « *Western Meaning* »[5] ou dans l'époustouflante ouverture de « *For My Mother* ».[6]

Soulignons enfin l'aspect éclaté, fondamentalement libre du jeu de Jenny-Clark qui, loin de servir de quelconque support à Kühn, encore moins de garde-fou, s'exprime au contraire sans la moindre concession rythmique : son chant est un chant plein, une œuvre de soliste, au même titre que celui du piano.

Daniel Humair

La rencontre entre Kühn et Humair remonte à 1969, lorsque le batteur a programmé un concert de Kühn au Musée d'Art Moderne de Paris. « On ne pouvait pas vivre à Paris sans le rencontrer », affirmera le pianiste[7]. On sait qu'ils n'ont commencé à mutuellement s'apprécier musicalement que trois ans plus tard… Des années soixante-treize et soixante-quatorze, malgré une fréquence plutôt élevée de concerts donnés ensemble, ne subsistent finalement que bien peu de disques : on trouve l'excellent double album *This Way Out*, *Connection 74* avec le Rolf Kühn Group et *Total Space* aux côtés d'un second batteur, Kasper Winding. Affaire par ailleurs paradoxale puisque, s'il était convenu de trouver Kühn propulsé par deux batteurs au plus fort de l'épopée free, le pianiste a toujours trouvé que le jeu de Humair se suffisait à lui-même :

> « J'ai commencé avec deux batteurs qui étaient très forts et qui apportaient un rythme très complexe. Je pouvais donc jouer plus longtemps, m'exprimant à mon tour de manière plus complexe, plus libre. Lorsque j'ai rencontré Daniel Humair, je n'ai pas senti le besoin de prendre un second batteur. C'est une personnalité : il me donne tout le rythme, toute la liberté dont j'ai besoin. »[8]

Réciproquement, le pianiste apporte à Humair une énergie des plus stimulantes :

> « Kühn a une espèce de puissance rythmique et physique… Il me permet de jouer de la batterie non pas comme dans un trio, mais comme dans une formation moyenne au niveau du volume sonore. »[9]

Et le jeu de Daniel Humair a de quoi étourdir : sans peut-être posséder la sensualité d'Aldo Romano, la fougue de Stu Martin ou la folie déconcertante de Jacques Thollot, Humair élabore son discours musical autour d'architectures complexes et ambiguës dotées d'un pointillisme exacerbé, révélant une conception spatiale du son unique qui ouvre à ses partenaires une multitude de possibles. Leur complicité se forge rapidement une solide réputation, régale, comme l'écrivait Jean Buzelin à l'occasion d'un concert du trio Kühn / Humair / Zbigniew Seifert à Avignon le 30 juillet 1975 :

> « Phénomène étonnant que la persistance (ou le renouvellement constant) de l'enthousiasme procuré par l'excitante musique de Joachim Kühn et de Daniel Humair. S'entourant en effet de musiciens divers lors de leurs derniers concerts (Dave Holland, Zbigniew Seifert), voire même depuis qu'ils jouent ensemble (Peter Warren, Jean-Louis Chautemps, Jasper van't Hof, Jean-François Jenny-Clark), ailleurs se retrouvant tous deux seuls, ils sont la garantie constante d'une musique aboutie. […] Une chose toutefois est certaine : Kühn et Humair ne musellent à aucun moment leurs partenaires ; ils les stimulent au contraire et sont stimulés par retour. »[10]

Naissance d'un trio

C'est la parution du disque *Easy To Read* qui, pour beaucoup, marque la naissance du trio Kühn / Humair / Jenny-Clark : probablement à cause de son extrême pauvreté discographique antérieure (on ne le trouve qu'à l'état de traces dans la production des années soixante-dix), mais certainement plus encore du fait de l'incroyable essor qu'il a pu prendre à partir de 1985.

La rencontre véritable pourtant, date de l'année 1971, même si à l'époque le trio régulier de Joachim Kühn était constitué de Jean-François Jenny-Clark et du batteur Jacques Thollot, avec la parution du premier document officiel concernant le trio avec Humair ; une session qui n'a que peu à voir avec ce qu'ils allaient jouer en club ou en concert trois ans plus tard et pour cause : il s'agit en effet d'une formule à deux contrebassistes, un batteur, un percussionniste, un pianiste, un saxophoniste et un orchestre à cordes... pour une musique destinée à coller aux images des dérives érotiques d'un splendide Marlon Brando filmé par Bertolucci dans *Le Dernier Tango à Paris*. Elle se compose d'une suite de vingt-huit séquences dépassant rarement la minute, destinées à véritablement faire chair avec l'image pour en intensifier l'impact émotionnel. Cela donne au final une somme de petites ébauches musicales parfois savoureuses (Jenny-Clark tissant sa trame autour de la basse ronflante de Charlie Haden, une brève envolée chaotique de Kühn) mais trop souvent gangrenées par la forte redondance du thème phare. Et si Kühn est repérable dès les premières mesures de cette « *Last Tango In Paris Suite* », il sera bien vite noyé par la lancinance des cordes, tout comme les bassistes, tout comme Humair lui-même doublé par un percussionniste certainement chargé de donner à la musique une lourde teinte exotique. Seul le compositeur argentin Gato Barbieri parvient – et c'était sans aucun doute l'effet désiré – à contrebalancer au saxophone le poids des cordes. Il est d'ailleurs l'unique musicien de la session (avec l'arrangeur Oliver Nelson) à être nommé dans ce qui demeure à ce jour la seule édition originale de cette musique (hormis au sein du film lui-même)[11] : le disque paru quelque temps après la sortie du film présente en effet une musique réinterprétée (retaillée sur mesure, allongeant la longueur des morceaux pour obtenir une version bien plus léchée et plus présentable que les miettes sonores de la suite originale) avec au passage quelques changements de personnel, notamment celui de Kühn par Franco d'Andrea. Dans de telles conditions, on comprend naturellement que la première trace enregistrée par le trio soit passée totalement inaperçue aux yeux de tous. Si elle reste véritablement anecdotique, la seconde l'est un peu moins, qui sera concrétisée au cours d'une paire d'années de forte activité pour le trio.

Ce n'est pourtant toujours pas en véritable trio mais sous la conduite de Joe Henderson qu'il verra le jour, avec le disque *Black Narcissus*.

Un narcisse noir pour unique bouquet

Sur ce disque dont la pochette présente une peinture de Daniel Humair, le trio est malheureusement desservi par un son sans relief qui amplifie la place du ténor ainsi que celle du synthétiseur polyphonique qui a d'ailleurs tendance à polluer certaines improvisations. Ceci dit, il est clair que les bases du trio sont d'ores et déjà bien en place : la comparaison entre les morceaux avec le trio et celui où la rythmique est tenue par David Friesen et Jack DeJohnette, sans la rendre trop significative, montre tout de même une plus forte stimulation de Jenny-Clark et de Humair à l'égard du pianiste, rendant ainsi plus propice la prise de risque.

L'écoute de ces morceaux enregistrés en octobre 1974 nous permet de reconnaître l'identité du trio, immédiate et forte, mais nous fait aussi constater quelques différences avec sa production ultérieure, qui tiennent en partie au jeu de Kühn, « un travail obstiné sur le tremblement et les innombrables façons de le moduler »[12], effusions magmatiques à la main droite ponctuées par un martèlement d'accords de main gauche, sourds, instables et puissants, évoquant le climat des transes coltraniennes : une approche de l'instrument typique du pianiste à cette époque, qui atteint son paroxysme entre les années 1975 et 1980 (voir en particulier ses travaux en solo) et qui se modifiera notoirement quelques années plus tard.

> « Musique tout à fait personnelle, selon Serge Bruna-Rosso à propos d'un concert du trio à la Maison de Radio France, le 1er février 1975, très mûre, d'une grande beauté mélodique, et servie à la perfection par ces autres "grosses pointures" que sont Humair et J.-F. »[13]

Dès lors la direction est donnée, la rythmique s'engage dans la bataille avec le cœur et l'énergie qu'on lui connaît. « Il reste à souhaiter qu'un disque permette à un public moins limité de découvrir dans son état actuel ce trio exemplaire »[14] soulignait Michel Calonne au début de l'année 1975 ; regrettons que son souhait soit resté sans réponse et qu'il ait fallu attendre dix ans pour enfin voir paraître le premier disque du trio, enfin seul.

« Un pour tous, tous pour un ! », constat d'une triple-entente

« Nous ne parlons pas musique, nous jouons. »[15] Le secret, peut-être…

L'une des caractéristiques principales des trios de Joachim Kühn réside dans le choix pleinement assumé de la mort des rythmiques dites classiques : dès l'année 1965, ses trios se basent sur un fonctionnement tripartite directement ancré dans le free jazz ; ainsi, au sein de ses groupes s'élabore tout un tissu d'échanges, le plus souvent spontanés, où chacun des membres fait figure de soliste à part entière au lieu de se cantonner dans le rôle de faire-valoir ou de simple exécutant du pianiste. Cette notion demeure plus que jamais d'actualité au sein du trio Kühn / Humair / Jenny-Clark.

Elle se nourrit d'une écoute attentive et d'une connaissance sans faille de ses compagnons, d'un respect mutuel aussi, d'un étonnement constant envers l'autre, surtout, que des années de travail en commun n'ont pas tari. Chacun d'eux a par ailleurs eu maintes fois l'occasion d'évoquer cette double complicité – musicale et fraternelle – qui a cimenté le groupe :

> « Notre principe n'est pas de faire tourner, mais de détourner, c'est-à-dire que l'instrument mélodique soit réparti sur les trois éléments du trio. Nous n'avons pas une position d'accompagnateurs même si nous le sommes par instants, chacun son tour. Pas de leader, mais trois personnalités différentes, chacune à l'écoute des deux autres. »[16]
>
> « Avec Dave Liebman, Joachim est l'un des très rares musiciens en qui j'ai une confiance totale. […] La raison principale de la longévité du trio, c'est que nous prenons beaucoup de plaisir à jouer ensemble. »[17]
>
> « Ce trio me tient à cœur, c'est un point fort de mon existence. […] Je ne sais pas trop comment on s'est débrouillé pour rester ensemble aussi longtemps. Nous avons trois styles de vie très différents, mais on a un même langage musical et à chaque rencontre on apporte quelque chose de nouveau, ce qui fait que c'est très excitant de faire partie de ce trio. […] On ne s'arrêtera pas de sitôt, on joue mieux à chaque rencontre donc c'est une raison pour continuer… On est amis et… "This is jazz" ! »[18]

Longévité exceptionnelle pour un groupe de jazz, donc, qui s'explique notamment par un renouvellement constant de l'approche des musiciens face à leur propre musique : sans même parler de l'évolution de leur répertoire, certains standards du trio, joués sur plus de dix ans, sont abordés de manières fort diverses selon l'instant, l'humeur, et voient leur structure complètement chamboulée d'un concert à l'autre.

Dès *Easy To Read* et jusqu'au magnifique *Triple Entente*, le groupe délivre un jeu d'une impressionnante intensité ; sa force d'impact tient majoritairement en la conjugaison infernale de trois facteurs : une énergie phénoménale, la complexité des architectures musicales et la beauté, l'efficacité des thèmes, tout cela parfaitement entremêlé, diabolique alchimie au service d'un swing perpétuel.

L'énergie : moteur du Trio

Nombreux sont les thèmes qui démarrent sur les chapeaux de roues, servis par une virtuosité à toute épreuve, bouffées de free qui explosent en maintes fissures, débordements magmatiques ou déferlements majestueux : ce bouillon d'énergie fait le régal des invités du Trio, de Rolf Kühn à Conny Bauer, en passant par Jerry Bergonzi, Christof Lauer, Enrico Rava, François Jeanneau, Didier Lockwood et Christian Escoudé, Franco Ambrosetti, Marc Ducret, Hélène Labarrière, Harry Pepl, Palle Mikkelborg, Larry Schneider, David Friedman, Chris Potter, Bobby Rangell, Martial Solal, Helen Merrill, Mino Cinelu, Jean Schwartz et même… Johnny Griffin ! Mais ce sont bien les indomptables Michel Portal et Dave Liebman qui, seuls ou ensemble, viennent régulièrement livrer bataille au Trio.

Pourtant, à la différence de la période purement free de la fin des années soixante, cette formidable débauche d'énergie n'est plus une fin en soi (l'expression du cri), et circule au travers d'un complexe réseau architectural : un moyen peut-être d'ébranler, d'éclater parfois les fondements harmoniques, pour mieux reconstruire.

Architectures

Cette notion de complexité dans l'agencement d'un morceau, la diversité des rythmes, des chemins – empruntés, empruntables ou réfutés –, des schèmes mélodiques, les brisures à l'intérieur d'un même morceau, ce constat de pièces puzzle qui caractérisent la musique du Trio, bien loin d'enfermer les trois solistes dans le carcan de l'écriture, leur offrent au contraire une multitude de possibles où l'improvisation se taille la part du lion : toute la liberté dont le Trio a besoin pour une prise de risques maximale, une musique sans concessions.

Ainsi, un morceau ne se limite-t-il pas à la traditionnelle succession de solos encadrés de l'exposé du thème : le thème lui-même, d'emblée, s'avère être bien souvent un enchevêtrement de sous-thèmes dont l'ordre et le traitement explosent au fil des interprétations. À titre d'exemples, nous pourrions nous amuser à disséquer quelques-uns des thèmes phares du répertoire du Trio, comme « *From time to Time Free* », « *Para* », « *Changement* », « *Heavy Hanging* », etc., mais une telle étude déborderait sans peine la place que nous pourrions lui consacrer dans le présent ouvrage.

Essayons simplement d'en ébaucher certains contours à travers le découpage de diverses interprétations d'un autre thème du Trio, « *Guylène* ». Il s'agit là du seul morceau joué à chaque concert, de la (re)naissance du groupe en 1984 jusque dans les derniers mois… Daniel Humair en avait écrit la trame rythmique avant la formation du Trio, puis Kühn s'en est emparé pour y injecter d'incroyables harmonies.

Maltraitance de Guylène

Si l'on se base sur la première version de « *Guylène* » qu'il nous ait été donnée à entendre (sur *Easy to Read*), le thème principal est fragmenté comme suit (voir partition ci-dessous) :

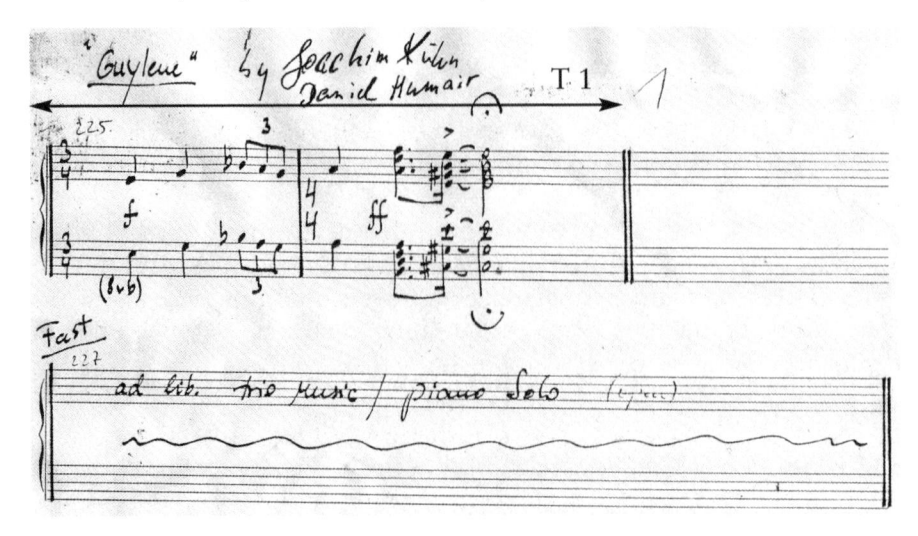

Le Trio: Khün / Humain / Jenny-Clarke

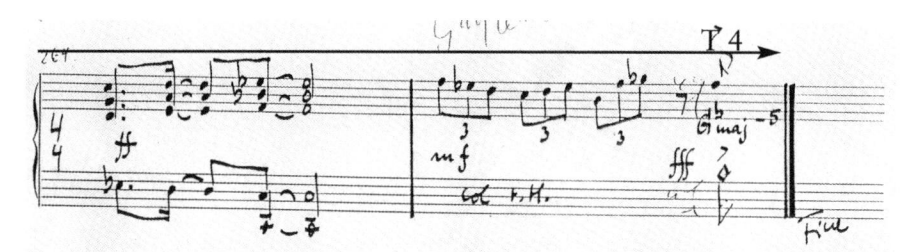

© + p E. Pleasure Point Music, EMI Publishing – Germany GEMA

T = thème (T5 et T6 sont des parties improvisées récurrentes qui n'apparaissent pas sur la partition).

T1 : courte phrase lancée au piano, qui s'achève par deux accords tenus par le trio.

T2 : thème rapide, à la structure hachée, joué à l'unisson.

T3 : thème rapide, en forme de question (piano) / réponse (trio) répété trois fois de manière identique, puis une quatrième subissant quelques modifications.

T4 : thème rapide, en écho à T2, qui débouche sur un accord sèchement plaqué suivi d'un bref silence.

T1

T5 : phase de latence où Kühn joue sur les touches en pinçant les cordes, installation d'un swing particulièrement entraînant ; griffures assénées par la main droite dans les aigus du clavier et crescendo du Trio sont vecteurs de tension croissante, un ensemble très dense, très cohérent qui, au comble de son intensité, s'émiette (T6).

T6 : déraillement annoncé en T5, caractérisé par des jeux saccadés, très enlevés, brûlants, fusant dans de multiples directions (image d'un feu d'artifice) ; jeux décalés mais complémentaires des deux mains du pianiste.

T1

Examinons à présent le découpage de « *Guylène* » au sein de différentes interprétations – en studio ou en concert – (la durée des mouvements est livrée à titre d'indication) :

■ Sur *Easy to read* (juin 1985) :
T1-T2-T3-T4-T1-T5-T6-T1 : 2'57
improvisation du Trio : 3'44
T1-T2-T3-T4 : 0'34

■ En concert à New York en juin 1988 (9.11. PM Town Hall) :
introduction : 0'23
(errance du Trio)
T2-T3-T4-T1-T2-T3-T4-T1 : 1'04
improvisation du Trio : 0'21
T5 : 1'55
T6-T1 : 0'31
duo Jenny-Clark / Humair : 0'50
improvisation du Trio : 2'37
T2-T3-T4 : 0'28

■ En concert au Théâtre de la Ville, Paris, novembre 1989 (*Live 1989*) :
T1 : 4'00
duo Kühn / Jenny-Clark, puis Trio : 1'51
(digressions, tâtonnements, ébauches de phrases au piano dans l'ombre de T2)
T2-T3-T4-T1-T2-T3-T4-T1 : 0'53
duo Kühn (pince les cordes du piano) / Jenny-Clark, puis Trio : 1'52
(installation progressive du rythme de T5, crescendo jusqu'à un silence de 3 secondes)

T5 : 0'22
(accouchement du thème, très syncopé, nouveau crescendo)
T6-T1 : 0'31
solo de batterie, puis duo avec contrebasse, puis Trio : 6'28
T2-T3-T4 : 0'25
■ Sur *Carambolage* (février 1991) où le thème ponctue une suite en quatre mouvements :
T1 : 0'07
(entonné par le Trio + WDR Big Band)
alternance Trio seul ou avec orchestre : 2'03
(foisonnement multidirectionnel)
T1-T2-T3-T4 : 0'36
(Trio + orchestre)
■ En concert à Mainz, 18 mai 1992 (cf. cd du livre, plage n° 7) :
T1 : 0'04
phase de transition : 1'40
T2-T3-T4-T1-T2-T3-T4-T1 : 0'58
improvisation du Trio : 4'45
(Kühn joue en pinçant les cordes, emballement rythmique très pizzicato qui annonce T5)
T5 : 0'20
T6-T1 : 0'37
solo de batterie : 2'06
(Humair joue de manière très spatiale)
improvisation du Trio : 3'44
T2-T3-T4 : 0'26
■ En concert à Leipzig, octobre 1992, pour ce qui en constitue assurément l'une des plus admirables versions de « *Guylène* » :
introduction : 1'39
(errance du Trio, puis raffermissement des structures, resserrement des espaces...)
T1-T2-T3-T4-T1-T2-T3-T4-T1 : 1'01
(exécution des enchaînements plus rapide encore qu'à l'accoutumée)
solo de piano : 0'57
(flottant, atonal)
improvisation du Trio : 4'52
(variations des rythmes, beaucoup de contrastes)
solo de piano : 0'21
(qui s'achève par une longue note tenue dans les basses)
improvisation du Trio : 4'17
(la note du solo est reprise puis détournée, jeu de piano en pinçant les cordes, installation du rythme de T5 par le piano et la batterie tandis que la contrebasse se « balade »)
T5-T6-T1 : 1'58
solo de batterie : 1'20
improvisation du Trio : 2'20
solo de piano : 0'19
improvisation du Trio : 1'39
T2-T3-T4 : 0'24
■ En concert à Viersen, septembre 1995, où le thème fait directement suite à celui de « *Express* » :
T2-T3-T4-T1-T2-T3-T4-T1 : 1'00
duo Kühn / Jenny-Clark : 0'26
improvisation du Trio : 4'04
solo de contrebasse avec batterie à l'arrière plan : 2'19
improvisation du Trio : 1'02
solo de batterie : 1'17

improvisation du Trio : 1'11
(Kühn joue en pinçant les cordes, emballement rythmique qui annonce habituellement T5)
T6 : 0'56
(le thème est lancé directement sans T5, particulièrement frénétique)
T2-T3-T4 : 0'36
(l'accord final, habituellement fort abrupt, est un peu retenu)
- « *Guylène* » défigurée

Cette étrange mathématique, proche du rébarbatif, n'a d'autre raison d'être que d'ausculter le squelette protéiforme de « *Guylène* » au fil des mois et des humeurs. Ainsi, en ce qui concerne nos exemples, pouvons-nous constater quelques grands chambardements quant à la durée des interprétations (de 2'46 sur *Carambolage* à 21'20 pour le concert à Leipzig !), quant à l'ordre des sous-thèmes (variable, par moments amputé d'un ou de plusieurs d'entre eux, parfois enchaînés deux fois de suite), enfin quant à l'agencement des fragments dans leur ensemble.

Les passages notés par commodité improvisation ne doivent pas masquer le fait que celle-ci reste présente en chaque instant (les différences de durée des sous-thèmes sont là pour en témoigner) et permet de nous offrir une lecture non balisée de la musique.

Jeux, thèmes : une conjugaison amoureuse

La très grande majorité des thèmes du répertoire du Trio est constituée de compositions de Joachim Kühn. Leur efficacité intrinsèque résulte d'une grande richesse harmonique, d'une effrayante complexité, d'un enchevêtrement rythmique à couper le souffle et surtout d'une profonde sensibilité. L'écriture, extrêmement rigoureuse, permet un jeu à trois d'une grande liberté, où se percutent, se bousculent ou s'embrassent les jeux de chacun. Plus encore que la beauté, la poésie de ces thèmes – bon nombre d'entre eux, s'ils n'étaient pas si ardus à jouer, feraient déjà figure de standards (pour l'heure, Liebman et Portal sont à peu près les seuls à risquer de s'en emparer avec leurs propres formations) –, c'est le traitement que leur inflige le Trio dans son ensemble qui illumine toutes ces compositions.

Carambolages

Le disque *Carambolage* (qui tient son titre d'un accident de voiture du pianiste...) reste à part dans la discographie du Trio, puisque ce dernier, excepté sur le titre « *Versage* », se trouve confronté à un orchestre de dix-neuf instruments à vent, le Westdeutscher Rundfunk Big Band. Ce dernier ne se contente pas de faire office de contrepoids au Trio, au contraire : il agit comme un bloc polymorphe nous livrant ses combats intérieurs (au sein du WDR Big Band) autant qu'extérieurs (avec chacun des membres du Trio ou avec le Trio dans son ensemble). L'écriture, riche, ouverte, livre des espaces qu'exploitent (ou non) les trois pôles du groupe et l'entité orchestrale (dans son ensemble ou non), tantôt en arrière-plan ou même absente, tantôt entremêlée au discours des solistes et parfois « soliste » elle-même.

L'ensemble fonctionne de manière efficace (l'époustouflante introduction de « *Para* » !) puisqu'on ne ressent que peu les lourdeurs causées par l'adjonction d'un orchestre : le Trio est ici parfaitement libre de ses mouvements, la musique reste fraîche et nerveuse et certains solos de Jenny-Clark sont tout à fait somptueux ; un reproche toutefois qui accroche l'oreille : le travail de mixage a privilégié de manière trop flagrante les sons de basses, ce qui nuit certainement à l'élégance de l'œuvre.

Quoi qu'il en soit, un jalon particulier dans la « carrière » du pianiste, qui souligne :

> « Je ne suis pas fan des big bands ; mais tout musicien de jazz doit à un moment ou à un autre réaliser un enregistrement en big band. »[19]

L'Opéra de Quat'Sous

Ce disque au son époustouflant impressionne, tant par son extrême musicalité que par l'intensité des échanges entre les musiciens. Au service de thèmes qui ne sont pas les leurs, magnifiquement réarrangés par Joachim Kühn, ces trois-là se sont emparés de cette matière première pour, plus que tout, jouer. Ces airs mille fois entendus, qui n'avaient pourtant guère besoin d'une nouvelle fraîcheur, ont trouvé sous les doigts du Trio une dimension nouvelle. Plus que jamais peut-être, Kühn, Humair et Jenny-Clark se font mélodistes, contiennent toute la démesure de leur énergie pour une musique de l'étreinte. Quelque chose qui, au-dedans, remue, sans que l'on sache exactement quoi ni pourquoi.

Au-delà du choc émotionnel, c'est certainement le constat que, malgré un sujet épineux puisque déjà légendaire, savonneux puisque sans cesse rabâché, le Trio s'exprime avec une grande liberté : là où d'autres ont risqué l'enfermement voire la sclérose, il ouvre des espaces non explorés, enracinés et nourris de la sève des chansons de cet opéra de Kurt Weill.

Détournements

Si le Trio a reçu bon nombre d'invités tout au long de son existence, bien peu de musiciens se sont risqués à le « détourner » pour un projet personnel. Ce qui à première vue pourrait surprendre, s'explique finalement aisément : comment un élément extérieur peut-il trouver sa place dans un ensemble si cohérent, tellement suffisant à lui-même ? Comment rester soi-même, comment s'exprimer sans se noyer dans ce déluge infernal ?

On a vu, et avec quel talent, combien Michel Portal, Dave Liebman ou Christof Lauer, loin de se perdre, ont su exister au sein du Trio, se sont surpassés : des rencontres où tout le monde y gagne, à tel point qu'elles se sont perpétuées jusqu'à la fin... Mais on connaît aussi le goût du risque, de l'aventure, la soif d'inconnu qui animent chacun d'entre eux (doit-on surenchérir en constatant une fois encore la présence d'un autre dénominateur commun : un certain héritage coltranien... ?). Or, combien de prestations en demi-teintes pour une pleine réussite ? Car plus d'un invité s'est cassé les dents le temps d'un concert avec le Trio.

Le cas inverse, lorsqu'une *star* s'empare du Trio pour un projet personnel, soulève un autre problème, à peu près du même ordre : le Trio est-il invité pour ce qu'il est ou doit-il se plier au désir du demandeur ? Force est de se rendre à l'évidence : le Trio est alors détourné, doit tempérer sa fougue, délaisser ses compositions, se « mettre au service de » et interpréter un autre répertoire avec tout le brio qu'on est en droit d'attendre de lui. A fortiori lorsque ce sont deux *stars* qui le réclament, en l'occurrence Helen Merrill et Stan Getz... Ainsi donc, sur leur disque *Just Friends*, le Trio demeure-t-il bien souvent confiné à l'arrière-plan, contraint d'assurer, impeccablement il est vrai... Image quelque peu désincarnée du tigre qui tourne inlassablement dans sa cage du zoo de Vincennes, pâle reflet de ce qu'il était au fin fond de la mangrove javanaise. L'évènement est ailleurs : dans l'imbrication réciproque, presque intime, des voix de la chanteuse et du saxophoniste.

Ce nouveau répertoire est taillé sur mesure pour Helen Merrill (ce qui est somme toute logique) et se constitue de standards inoxydables, souvent des ballades, qui offrent encore moins d'espace au Trio que les morceaux plus vivaces comme cette admirable version de « *It don't mean a thing if it ain't got that swing* » cosigné par Duke Ellington et Irving Mills. Musique plutôt traditionnelle donc, où l'on ne se lasse pourtant pas d'entendre le son brûlant de Stan Getz.

Tout à fait autre l'expérience du concert du 19 mars 1990 au Théâtre de la Ville où, propulsée par le Trio, Helen Merrill se déchaîne sur quelques standards : « *Come Raine or Come Shine* », « *What is this Thing Called Love* », « *Lover Man* », « *My Favorite Things* », « *Round Midnight* » ou le toujours flamboyant « *It Don't Mean a Thing* » à propos duquel elle déclarera :

> « Il y en a deux à qui il ne faut jamais dire de jouer vite : Mingus et Kühn. J'aurais dû l'apprendre. »[20]

Entre d'autres standards donnés en rappel et quelques classiques du groupe (« *Changement* », « *Para* », « *From Time to Time Free* » ou les « *India* » et « *Expression* » de Coltrane) joués simplement à trois, ce duo qui émerge de la voix et du piano sur « *What's New* »...

Signalons pour l'histoire petite, que Jane Birkin a aussi fait appel au Trio pour enregistrer le titre « *Ce mortel ennui* » sur son disque *Versions Jane* où elle interprète Gainsbourg en usant d'un groupe différent pour l'accompagner à chaque morceau...

En guise de testament

Le dernier disque du Trio, *Triple-entente*, est aussi le dernier de Jean-François Jenny-Clark. Il rafle une moisson de prix, du « meilleur disque de l'année 1998 » de bon nombre de revues spécialisées aux prestigieux Prix du meilleur disque de l'année décerné par l'Académie du jazz, devant Herbie Hancock, Lee Konitz et Brad Mehldau, et prix de l'album jazz des 6e Victoires de la musique classique et du jazz ; regretter probablement qu'un tel engouement ait attendu une mort pour voir le jour (mais c'est peut-être pour ça qu'un musicien finit par mourir : pour rappeler aux yeux du monde qu'il existe...), saluer au passage la masse d'efforts déployée par les télévisions françaises pour ignorer pendant plus de quinze ans la musique du Trio[21], et quand je parle du Trio, je parle finalement du jazz européen dans son ensemble : des Sclavis, Portal, Surman... mais surtout de tous ceux qui n'ont jamais voix au chapitre, de Vladimir Chekasin à Daunik Lazro, d'Evan Parker à Fred van Hove, en passant par mille autres noms.

Une « Triple-entente » donc, qui a mis tout le monde d'accord le temps de quelques soirées de gala. L'important, décidément, demeure ailleurs ; constitué de morceaux plus courts et plus nombreux qu'à l'accoutumée, le disque ne renferme que des compositions originales : 8 sont de Joachim Kühn, une de Daniel Humair, une de Jean-François Jenny-Clark[22], une co-signée par les trois musiciens. Il faut reconnaître que si les caractéristiques habituelles du Trio sont toujours aussi présentes qu'affûtées, une nouvelle dimension a éclos dans la musique, quelque chose de véritablement abrupt, une sorte d'art du vertige : un rapport direct à l'essentiel. À l'évidence, les prémices de ce qui donnera le *diminished augmented system* sont sérieusement en train de se mettre en place, comme en témoigne par le premier morceau du disque, l'hommage rendu au « catalyseur » Ornette Coleman rencontré quelques mois auparavant par le pianiste.

De cette histoire, la musique du 20e siècle retiendra certainement quelques jalons, aux côtés de quelques noms mythiques du jazz. En attendant, il nous reste les souvenirs et une poignée d'enregistrements magnifiques...

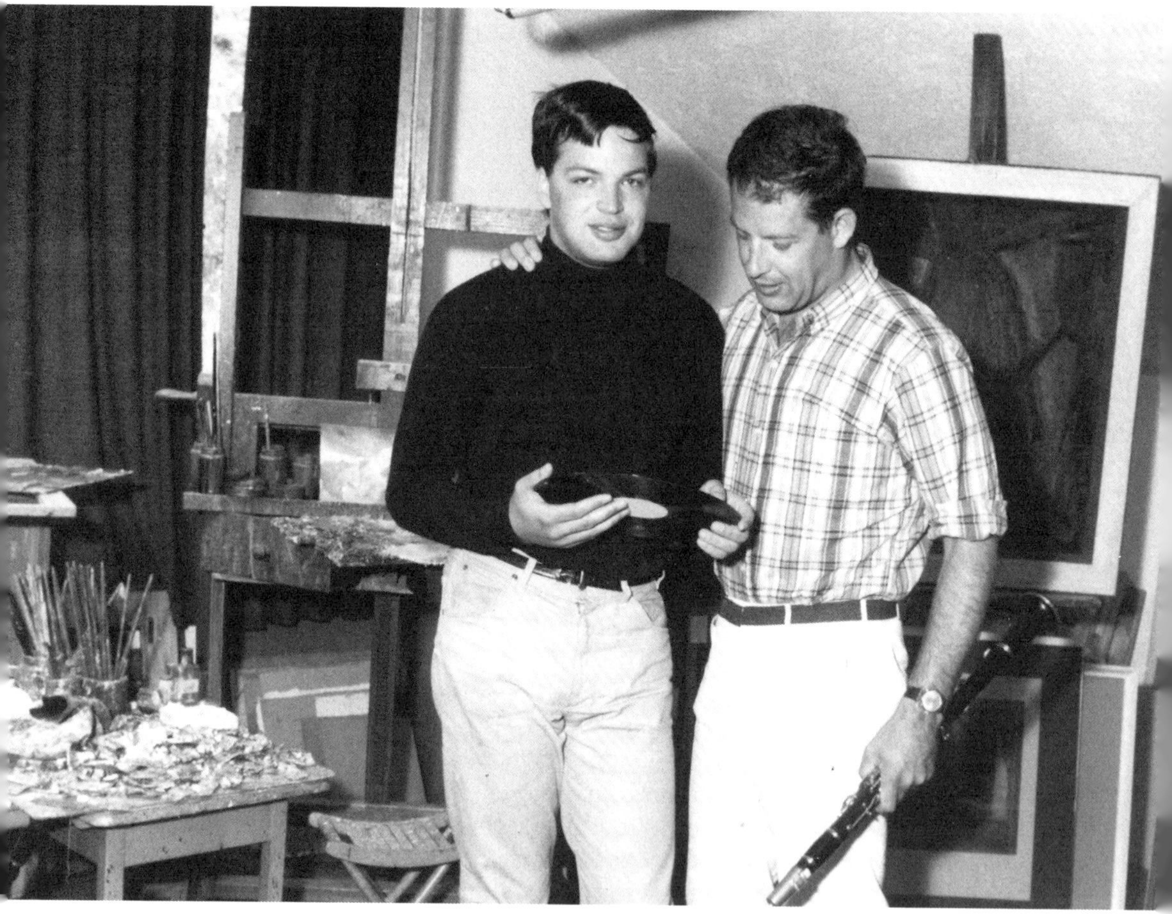

Tête à têtes : la perspective du duo

> « Je n'ai toujours pas très bien compris
> si tu te transformes en chien ou en chat. »
>
> Jacques Barbéri[1]

La diversité des paires

Les duos jalonnent la trajectoire musicale de Joachim Kühn et ce, dès les débuts. La plupart d'entre eux réside en un face à face piano / saxophone, mais on trouve de nombreuses autres combinaisons avec des instruments aussi divers qu'une clarinette, des percussions, une console digitale, une guitare électrique, un violon, un trombone, un second piano, une voix... Pour Kühn :

> « Le duo est très probablement la formule la plus difficile à jouer. Il faut être très attentif, très à l'écoute de son partenaire, toujours à l'affût, tout peut survenir très vite. C'est une forme très ouverte qui offre à chacun des deux partenaires beaucoup d'espace de jeu. »[2]

Dès lors, si les rencontres se suivent, elles se ressemblent peu...

Brothers, une affaire de famille

Le plus naturel, le plus ancien des duos, forcément : avec Rolf Kühn, son frère. Et si, à propos des six à huit heures qu'il avait l'habitude de passer à travailler la clarinette non loin du lit où Joachim encore bébé faisait la sieste, l'un assène en riant que ces exercices l'empêchaient de dormir tandis que l'autre fait mine de se plaindre « du sain et profond sommeil »[3] dans lequel son petit frère restait plongé malgré la musique, l'évidence est là : leur intense complicité est née dès les premiers mois de la vie de Joachim Kühn.

> « [Ma collaboration] avec Rolf est très facile car je joue avec lui depuis que je suis tout gamin. Je pense que c'est grâce à lui que je suis devenu musicien. C'est lui qui en premier lieu m'a introduit à la musique et au jazz. »[4]

Paradoxalement, hormis quelques duos épars en concert ou sur disques, ce n'est qu'en 1994 que les frères Kühn enregistrent un album entier en duo : *Brothers*. Le son de Rolf y est brûlant : très bois, pur, plein, un son qui sait être à la fois extrêmement puissant et d'une indicible fragilité, au phrasé souvent très lié, passant des graves aux aigus avec une facilité qui pourrait déconcerter, sans que le corps du son ne subisse d'altérations ; et, en fin de phrases dans les passages tendres ou presque dramatiques, ce souffle qui s'effeuille, se fait vibratile et puis qui meurt. L'antagonisme du jeu de Rolf Kühn réside en cette résolue modernité pourtant enracinée dans les années cinquante et non au cœur de la New Thing. Il se prolonge dans ce duo où le romantisme du clarinettiste épouse les constructions alambiquées et les déstructures du pianiste, s'immisce entre les incessants contrepoints aux tonalités multiples de la main gauche et les avancées effusives de la main droite :

> « [Joachim] a déjà écrit bon nombre de compositions par le passé, essentiellement des morceaux très complexes qui sont souvent bien difficiles à jouer pour un clarinettiste. C'est un style d'écriture sans retenue qui constitue toujours pour moi un véritable challenge. »[5]

Les unissons sont parfaits de maîtrise, de précision, de sensualité surtout et l'architecture musicale, en co(é)llaboration perpétuelle, offre un caractère de grande liberté.

À travers ce disque impressionniste aux structures pour le moins éclatées, c'est bien la profonde intimité entre les deux frères qui transparaît.

Cinq ans auparavant, le disque de Rolf Kühn *As Time Goes By* en trio avec Joachim et le contrebassiste Detlev Beier laissait présager l'avènement de *Brothers* ; on y retrouve ce même système d'agencements complexes qui s'élaborent dans un espace sonore épuré, débarrassé de sa flagrante pulsation (la batterie), réduits à eux-mêmes, c'est-à-dire à l'instant, c'est-à-dire à une multitude de possibles. Le titre éponyme consiste d'ailleurs en un duo des deux frères, et chacun des deux disques comprend un morceau décalé où l'influence de l'ingénieur du son Walter Quintus est évidemment prégnante : il s'agit de « *Speed Of Speech* » pour le premier (où tour à tour la clarinette, la contrebasse et le piano subissent le reflet de miroirs déformants, constituant ainsi une pâte sonore d'où semblent vouloir s'extraire les instruments), de « *Opal* » pour le second, où le background-tape enregistré par Emmanuel Mertens tient le rôle de perturbateur.

Comment enfin ne pas mentionner « Music For Two Brothers »[6] enregistré en octobre 1973, qui déjà portait les germes de ce que serait *Brothers* vingt ans plus tard. Joachim Kühn nous en précise les circonstances d'enregistrement :

> « Il nous manquait un titre pour le disque. On est allés au studio une nuit alors qu'il y avait un orage, on a enregistré le duo et nous sommes rentrés, toujours sous l'orage. Ça donnait un caractère aventureux à la chose. Lorsque je réécoute ce morceau aujourd'hui, je reste stupéfait de constater à quel point nos jeux étaient proches l'un de l'autre. Pour moi, c'était et cela reste quelque chose de spécial de jouer en duo avec Rolf.
> Un duo est une sorte de dialogue, il faut être direct, ce qui donne un élan différent à la musique. C'est un challenge qui ne peut pas fonctionner avec tout le monde. Jouer avec Rolf marche toujours très bien. »[7]

Paire royale, la formule piano / saxophone

Bien qu'il reste très peu de traces discographiques de cette forme de duo, Kühn a souvent emprunté cette structure de jeu. Pour mémoire par exemple, les duos avec Anthony Braxton en 1972. De cette rencontre malheureusement, il ne reste que le souvenir. Pour mémoire encore les duos avec Charlie Mariano, avec Zbigniew Namyslowski, avec Dave Liebman, avec Gerd Dudek dans les années 2000 ou ceux, rarissimes, donnés en compagnie de Michel Portal.

Notons pour sa grande beauté le duo avec Gerd Dudek sur le morceau « Other Way Out »[8], procédant alternativement par emballements réciproques et phases paisibles, dénudées à l'extrême : il constitue aussi l'unique témoignage officiel d'un duo de Joachim Kühn avec un saxophoniste jusqu'au disque *Signed By* : enregistré avec Jerry Bergonzi en… 1991 !

Ici, le jeu du pianiste s'est raffermi par rapport au duo avec Rolf, se faisant comme plus enraciné dans un hypothétique sol, peut-être moins débridé, plus « cernable », offrant de larges points d'ancrage au saxophoniste : cela donne un duo bien différent, moins éclaté, d'aspect probablement plus solide, minutieusement planifié, moins intime aussi. Ce duo serait plutôt à rapprocher de celui formé avec Christof Lauer (où là encore les témoignages sonores officiels brillent par leur absence), dont un concert donné à Paris quinze mois plus tard[9] a révélé bon nombre de similitudes entre ces deux formations réduites : outre la reprise de certains morceaux (« *Manipulation* » et « *Heavy Hanging* ») et le jeu de Kühn assez semblable de l'un à l'autre des duos, d'autres éléments communs percent çà et là les tentatives de comparaison, en particulier le son des deux saxophonistes, rond et suave dans un registre grave, avec une tendance à l'émiettement dans l'aigu, un son volontiers embué par quelques savoureux toussotements fiévreux. Une seconde caractéristique encore : la cicatrice coltranienne tout juste refermée, qui par endroits suinte dans leur jeu. De Bergonzi, on soulignera :

> « Son jeu brille tant par sa dureté que par ses trouvailles dans le placement harmonique du solo. La puissance du débit et son aptitude à transcender les enchaînements harmoniques

le rapprochent à l'évidence de Coltrane. »[10]

Même si pour ma part je pense que le poids de la tradition – Lester Young en particulier – reste prégnant chez Bergonzi. De Lauer dont la filiation coltranienne est plus évidente encore, on insistera sur la texture sonore particulièrement friable et puissante à la fois ainsi que sur le propos souvent enroulé en flots obstinés, butinant furieusement autour des harmonies[11]. Signalons pour clôturer ce point en forme de clin d'œil, que le morceau de rappel de ce concert était l'« *India* » de John Coltrane.

Pourtant, c'est bien avec un altiste et non un saxophoniste ténor, que les grands bouleversements vont avoir lieu.

Ornette, rencontre avec un maître

L'un, le Noir au saxophone en plastique blanc, le Noir qu'on a pointé du doigt, celui dont on a dit « ce type est cinglé »[12] (Monk) ou « psychologiquement, ce type est ravagé »[13] (Miles Davis), celui dont on a brisé les dents et broyé le sax. Celui par qui le scandale est arrivé sous la forme d'un double quartet[14] mais qui pourtant ne souhaite convertir personne, n'aspire qu'à jouer sa musique ; celui dont Gérald Arnaud a peut-être trouvé les mots les plus justes pour le décrire en ces lignes :

> « Parker volait comme un aigle, Ornette volette comme un papillon, son évolution capricieuse fait cligner des yeux, aveuglant la raison des critiques. Mais les couleurs irisées de ses ailes enchanteront les poètes. »
>
> « Un papillon ne vole jamais seul. La musique d'Ornette est celle de tout un essaim, volage mais solidaire de ce grand solitaire. »[15]

Et l'autre… L'autre né dans un pays détruit par la guerre, bouffé par l'horreur et la culpabilité, l'autre qui a grandi dans l'ombre de la botte et de la matraque, sûr de personne sauf des siens, s'adonnant corps et âme à une musique non autorisée par le gouvernement. L'autre qui a grandi, aussi, dans la musique du premier :

> « Je me souviens très précisément du moment où j'ai rencontré la musique d'Ornette Coleman pour la première fois. C'était à Leipzig en 1958, j'avais quatorze ans. J'étais dans un café avec mon frère, Rolf. Il parlait avec un autre musicien, qui lui disait : "Il

> y a un nouveau type à New York qui joue sans changements d'accords." Et j'ai commencé à me demander : "Comment est-ce possible ?" Le musicien a ajouté : "Il s'appelle Ornette Coleman." Je me suis aussitôt procuré un disque, *The Shapes Of Jazz To Come*, ou This Is Our Music. D'emblée, je me suis senti lié à cette musique, elle a changé toute ma façon de penser […]. Ça a été une étape décisive, plus forte encore que ma découverte de John Coltrane. Dès lors, j'ai suivi Ornette – je crois connaître presque tous ses disques… Et je travaillais, je jouais du piano avec ces disques. Comme ils ne comportaient pas de pianiste – à l'exception de Walter Norris dans *Something Else*, Geri Allen […] et, à ne pas oublier, Paul Bley – ils fonctionnaient un peu, pour moi, comme des « Music Minus one » [disques d'accompagnement sur lesquels une partie instrumentale manque, permettant ainsi de jouer avec]. Donc je travaillais "avec" Ornette, j'aimais ses thèmes, son swing, si naturel. Bref, j'étais impressionné. »[16]

L'un ne s'étant jamais produit dans une formule de duo avec piano, l'autre pianiste : Ornette et Joachim, que tout oppose, que tout rapproche. Dans de telles conditions, il apparaît ainsi peu évitable, voire nécessaire, que la rencontre se fasse. Et pour ainsi dire, urgent : une urgence de quarante ans.

Colors a cristallisé cette rencontre, leur seconde après le concert donné à Vérone un mois plus tôt : toute leur musique regorge de cette urgence-là. Dès les premières secondes de « *Faxing* », nous voilà plongés au plus vif du sujet. Deux sensibilités à fleur de peau qui se respirent, se joignent, s'entrelacent, s'unissent, s'*unissonnent* parfois, malmènent les préjugés, les tonalités qui s'entre-heurtent, dérapent. Le jeu du pianiste, cataclysmique, emporte tout sur son passage, dans lequel à corps perdu se jette Ornette pour le prolonger, l'aiguiller, le colorer encore, pour mieux nous perdre. Les instants pianissimo n'en sont pas moins dévastateurs et recèlent une grande force : pleins d'une puissance admirablement contenue et d'une beauté fragile proche de l'inouï (écoutez l'égarement de Kühn vers les aigus sur « *Refills* », ses nuances époustouflantes sur lesquelles viennent se poser quelques touches de trompette!). Un jeu de piano qui s'oppose à celui de la pianiste attitrée de Coleman :

> « Là où Gery Allen opte pour des textures clairsemées et une approche profondément linéaire, Kühn joue de manière orchestrale et utilise la gamme complète des structures développées en jazz et dans la tradition européenne. »[17]

Insistons sur le timbre d'Ornette Coleman, entre tendresse et virulence, en tout cas :

> « Profondément original : cru, aigu, acéré, acidulé, parfois avec des accents rauques et graves, des phrases aux fins trainassantes (la langue du Sud !), des sons lancés comme des plaintes longues où virtuosité et brillance sont absentes. »[18]

Pas qu'elles n'existent pas dans son jeu bien au contraire, mais la musique reste au-delà d'une quelconque clinquance, rejoignant en ce sens l'une des optiques mêmes de Joachim Kühn :

« Il [Ornette] ne cherche pas à démontrer sa virtuosité avec ces instruments (trompette et violon). Il s'en tient aux nécessités dictées par la musique. À la manière dont il veut l'entendre sonner. Dans ce but, la trompette et le violon ne sont que des extensions de son œuvre. Il ne veut pas jouer des instruments, il veut jouer de la musique. Préoccupation à laquelle j'adhère pleinement. »[19]

Colors : huit compositions (sur les douze jouées au concert), huit merveilles d'absolu ; le choc s'est bel et bien produit. Bien loin d'être consommée, cette rencontre a ouvert une nouvelle voie, produisant en chacun d'eux un impact récurrent, point de départ d'une aventure commune : pour le pianiste, un rêve s'est réalisé, rencontre mythique avec l'un de ses héros ; pour le saxophoniste une reconnaissance certaine, certifiée si l'on peut dire par une encyclopédie vivante, un savoir nourri de toute la culture musicale européenne dans lequel il peut puiser à l'envie. L'écoute des bandes enregistrées lors du séjour new-yorkais de Kühn chez Ornette Coleman en février 1998 témoigne et confirme si besoin était l'ampleur de la rencontre et l'incroyable créativité qui en résulte.

L'un :

« J'essaie toujours de trouver des sons (musicaux) qui aient une pluralité de sens. Je fais toujours cela quand je compose. Chez moi, cela s'appelle l'harmolodie. J'écris des musiques simples, mais qui sont plutôt compliquées à jouer. […] Ce que j'aime en Joachim, c'est sa capacité à transgresser les catégories, à égale distance du classique et du jazz. Sa spontanéité aussi me plaît beaucoup dans le jeu. Il correspond totalement à ce que j'attends de l'harmolodie. »[20]

L'autre :

« Nous nous sommes entendus très vite, sans trop d'explications préalables – j'avais déjà passé ma vie avec lui, et il le savait. Il m'a faxé sa musique un jour avant que nous nous rencontrions. […] J'ai constamment eu le sentiment que nous étions en harmonie, même aux moments qu'on aurait pu dire dysharmoniques. Les thèmes d'Ornette autorisent toutes les directions d'improvisation. […] Ornette et moi avons répété quatre jours avant chaque concert. En fait, ça se passait moins comme des répétitions que comme des concerts privés, c'était à chaque fois une question de vie ou de mort. »[21]

La rencontre d'Ornette Coleman constitue à coup sûr l'un des sommets musicaux et humains de la vie de Joachim Kühn. Outre le duo et la formation d'un quartet avec Brad Jones et Denardo Coleman, s'ensuivent des choix adoptés par le pianiste directement inspirés ou même suggérés par le maître : ainsi la reprise du saxophone alto par Kühn, ainsi l'élaboration et la mise au point de son *diminished augmented system*, ainsi enfin son énorme travail sur Bach.

Miroirs déformants, la formule du double piano

Peu de duos de pianos parsèment le parcours musical de Kühn, à l'image de ce quatre-mains avec Lennie Tristano programmé pour le Berlin Jazztage de 1969 mais qui n'a finalement pas eu lieu (Tristano étant malade); a fortiori, peu de disques aussi. Les expériences réalisées au sein du Piano Conclave de George Gruntz et les duos éphémères en découlant, formés en concerts, demeurent certainement parmi les plus marquants dans la trajectoire du pianiste. Malheureusement, peu de traces sonores de ces prestations subsistent.

Pourtant, isolé au milieu de sa production discographique, ce presque monument dans son genre, sobrement intitulé *Duo In Paris* enregistré en concert au cours de l'année 1975 : Martial Solal, Joachim Kühn. Deux styles opposés, trois pièces où les jeux s'imbriquent, les identités s'échangent et se confondent ou se masquent.

> « Même s'il est toujours possible de discerner la limpidité sonore ou l'emballement, l'inventivité sans limite ou l'énergie sans entrave, il serait vain de vouloir distinguer qui, de Joachim ou de Martial, conduit à tel ou tel instant le somptueux attelage. Il faut dire qu'ils ne nous aident guère, s'ingéniant mutuellement dans la manière et l'imagination du partenaire, brouillant les pistes dès qu'il paraît possible de les suivre. »[22]

La musique s'élabore, protéiforme, où chacun pousse l'autre dans ses retranchements, une sorte de jeu au chat et à la souris, performance ludique dans laquelle le rôle de prédateur / poursuivant sans cesse s'inverse.

> « Mutuellement entraînés, dirait-on, à aventurer leur image respective, les deux artistes amis jouent, par moments, à capturer, refléter ou échanger leur identité musicale. Ce qui est pousser plus loin qu'à l'ordinaire la complicité requise en de tels duos. »[23]

À propos de ce concert, Martial Solal nous livre quelques précisions :

> « Nous avons joué pratiquement sans répétition. C'était très excitant et très stimulant pour chacun de nous. Entre musiciens jouant d'un même instrument, il y a souvent rivalité, voire jalousie, ignorance, incompréhension. Rien de tout cela avec lui. »

Avant d'ajouter :

> « Joachim est un musicien très complet. En plus de son immense talent de pianiste, il est un chercheur, un compositeur, toujours à l'affût de nouvelles idées, de nouvelles solutions. Il est, par-dessus tout, un musicien original, capable de jouer aussi bien sur des structures que complètement libre. Sans conteste, un musicien passionnant et… passionné ! »[24]

Un autre duo, avec Jasper van't Hof cette fois, flottant dans l'air des années soixante-dix à cause de certaines similitudes dans les trajectoires[25], de nombreuses rencontres communes (Association PC, Chris Hinze, Philip Catherine, Charlie Mariano, Jean-François Jenny-Clark, Aldo Romano, George Gruntz, Jean-Luc Ponty, Alphonse Mouzon…) mais seulement réalisé en 1982 pour donner le disque *Balloons*, qui propose une musique climatique, née sous le signe de l'expérimentation et de la coloration électrique. Cela n'a d'ailleurs rien de surprenant lorsqu'on connaît les goûts prononcés du pianiste hollandais pour tout ce qui concerne l'exploration sonore. Les deux protagonistes développent une suite de pièces aux atmosphères calmes et dilatées, de fortes teintes issues d'un Extrême-Orient modernisé, on y retrouve aussi les ambiances à la beauté naïve de Jasper van't Hof (« *Cheops* ») : une œuvre agréable et dépaysante, au carrefour des musiques de Sakamoto[26] ou de *Bruits et Temps Analogues*[27] de Patrick Vian, agrémentées de quelques sonorités planantes chères au Vangelis de *L'Opéra sauvage*[28] (fin de « *Balloons* »). À extraire de ces plages exotico-synthétiques le morceau « *Sushi* », entièrement acoustique, entamé par un solo de piano de Jasper van't Hof puis prolongé toujours en solo par Joachim Kühn, pour s'achever en un final à deux aussi tempétueux qu'éblouissant.

Le duo avec Josep Maria Balanyà, de grande qualité, s'élabore autour de pièces comme « *Para* », « *Bank of Memory* » ou « *Opal* » (de Kühn), « *Spàndica* » et « *Intestinal Occlusion n° 2* » (de Balanyà).

Enfin, d'autres duos de pianos ont ponctué le parcours de Joachim Kühn, dont là encore ne subsistent qu'une poignée de souvenirs : avec Stu Goldberg, Bobo Stenson, Andrew Hill, Jason Rebello, Howard Riley, Claudius Kreusch...

L'écoute de bandes de concerts révèle cependant que les duos prennent toute leur ampleur dans les compositions originales, tandis que les reprises de standards provoquent bien souvent une nette tendance à l'égarement...

La formule piano / guitare

Avant de passer en revue quelques-unes des associations avec violon ou contrebasse, intéressons-nous au duo le mieux représenté discographiquement parlant dans cette catégorie des duos avec instrument à cordes : le duo avec guitare.

C'est avec Philip Catherine que l'on trouve le premier enregistrement piano / guitare, une pièce totalement acoustique[29], sorte de musique de chambre, intense dans son rapport au silence, qui s'ouvre et se clôt sur un unisson. Cette délicate composition de Kühn sera par ailleurs reprise quelques années plus tard, doucement malmenée en trio avec Larry Coryell et... Philip Catherine. La musique, sèche et enlevée, brillante, verse par endroits dans la démonstration, rappelant les joutes que se sont livrées à la même époque John McLaughlin, Al di Meola et Paco de Lucia.

Défaut dont on ne trouve pas trace dans le splendide et trop méconnu *Live !* du duo Joachim Kühn / Jan Akkerman, l'aube des années quatre-vingt. Ils n'en sont d'ailleurs pas à leur première rencontre puisque le guitariste a fait partie des invités du groupe Association PC au milieu des années soixante-dix à Bonn, et qu'on trouve Kühn sur un disque d'Akkerman en 1977. C'est néanmoins ce *Live!* édité sur le label Sandra qui en constitue le plus précieux témoignage. Les deux pièces du disque sont issues d'une tournée européenne d'une quarantaine de dates : il s'agit en fait d'une composition du pianiste, « *Santa Barbara* », jouée par le duo avec un mois d'intervalle. La comparaison est tout à fait intéressante, cristallisant un certain degré d'évolution dans la complicité réciproque des deux musiciens.

Dans la première version, tout commence par un entrelacs de questions qui semblent se poser par courtes touches, générateur de tension (usage de trémolos, intensification des vibratos, franches brisures dans les discours, entre-heurts en cascades…) : le climat se fait intranquille, inquiet, l'incertitude règne. Tout se joue dans l'attente : une attente régulièrement martelée au piano dont Kühn pince les cordes pour mieux en étouffer le son, en brutaliser l'ampleur, entrecoupée aussi par l'esquisse de quelques démarrages de Jan Akkerman. Tout finalement, se résout par une magistrale série de contrepoints assénés à la guitare, rapidement détournés par le piano. La tension soudainement déversée, répandue, fait place à une douce errance.

Dans la seconde version, presque deux fois plus longue, c'est cette même errance qui d'emblée s'installe, se tricotant autour du thème, favorable ici non pas à un vaste crescendo mais à une exploration richement colorée dans laquelle les deux chants s'interpénètrent, se reflètent, se prolongent. Ce n'est qu'au bout de six minutes que l'atmosphère va brusquement se tendre : Kühn délivre alors une rythmique d'allure magmatique sur laquelle Akkerman lance quelques phrases pour le moins éruptives, débouchant sur un majestueux solo de piano. Plus tard, retour à une certaine dérive, aux non-réponses peut-être : on a la certitude que ce ne sont plus les réponses trouvées qui comptent, mais bien le cheminement adopté pour tenter de résoudre la question… À la toute fin : la sérénité enfin acquise.

Hormis l'extraordinaire cohésion établie entre les deux musiciens, signalons, soulignons le son d'Akkerman, par instants tout bonnement époustouflant.

De ces performances, le guitariste ne sortira pas tout à fait indemne :

> « Faire équipe avec Joachim est une des choses les plus difficiles que j'ai faites, mais aussi une de celles qui en valaient vraiment la peine. »[30]

Cordes sensibles ou la formule piano / violon

Les rencontres avec des violonistes affleurent régulièrement le cheminement musical du pianiste et lui tiennent particulièrement à cœur : notons pour les principales celle avec Jean-Luc Ponty (années 1971-1972), avec Zbigniew Seifert (milieu des années 1970), et plus tard avec Didier Lockwood et Dominique Pifarely. Concernant les duos piano / violon, la plupart d'entre eux a été donnée en compagnie de Seifert puis de Lockwood. Malheureusement là encore, peu de traces subsistent hormis le funèbre « *disque noir* »[31] édité en hommage à Zbigniew Seifert décédé prématurément d'un cancer comprenant huit morceaux inédits : huit belles rencontres avec Zbiggy comme fil conducteur, dont un duo avec Joachim Kühn enregistré au Jazzclub Ostertor de Brème en avril 1976. Ce qui frappe toujours chez le violoniste polonais, c'est l'hyperexpressivité qu'il dégage, son étrange façon d'obtenir une résonance organique dans sa musique, un lyrisme exacerbé emprunt de souplesse mais le geste est vif ; l'émotion portée à son comble lorsqu'il se met à développer un jeu un tantinet décalé des tonalités attendues… Un grand moment.

Ottomar ou la formule piano / violoncelle

Association que l'on pourrait croire marginale si l'on s'en réfère au second protagoniste, Ottomar Borwitsky, violoncelliste issu du milieu classique ; et pourtant non. Certes, elle présente de nombreux passages où Borwitsky interprète presque à la lettre les compositions du pianiste tandis que Joachim Kühn, parallèlement, y enracine ses improvisations. Mais nombreux sont, aussi, les instants où les rôles s'inversent, Kühn offrant des points d'appuis à la main gauche au violoncelliste qui n'hésite alors pas à pincer les cordes, voire à les frapper à l'aide de son archet. Et puis, parfois, quelques unissons où les deux musiciens s'en tiennent à la partition, ou quelques dérives improvisées à deux.

On assiste ainsi à une suite de conversations, enfiévrées ou intimes, impression d'écouter deux alchimistes fous qui distillent une musique de chambre (post) moderne où tour à tour l'un amplifie le discours de l'autre ou le malmène, l'épouse ou le dispute. Il en résulte une atmosphère toute particulière, héritée des errances et des chaos de l'époque de Distance, notamment pour la « *Phantasie for Cello & Piano* » qui présente une collection de pièces instrumentales de forme libre, où les parties composées sont inextricablement liées aux improvisations, parfois même mal reconnaissables.

Une rencontre importante, qui en outre a eu le mérite en concerts de faire se côtoyer deux publics généralement disparates, recueillis en un même plaisir.

Corps à cordes : la formule piano / contrebasse

Les duos piano / contrebasse n'en sont pas moins rarissimes. Le seul témoignage rescapé (hormis le duo avec Peter Warren sur « *Brother Rolf* » dans *This Way Out*, où Warren ne fait que souligner les basses à l'archet) est un duo avec celui qu'il fallait: l'intime complice Jean-François Jenny-Clark[32]. Une perle d'équilibre musical: l'un et l'autre comme accrochés aux deux extrémités du balancier d'un funambule. Et tantôt Jenny-Clark va servir de tremplin pour l'envol de Kühn, tantôt c'est l'inverse qui se produit: mais il faut bien comprendre que lorsque l'un effectue son saut, l'autre l'y rejoint prestement; et sans filet.

Cuivre et ivoire: la formule piano / trombone

Albert Mangelsdorff est certainement le tromboniste dont la route a le plus souvent croisé celle de Kühn[33], et c'est logiquement que le pianiste a dit de lui qu'il « est un musicien qui peut tout jouer »[34]. On les trouve côte à côte dans les contextes les plus variés: de l'Eternal Rythm de Don Cherry (1968) à l'Europeana de Michael Gibbs (1994) en passant par divers groupes de Rolf Kühn (au fil des années soixante-dix). C'est cependant au sein du groupe Solo Now qu'ils seront très probablement les plus proches, la variété des combinaisons débouchant sur nombre de duos entre ces musiciens. On peut justement écouter la paire Kühn / Mangelsdorff sur un morceau du disque *Solo Now*: une construction qui s'élabore librement, tout en nuances, entre égarements et incertitudes, faux-fuyants et brusques glissements renforcés par la formidable polyphonie du tromboniste.

Le second duo piano / trombone auquel nous nous attacherons sera réalisé là aussi avec un Allemand mais cette fois originaire de l'ex-RDA, comme Kühn: il s'agit de Connie Bauer. À l'origine l'idée d'un concert du duo, qui s'est pour ainsi dire élargie à une réunion de musiciens de ce pays pour un disque: *Generations From (East) Germany* présente la *vieille garde* des premières années (Klaus Koch et Rolf Kühn sont de l'aventure) mêlée à la nouvelle génération (Uwe Kropinski et Volker Schlott). Le duo Kühn / Bauer demeure la colonne vertébrale du projet puisque le disque propose trois de leurs morceaux, servis par un son vraiment excellent (encore Walter Quintus aux commandes…): moins exaltée que précédemment, la musique est plus alerte et, taillée dans l'urgence, brûle.

Une alchimie rarissime: la formule piano / trompette

Si le fait que le pianiste ait joué un certain temps du trombone vers la fin des années cinquante pourrait en partie expliquer son attachement particulier à l'instrument (ce qui se retranscrit par de multiples et régulières collaborations avec des trombonistes), il en va tout autrement avec la trompette (instrument auquel rappelons-le, Kühn s'est aussi frotté à ses débuts…). Citons pour mémoire la première alliance avec Werner

Pfüller ainsi que les collaborations passagères avec Chet Baker, Randy Brecker, Terumasa Hino, Tomasz Stanko, Michel Matthieu et Markus Stockhausen, enfin quelques rencontres tout à fait ponctuelles comme avec Lester Bowie, Manfred Schoof, Bernard Vitet, Kenny Wheeler ou Franz Hautzinger… Ceci afin de mieux saisir la faible importance (relative) de la place de la trompette dans l'œuvre de Kühn. Ce n'est malheureusement pas la pauvreté de l'unique duo enregistré à ce jour[35], alternant classicisme fastidieux et mièvre balladerie, qui nous fera regretter ce curieux constat ; imaginons plutôt ce qu'aurait pu donner un tête à tête avec Terumasa Hino justement, ou Kenny Wheeler…

Entre ivoire et peaux : la formule piano / percussions

De par la fougue du pianiste et son inaltérable débauche d'énergie (souvenons-nous de son quartet à deux batteurs sévissant à la fin des années soixante), le face à face piano / percussions est forcément des plus attendus. Edward Vesala, Mark Nauseef, Pierre Favre, Daniel Humair s'y sont frottés : au-delà de ces alléchantes perspectives, des traces sonores qui au fil des ans se sont perdues…

Pour illustrer ce point donc, deux témoignages encore trouvables si l'on s'en donne la peine ; deux exemples diamétralement opposés, péchés dans le courant des années quatre-vingt-dix : le long morceau « *Jashan* »[36] avec Ustad Zamir Ahmed Khan (à la cithare et aux tablas) d'un côté, le disque *Ala Tamala* de Moussa Sissoko (djembés, congas, talking drums) de l'autre. Joachim Kühn entre l'Inde et l'Afrique.

Sur fond doucement rébarbatif de cithare, entre lancinance et hypnose, quelques grappes de sons – ivoire et peaux – que l'on sème. L'ambiance, imperceptiblement se dilate, le temps suspend son cours : on pense mousson, parfum, on pense félin, tout se joue entre stricte retenue et invraisemblable déferlance, entre violence et velours : une sorte de long bouillonnement intranquille. Ici, le toucher du pianiste, d'une souplesse qui régale, se fond dans une urgence toute délicate, usant un bref instant d'un somptueux pincement de corde d'une note répétée, martelée, pour habilement accroître ce sentiment d'intensité dans l'attente.

Avec le second duo, on quitte brutalement les saveurs d'un orient aigre-doux pour plonger dans la fournaise du chaudron africain : on cogne à tout va, procédant par envoûtements mutuels. Cette fougue partagée avec le percussionniste malien transparaît dans les paroles même du pianiste :

> « Avec Moussa, c'est encore un défi parce qu'il est totalement enraciné dans la culture africaine, mais c'est comme si nous jouions ensemble depuis des années. Il s'adapte complètement à mes compositions. J'ai fait sa connaissance lors de l'enregistrement avec Ray Lema de l'Euro African Suite. Je me suis immédiatement senti proche de

> Moussa, à cause de son enthousiasme. Pendant que les autres allaient manger, nous restions quelquefois à jouer. »[37]

Sissoko entame une série de rythmes endiablés dans lesquels Kühn s'immerge avec une joie frénétique et dont le jeu, d'emblée percussif, élabore des climats rhizomiques convenant parfaitement aux polyrythmies du percussionniste. Kühn utilise là aussi le piano préparé, dont les sourdes échauffourées servent à nouveau de tremplin pour Moussa Sissoko.

> « La stimulation mutuelle des deux musiciens, leur connaissance de l'autre [...] et leurs formidables qualités techniques mises au service de la rage de jouer font de ce disque un monument de pure énergie. »[38]

En tout cas deux grandes réussites qui témoignent du fait que cette combinaison piano / percussions est probablement de celles qui conviennent le mieux au style de Joachim Kühn, oscillant à l'envie entre délicatesse et percussion…

Avec Walter Quintus, un génie du son

Signalons d'emblée qu'il s'agit bien d'un duo véritable ! D'une rencontre :

> « Le pianiste et l'ingénieur-musicien improvisent tous deux, le second en soumettant le signal au traitement d'une série de machines utilisées séparément ou simultanément, par le biais de la console et selon les besoins de l'instant (Yamaha Rev 7, Lexicon 480 l et 200, AMS DMX 15 / 80 S, Audios, Marshall Time Modulator), et le premier (le pianiste) en faisant évoluer son discours musical au gré du son que lui diffuse, en retour, le casque : tantôt son traité, exclusivement, tantôt son acoustique, et tantôt mixage des deux. »[39]

Quintus précise davantage son rôle :

> « Je joue des instruments électroniques et change simultanément ce que Joachim joue. Ce peut être simplement par un reverb ou par un écho, mais je peux aussi modifier les rythmes, en ajouter, ou complètement changer l'ambiance ou les tonalités de départ, à tel point que, parfois, le jeu d'origine n'est plus du tout identifiable. Et Joachim, qui entend tout cela au casque (ou par les haut-parleurs en concert) improvise dessus. Avec lui, on peut tout faire, il est tellement ouvert ! Je sais par expérience que beaucoup de musiciens ne supporteraient pas que je change ce qu'ils jouent… »[40]

Dès *Time Exposure,* premier opus de leurs innombrables travaux, le ton est donné : ce duo-là se rapproche davantage de l'orchestre (malade…) que de la formule réduite :

> « Musicien dans l'âme, Walter a une formation de violoniste classique. [...] Il utilise la technologie moderne pour transformer en direct ma sonorité, mais il en préserve la chaleur naturelle. Nous avons passé des jours et des nuits à expérimenter en studio. Cela n'a rien à voir avec le techno beat un peu froid qu'on retrouve parfois en pop music, ni avec le minimalisme. Je préfère le maximalisme : les investigations sur l'harmonie, la mélodie et l'abstraction. »[41]

Des sons qui s'étirent, fusionnent, se bousculent, grondent, s'effilochent, éléments du passé (du « déjà joué ») qui tels des zombies émergent, reviennent à la vie, parasitent, influent sur le présent (le « joué maintenant ») pour modeler un avenir qu'on aurait voulu croire tracé, complexité des formes, violence des rythmes, sculptures des sons, (anormalité(des timbres, richesse des harmonies – anciennes et nouvelles – qui s'entremêlent, assourdissements magmatiques ou silences aériens, tout concourt à faire de leur musique une musique protéiforme, un hymne à la démesure. Un résultat qui fera le régal de nombreux chorégraphes, de Carolyn Carlson à Jochen Ulrich ou Vera Sanders…

Et si *Time Exposure* présente une suite de pièces maîtresses comme l'excellent « *To Be Continued* » ou les fameux « *Discant* », « *Modern Natur* » et « *Ostriconi* » par ailleurs réutilisés dans divers contextes, *Dark*, chef-d'œuvre en forme de concept-album, s'élabore en un véritable puzzle : les morceaux s'enchaînent sans blanc, se chevauchent, se joignent parfois par le seul chant des grillons (lors des performances live uniquement), et par-delà le fracas des thèmes et des rythmes, se profilent les motifs de ces mêmes thèmes en d'autres moments, reconnaissables ou peu, parfois déformés, lacérés, désossés, simples silhouettes fantomatiques (impression renforcée avec ce « *Memory Preview* » qui invariablement traverse l'espace de gauche à droite), parfois assénés, hypertrophiés, projetés à l'avant-plan.

Il ressort de ce chaos magistralement (dés- / ré-)organisé une puissance énorme, une rage du son doublée d'une sensibilité inouïe. Un choc rendu possible par la force des thèmes (« *Bank of Memory* », « *Aline's House* », « *Garden* » ou « *The Last* », faux jumeau d'une composition plus ancienne : « *Prince of Whales* », etc.), l'impact des rythmes et des sons eux-mêmes, l'entière nouveauté du processus, l'architecture autant borgesienne que kafkaïenne, par enfin l'immense talent des deux artistes…

Les versions de *Dark* en concert, sans être directement calquées sur le disque, en suivent les grandes lignes. Tous les morceaux n'y apparaissent pourtant pas tandis que d'autres y sont insérés, comme « *Discant* », « *Graphic* » ou le splendide et très acéré « *Dark Veils* » suivi de sa variation hallucinée (et qui sera rejouée sur le disque d'Özay, puis sur *The Singer* sous le titre de « *Rotten Girls* »).

Get Up Early n'offre pas l'unité de *Dark* puisque sont absents d'une pièce à l'autre ces jeux de miroirs déformants, ces imbrications en puzzle, caractéristiques que l'on retrouve pourtant à l'intérieur même des morceaux.

L'exposé du thème et des cinq variations de « *Traffic Breaks* » est à lui seul symptomatique de l'approche du travail de Joachim Kühn et de

Walter Quintus et nous permet de clairement le visualiser en alignant une succession de schémas du type : solo de piano / solo de Quintus à la console digitale retravaillant la matière du solo de piano précédant / duo où le pianiste réagit à ces modulations insufflées par l'ingénieur du son. Notons au passage l'hommage camouflé rendu à Bach à travers l'écriture du thème lui-même (un écho du « thème royal » de l'*Offrande Musicale* avec le fameux *Intervalle de la Mort*, la septième diminuée : do-mi bémol-sol-la bémol -si bécard descendant) ainsi que par la conjugaison de ses variations.

Présent aussi, le monument « *Electrochocs* », œuvre d'une puissance inouïe basée sur quatre accords seulement (sans entrer dans le jeu des 7e, 9e et autres, résumons en ré mineur, do majeur, si bémol majeur et la majeur), où Quintus s'empare aussi du souffle même du pianiste qui se superpose aux notes…

Là encore, quelque chose de fou, totalement atypique, grandiose, qui pousse Mark Nauseef à s'exclamer :

> « Acid classical ? ! ? Imaginez, une sorte de musique de chambre psychédélique… Un pas logique entre leur musique pour ballet acide et les sons projetés par les expérimentations de la Nasa… Pas d'overdubs, ni de mixage après l'enregistrement ou autre manipulation… Réellement deux musiciens en direct qui sonnent comme un orchestre d'instruments qu'on n'aurait jamais entendus auparavant… Mais quel genre de piano est-ce donc ! ? ! Il n'y a pourtant pas de singes dans la maison !!! »[42]

Il n'est pas question ici de se lancer dans une analyse, œuvre par œuvre, heure par heure, du duo, tant sa production est grandiloquente, comptant à elle seule quelques centaines d'heures de musiques, d'expérimentations informelles. L'aperçu offert par les trois pièces précédentes, plutôt que de présenter un miroir aussi fidèle qu'exhaustif de la musique du duo formé par Walter Quintus et Joachim Kühn, n'aura donc d'autre rôle que celui d'ouvrir une fenêtre sur cette incroyable production.

Et de simplement rappeler leur *Delirium* enregistré en mars 2001, plus débridé et décadent que jamais…

Enfin, l'irrésistible envie d'élargir le noyau avec, rappelons-le, l'existence des ballets *Salinas* et *Citizen Kane* où de nouveaux musiciens viennent joyeusement s'immerger dans les maelströms de l'infernal duo.

Duos en forme de chœur

Le premier, tout à fait ponctuel, allie Joachim Kühn aux Voix bulgares de l'Ensemble Pirin'. Il permet d'entendre le pianiste improviser entre les mailles du chœur.

Le second est beaucoup plus signifiant, de par ses fréquences répétées depuis 1998, de par, surtout, sa nature même : Kühn est confronté au chœur d'adolescents de la Thomaskirche de Leipzig pour une réinterprétation des « *Mottets* » de Jean-Sébastien Bach ; il accompagne ici la Cantate en remplaçant le « *Continuo* » par l'improvisation au piano, ce qui au final est aisément compréhensible puisque le « *Continuo* » était une sorte de sténographie musicale présentant les basses ainsi que le chiffrage des accords… tout comme une grille de jazz ! Celui qui jouait le « *Continuo* » donnait donc la base harmonique ; c'est aussi lui qui dirigeait l'ensemble et improvisait… Kühn se retrouve donc ici à improviser sur la grille harmonique du « *Continuo* » et, tout en en préservant le dessin, élargit celui-ci en créant de nouvelles lignes mélodiques à l'intérieur. Cela donne un langage résolument nouveau, loin des vaines tentatives de pont jeté entre jazz et classique car toujours sincère, résolument proche de l'esprit de Bach.

Raretés et insolites

La formule piano / flûte est certainement l'une des moins exploitées par Kühn : hormis les duos improvisés en concerts (on se souvient par exemple de ceux donnés avec Charlie Mariano et même Dave Liebman à la flûte en bambou), ne reste sur disque que la prestation offerte avec Jeremy Steig sur le Mama Kuku d'Association PC : prestation intimiste où Kühn joue du piano électrique, ainsi que les deux « *Story Together* » avec Chris Hinze sur *Solo's and Duo's* qui procurent ce même sentiment de velours et de bois tendre.

Probablement plus mal représenté encore, le duo piano / voix. Cette raréfaction est certainement due au manque d'attirance de Kühn envers les chanteurs et chanteuses en général, a fortiori pour des rencontres en duos, même si quelques-unes ont jalonné son parcours : avec Karin Krog entre autres, lors du festival de Baden-Baden en 1970, pour l'interprétation de deux pièces de *Bold Music*, « *Vampires Castle* » et « *Depression and Illusion* » ; d'autres encore, avec Lauren Newton et Helen Merrill…

Côté insolite, signalons pour l'anecdote la session enregistrée chez Josep Maria Balanyà le 27 décembre 1993 où ce dernier joue exclusivement du saxophone ténor…

Signalons encore le dialogue qui unit Kühn au saxophone alto à Han Bennink (au mégaphone, bass drum et aux bandes) lors du festival de Baden-Baden précité.

Signalons enfin, au risque de se répéter, les échauffourées Kühn / Ornette Coleman, le premier à l'alto, le second au piano…

Piano solo

> « Joachim is what you could honestly call a "monster" pianist. »
>
> Dave Liebman[1]

Loin de me lancer dans une analyse purement théorique du jeu de piano de Joachim Kühn, ce qui nécessiterait sans doute un livre à part entière et surtout des compétences de musicologue particulièrement pointues, je me bornerai dans les pages qui vont suivre à seulement tenter d'en extraire quelques caractéristiques fondamentales et certaines évolutions, au travers principalement de sa production discographique en solitaire et de l'écoute attentive de quelques traces sonores de concerts, anciens et récents.

1971 : l'ère post-free ou l'avènement des solos

Année charnière dans l'histoire du jazz, 1971 sonne l'heure des grands solos : initiée par les pianistes et ponctuée par la fameuse nuit Solo Now organisée à Berlin au cours de l'année suivante, saxophonistes, trombonistes, vibraphonistes, batteurs, percussionnistes et autres ne vont guère tarder à emboîter le pas à leurs confrères.

En un certain sens, l'année 1971 sonne tout autant l'heure de « l'après free », ouvre de nouveaux horizons. Notons en ce qui concerne les pianistes free, cette étrange concordance à se décider d'enregistrer en solo : en l'espace de vingt mois (mai 1970 à décembre 1971) sont gravés deux solos de François Tusques, deux de Chick Corea, deux de Joachim Kühn, un de Siegfried Kessler, un de Keith Jarrett, tandis que Paul Bley se prépare à donner le sien…[2] Toutes des premières tentatives en solitaire ! Notons aussi pour les productions « couplées » le renvoi du second disque au premier : par les titres d'une part (*Dazibao / Dazibao n° 2*, *Piano Improvisations Vol. 1 / Piano Improvisations Vol. 2*, *Solos / Piano*), par la musique d'autre part, les œuvres se reflétant l'une à l'autre, s'interpénétrant, se prolongeant.

Ce qui est remarquable en chacun de ces disques, outre les divergences dues au facteur humain (différences de personnalité, de sensibilité, de jeu, de technique, de tempérament, de culture, d'aspirations, d'inspiration…), c'est de constater le terreau commun qui profondément les lie l'un l'autre : nous avons déjà souligné les similitudes de dates, attachons-nous à en dénicher d'autres quant aux contenus.

De manière évidemment réductrice, examinons brièvement quelques fondements du jeu de chacun au fil des plages :

François Tusques présente des pièces éclatées intégrant par fragments des éléments épars issus du piano stride ou du folklore oriental, discours souvent martelé, à la main droite foisonnante, tout à fait révolutionnaire dans l'histoire du solo de piano jazz dans ce qu'il comporte de déstructuration, à l'image de « *Vie et mort de l'alexandrin* » illustrant « la mort de l'alexandrin simulée par l'écartèlement des douze sons de la gamme chromatique ».[3]

Chick Corea excelle dans ces improvisations, vives et brillantes, où main droite et main gauche s'interpellent et se bousculent, tandis que Keith Jarrett nous livre quelques élans spontanés qui se morcellent, une sorte de douceur de l'abrupt, parfois enracinés dans le blues, simple écho qui s'estompe à force de pesanteur, de ressassement par moments déjà proche du rébarbatif.

Ces musiques, toutes différentes qu'elles soient, présentent le même épanchement de leur auteur à nous dévoiler un pan de leur univers intérieur, participent d'un même refus catégorique de l'agencement classique main droite / mélodie – main gauche / accompagnement harmonique et rythmique, un certain usage de l'accord *interdit*, de la dissonance (sans que celle-ci ne soit une règle absolue), la même volonté enfin, incoercible, de présenter une rigoureuse absence de thèmes (à conjuguer ?), laissant simplement sous leurs doigts exploser quelques bouffées d'improvisations brutes, fraîches : un choix directement issu du free, héritage certes assumé mais non suffisant puisqu'ici, l'énergie seule ne se justifie plus au contraire : ces musiques font peu de bruit… Une liberté qui s'exprime dans la déstructure, l'errance, l'exploration d'un ailleurs, la joie du son.

Jean-Pierre Moussaron, dans une étude consacrée aux solos de Joachim Kühn, de Keith Jarrett et de Dollar Brand intitulée *Du lyrisme en piano jazz*, avait parfaitement saisi ce concept de recherche du son unissant les trois pianistes, ce bonheur de l'instant, en dehors de tous sentiers battus, de tout académisme et autres contraintes formalistes :

> « Superposant tant de sons, de formes, d'arrière-pays imaginaires et réels, chacun d'eux, en puissance de parfaire, défaire ou contrefaire tant de codes, conserve toujours

la chance de "déterritorialiser" son discours. Car pour ces musiciens la quantité ou l'amplitude des combinaisons importent moins, semble-t-il, que la possibilité – souvent instantanée chez K. Jarrett et J. Kühn – de déplacer les agencements, laisser bifurquer les lignes de force, ajointer de nouveaux contextes et conjuguer autrement les atmosphères, sous l'emprise de l'événement. De là provient l'attrait singulier des improvisations de K. Jarrett, J. Kühn et Dollar Brand : malgré la dissemblance des énoncés et de leur vitesse de modification, elles ont en commun de se dérouler, en leurs plus vifs moments – les seuls qui intéressent une écoute amoureuse –, dans la posture tremblée d'un désir du son qui toujours se surprend lui-même et ignore son avenir prochain. […] En fait, ces pianistes qui savent peupler de leurs deux mains tous les registres du clavier, parce qu'ils en possèdent le maniement parfaitement ambidextre, s'imposent d'abord comme trois grands mélodistes du jazz actuel. Partant, ils ont accompli le renversement (parmi d'autres opérés à l'époque du free) de ce que fut l'ordre pianistique bop et hard bop, dans lequel, généralement, seuls les "harmonistes" usaient des deux mains avec une égale liberté, tandis que les "mélodistes" employaient principalement la droite, au plus ou moins grand détriment des facultés créatrices de la gauche. C'est là que, par-delà leur souci de redistribution et d'élargissement des données musicales, ces trois artistes semblent s'être voués à la tâche de remodeler tout le relief sonore du piano, dans le but qu'il chante continuellement. »[4]

Solos piano

Les 15 et 19 mars 1971, Joachim Kühn enregistre son premier disque de piano solo, sobrement intitulé : *Solos*. Niant toute idée de construction, de préméditation, chaque pièce sera intitulée « *Solo* » suivi du numéro d'exécution du morceau ; une trentaine seront ainsi gravées (dont sept retenues pour le disque), trente instants volés :

> « C'est un album très frais car je suis arrivé au studio avec le concept de ne pas avoir de concepts préalables… J'ai juste joué ce qui me venait à l'esprit. »[5]

À l'image des narrats d'Antoine Volodine en littérature, Kühn bâtit :

> « [Des] instantanés romanesques qui fixent une situation, des émotions, un conflit vibrant entre mémoire et réalité, entre imaginaire et souvenir […], de brèves pièces musicales dont la musique est la principale raison d'être. »[6]

Sept tableaux, sept fenêtres ouvertes sur un ailleurs merveilleux où se perdre, se noyer peut-être.

Le travail est énorme, porté sur les contrastes : de nuances (une main par exemple peut n'effleurer que l'ivoire tandis que l'autre y imprime sa marque fortissimo), de rythmes (rythmes frénétiques ou brisés ou même absence de rythme, flottements, égarements), de couleurs (sombres, éclatantes, limpides, bavures, fondus…), d'utilisation de la pédale (entre absolument legato et effroyablement piqué)… Les (dé)structures s'alambiquent tout naturellement en dehors de toute convention harmonique : les quelques points d'ancrage dans les basses à la main gauche sont vite balayés, en déroute, vers une errance atonale et pire : les effusions délivrées par la main droite, rattrapées ou contrecarrées par la main gauche, s'élaborent à travers un chromatisme peu catholique, évitent soigneusement les modes, qu'ils soient majeurs, mineurs ou éphémères, préfigurant déjà ce qui deviendrait un cheval de bataille, vingt ans plus tard, avec la naissance du *diminished augmented system*… Et comme pour enfoncer le clou davantage encore, le recours, parfois, au ventre même de l'instrument par de brusques incursions pour en griffer les cordes.

L'idée, l'envie aussi, de se surprendre, d'écouter le son pour ce qu'il est, de s'arrêter :

> « Sur un accord, une idée, qu'il explore, faisant surgir par déplacements, réitérations, commentaires, précisions, tout le possible d'un élément. […] Discours parfois brusquement arrêté sur un relief, comme un gros plan. »[7]

La technique aussi, énorme. Tellement, qu'il ne faut plus la voir, presque l'oublier, comme nous l'a prévenu Alex Dutilh :

> « Surtout, il ne faut pas tomber dans le piège de la *technique* de Kühn. Elle est à ce point flagrante qu'on risquerait de la constater, d'évacuer ce qui, chez Kühn, ressort le plus du merveilleux et qui est paradoxalement tout à fait palpable, pour ainsi dire charnellement : sa sensualité. »[8]

Cette vélocité galopante, cette facilité déconcertante à l'ambidextre, lui permettent simplement de tout jouer, d'aller au-delà…

Et plus encore : empli de tous, de Lizt à Cecil Taylor, ce qu'il nous dépose ici relève d'un tout autre chant : le sien.

Et ceci enfin : la présence de la respiration du pianiste qui par instants se mêle à celle de l'instrument, un souffle à peine voilé, non maîtrisé, non maîtrisable.

Un élément fort, qu'il ne parviendra jamais tout à fait à taire.

Solos, par sa nature propre, cette mise à nue assumée, par surtout le caractère de ces improvisations pétries d'errance tout intranquille, d'incertitudes, est le premier disque du pianiste qui témoigne d'un rapport au silence (à la mort diront certains) aussi prégnant : jouées au crépuscule des tempêtes collectives et capharnaüms sonores de la free music, ces quelques pièces ouvrent une porte sur d'autres espaces, encore vierges. Après *Solos*, rien ne sera plus tout à fait comme avant…

Piano s'inscrit dans la droite lignée de *Solos*, sans même s'appesantir sur la simplicité tout évidente, certainement nécessaire, des titres. Musique de l'abrupt, imprévisible, a-mélodique au sens privatif du terme et pourtant tellement mélodique, musiques de l'instant surtout, qui se jouent, se déjouent. Et romantisme, oui, au sens où l'entendait Paule Druilhe dans sa petite histoire de la musique :

> « À la perfection abstraite, parfois un peu froide de l'art classique, se substitue le lyrisme, manifestation de l'individualisme, qui pousse l'artiste à transposer dans son

œuvre ses sentiments, ses états d'âme, ses joies et ses peines, et à accorder la prédominance à la sensibilité et à l'imagination sur la raison. »[9]

Romantique, certainement...

Si ces deux disques comportent des morceaux d'une durée moyenne de quelques minutes, les concerts en solo, que Kühn commence à donner à cette époque, se construisent le plus souvent autour d'une ou de deux longues suites dans lesquelles se succèdent plusieurs tableaux que tantôt il abandonne sitôt explorés, tantôt il reprend, complète ou modèle. Ces situations de concert façonneront peu à peu sa manière d'aborder un morceau en solo et logiquement, les disques à venir seront çà et là jonchés de pièces considérablement étirées dans la durée.

Vers une exacerbation des formes

Si les seuls thèmes abordés en solo au début des années soixante-dix étaient l'inévitable « *Welcome* » de John Coltrane et le fameux « *Body and Soul* » (qui a d'ailleurs été gravé en solo sur *This Way Out*), grimé, fardé de plusieurs couches de notes, quelques fragments de compositions du pianiste commencent à se dessiner dès 1974, répercutés d'un concert à l'autre et parfois même d'un disque à l'autre comme c'était le cas, nous l'avons vu, avec « *Toto* ». Ce recours au thème, bien qu'il serve souvent de pur prétexte à l'improvisation, marque une nouvelle page dans l'approche du travail en solo par Joachim Kühn.

Le tournant pris est tout à fait notable à l'écoute conjuguée de « *On The Roof* » sur *Jazz Na Koncertnom Podiju*, extrait du concert en Yougoslavie et de « *Rainbow Road* » du disque *Solo Now*, respectivement datés de juin 1975 et de février 1976. Le premier morceau, de près d'un quart d'heure, est une longue improvisation morcelée en plusieurs motifs qui se succèdent au gré de l'inspiration ; déjà éloignée des errances poétiques des deux premiers albums en solo, elle tient davantage de la chevauchée fantasque avec son lot de rebondissements, de combats intérieurs, d'éruptions lyriques. Le second nous dévoile une composition romanesque qui s'effeuille par des gestes proches du tendre. Ces deux morceaux sont, ensemble, symptomatiques de la nouvelle direction dans laquelle s'engage alors le pianiste : les concerts de ces années-là exposent ainsi de longues improvisations enfiévrées, fantaisies épiques parfois proches du chaos, derrière lesquelles se profilent quelques récurrentes compositions, ritournelles enchanteresses ou échafaudages harmoniques au swing ravageur : « *Mushrooms* », « *Rainbow Road* », « *Santa Cruz* », « *I'm Leaving You* », « *Charisma* », « *Hot Chili* »...

Le disque *Charisma*, troisième album solo de Joachim Kühn, cristallise à merveille cette évolution : un thème souvent efficace qui se fractionne, débouche sur une improvisation qui en trace certains contours puis qui se perd, s'échoue dans un bouillon hors tonalité / hors tempo qui se résout par un cluster halluciné ou sur un silence, avant le retour au thème. Nombreux sont les passages où la main droite, foncièrement véloce, enracine ses effusions à travers les points d'ancrage martelés par une succession d'accords (souvent alternativement sur le temps puis syncopés) dans les basses à la main gauche : une sorte de construction frénétique et bancale qui inlassablement s'élève puis s'écroule, dotée de la même ténacité absurde que la fourmi qui vainement tente de transporter une brindille trop lourde pour elle : la côte est raide, elle commence à en gravir les premiers centimètres, le fardeau sur son dos qui tombe, ensemble ils roulent, se retrouvent en bas ; elle recommence… Cette obstination dans le jeu, qui ici consiste à répéter un même motif rythmique et / ou mélodique, installe un crescendo qui se joue dans l'attente de plus en plus violente de ce qui va se produire : jeux de tensions, de dilatation (de la durée, du thème, de l'improvisation) qui presque invariablement débouche sur un brouillage des lignes, la perte des repères, une sorte de cataclysme au plus fort duquel peut survenir l'« orgasme » : gerbes free qui éclaboussent le clavier / la composition puis qui s'éteignent en un bref silence précédant le retour au thème.

À souligner l'extrême abondance des lignes mélodiques qui se répondent, se heurtent ou se superposent parfois jusqu'à la surcharge ; la variété des tempos enfin, à l'intérieur d'une même improvisation ou d'un même thème : on note par exemple alternativement des mesures en 9 / 8, 4 / 8, 4 / 4 et 6 / 4 pour le seul « *Hot Chili* » (d'une durée de 4'44) !

En plus de la distinction faite entre les deux mains du pianiste, la « pétrisseuse » à gauche, l'« effusive » à droite, pour reprendre les termes employés par Moussaron dans son dossier, notons que le registre entier du clavier est couramment utilisé, parfois au risque de l'exagération lors d'accords plaqués dans la plus basse octave en même temps qu'un tissu de notes exaltées tressées dans la plus haute…

Particulièrement présentes dans « *Charisma* », « *Take your Pillow as a Soundingboard* » et un « *Hot Chili* » à la vitesse proche de l'inouï (cascades de sextuplés égrainés sur un tempo de 116 à la noire pointée…), toutes ces caractéristiques sont sous-tendues par un swing inébranlable et demeurent l'expression d'une sensibilité à fleur de peau. Une virtuosité qui fera dire à Stan Getz :

> « Jamais, à l'exception, peut-être, d'Art Tatum, je n'ai entendu quelqu'un jouer aussi vite que lui. »[10]

Musique de contrastes : de couleurs, de nuances, de rythmes, de hauteurs, de timbres, de touchers... Une musique en tout cas qui constamment danse.

L'hypertrophie, un hymne de la démesure

Au cours des années suivantes (1978 à 1982) et à travers l'écoute presque simultanée de quelques belles bandes de concerts et de ses disques jumeaux *Snow in the Desert* et *United Nations*, nous pouvons constater l'amplification ahurissante des éléments de la démarche de Joachim Kühn en solo stigmatisée par *Charisma*, rendue notamment possible par une hypertrophie de la durée des morceaux : des œuvres de 10'35, 15'37 et même 21'04 présentes sur ces disques, qui flirtent parfois avec la demi-heure en concert...

À l'image de *United Nations* qui se subdivise en deux faces distinctes : la *ballad-side* et la *un-side*, on peut schématiquement différencier deux catégories de compositions jouées à l'époque, selon un geste quasiment pictural :

Les ballades impressionnistes :

Marquées par une forte errance romantique, elles se jouent, se cherchent dans l'instant à l'image de « *Morning Drew* » inspirée par un matin passé dans le désert, près de Palm Spring en Californie : tout semble ici effleuré par touches délicates, le temps semble lui-même aboli, suspension tranquille qui confère à ces ballades une nette coloration impressionniste. Elles ont, à n'en pas douter, par leur lyrisme souvent déferlant malheureusement parfois teinté d'une certaine facilité (« *Nice Sky* »), une complaisance peut-être dans une virtuosité débordante, grandement contribué à tatouer sur la peau de Joachim Kühn la trop encombrante étiquette de pianiste romantique, occultant régulièrement toutes les autres...

Les épopées expressionnistes :

Thèmes vigoureux conjugués au travers d'improvisations tortueuses, exaltées, sur les modes de l'emphase des grands classiques et de l'énergie du free jazz... Une approche à bras le corps que Jean-Pierre Moussaron décrit avec justesse :

> « Joachim Kühn appartient à la famille des musiciens qui, plutôt que de procéder par renoncements ou épurations, affirme par successives intégrations leur musique dans le devenir multiple de ses dires. »[11]

La couverture de *Snow in the Desert* semble d'ailleurs retranscrire une abracadabrante symbolique de cette juxtaposition des couches sonores en présentant une photo d'un Kühn au sourire malicieux déchirant une photo de lui-même déchirant son portrait...

La beauté efficace de thèmes tels que « *Snow in the Desert* » (composé en 1978 devant le spectacle d'une chute de neige sur les montagnes de ce même désert californien), « *Mushrooms* » ou « *United Nations* » joue un rôle clé dans l'impact de la musique sur l'oreille : élaborés à partir d'une architecture complexe (trois tempos différents / trois figures mélodiques enchevêtrées pour le thème de « *Mushrooms* », trente-deux mesures en mineur plus deux autres en majeur pour « *Snow in the Desert* »…), ils offrent une large ouverture propice à de multiples improvisations, elles-mêmes fracturées de brisures absolument hors des tempos et des tonalités déjà riches de départ : on assiste alors à une sorte de sculpture démoniaque de la pâte musicale, qui par moments tient du gigantisme ; toutes les amarres sont larguées et, dans les instants de grande turbulence, la main gauche singe à la fois la danse de la basse et le martèlement des percussions. En d'autres moments enfin, une atonalité presque bizarre, une incursion vers les cordes du piano, une résonance dissidente… Ces thèmes phares qui reviennent d'un concert à l'autre rassemblent un amalgame impressionnant de technique, de nuances, de couleurs (certains accents bleutés de vieux blues transparaissent çà et là en même temps qu'une bribe des univers de Liszt ou de Schumann ou qu'un déploiement hérité de McCoy Tyner…), s'ils pêchent parfois par excès, traduisent fiévreusement la sensibilité unique de Joachim Kühn.

Cette distinction entre errances impressionnistes et fresques presque sauvages demeure malgré tout superficielle puisque le pianiste n'hésite pas au sein d'un même morceau, à verser dans l'une, puis dans l'autre de ces classifications trop brutales, sans avertissement aucun…

Distance, un espace intérieur

Les solos joués entre 1983 et 1985, une nouvelle fois, s'orientent vers un nouvel horizon : si la musique se développe là encore en de longues suites, elles sont rarement axées sur un thème à déconstruire de multiples façons et s'apparentent davantage à une rêverie proche du merveilleux, un retour à l'errance, cheminement moins chaotique qui pourtant emprunte des voies tortueuses, prend le temps du silence ; voyages qui n'ont d'autre but que de se laisser porter à travers des espaces vierges, une quête de l'essentiel peut-être avec ce qu'elle comporte de fragilité, de violence aussi.

Cette étape s'accompagne d'un abandon progressif de tous les thèmes récurrents des trois ou quatre années antérieures, d'un enracinement de l'inspiration dans des terres européennes d'un autre siècle et par là même, d'un intérêt amoindri pour le swing, qui était depuis le milieu des années soixante-dix, rappelons-le, une constante majeure des solos de Joachim

Kühn. Cette mise à l'écart du swing est très certainement induite par le fait qu'à cette même période, le pianiste forme avec Jean-François Jenny-Clark et Daniel Humair un trio particulièrement axé, entre autres choses, sur cette notion de swing.

Ainsi, la main gauche en vient à perdre ses caractéristiques de *pétrisseuse* : délaissant les fracas des octaves les plus basses pour s'inscrire dans un registre le plus souvent médium, estompant ses jeux d'accords frappés, son caractère parfois grandiloquent, elle amène une perte presque franche de la percussion pour se parer d'une fluidité tantôt océane, tantôt grondante. Le jeu des deux mains passe alors d'une opposition forcenée (lorsque la gauche malmenait l'octave la plus basse pendant que la droite délayait ses spasmes dans la plus aiguë, au plus fort des improvisations de la décennie précédente) à un entremêlement ça et là proche de l'inextricable.

La musique se teint ainsi d'un lyrisme époustouflant, à l'image de la suite « *Distance* » qui expose un thème à la simplicité éloquente, à la beauté naïve et désarmante, remodelé, fouillé, abandonné puis retrouvé dans des variations d'une extrême profondeur.

La plupart de ces compositions, d'« *Ostriconi* » à « *Heavy Birthday* », de « *Discant* » à « *Distance* » ou à « *Norddeutschland* », effleurées ou longtemps arpentées, dévoile une recherche intérieure qui comporte quelque chose de passionné (et de passionnant), une certaine idée d'espace. En ce sens-là, le cheminement de Kühn, son toucher de piano aussi, rappellent Franz Liszt et semblent prolonger des œuvres comme « *L'orage* ». Mais, pour reprendre les propos de Jean-Pierre Moussaron :

> « Si Joachim Kühn puise parfois dans le sol de la musique romantique, c'est que, pour une part de l'œuvre de ce pianiste, celle-ci tient lieu d'*arrière-scène* : à la fois matrice, mémoire et désir latent de certains sons et formes qu'il peut combiner à tout le possible du jazz moderne. Au point d'inscrire la sensibilité la plus actuelle de celui-ci, élargie de tout l'acquis du free jazz, une partie du génie propre à cette musique antérieure, défini en ces termes dans une réflexion de Roland Barthes sur *Le Chant Romantique*[12] : "Cette faculté – cette décision d'élaborer librement une parole toujours nouvelle avec de brefs fragments, dont chacun est à la fois intense et mobile, de place incertaine, c'est ce que, dans la musique romantique, on appelle la *Fantaisie*, schubertienne ou schumanienne : *Fantasieren* : à la fois imaginer et improviser". »[13]

Dark Suite et autres transformations : vers des territoires de l'étrange

Transformation du son, tout d'abord, avec le disque *Wandlungen* (Transformation) enregistré deux ans exactement après *Distance*, puisque sur quatre pièces : « *No* », « *First* », « *Machine* » et « *Portal* », Walter

Quintus veille, au second plan, à distordre certains éléments du son du piano / du jeu du pianiste.

Transformation surtout, de l'approche pianistique; ici, les harmonies tiennent du bizarre, les architectures semblent directement survenir d'un univers de Borges : nombreux heurts et entre-chocs qui morcellent les structures, méandres labyrinthiques des tentatives mélodiques, des morceaux tempétueux (à l'exception de la limpide « *Source* ») où les deux mains sont ici absolument percussives et dirigent la musique vers une abstraction des formes. Ici, ce sont bien le mélange des sons, le déséquilibre des forces, c'est bien le fracas qui priment. La puissance du toucher tient du prodige, et traduit une démence de savant fou (« *Snow* », « *Wandlungen* », « *Portal* »...), la frénésie totalement débridée du pianiste qui au plus fort d'une improvisation dans l'« *Italienische Sonate* » ne parvient pas à laisser s'échapper un cri, traduit une rage de jouer démoniaque...

Les durées des pièces se sont par comparaison nettement rétrécies (une moyenne de six minutes), procurant ainsi un effet plus dévastateur encore, hormis la « sonate italienne » qui avoisine les dix-huit minutes et dont la conclusion nous livre les fondations harmoniques de ce que sera « *Memory Preview* », traitées ici sur le mode de l'ironie et de la démence, du non-calme, rire halluciné trébuchant sur un rythme étrangement martelé...

Avec *Transformation* et le retour au grand chaos, nous sommes bien en présence d'une œuvre grandiose dotée d'un impact surprenant, surpuissant : elle marque véritablement un cap franchi par Joachim Kühn et traduit son accès à une pleine maturité.

Ce versant éclaté du piano de Joachim Kühn répond parallèlement à un autre versant, nettement plus lyrique, en continuité (ou en synthèse) de la veine creusée avec *Distance*, tout en s'en distinguant par un choix de pièces là aussi plus courtes, enregistrées sur *Situations*. L'enivrance de « *Delicate Pain* », l'évidence sensuelle de « *Housewomen Song* », la frêle élégance de « *Sensitive Detail* », la poignante solitude de « *Refuge* »... Autant de compositions intimistes, chargées d'une émotion intense, et qui contribuent à prendre un contre-pied sidérant aux gerbes magmatiques gravées sur *Transformation*.

Les concerts en solo de l'année 1988 stigmatisent cette dichotomie en alignant régulièrement deux programmes presque antagonistes : une « *Dark Suite* » éclatante qui s'élabore par des improvisations autour de la complexe « *Bank of Memory* », suivie des « *Situations* » qui exposent les pièces du même disque. Une façon comme une autre de fracturer les catégories :

« *Transformation* présente mon côté agressif ; j'y joue de manière très free. *Situations* montre une autre facette, plus romantique, mélodique. J'aime ces deux facettes… »[14]

Vers une dynamique des fluides

Solo au son extraordinaire dû au choix du piano Bechstein et à l'admirable travail de Walter Quintus, *Dynamics* permet un juste recoupement de ces deux versants de la musique de Kühn, même si dans l'ensemble il s'inscrit davantage dans les sonorités bizarres et les rythmes fous de *Transformation* que dans l'exquise tendresse de *Situations*.

Tout commence, avec « *Something Sweet, Something Tender* », par un hommage à l'une des figures majeures du jazz, l'une des rares en tout cas qui lui aient véritablement indiqué par leur musique la marche à suivre : Eric Dolphy.

La seconde pièce, « *Bank of Memory* », est une suite en trois parties qui s'entame avec « *Discant* » ; survient ensuite de longs échos de l'entêtante ritournelle « *Memory Preview* », ces deux parties étant issues de son travail sur *Dark* ; elle se clôt enfin par un mouvement extrêmement rapide, assez proche de « *Guylène* », un peu comme si la « banque de mémoire » se mettait à éclater sous le trop-plein d'informations, à spasmodiquement mélanger tous souvenirs…

Le doux « *Chemin de la Source* » s'écoule sur un tapis d'harmonies uniquement européennes (dans le sens classique du terme), tandis que l'admirable « *Dynamics for Montana* », en hommage à l'architecte Claude Montana, retraduit par ses jeux de tensions / détentes (passages lourds et violemment chargés / instants de tranquillité sereine, chaos / fluidité…), toutes les dynamiques qui ressortent des œuvres de Montana.

L'incroyable « *Prince of Whales* », qui en concert détrônera « *Housewomen Song* », impressionne par sa vivacité, sa mélodie tenace ; elle est censée illustrer le Pays de Galles et ne se réfère en fait aucunement à son Prince… Le titre, simplement, sonnait mieux ainsi…

Enfin, après une composition de David Liebman, le disque s'achève sur une ballade écrite en majeur (ce qui n'empêche guère le pianiste d'incurver son dire vers des modes mineur ou atonal…) pour opposer aux climats sombres et bousculés des morceaux antérieurs quelques teintes plus positives.

Une œuvre pleinement aboutie, le dernier solo aussi de la tétralogie inaugurée avec *Distance*, qui a vu ses épisodes se graver successivement, presque jour pour jour, tous les deux ans sur une période de six ans.

Du mélodique à l'abstraction

L'ambivalence de la démarche sera poussée à l'extrême quatre ans plus tard lorsque coup sur coup, paraîtront *Famous Melodies* et *Abstracts*.

Le premier, recueil de mélodies qu'on pourrait dire universelles : musiques de films (« *Touchez pas au grisbi* », « *Lili Marlène* »), standards (« *Just a Gigolo* », « *My Feart Belongs to Daddy* », « *Cry Me a River* »), chansons de Kurt Weill et de Friedrich Holländer et même le tube de Bobby McFerrin : « *Don't Worry, Be Happy* »... Tout a été réécrit, réarrangé : des harmonies particulières se développent, d'autres encore se superposent aux premières, donnant à l'ensemble une structure riche et fouillée. L'interprétation joue sur l'élément dramatique par un égrènement des basses qui crée une pesanteur poignante tandis que la main droite, au toucher ferme ou caressant, effleure et cueille mélodies, bribes de mélodies et égarements.

Cet enregistrement reste tout à fait à part dans la discographie de Joachim Kühn, habituellement peu enclin à rejouer des standards, et sa qualité demeure plutôt en dents de scie, car si la « *Barbara Song* », superbe, illumine les premières minutes, si la conclusion de « *Touchez pas au grisbi* » grise l'oreille, d'autres compositions manquent de chair. La plus intense, la plus envoûtante, reste pourtant « *Aline's House* », sa seule composition personnelle ici, déjà présente sur *Dark*...

Si le disque séduit l'ensemble de la critique et connaît un joli succès, c'est bien *Abstracts* qui emportera notre pleine adhésion : collection d'instantanés dotés d'une énergie phénoménale, toute l'urgence de la non-préméditation assumée éclate avec fougue, en tous sens ! Nulle trace du moindre thème ici (excepté pour « *Express* », dans l'ombre) ; où l'on assiste effaré à d'étourdissants télescopages, une fraîcheur de chaque instant, la franchise de l'abrupt... La personnalité du pianiste, à fleur de peau, se livre tout entière ici, nue, forcément libre, plus que jamais peut-être :

> « Cinquante ans n'est pas, en ce qui me concerne, l'âge de la maturité – celle-ci est là depuis un certain temps déjà – mais plutôt celui où je commence à me pencher sur mes expériences passées et réfléchir sur le sens que je veux donner à ma vie. Expériences qui, du bebop à la fusion en passant par le free jazz, constituent la trame d'*Abstracts*. [...] Peu importe qu'il soit "commercial" ou non : je suis, avec l'âge, plus déterminé que jamais à jouer ma musique, sans passer par des compromis. »[15]

Que rajouter sinon l'essentiel... rappeler que cette totale liberté n'a été rendue possible que par un solide acquis musical : un acquis de plus de quarante ans, une pratique quotidienne de l'instrument, une technique virtuose, l'énorme richesse d'un parcours multidirectionnel... Autant d'incontournables volontairement oubliés, délaissés pour que dans l'instant, l'expression ne subisse aucune entrave :

> « À la base, j'aime le free, vraiment. Jouer le plus librement possible. Mais on ne peut être vraiment libre en musique lorsqu'on débute, ce n'est pas en jouant n'importe quoi que ta musique sera libre. En fait, plus tu en sais, plus tu peux être libre, c'est une évidence... »[16]

Et l'on comprendra aisément pourquoi *Abstracts* constitue alors l'enregistrement en solo qui lui tient le plus à cœur...

Miniatures

Le disque inédit *Act of Balance* offre une rupture conséquente dans l'ensemble de l'œuvre pour piano élaborée par Joachim Kühn. Gravé, rappelons-le, après quatre années de silence en studio (je parle pour les enregistrements en solo), ce disque comporte quinze pièces de quatre minutes en moyenne. Parallèlement en concert, les morceaux se mettent à rarement excéder les cinq minutes : le contre-pied aux grandes suites dans lesquelles se plongeait le pianiste au cours des années antérieures est flagrant, traduisant une nouvelle conception des notions de durées, et plus largement encore : une approche différente de la musique.

Un second fait des plus significatifs : *Act of Balance* s'ouvre sur une composition d'Ornette Coleman et se clôt sur un extrait de la « *Partita 2* » pour violoncelle seul de Jean-Sébastien Bach, réarrangée ici pour piano solo. Certaines compositions de Joachim recèlent par ailleurs d'accents empruntés aux musiques d'Ornette (« *Time is Faster* », « *Thirds and Seconds* ») et de Bach (« *It's Not Forbidden* »)...

Une troisième donnée radicalement nouvelle vient se greffer aux deux premières : Kühn se limite la plupart du temps au registre véritablement médium du clavier, abandonnant ainsi les basses et hauteurs extrêmes ; aux étonnantes boursouflures d'antan, succèdent un son acéré qui se nourrit de lui-même. Le jeu aussi, se fait de plus en plus de manière chromatique. Car si l'urgence ne se joue plus seulement au travers d'une virtuosité énergique, elle transparaît pour chaque son à fleur de touches : qu'elle soit martelée ou effleurée, appuyée ou caressée...

Enfin, cause ou conséquence des faits précédents, les idées s'enchaînent avec vivacité, sans temps mort ni tournicotages multiples. Pour la première fois peut-être, le fantôme coltranien qui s'éloigne vraiment...

Quatre caractéristiques majeures, donc, qui expriment la volonté d'aller directement à l'essentiel, et préfigurent évidemment l'avènement du *diminished augmented system*. Déjà, le son qui change...

Plus qu'un disque, le *diminished augmented system* est une autre manière d'aborder la musique. Le disque lui-même n'est pour l'auditeur que le symptôme second (le premier étant le concert) de cette métamorphose. Car c'est bien de cela dont il s'agit.

Certes, Kühn n'a pas abandonné son style si personnel de jeu, son toucher tellement expressif, mais ceux-ci ont considérablement évolué, peut-être simplement débarrassés de tous les signes extérieurs au pianiste : les marques tellement reconnaissables comme un rebut rythmique de jazz-rock, une inflexion bluesy ou un arpège lisztienne ont définitivement été balayés de son jeu. Seuls semblent subsister les caractéristiques propres à Kühn lui-même. En ce sens, le diminished augmented system apparaît véritablement comme un révélateur, un système destiné à libérer le pianiste, autrement dit, et plus que jamais, à être vraiment lui-même.

Ainsi, dix-sept pièces brèves (de 1'39 à 4'37), complexes, intensément urgentes, abruptes : de la « *Ciaccona* » de Bach à « *Portrait of my Mother* » ou « *Thought of JF* », à « *Foodstamp on the Moon* » d'Ornette, dix-sept perles en suspens, qui se suivent, se reflètent, se heurtent, se prolongent, merveilleuses, témoins d'un vaste chantier musical parvenu à pleine maturité dans lequel, comme l'énonce Philippe Carles :

> « Il tresse-multiplie voix et vitesses, mixe les flux mélodiques et les brisures, oppose – plutôt que tensions et détentes – urgences et inquiétudes jusqu'à atteindre une dilatation lyrique et des paroxysmes dont l'intensité excède toute complaisance ou alanguissement médiocrement "romantique". Fondé sur le mélange et la collision, sur les jeux d'angles aboutissant à un effet de lisse d'un degré supérieur, sur l'aiguisement des contrastes plutôt que sur les tentations d'"harmonieuse synthèse", ce travail de dissection-rumination de matériaux vifs aboutit à une mosaïque, a priori monochrome, de formes brèves et parfaites. »[17]

Le double disque *Catchy Melodie's* gravé en août 2000 (cf. cd du livre, plages n° 9 et 10), malheureusement inédit lui aussi, qui comporte vingt-cinq compositions de Joachim et cinq d'Ornette, s'inscrit directement dans la lignée de *the diminished augmented system* en des compositions majoritairement extraites des « *Programm 4* » et « *Programm 5* », instantanés magnifiques, univers suspendus et poétiques desquels transpirent la joie de jouer, la jouissance du son.

Racines

> « My roots are in my record player. »
>
> Evan Parker[1]

Le choix du piano

Après les casseroles de cuisine, après la petite flûte de Rolf, le piano. Presque une évidence...

Intimement lié à son amour du jazz, Joachim Kühn s'est essayé à quatorze ans à la trompette et au trombone à pistons dans un groupe de dixieland ; à la guitare aussi. Et plus tard, au cœur du free, l'appel d'instruments moyen-orientaux comme le shenai ou la corne d'antilope ; l'appel enfin, du saxophone alto qui, après une intermittence de quelques années, perdure encore aujourd'hui. Plus tard encore, la découverte du piano électrique Fender Rhodes et la joie presque enfantine de jongler avec les synthétiseurs...

Mais l'évidence demeure : Joachim Kühn a choisi le piano :

> « C'est bien le roi des instruments. Parce qu'avec dix doigts, on possède toute la musique ! Un orchestre à lui tout seul : les basses, les aiguës, le rythme, la mélodie, l'harmonie, tout ! Avec la possibilité de jouer seul de l'ensemble de cette palette sonore. [...] On ne parle jamais assez du toucher. Le toucher constitue l'acte du pianiste le plus fascinant. Un grand frisson de plaisir. Ainsi puis-je donner naissance aux notes. Mes propres notes. D'ailleurs, n'est-ce pas au toucher que l'on reconnaît immédiatement la personnalité des pianistes de jazz ? [...]
>
> Lorsque je fais face au piano, défilent alors tous les sentiments. On entre vraiment dans le jeu ; un jeu dans lequel n'existe pas de règle fixe. Une envie surtout, prégnante : transformer ces sentiments, les pétrir, les mouler dans une énergie créatrice. Des cordes, dans le corps du piano vibrent ainsi de tous ces courants mêlés. Le ventre du piano devient le creuset d'une rencontre permanente. [...]
>
> Il est là, devant mes yeux ; je le fixe, je le détaille : fantastique ! Ce n'est pas l'habitude qui pourrait faire obstacle à une telle histoire d'amour... l'amour comme le piano : une exigence énorme, une attraction intense, jouer toujours jouer, pratique incessante, ne pas pouvoir s'imaginer cesser un seul instant, sans fin... »

Voilà : je vis en permanence avec mon piano, sans doute m'éteindrai-je avec lui. Son silence. »[2]

La danse du corps

Les yeux se ferment, un accord qui tombe.

Quelques notes s'égrainent, cristallines. La tête entame un étrange mouvement de pendule, une danse lancinante qui ne s'évanouira qu'après la note ultime.

Le corps aussi s'agite : tranquillement se balance, se courbe, bascule, se crispe et se détend, avec le son ploie – un roseau sous la brise ; les cheveux, une blonde crinière héritée d'un Petit Prince devenu presque adulte, les cheveux suivent avec retard les mouvements imprimés par le cou, à contretemps ondulent.

Crescendo.

Les doigts caressent l'ivoire, sveltement se jouent des harmonies, des silences. Tout, ici, n'est que souplesse.

Brutalement, l'atmosphère devient féline : des coups de griffes se mettent à déchirer cet envoûtant ressac, le jeu se raffermit, les muscles se tendent, se contractent de manière désordonnée, un accord puissant fait valser le corps vers l'arrière, qui aussitôt se tasse, se ratatine, le visage par instants frôlant les touches tandis que les mains courent et bondissent, le souffle embue le bois, s'accélère, quelques débris de voix s'émiettent sur le clavier, balayés par les doigts, par les sons ; les joues, les paupières soubressautent, les lèvres. Le regard se perd par-delà l'espace clos de la salle, au milieu du noir se noie. Le dos se cabre, puis se rétracte.

Un sourire s'ébauche.

Une danse, une transe qui traduit le total abandon d'un corps entièrement habité par la musique. Qui étourdit l'œil. Laisse l'auditeur / spectateur KO. À tel point que Michel Contat a tranquillement affirmé :

> « Quiconque a vu Joachim Kühn jouer de son corps comme accouplé au piano a pu ressentir l'énergie vitale qu'il dispense. »[3]

Et Geneviève Peyrègne, plus directe encore :

> « La musique est la chose la plus importante de sa vie ; il s'est tout entier consacré à elle. Il fait corps avec l'instrument... Il fait l'amour avec le piano ! ! »[4]

Une gestuelle éblouissante, dont Joachim Kühn n'a que très peu conscience :

> « Je ne m'étais jamais aperçu de la façon dont je bouge en concert, jusqu'à ce que je le voie à la télévision. J'ai été sidéré de voir à quel point je gesticulais. Je ne le savais pas. Je ne m'en étais jamais rendu compte. En même temps, c'est certainement le reflet de mon tempérament le plus naturel, une façon spontanée de descendre au fond de la musique, de son inconscient : je n'ai pas le contrôle de mes mouvements.

> Je me rappelle que mon professeur me réfrénait déjà, enfant, à cause de mes gesticulations, et aussi du fredonnement dont j'accompagnais mon jeu. Quand il m'arrêtait, c'était comme si je m'éveillais. Je n'avais pas le moindre souvenir de ce que je venais de faire. »[5]

Des racines européennes

De cinq ans à dix-sept ans, donc, de rigoureuses études classiques :

> « J'ai appris à lire la musique avant l'alphabet. J'avais un très bon professeur, qui m'enseignait non seulement le piano mais également la théorie, l'histoire de la musique, et la composition, qui était ma préoccupation la plus importante immédiatement après le piano. »[6]

Avec entre autres, le recours à l'inévitable méthode Hanon :

> « J'ai commencé avec Hanon, mais je ne crois pas que ce soit une si bonne méthode. Elle ne propose que des gammes et des arpèges, ce qui est un peu dangereux puisqu'on ne joue pas de simples gammes ou arpèges lorsqu'on fait de la musique. Je ne veux pas entièrement dévaloriser cette méthode, car elle est certainement utile lors des deux premières années d'apprentissage. J'ai aussi travaillé à partir d'un autre livre appelé *Thesaurus of Scales and Melodic Patterns* de Nicholas Slonimsky (chez Charles Scribner's Sons) : si vous utilisez cette méthode, vous pouvez jouer sur l'instrument. Elle propose une grande variété de doigtés. Actuellement, les meilleurs exercices que l'on puisse faire sont les *"Sonates"* de Beethoven et quelques travaux de Bach. Les *"Inventions"* de Bach sont les plus simples pour commencer, mais je préfère le *"Concerto Italien"* ; c'est une de mes pièces favorites. »[7]

Né à Leipzig, écoutant chaque dimanche le chœur de l'église Saint Thomas chanter Bach, Joachim Kühn a grandi sur les terres de Schumann, Liszt, Haydn, Beethoven, Weber, Schubert ou Telemann… Il a au cours de nombreuses interviews précisé que ses goûts en matière de musiques classique et contemporaine, bien que polarisés sur Bach, Debussy (dans ses dernières années) et les grands compositeurs du 20e siècle, s'étalent de Bartók à Satie (découvert assez tard), en passant par les musiciens précités ainsi que par Mauricio Kagel, Brahms, Mozart, Ravel, Prokofiev, Schœnberg, Hindemith, John Cage, Edgar Varèse ou Pierre Boulez…

Or, si le jeu de piano de Joachim Kühn ne s'est pas façonné à partir d'éléments empruntés à l'un ou à l'autre de ces musiciens, il s'est en partie nourri de ce terreau ; dès lors ressurgissent, en différentes périodes de son parcours musical et notamment en solo, quelques aspects propres à ces musiques européennes. Ainsi par exemple, les disques *Solos* et *Piano* malgré un épanouissement tout à fait personnel, reflètent par endroits certains travaux de Debussy ou de Satie… bien que comme le faisait remarquer l'écrivain Jean Échenoz, dès la parution de *Solos* :

> « Il peut être intéressant de noter que lorsque ce disque fut enregistré, Joachim Kühn ignorait pratiquement tout de l'œuvre de Ravel et de Debussy, et n'avait encore jamais entendu une seule note d'Éric Satie. »[8]

Du romantisme : un jeu d'influences en forme de coup de gueule

Durant la fin des années soixante-dix, et plus encore au cours des années quatre-vingt, les longues suites dans lesquelles le pianiste se lançait à corps perdu, pleines de tempérament, tellement lyriques, ont fortement contribué chez certains à ne plus voir en Kühn qu'un pianiste romantique – et lorsque l'un bramait autour de pseudo-facéties jarrettiennes, un autre embrayait sur un Schumann resongé... Mais collectionner des noms en forme de lanternes pour éclairer tel ou tel point est une chose, catégoriser en est une toute autre ! Faut-il toujours des étiquettes pour rassurer ? Des repères chiffrés ou nominatifs pour ne pas se perdre ? Constat navrant en vérité, dont on aurait voulu croire qu'un mouvement tel que le free jazz aurait pu définitivement nous débarrasser... Finalement non ; à l'aube du troisième millénaire, nous en sommes toujours réduits à cataloguer, à faire appel à une classification de type commerciale.

(Et de qui Mozart était-il donc le resongeur ?)

Car si toute musique repose sur une (des) musique(s) antérieure(s), certaines – et celle de Joachim Kühn en particulier –, bien que nourries de toutes ces cultures d'un autre siècle, se développent véritablement par et pour elles-mêmes. En cela, je serais d'avis de citer mille noms, de Liszt à Coltrane, ou de n'en pas citer et de me taire. L'étiquette de pianiste romantique est décidément trop réductrice, finit par nuire à l'oreille peu curieuse de découvertes, à l'oreille paresseuse ; elle nie surtout, ici, l'incroyable diversité, la grande richesse, non seulement de l'œuvre de Joachim Kühn, mais de son jeu de piano lui-même.

S'il reste évidemment effectif que ce qu'on appelle romantisme caractérise un pan du jeu et de la personnalité du pianiste (et que, généreux, nous l'étendrons à la période indiquée plus haut en ce qui concerne les travaux en solo) – lui-même ne s'en cache d'ailleurs pas en déclarant :

> « En concert solo, il m'arrive d'improviser dans un style romantique, directement inspiré de Schumann, Liszt, Brahms ; ils sont à l'intérieur de moi. »[9]

Insistons encore sur toutes les autres facettes, aussi essentielles, qui constituent la musique de Kühn : tous ces styles aisément caractérisables (du romantisme, donc, au free jazz), ne sont que des matériaux à partir desquels se bâtit une musique définitivement autre.

Ceci lourdement répété pour rappeler ce qu'une simple étiquette peut causer comme dommages lorsqu'elle est apposée en trois lignes sur le ton d'une vérité péremptoire... En l'occurrence dans notre cas, un boulet que Kühn portait encore en janvier 2001 :

Racines

> « Cela m'agace quand certains continuent de dire que je joue de la musique romantique. Cela fait longtemps que cette qualification ne convient plus à ma musique. J'utilise rarement la pédale dite *forte* – un signe du romantisme. Je n'ai plus aucune envie d'être romantique, mais plutôt de me mettre en colère. Envie de protester contre l'ordre établi. Je vis retiré, à Ibiza, mais je suis les informations. Les nouvelles du monde sont inquiétantes. Tant d'injustices, de décisions politiques scandaleuses. Avec ma famille et mes amis, la musique m'aide à résister. À travers elle, je refuse tout compromis. »[10]

Du *lied* à la symphonie

Plus qu'aucune autre forme musicale peut-être, le *lied* est certainement la plus directement liée à l'esprit du romantisme allemand. Il s'agit à l'origine d'une mélodie (chantée) accompagnée par un instrument – souvent le piano. Les *lieder* se jouent comme de petits drames sur des musiques intimistes, bouffées d'émotions qui expriment le rêve ou la tendresse, l'horreur ou la mort. Les meilleures illustrations de cette forme musicale ont été signées par Schubert, Schumann et, dans une moindre mesure, Liszt. Le lied étant devenu une forme inévitable de la culture musicale allemande, nul doute qu'il ait bercé les rêveries du jeune Kühn sur les routes de l'école… Cette figure emblématique se profilera ainsi, épurée ou magnifiée, toujours de manière fort ponctuelle, au travers du parcours musical de Joachim Kühn : parfois dans sa forme originelle comme dans ses duos avec Karin Krog sur « *Vampires Castle* » et « *Depression and Illusion* », parfois en solo comme avec l'admirable « *Wiegenlied* » ou des pièces comme « *Brother Rolf* » ou « *Paris'72* ».

L'idée de départ restant de traquer quelques éléments des grands classiques dans la musique de Kühn, attachons-nous maintenant aux diverses œuvres symphoniques qu'il a pu composer. On peut d'emblée remarquer que celles-ci font appel à une myriade de références puisées dans un répertoire aussi vaste qu'éclectique et, sans chercher à redonder sur ce qui a été écrit dans les chapitres historiques antérieurs concernant les symphonies, égrenons ici quelques-unes de ces similitudes :

Pour la seule symphonie « *Turbulent Lover* », certaines ruptures où piano et orchestre sont secoués de frissons rappellent immanquablement « *Desert* » de Varèse et le Schœnberg des années dix ; un rythme aussi syncopé qu'asymétrique asséné au piano puis par l'orchestre renvoie à la « *Danse des Adolescentes* » du « *Sacre du Printemps* » de Stravinsky ; un mouvement entier s'enracine dans les mélodies entonnées dans les cabarets de l'Allemagne des années trente ; le chaos de l'avant-dernier mouvement comporte des accents de la « *Sinfonia* » de Luciano Berio tandis que le final éclate en forme d'hommage au « *Sketches of Spain* » de Miles Davis et Gil Evans…

Bien loin de paraître un savant collage d'artiste en mal d'inspiration, ces colorations témoignent de l'énorme culture du pianiste qui jamais ne cherche à recycler : au contraire, ce n'est qu'une fois ces éléments parfaitement intégrés en lui, puis digérés, qu'il a la possibilité de s'exprimer pleinement.

Une autre symphonie, « *Industrial End* », étonne tant par sa sensibilité que par la maîtrise de l'écriture, et si à nouveau l'on pourrait citer le « *Sacre du Printemps* », c'est davantage du côté des fugues de Bach et de Frank Zappa qu'il faudrait regarder... Constat par ailleurs tout à fait similaire avec l'extraordinaire *I'm Not Dreaming*.

Quant à la « *Conversation for Piano and Orchestra* », et certainement du fait des jeux cumulés de Mark Nauseef et de Trilok Gurtu aux percussions, c'est bien à l'« *Arcana* » de Varèse et au « *Concerto for 4 Percussion Soloists and Orchestra* » qu'elle nous renvoie...

Les travaux pour piano et orchestre à cordes, en particulier lors du festival de Grenoble en mars 1991, reflètent par instants la fibre de Gustav Mahler, et plus encore celle de Debussy.

L'œuvre orchestrale la plus aboutie cependant, la « *Symphonie Châteaufort* », est remarquable par son essence véritablement kühnienne, où le jeu des influences semble à présent s'estomper. Le rôle joué par les percussions est à nouveau de tout premier plan, et plus encore avec cette symphonie qu'avec les précédentes, la veine free jazz que le pianiste a vécue de l'intérieur s'exprime à plein, et la symphonie sonne parfois comme l'œuvre d'un orchestre malade...

Bref aparté en forme de rappel à l'ordre

Simplement pour comprendre que toutes ces influences qui çà et là se reconnaissent, demeurent constamment en arrière-plan. Plus particulièrement présentes en dehors des frontières du jazz, jamais elles ne servent ce qui donnerait un quelconque bouillon mélangeant allégrement jazz et musique classique : si Kühn s'est toujours montré fort réticent vis-à-vis de ce genre d'entreprises pour le moins racoleuses, il n'en reste pas moins sceptique envers des musiciens circulant d'un milieu à l'autre :

> « Michel Portal est le seul musicien qui puisse aller et venir entre le classique et le jazz. Le passage ne se fait pas pour les autres : ni pour Friedrich Gulda, qui aime pourtant le jazz, ni je crois, pour Keith Jarrett, qui révère Bach. Portal est une exception. »[11]

Pour Kühn, sortir d'un cadre strictement jazz ne se conçoit que pour chercher une plus grande liberté et non pour replonger dans un carcan musical prédéfini :

> « Je ne me vois pas rejouant une œuvre classique alors que ça a été fait si fantastiquement ! »[12]

Avec des noms à l'appui comme Arturo Benedetti-Michelangeli, Rubinstein, Maurizio Pollini et bien sûr Glenn Gould pour Bach, on comprend le désintérêt total qu'il éprouve à réinterpréter de la musique classique ; ce n'est finalement que pour être lui-même et jouer sa propre musique que le pianiste laisse s'exprimer des racines européennes qui font malgré tout partie intégrante de son être.

Du côté de Kurt Weill : flagrance de la mélodie

L'impact du fantôme de Kurt Weill et de ses mélodies géniales reste d'une manière générale très marqué en Allemagne (et ailleurs…), et chez Kühn en particulier. Outre évidemment dans ses travaux construits autour de « *L'Opéra de Quat'Sous* » en 1965 puis trente ans plus tard en 1995, outre dans les reprises de quelques chansons du compositeur sur *Famous Melodies*, le spectre de cet univers musical mi-ironique, mi-désenchanté, l'ombre de Marlène Dietrich aussi, ont par endroits traversé l'œuvre de Joachim Kühn. Ils transparaissent surtout au cœur de la période free jazz, non par ses couleurs musicales mais véritablement par le recours presque systématique, en milieu mais surtout en fin des plus tumultueuses improvisations, à des mélodies brillant par leur simplicité parfois extrême, leur beauté toute naïve, leur charge émotionnelle énorme ; un sommet dans l'art de la déconstruction. La première de ces mélodies qui monte à ma tête est l'hallucinante conclusion de « *For my Mother* » sur le disque *Our Meanings and our Feelings* : une vive écorchure qui paradoxalement s'entonne sur un mode presque enjoué, avec un Portal aux accents ayleriens ! D'autres encore envahissent l'esprit : « *Rue de la Boule Rouge* », « *Depression and Illusion* », « *Shadows, Wherever We Turn* », « *Gaby Love* », « *Vampires Castle* », « *It's Only for You* »… pour la plupart tirées de *Sounds of Feelings*, *Bold Music* et *Monday Morning*.

Et surtout : « *O Gran Pa* », cet extraordinaire tango aussi enivrant que décalé…

L'héritage américain

Si Joachim Kühn s'est très tôt mis à improviser sur son piano, ce n'était pas sur du Bach mais bien sûr des boogie-woogies…

Contrairement à la musique classique, Joachim Kühn n'a pas « étudié » la musique jazz :

> « Je ne crois pas que le jazz puisse s'apprendre dans une école ; le mieux est de le vivre sur la scène. »[13]

Si donc il cherche très tôt à rencontrer d'autres musiciens, dès neuf ans dans des groupes de dixieland, puis rapidement vers un jazz plus moderne, c'est évidemment son frère Rolf qui lui a injecté le virus : au berceau d'abord, lorsqu'il répétait sa clarinette, puis plus tard, lorsque, basé à New York, il lui envoyait des disques des grands maîtres américains. Un choc dont il ne s'est jamais vraiment remis :

> « J'écoute encore Ornette, Coltrane, Miles, Don Cherry, Chet Baker, Art Blakey... C'est toujours un plaisir énorme et c'est une musique de ma génération. Le son est encore excellent aujourd'hui, j'ai une impression aussi forte en les écoutant qu'à l'époque. Je connais tous les solos de ces disques, cette musique me hante ! »[14]

Pour mieux saisir l'importance de cet héritage américain, laissons à Kühn le soin de commenter quelques disques nécessaires :

Miles Davis : *Milestones* (CBS 85553), 1958 :

> « À mon avis, c'est un des plus grands disques de l'histoire du jazz. Tous les musiciens y jouent à leur meilleur niveau. Personne de nos jours ne joue de l'alto comme Cannonball, du moins à ma connaissance. Phil Woods peut-être, mais à part lui... Que dire de Coltrane ? Il n'y a qu'à se taire... Miles, lui, jouait avec beaucoup d'espace et cela faisait un contraste très intéressant avec le jeu de Coltrane. Red Garland était probablement à cette époque mon pianiste favori, j'ai toujours aimé son jeu à la fois léger et puissant. »

Bill Evans : *New Jazz Conceptions* (Riverside RLP 223), 1956 :

> « Ce disque a changé ma manière de voir le jazz. J'ai très vite senti que ce pianiste apportait quelque chose de nouveau, une "nouvelle conception". Il jouait des phrases nouvelles. Il était étonnant et il reste une de mes plus fortes influences. Pendant plusieurs années, j'ai copié quelques-uns de ses chorus, un peu comme tout le monde. »

John Coltrane : *Olé* (Atlantic 1373-2), 1961 :

> « *Olé* est pour moi le disque du début des années soixante. J'étais vraiment "dans" cette musique. Coltrane ! et Dolphy, qui jouait d'une manière si différente, des lignes assez inhabituelles. C'était la première fois qu'un morceau aussi long figurait sur un disque. [...] J'aimerais dire de McCoy qu'il a été un vrai novateur, que personne ne jouait comme lui. J'aimais son phrasé, ses voicings. Il était beaucoup plus moderne que Red Garland, plus en avance harmoniquement. Il avait à la fois un jeu léger et puissant, avec beaucoup d'énergie. »[15]

À travers ces quelques commentaires, se dessinent les principales influences de Joachim Kühn dans le domaine du jazz, auxquelles on se doit de rajouter à l'évidence le nom d'Ornette Coleman. Nous avons dans les pages antérieures souligné l'impact causé en lui par les saxophonistes, d'Eric Dolphy à Cannonball Adderley, et à nouveau d'Ornette comme on va le voir un peu plus loin. Mais c'est bien John Coltrane qui constitue l'influence majeure, toutes catégories confondues, sur le jeu de Kühn. Le témoignage de Mark Nauseef à ce propos est révélateur :

> « On pouvait écouter aussi bien Lee Morgan, du free, Miles ou Chostakovitch : je n'ai jamais rencontré quelqu'un d'aussi ouvert à la musique, y compris à la musique indienne, indonésienne, aux ragas... Ses héros viennent de toutes les musiques. Mais surtout, il passait toujours des disques de Coltrane. On pouvait arrêter un morceau de Coltrane n'importe quand – je l'ai fait plusieurs fois ! – et lui demander où en était Coltrane au niveau de sa grille harmonique, il savait toujours, tout de suite... »[16]

Une influence qui pourrait schématiquement se traduire par l'emploi au piano de puissantes phrases ascendantes, un ressassement spasmodique autour de quelques points précis.

Concernant son jeu de piano en particulier, il a autour de la fin des années cinquante subi l'influence de Bobby Timmons puis celle de Bill Evans lorsqu'il jouait avec le Cercle. Sunny Murray a même cité ce dernier lors d'un blindfold test concernant le disque de Slide Hampton :

> « Si le pianiste n'est pas Bill Evans, c'est en tout cas quelqu'un qui a subi son influence. »[17]

Le nom de Thelonious Monk est lui aussi revenu à maintes reprises en raison de l'étrangeté de certaines phrases musicales de Joachim Kühn.

Si l'ombre de Cecil Taylor est elle aussi présente quelque part, c'est plus dans l'énergie du jeu et le corps à corps presque physique avec l'instrument que dans une technique somme toute éloignée de celle du pianiste américain.

Le pianiste de référence pour Kühn est inévitablement McCoy Tyner, dont le discours lyrique à la main droite, puissamment martelé à la main gauche, semble être étrangement apparenté.

Pourtant un jour de 1964, un grand vent balaya ces influences :

> « J'étais un pianiste sous influence, un coup Red Garland, un coup Bobby Timmons, McCoy Tyner ou même Cecil Taylor, vivaient dans ma tête. J'avais dix-sept ans et je n'étais pas encore moi-même. Le déclic ? J'ai su que la maturation avait abouti lorsque sur mon piano je pouvais laisser courir mes doigts librement, sans penser à quelqu'un d'autre. Je me souviens parfaitement de l'instant, dans ma maison, à une phrase musicale précise, il faudrait que je vous la joue... Je la tenais enfin mon expression pianistique propre. Le temps du copiste Kühn était terminé. »[18]

Figures de style...

Pétri de jazz et de musique classique, le style de jeu de Kühn a été défini par un critique comme un jeu néoclassique, terme fourre-tout tentant de synthétiser ces deux aspects :

> « Oui, je conçois qu'on puisse dire ça... Je ne puis complètement évacuer ma tradition, c'est-à-dire les musiques européennes. Il existe une grande différence entre les pianistes de jazz européens et les Américains. Je pense que les Européens utilisent une plus grande richesse harmonique et, bien sûr, l'influence classique ressort. Je l'accepte dans mon propre jeu. [...] Par exemple, les accords de la main gauche que j'utilise[19] sont un mélange de demi-tons, de tons entiers et parfois de 10e. Je me sens très libre avec. Je ne pense pas à tous ces accords. Mon jeu découle de ce que je ressens plutôt que des harmonies à utiliser. [...] Quand j'improvise, la technique est classique en ce sens que je ne suis jamais perturbé pour passer d'une octave à l'autre. Les phrases que je joue par contre, viennent de Coltrane, bien que ce ne soit évidemment pas les mêmes. »[20]

Dave Liebman et Daniel Humair ont quant à eux su trouver des mots assez justes pour caractériser le style de jeu de Joachim Kühn :

> « Ses racines (Bach / Leipzig) se mêlent facilement à la musique contemporaine du 20ᵉ siècle. C'est un des hommes les plus voraces que je connaisse en ce qui concerne l'écoute musicale. Joachim est très avancé en ce qui concerne l'harmonie.
>
> Une habileté incroyable à jouer très *legato* constitue l'une des clés de son style : des lignes qui traversent le rythme et avancent vers une cascade de notes, d'accords et de rythmes percutants. Son jeu est très extraverti et intense ; le regarder jouer est aussi une expérience visuelle... »[21]
>
> « Dès les années soixante-dix, chaque fois qu'on se retrouvait, il me faisait jouer autrement car son concept était autre. C'est un musicien qui a toujours eu une très grande facilité à composer : parce qu'il a une connaissance absolument phénoménale du piano d'abord, mais aussi de l'harmonie et du son "plein" d'un orchestre. Alors qu'en général les pianistes écrivent "piano", lui écrit plus large. Et son jeu sonne de manière orchestrale. Il ne vient pas du bop, mais du free ; il a ce poids, cette lourdeur germanique aussi... Ça m'étonne qu'il ne soit pas fanatique de Wagner car au fond, Kühn, c'est un "wagnérien" ! »[22]

Mais plutôt que de s'évertuer à aligner de nouveaux points de vue, d'autres vains néologismes, laissons au plus concerné d'entre tous le soin d'ébaucher les contours de son propre style :

> « Ma musique représente aujourd'hui une fresque de couleurs. Au départ, mon savoir-faire épouse la tradition du piano classique : l'acquis technique, le toucher, la maîtrise du toucher. La greffe jazz a pris sur une combinaison d'éléments. Car mes racines, je le sais, plongent directement du côté de chez Jean-Sébastien Bach. Nourri de ces notes, durant mon enfance, à l'église notamment. Beaucoup plus tard j'ai subi l'influence de John Coltrane, encore la force des lignes mélodiques.
>
> Aujourd'hui lorsque je joue en solo, le romantisme[23] se mêle certainement aux accents free, éclatés... une manière d'abstraction basée sur des touches mélodiques successives, en mouvement. Une composition picturale peut-être. En trio ou en quartet, la tradition du jazz doit s'avérer plus présente. Il m'apparaît quelque peu difficile de caractériser mon style de piano. Mais sans doute cela passe-t-il par une certaine ouverture – oui, c'est le bon mot. Une manière d'improviser toujours volontairement très ouverte sur toutes les directions de la musique improvisée. Il fallait bien que je la rencontre cette action de grâce qu'est l'improvisation : au travers d'elle, ce pourrait être la leçon de ma vie, de mon vécu, de mon expérience. Ma manière. »[24]

Qu'importe au final de se casser le nez pour tenter de définir le style de Joachim Kühn : reconnaissable entre tous depuis le milieu des années soixante et bien que n'ayant cessé d'évoluer, on peut le déceler dès les premières notes dans les contextes les plus divers, voilà bien l'important.

Composition et improvisation

Si l'habitude courante insiste sur la distinction entre musique classique (écrite) et jazz (musique improvisée), Joachim Kühn ne veut concevoir les choses en ces termes ; pour lui, la musique est soit bonne, soit mauvaise, quel que soit son genre ou son origine. D'un point de vue plus pratique, il en est de même entre la musique écrite et l'improvisation (ou comme le dirait Evan Parker, la composition spontanée...) :

> « En fait, je ne veux pas y voir de différence, la musique est un même discours, entier. On devrait considérer la musique comme un tout. J'ai étudié la composition et je suis intéressé par l'écriture à plus grande échelle ; faire des compositions pour orchestres symphoniques, big bands et différentes combinaisons de musiciens. Ainsi, tu peux essayer de nouveaux sons et étudier tout ça. C'est toujours intéressant pour un compositeur de voir si ça fonctionne. […] Quant à l'improvisation, c'est quelque chose de sacré pour moi. Aujourd'hui, la plupart des gens ont oublié ou ne savent pas comment improviser. Improviser, c'est faire quelque chose que tu n'as jamais joué avant, c'est pourquoi je suis plutôt contre le fait de recopier les solos des autres et que je n'aime pas les gammes, qui influent trop sur le jeu. Tu dois essayer de ne pas penser, sinon, ce n'est pas réellement de l'improvisation. Ce n'est pas possible à chaque fois, mais il faut au moins essayer, essayer de te créer toi-même des situations où tu peux être capable d'avoir l'esprit libre, libéré de tes pensées ; alors, tu peux improviser. »[25]

En ce sens, les différences entre composition et improvisation se font plus pragmatiquement : chaque matin, Joachim se lève, boit un café puis se saisit d'une feuille de papier, cherche un endroit agréable : une plage ou son lit, et se met à composer. Dans ces instants, il ne s'assoit jamais devant le piano, réservant celui-ci seulement pour jouer et, dans de rares occasions, effectuer quelques corrections. L'inspiration restant aléatoire et pouvant surgir à tout moment, il ne se promène jamais sans une feuille de papier à musique dans la poche...

L'improvisation elle, demeure le souffle vibrant, vivant de la musique de Joachim Kühn.

Ainsi, composition et improvisation sont deux aspects tout à fait indissociables de sa musique (hormis peut-être en ce qui concerne les années 1966-1973 avec le free jazz où la part d'improvisation était forcément prégnante), à tel point que leur entremêlement réciproque constituera l'une des caractéristiques importantes du *diminished augmented system*.

Le diminished augmented system

> « Il n'y a pas de mystère dans la musique de jazz. Tout peut être dit, tout peut être écrit, théorisé, seule la réalisation est personnelle. »
>
> Joachim Kühn[1]

Entre polyphonie et harmolodie

Ce système musical qu'on pourrait rapidement situer à la croisée de Bach et d'Ornette Coleman, n'est pourtant pas une savante synthèse des multiples racines musicales qui habitent Joachim Kühn, et moins encore un saupoudrage d'aspect culinaire des caractéristiques de Bach ou de Coleman sur sa propre musique.

À l'image du solo « *The diminished augmented system* » en effet : loin d'être compartimentés en trois pôles distincts à l'aide de parois à l'étanchéité éprouvée – comme pourrait le laisser supposer la présentation des dix-sept morceaux du disque, rigoureusement classifiés en trois parties : les propres compositions de Kühn (10), celles d'Ornette Coleman (4), enfin celles de Jean-Sébastien Bach (3) –, ces trois axes Bach / Kühn / Coleman s'avèrent en vérité intimement, irrémédiablement, inextricablement liés en Joachim Kühn, chacun influant par ailleurs activement sur les deux autres.

Ainsi, ces presque coïncidences :

■ convergence des lieux :

Le premier disque du duo Ornette / Kühn enregistré à Leipzig : ville natale du pianiste.

C'est aussi la ville dans laquelle Bach séjourna durant vingt-sept années et y acquit sa notoriété.

■ carrefour des trajectoires :

1958 : Joachim Kühn étudie toujours les « classiques » dont Bach.

Parallèlement, il découvre Ornette Coleman, dont la musique bouleversera sa vie.

■ petite dislocation (douce hallucination) temporelle :

Kühn allant, enfant, écouter tous les dimanches le Thomanerchor à la célèbre église St Thomas.

Le même presque quarante-cinq ans plus tard, jouant du Bach avec ce Thomanerchor dirigé par le professeur Christof Biller, Cantor : position que Bach lui-même occupait quelque deux cent soixante années auparavant ; la prestation étant donnée à deux pas de la tombe du maître...

■ cohérence des langages :
Polyphonie de Jean-Sébastien Bach.
Harmolodie d'Ornette Coleman.
Diminished augmented system de Joachim Kühn.

■ similitude du discours :
Au-delà des personnalités et des aspirations forcément différentes de chacun, constatons dans leurs musiques la place privilégiée de l'improvisation.

■ analogies d'une situation oppressive extrême subie pendant une longue période :
Joug infernal exercé par ses employeurs à Leipzig (Bach).
Racisme et non reconnaissance par ses pairs (Ornette).
Autorités est-allemandes qui entravent les libertés individuelles, le jazz est prohibé (Kühn).

■ Et, pour le clin d'œil : la mathématique des chiffres :
Tous trois sont nés un mois de mars : Kühn (le 15) exactement entre les deux, à six jours d'intervalle de l'anniversaire d'Ornette (le 9) et de celui de Bach (le 21)...

De Bach on constatera que plutôt qu'une redite supplémentaire (Kühn est le premier à préciser qu'il faut consacrer sa vie au musicien et qu'après Glenn Gould, il n'y a rien à ajouter), il s'agit là de sa propre interprétation, une appropriation personnelle des œuvres de Bach :

> « Je me suis penché sur bon nombre de compositions de Bach, j'étais déjà très influencé par sa musique. En fait, je ne crois pas qu'il existe d'accords be-bop que Bach n'ait pas déjà utilisés trois siècles auparavant ! »[2]

Bach n'était-il pas le premier improvisateur de son répertoire ? Et d'Ornette, on insistera sur l'impact récurent de l'un sur l'autre : une rencontre mythique avec l'un de ses héros pour Kühn ; et pour le saxophoniste une reconnaissance certaine, certifiée si l'on peut dire par une encyclopédie musicale vivante, un savoir nourri de toute la culture musicale occidentale et dans lequel il peut puiser à l'envi.

Tout cela, simplement, pour livrer quelques pistes. Comprendre que ce diminished augmented system récemment inventé et développé par Joachim Kühn sous la double emprise de Bach et d'Ornette couvait sous ses doigts depuis quelques années déjà, que les choses ne font que se préciser, se mettre en forme, que Jean-François Jenny-Clark est certainement un peu là aussi. Comprendre surtout que la route n'est pas finie bien au contraire: après avoir traversé les multiples paysages de la musique, de l'exigence du classique aux outrances de la New Thing, des modes du jazz-rock à l'expérimentation sonore et à Bach, c'est un nouveau territoire que l'on arpente peu à peu avec Kühn: il nous offre sa musique, enrichie de tout, puis dépouillée de ce même tout pour enfin s'exprimer, libre.

Grandes lignes: la prédominance du son

La notion de base de ce système musical réside dans le fait que compositions et improvisations ne doivent plus s'élaborer à partir d'accords, mais bien de sons:

> « Le plus intéressant dans la musique, pour moi, réside dans cette connexion entre une note abstraite et le son. Cette combinaison offre encore une multitude de possibilités et c'est pourquoi je cherche à réduire la musique à quelques éléments: ainsi, à la place d'avoir les douze tonalités d'un même registre, j'ai simplement deux groupes de sonorités: quatre augmentées et trois diminuées. Le reste est transposable dans les autres registres. Donc pour un registre habituellement composé de douze sons, j'obtiens six sons dans la gamme et six autres à côté; ne reste qu'à les combiner entre eux… Bien sûr, on ne pense pas à tout cela en jouant, mais il est nécessaire d'en comprendre la cohérence auparavant, d'être conscient de ce que l'on fait. […] Il n'y a pas d'accords majeurs ou mineurs. Je cherche à réduire: dans l'"ancienne" musique il y avait douze tonalités, sachant que parfois, pour une même musique, une même tonalité, les noms changeaient [ex: tierce diminuée = seconde augmentée, Ndr]. Je ne veux plus penser comme je le faisais auparavant, c'est-à-dire jouer par exemple une improvisation free jazz puis enchaîner avec une ballade romantique basée sur une grille harmonique définie. Je cherche une unité, débarrassée des étiquettes. »[3]

Ce travail entièrement focalisé sur le son n'est rendu permis que par une connaissance sans faille des mécanismes théoriques de la musique (du classique à la musique contemporaine en passant par le jazz), comme le souligne fort justement Mark Nauseef:

> « Il a tellement compris la tonalité, l'atonalité… Il a intégré tous ces éléments en lui, comme personne… Il s'intéresse directement au son. Il n'a nullement besoin de penser tonal ou atonal, il n'a plus rien à faire avec l'idée même des douze tons, il pense simplement à la structure des sons: il veut produire du son, quelque chose qui porte, qui a de l'effet. »[4]

Un concept qui abat les barrières harmoniques sans toutefois chercher à les nier puisqu'il évite certains excès du free jazz, en particulier les débordements par trop hasardeux:

> « [Ce système] offre de nouvelles possibilités concernant par exemple la connaissance des notes par rapport au son que tu entends, ce qui te permet de toujours savoir ce que tu joues au lieu de simplement jouer une succession de notes aléatoires comme beaucoup

le font dans la free music, des notes ayant pour seul moteur l'énergie : c'était très bien dans les années soixante, mais je ne pense pas qu'un tel concept soit encore valable en l'an 2000.

La musique doit réellement aller quelque part ; ce système est une possibilité. […]

Lorsque tu as trouvé ta voie, il ne faut pas craindre de l'explorer jusqu'au bout. Tu n'as pas à montrer ce que tu sais faire sur l'instrument, l'important est ailleurs : c'est de jouer une musique, avec toute sa fraîcheur, constamment renouvelée. Voilà pourquoi aussi il est bon de jouer de nouvelles compositions plutôt que de se cantonner aux mêmes. À présent, au lieu d'écrire quelques morceaux pour jouer quelque part, je compose des programmes ; chacun comporte dix compositions. Parfois, trois ou quatre morceaux successifs sont bâtis sur un même tempo. Les improvisations doivent être très différentes (et elles le sont si on improvise réellement) : il ne faut plus penser à ce que l'on fait mais être libre en dehors des structures. Je n'aime pas les tempos 4 / 4, je préfère les rythmes plus lâches, qui peuvent se défaire…

De toute façon, le swing doit être là, c'est avec lui qu'une musique peut vivre. »[5]

Concepts de l'élémentaire sonore

Quelques lignes ici, pour tenter d'approcher ce système de manière plus concrète, d'en cerner les contours afin d'en mieux comprendre l'objet, les possibilités. Partant d'illustrations musicales et de postulats définis par Joachim Kühn, quelques commentaires explicatifs ; peut-être[6] :

> ■ « À la place des 12 tonalités majeures et des douze tonalités mineures, on joue la musique en sons diminués et augmentés. Cela s'applique autant dans les compositions que pour les improvisations.
> Sur la portée, on distingue 4 sons augmentés et 3 diminués. Lorsqu'on poursuit la transposition, on retombe sur les mêmes notes, il s'agit simplement d'un renversement. »

Pour le do, les quatre sons augmentés seront :
C +5, Db +5, D +5, Eb +5
(Le suivant, E +5 a les mêmes notes que C +5, et ainsi de suite)

Le diminished augmented system

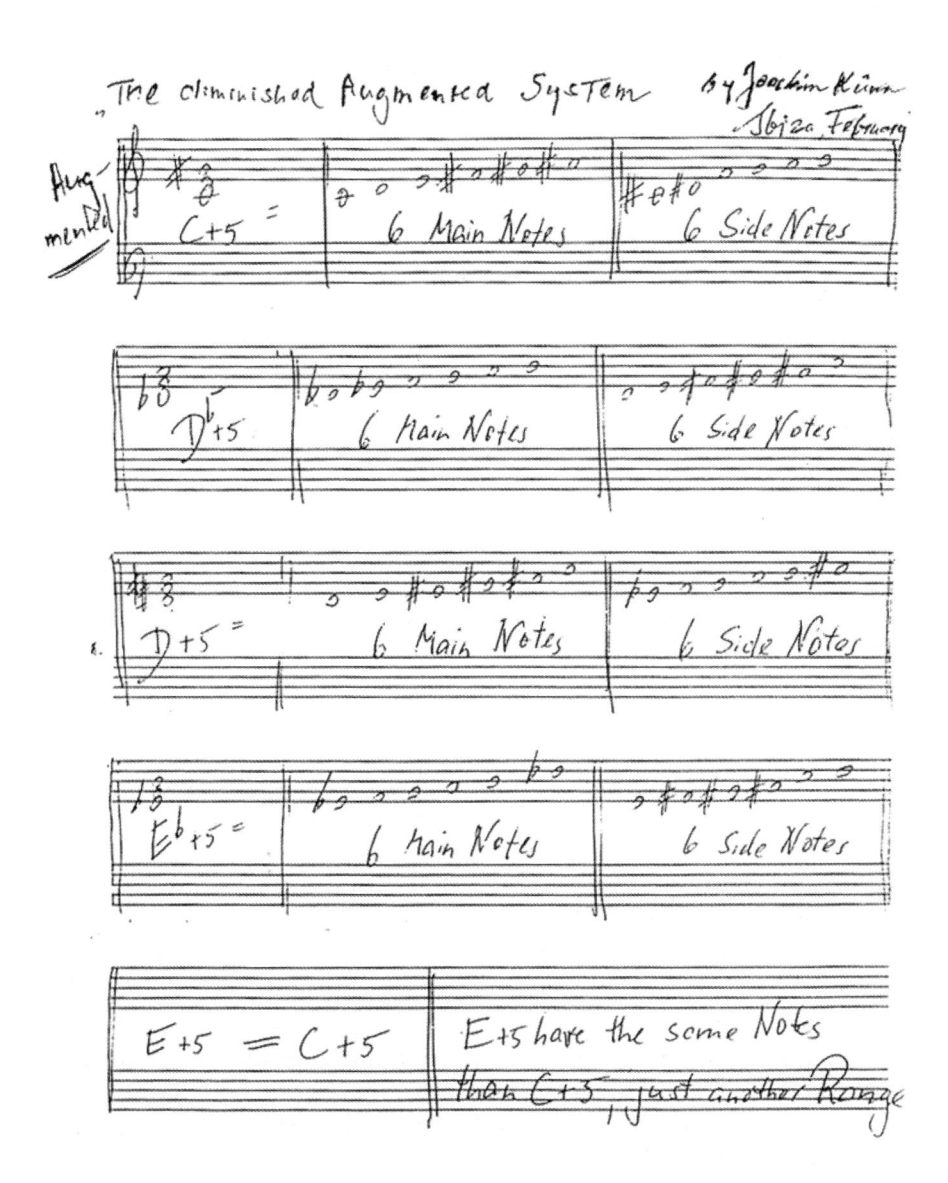

Les trois diminués seront : C°, C°#, D°
(Le suivant, E°b a les mêmes notes que C°, et ainsi de suite.)

[Notation musicale manuscrite : Diminished — C° = 6 Main Notes, 6 Side Notes ; C°# ; D°b ; E°b = C° « E°b here the same notes than C°, just another Range. »]

■ « Chacun de ces sons contient 6 notes principales (*main notes*) et 6 notes supplémentaires (side notes). »

Deux sons comme un jeu d'ombre et de lumière. On obtient en combinant les deux les douze notes, soit le « total chromatique », ce qui efface notamment toute notion de note « tonique », c'est-à-dire de note qui, en mode majeur ou mineur, *attire* les autres et, dès lors, implique la notion de note fausse lorsque celle-ci est en dehors de l'accord.

Ici donc, cette ouverture permet de jouer n'importe quelle note : le fait d'avoir une tonalité d'ensemble neutre permet au musicien de s'orienter dans n'importe quel style à n'importe quel moment, de mettre en valeur une note, d'en tirer un développement, puis de s'attacher à une autre qui pourrait sonner faux dans le système majeur / mineur.

Le diminished augmented system

- « Pour rendre le jeu plus intéressant, on peut utiliser les douze notes aussi longtemps que l'on reste sur la même idée musicale. »

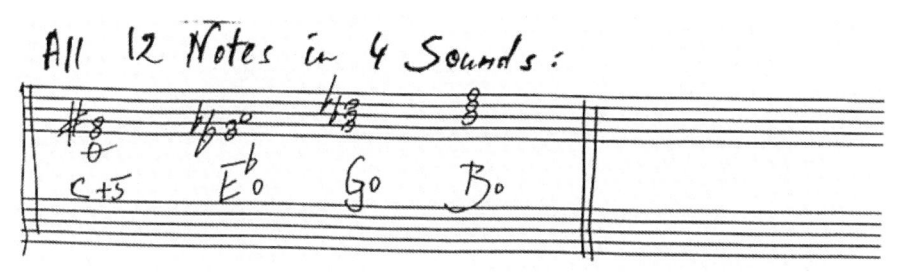

[Notation manuscrite : All 12 Notes in 4 Sounds : C+5, E♭°, G°, B°]

Cette atonalité contrôlée des accords symétriques augmentés / diminués élimine la notion de note fondamentale évidente et libère l'ensemble des douze notes, ce qui multiplie les orientations et les possibilités de jeu.

Précisons que ce concept de gammes par tons, non-européennes, s'enracine dans les modernités allemande (Schœnberg) et française (Debussy), mais qu'elle n'a absolument rien à voir avec le dodécaphonisme qui, tout étant aussi un système d'organisation du « total chromatique », s'avère d'une rigidité... cadavérique puisque chaque note ne peut être répétée avant que les onze autres n'aient été jouées.

- « Je parle de sons (*sounds*) et non d'accords ou de clés car l'improvisation ne se pense pas en termes de notes ou de clés, la musique ne doit être qu'une réponse par les notes au son que l'on entend. On peut ainsi étendre ces sons à la 7ᵉ, la 7ᵉ augmentée, la 9ᵉ diminuée, la 9ᵉ et la 9ᵉ augmentée. »

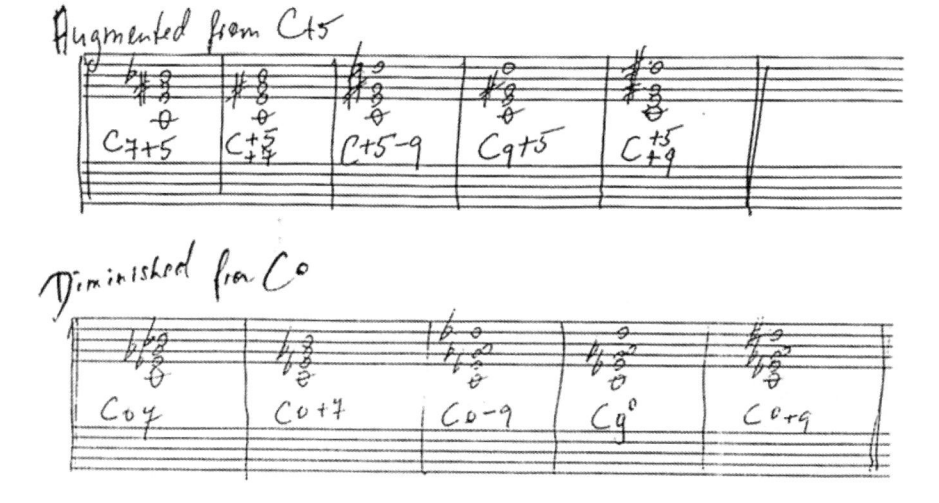

[Notation manuscrite : Augmented from C+5 : C7+5, C+5+7, C+5-9, C9+5, C+5+9]

[Notation manuscrite : Diminished from C° : C°7, C°+7, C°-9, C9°, C°+9]

■ « On peut repenser et utiliser les douze intervalles étendus aux 7ᵉ et aux 9ᵉ : ensemble avec les sons diminués et augmentés, ils offrent beaucoup de possibilités de jeu. »

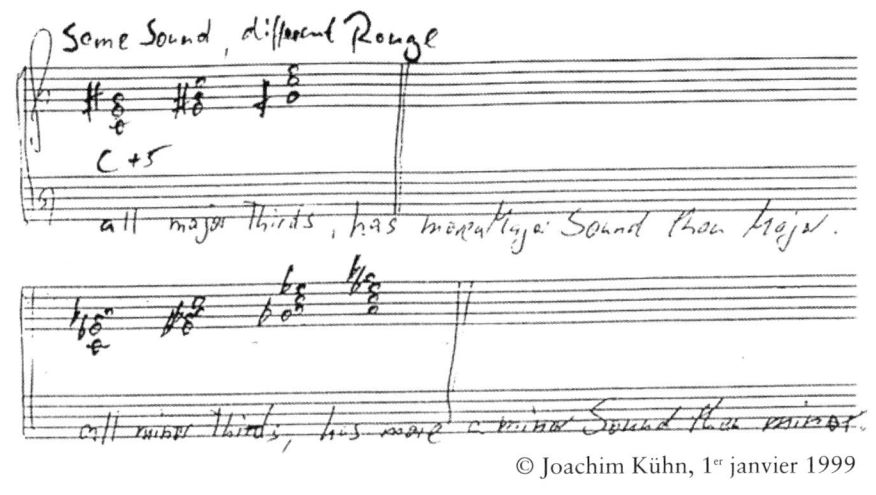

[Manuscrit musical : « Same Sound, different Rouge » / « all major thirds, has more Major Sound than Major » / « all minor thirds, has more c minor Sound than minor »]

© Joachim Kühn, 1ᵉʳ janvier 1999

■ « Jouer une idée musicale après une autre, indépendamment des clés et parfois même du tempo. »
■ « Il ne devrait pas y avoir de structure harmonique ; on improvise directement à partir des sons qu'on entend. »

Balayage délibéré des grilles d'accords… À noter que cette sensibilité de la « note-son » et non pas de la « note-ton » est, là encore, typiquement française (Debussy) : prendre la note pour son timbre (personnalité vibrante de la note) plutôt que pour un échelon (hauteur abstraite)…

On peut par exemple obtenir un la amoureux, un la profond, etc., en frappant toujours le la perché à 440 Hz (diapason) : tout est une question de son, de sons différents.

■ « La basse (main gauche du piano, contrebassiste…) joue des lignes diminuées / augmentées dans le tempo et dans la pulsation. Le piano improvise avec toutes ces possibilités sonores derrière le soliste, de manière libre. »

Rejet, à nouveau, des grilles d'accords, qui s'applique ici à « l'accompagnateur ».

■ « Les compositions sont écrites sur la base des sons diminués et augmentés, ce qui ne veut pas dire qu'on doit jouer à partir de la grille harmonique thème lorsqu'on improvise. »

Effectivement, ce système offrant de multiples ouvertures, il est possible de prendre toute nouvelle direction en dehors de ce qui était jusqu'alors considéré comme la structure harmonique du thème.

- « Il faut jouer librement ses propres idées musicales ; or ce système fait changer l'idée musicale : le son change la mélodie, la mélodie change le rythme, le rythme change l'idée musicale…
Éviter toute forme de répétition, ne jouer que des idées, différentes idées sans laisser trop d'espaces entre elles. »

Une manière de sortir des sentiers battus, d'éviter les clichés (ceux des maîtres qui peuvent inspirer le musicien, ceux du musicien lui-même qui peut facilement sombrer dans sa propre parodie, s'enfermer dans un même discours).
Une manière aussi de dynamiser les enchaînements, d'obtenir un ensemble musical cohérent en marge de l'éternelle succession de solos avant le retour au thème.

- « Just forget the 8-bars feelings. »

Oublie les huit mesures du bop, oublie l'automatisme des grilles, oublie la notion même de changement d'accords, et joue.

- « Les phrases chromatiques de plus de trois notes sont à éviter, elles sonnent trop comme des résidus de gammes : supprimer tout ce qui peut rappeler une gamme. »

Gammes, outils techniques chargés de développer la dextérité des doigts, qui transparaissent trop souvent chez certains pianistes à la technicité grande… Apanage aussi des pianoteurs qui voudraient camoufler du n'importe quoi derrière un voile de brillance technique…

- « Ne pas jouer autour d'une note, jouer directement la note. »

(L'émancipation enfin assumée par rapport au fantôme coltranien…)

- « La musique ne doit pas avoir trop d'espace, ce qui veut dire qu'il ne faut pas attendre entre les phrases et les solos. Quand le soliste s'arrête, le suivant doit immédiatement enchaîner. Il faut penser en terme de courts solos, simplement jouer son idée musicale et s'arrêter, ne pas construire de longs solos. »

L'idée de créer des structures plus dynamiques, de conserver toute la fraîcheur, la tension, dans le jeu.

« Pour revenir dans le thème, improviser de manière à ce qu'il n'y ait pas de différences entre improvisations et compositions. »

Voici une des plus flagrantes caractéristiques résultant de la mise en place de ce système, tout à fait perceptible à l'écoute du disque en solo : *The diminished augmented system* ou lors des concerts en trio avec Charnett Moffett et Denardo Coleman : thèmes et improvisations sont si inextricablement mêlés, qu'il est absolument non-commode de distinguer l'un de l'autre…

- « Entrer dans la musique comme si on était déjà dedans, éviter tout ce qui ressemble à un échauffement quelconque en commençant à jouer. »

- « Jouer avec conviction. »
- « Plus tu en sais, plus tu seras libre. »

L'évidence à nouveau clamée : nécessité absolue de savoir la musique, ses règles, ses logiques, son histoire, vivre le plus d'expériences possibles, le plus de rencontres... Puis mieux les oublier, surtout, pour enfin jouer...

- « Laisser ses doigts trouver seuls les notes, de la même manière que lorsqu'on parle, on ne pense pas à chaque mot que l'on va prononcer mais l'on sait ce que l'on veut dire. »

Sans autre commentaire...

Pour mieux illustrer ces concepts, je vous invite à écouter le morceau « *Phrasen* », la troisième composition du *Programm 5*, écrite à Buchholz le 25 août 1999 et enregistrée le 23 août 2000 en solo (sur *Catchy Melodie's, Vol. 1*) ou sa version en big band (cf. cd du livre, plage n° 6).

Ouvertures

Tel qu'il est conçu, ce système ouvre de nouvelles possibilités de jeu, que ce soit en solo ou dans le jeu collectif. Ainsi, et Michel Portal, Didier Lockwood, Charnett Moffett, Denardo Coleman, Dominique Pifarely, Daniel Humair, Bruno Chevillon, Jean-Paul Celea ou Simon Goubert, en ont les premiers fait l'expérience, les musiciens n'ont pas à se plier au système pour pouvoir jouer, au contraire : le système leur permet de rester pleinement eux-mêmes et de s'exprimer de façon extrêmement libre :

« De toute façon, ce qui change le son de la musique est le son "derrière" : même si tu joues une ligne traditionnelle, si tu apportes à cette ligne le *diminished augmented system* à la place des harmonies normales, tu entendras autre chose, donc ça change le son. Nul besoin pour ça de changer sa manière de jouer : je ne demande à personne de changer son jeu au contraire, je veux qu'ils soient eux-mêmes le plus possible !

Il faut bien comprendre que ce système réduit les éléments musicaux, ce qui permet de jouer alors toutes les notes que tu désires, chacune des douze : la conception de fausse note s'effrite ici. Il donne donc énormément de liberté. »[7]

À l'inverse d'une structure en entonnoir, le système s'apparente à une simple porte qui s'ouvre : libre au musicien de la franchir ou non... Nulle volonté en effet, avec ce *diminished augmented system*, de chercher à cadrer, à délimiter, à réguler ou à régler, à prévenir ou à compartimenter : il s'agit bien, au final, de s'ouvrir des espaces de libertés toujours plus grands...

Perspectives

> « Je songe à cette superbe petite histoire dans la bouche d'Arthur Rubinstein :
> "J'ai donné le meilleur concert de ma vie à 80 ans. Ce jour-là enfin ! j'ai senti que
> je n'avais plus besoin de faire d'exercices…" »
>
> Joachim Kühn[1]

Aphorismes

> « Le jazz ?
> — Un mode de vie.
> Le free jazz ?
> — Une partie de la musique.
> La musique contemporaine ?
> — Une expression mal employée.
> Les perspectives ?
> — Faites votre musique, rien que votre musique, sans compromis, sans intentions commerciales. »[2]

Amalgames

Si l'on souhaitait pratiquer une sorte de bilan, nous pourrions allégrement amalgamer, aisément verser dans l'aveuglant : listing éblouissant jeté à l'œil du lecteur avec la tranquille minutie du chirurgien, du nombre de prix de toutes sortes récoltés dès le plus jeune âge (dont douze fois élu « meilleur pianiste de jazz européen » par la International Jazz Federation-Jazz Forum !) à la froide énumération du nombre de concerts dispensés ou disques réalisés (plus de 150 disques « officiels » réalisés au 1er janvier 2000, dont 55 sous son nom)…

Qu'importe pourtant ; l'important, à nouveau, se situe ailleurs. Comme lui-même l'affirmait :

> « Que puis-je dire, ça fait beaucoup d'enregistrements, beaucoup de compositions… et la vie continue ! Les meilleurs disques, j'espère, sont encore à venir. »[3]

L'essentiel réside dans cette trajectoire sans cesse nourrie de musiques, de rencontres, qui s'épanouit. Dans ce regard inlassablement plongé dans l'avenir, qui explique peut-être que Joachim Kühn garde toujours une longueur d'avance sur le public, qu'il surgit où on ne l'attend pas. Une trajectoire tout à fait à part dans ce vaste monde de la musique : protéiforme, atypique, incroyablement riche de mélodies sublimes, de compositions grandioses, plongées énergiques et virtuoses dans une musique résolument personnelle.

Si les formules de jeu qu'il préfère restent par-dessus tout le solo et le trio piano / contrebasse / batterie, on peut sans conteste dire qu'il les a toutes essayées, qu'il les essaye encore… Une curiosité insatiable qui témoigne de sa passion pour l'expérimentation : que ce soit seul ou avec d'autres, en composant ou en improvisant, au piano ou sur d'autres instruments, tout traduit, au final, son amour pour le son.

En quête de liberté

À la question de savoir ce qui lui importait le plus dans la vie, Joachim Kühn affirmait d'emblée : « La liberté. »[4]

Quête à jamais inassouvie, riche de sa propre insatisfaction, de son illusoire accessibilité : une soif de liberté intarissable qui est née sous vingt-deux années de joug communiste, et dont les symptômes sont éloquents : un engouement total, maladif, pour la musique – échappatoire s'il en est –, qui s'exprime par la musique avec ces plongées au cœur du free jazz, cette heureuse manie de l'improvisation, comme il le soulignait dès novembre 1968 sur la pochette de *Paris is wonderful* :

> « Quand je joue dans un groupe, les musiciens doivent me sentir libre. Et ils me sentent libres que si moi-même je les sens libres aussi, libres de tout. […] La musique est ma vraie manière de vivre : je vis de la même façon que je joue, je parle, je mange, je fais l'amour comme quand je suis derrière un piano ou un saxophone. […] Mes inspirations sont toujours les mêmes : l'amour, la vie, le mouvement. »[5]

Un besoin de bouger frénétique comme le montrent, outre les innombrables tournées, les divers lieux géographiques où Kühn a vécu : les deux Allemagne, Paris, l'Amérique, Ibiza…

> « Ma vie est celle d'un bohémien. Toute l'année, je fais des concerts aux quatre coins du globe. Je me considère comme un citoyen européen qui a parcouru le monde entier mais qui ne pourrait vivre qu'en Europe. »[6]

Multiplier les rencontres, les expériences, les univers musicaux, non pour se perdre mais pour mieux se trouver, être vraiment soi-même. Et inversement, délivrer au monde une musique que tout humain, quelle que soit son origine ou sa culture, est à même d'écouter passionnément :

> « Une musique est comme une peinture abstraite. Tu ne dois pas nécessairement comprendre le comment et le pourquoi, simplement tu l'apprécies ou non. »[7]

Quelques détails encore stigmatisent ce violent besoin de liberté, tel que le rejet de toute forme de contraintes : politiques (elles le font hurler), administratives (elles le rebutent au plus haut point), matérielles (une haine légendaire vis-à-vis des tâches ménagères, le refus d'avoir une cravate, une montre au poignet...) :

> « Je n'aime pas manger quand tout le monde mange. Je veux manger quand j'ai faim, même si c'est à cinq heures de l'après midi. Ici à Ibiza, je peux manger quand ça me plaît. Je peux aller au restaurant en bordure de plage, entrer dans leur cuisine et leur demander ce qu'ils mijotent : ce sera par exemple un poisson frais pêché une heure plus tôt... »[8]

Cette peur quasiment obsessionnelle de voir son espace de liberté se restreindre s'exprime de manière viscérale au quotidien comme dans sa musique : elle lui a toujours permis, excepté peut-être lorsqu'il jouait à ses débuts dans des orchestres pour bals du samedi soir, de faire une musique absolument sans concessions ; sans cet élément moteur, il est certain que l'œuvre de Joachim Kühn n'aurait pas atteint un tel sommet, ne serait jamais allée aussi loin :

> « C'est simple, je refuse dès l'instant que quelqu'un vient me dire ce qu'il faut faire, ce qu'il faut jouer et comment le jouer. »[9]

Une quête de liberté enfin, que même l'amour ne parvient guère à entraver, a fortiori s'il est doublé de la symbolique du mariage... La musique finit toujours par laisser trop peu de place aux femmes :

> « Joachim avait toujours une folle envie de jouer du piano, c'est le principal souvenir que je garde de lui : dès qu'il y avait un piano, quelque part, il s'y installait et jouait, jouait... Tout le temps ! Il ne savait pas s'arrêter !
> À Hambourg, il y avait un jazz club, le Jazzhouse, rue Branstwiete. Il y jouait jusqu'à cinq, six heures du matin ! Je me disais qu'il était amoureux du piano ! C'était parfois très dur... »[10]

> « Je crois que la vie de Joachim appartient seulement à la musique. À sa mère, aussi. Les femmes ne peuvent être que des étapes dans sa vie. Et pourtant, je suis fière d'avoir été pour un temps la femme de ce formidable musicien, empli de sensibilité... »[11]

> « Je n'ai jamais vu quelqu'un qui soit habité comme lui par la musique ! C'est quelqu'un d'un romantisme incroyable, plein d'amour.
> Maintenant, il y a une complicité totale entre nous, une confiance ; mais lui est à Ibiza, moi à Paris... »[12]

Une seule femme effectivement, pour toute la vie : Grete, sa mère.

Sérénité

Après cinquante années passées à franchir les frontières musicales autant que géographiques, Joachim vit dans un coin retiré d'Ibiza. Et même si les concerts, les tournées continuent, il prend davantage de temps pour se ressourcer. Sa prodigieuse énergie créatrice parvient tout juste à se canaliser entre les compositions écrites le matin, l'étude de son diminished augmented system, le piano, le saxophone et la peinture.

La peinture ? Plus de trois cents toiles réalisées à ce jour : davantage que le nombre de disques... Œuvres secrètes qui tranquillement dorment sur les murs de sa maison, dans ses caves ou chez quelques amis. Le plus souvent peintes à l'acrylique, abstraites, elles témoignent d'une grande maîtrise du geste et d'une savante recherche de couleurs. La musique n'est pas totalement absentes de certaines d'entre elles : extraits de partitions ou portées imaginaires qui tantôt servent de point de départ (comme pour cette somptueuse série de tableaux réalisée à partir des partitions de la symphonie « *Châteaufort* »), tantôt sont parsemés au gré du mouvement, d'une ambiance...

Plus de temps aussi pour préparer les concerts, envoyant quelques semaines à l'avance aux musiciens des cd où il grave sa musique, avec les parties de contrebasse ou de batterie jouées sur son propre clavier...

Une sérénité qui s'est gagnée au fil des ans, et que rien désormais ne semble devoir ébranler :

> « Il faut trois choses pour réussir dans ce métier : le talent, le travail, la chance. Dans cet ordre, simultanément, et jusqu'au bout. »[13]

Enfant prodige ?

> « Si vous voulez. Cela ne veut pas dire Mozart. »[14]

Il est certain pourtant, et fort regrettable, que Joachim Kühn n'a pas encore atteint la pleine reconnaissance qu'il mérite : peut-être aurait-il fallu, pour cela, naître en Amérique plutôt que dans les confins du Bloc de l'Est... Par son talent, son audace, son engouement sans bornes pour l'expérimentation, son esprit d'ouverture, sa persévérance inouïe, il est assurément l'un des grands de la musique de ce siècle, et je ne parle plus seulement de piano, ni même de jazz, mais de musique, simplement.

Concerts

> « Avant de monter sur scène j'emmagasine une grande dose d'énergie mentale. Une forme de concentration, de repli sur soi. Parce qu'ensuite il faut donner. Donner et prendre : ma musique se développe avec le public. Il transmet l'énergie, revitalise l'envie. Pour moi je sens un plaisir différent à jouer seul sur mon piano ou en public, en concert. C'est une question de prise de risque. Le risque augmente devant une salle qui écoute. Le plaisir s'intensifie d'autant : j'aime ainsi m'exposer, surprendre, provoquer, en un mot, faire partager les notes jouées.
>
> L'inspiration reste une affaire de millièmes de secondes, d'étincelles, de postillons de lumière intérieure. Le secret réside dans l'art de les traduire en sons, instantanément, naturellement. Un concert, je dois le préparer avant de m'asseoir au piano.
>
> Lorsque la lumière se fait sur la scène, il faut laisser aller... »[15]

ELSTE[R] CITY JAZZFANS

Notes

1- À l'Est, du renouveau (1944-1966)

1. Antoine Volodine, *Biographie comparée de Jorian Murgrave*, Éditions Denoël, collection Présence du Futur, mars 1985, p. 203.
2. Joachim Kühn, entretien personnel du 2 juillet 1998.
3. Joachim Kühn, interviewé par Philippe Carles, *Jazz Magazine,* n° 524, mars 2002.
4. Grete Kühn, correspondance personnelle du 1er août 1999.
5. L'adjectif *kühn*, en allemand, signifie « intrépide », « audacieux », d'où le jeu de mots (on traduirait en français par : « les frères Kühn : les frères intrépides »). Joachim Kühn a par ailleurs repris un calembour similaire pour le titre de son disque *Bold Music*, puisque *bold*, en anglais (« intrépide », « audacieux ») signifie donc « kühn » en allemand (« musique audacieuse » / « musique de Kühn »).
6. Joachim Kühn, entretien personnel du 2 juillet 1998.
7. Joachim Kühn, interviewé par Philippe Carles, *Jazz Magazine,* n° 524, mars 2002.
8. Joachim Kühn, interviewé par Philippe Carles, *Jazz Magazine,* n° 177, avril 1970.
9. FDJ : Organisation de jeunes en RDA.
10. Jugendclubhaus : Maison des Jeunes.
11. Dieter Krüger, correspondance personnelle du 21 septembre 1999.
12. Joachim Kühn, interviewé par Marc Sarrazy, *Improjazz,* n° 73, mars 2001.
13. Joachim Kühn, entretien personnel du 2 juillet 1998.
14. Josef Skvorecky, *Le camarade joueur de jazz*, Éditions 10/18, n° 3078, réed. 1999, p. 115.
15. Idem, p. 117-118.
16. Rolf Kühn, correspondance personnelle, janvier 2000.
17. Klaus Koch, correspondance personnelle du 15 avril 2000.
18. SDE : Parti socialiste d'Allemagne de l'Est.
19. Dieter Krüger, correspondance personnelle du 21 septembre 1999.
20. Czeslaw Gladkowski, *Jazz Magazine,* n° 328, avril 1984.
21. Dieter Krüger, correspondance personnelle du 21 septembre 1999.
22. Joachim Kühn, entretien personnel du 2 juillet 1998.
23. I.P., *Längst erwatet de Postdam*, date inconnue (probablement avril 1963).
24. M.I., *Mitteldeutsche Neueste Nachr.*, 6 novembre 1962.
25. F.S., « Le Modern Jazz Domine », *Die Union*, 6 novembre 1962.
26. K.S., *LVZ*, 10 novembre 1962.
27. E.M., *Sächsisches Tageblatt*, 7 novembre 1962.
28. 29. Ernst-Ludwig Petrowsky, correspondance personnelle du 8 février 2000.
30. S et H sont les premières lettres du nom des marionnettes.
31. Urzula Dudziak, *Jazz Ensuite,* n° 2, décembre 1983 / janvier 1984.
32. Joachim Kühn, interviewé par Marc Sarrazy, *Improjazz,* n° 73, mars 2001.
33. L'enregistrement restera inédit : en effet, un disque réalisé en Allemagne de l'Est mettait à l'époque deux ans à être édité. Kühn s'étant entre temps enfui du pays, le disque s'est donc vu étiqueté « interdit de parution ».
34. Rolf Kühn, *liner notes* du cd *Music For Two Brothers*.
35. Klaus Koch, correspondance personnelle du 15 avril 2000.
36. E.L., «Jazz-Treffen 1965», *Sächsisches Tageblatt*, 16 décembre 1965.
37. Rolf Reichelt, *Europas Jazz* de Ekkehard Jost, Fischer Taschen-buch Verlag, 1987, p. 186.
38. Joachim Kühn, interviewé par Marc Sarrazy, *Improjazz,* n° 44, avril 1998.
39. Jean-François Jenny-Clark, *Jazz français à New York*, film de Christian Palligiano (K. Films, collection Musiques D 005-6-7), 1988.
40. Elmer Sidha, « Ein Hit Frontlied », *Jazz Ensuite* n° 2, décembre 1983 / janvier 1984.
41. Il est composé de quatre longs morceaux : « *Golem* » et « *Amok* » de Kühn, « *Rüf* » de Petrowsky et « *Django* » de John Lewis.
42. U.W., *Die Union*, 15 décembre 1965.
43. Ernst-Ludwig Petrowsky, correspondance personnelle du 8 février 2000.
44. Joachim Kühn, entretien personnel du 2 juillet 1998.

Toujours plus à l'Ouest... (1966-1969)

1. Joachim Kühn, interviewé par Alex Dutilh et Fara C., *Jazzman,* n° 65, janvier 2001.
2. *Modern Jazz Studio 3,* paru en 1969.
3. Elle réalisera notamment des peintures pour les couvertures des disques : *Piano, Cinemascope, Hip Elegy* et *Don't Stop Me Now.*
4. Joachim Kühn, interviewé par Jean-Louis Ginibre, *Jazz Magazine,* n° 162, janvier 1969.
5. Joachim Kühn, entretien personnel du 24 février 1999.
6. Joachim-Ernst Berendt, entretien personnel du 25 janvier 2000.
7. Joachim Kühn, entretien personnel du 24 février 1999.
8. Parmi d'autres : Jef Gilson (*New Calls from France*, Saba 15.081), Gunter Hampel (*Heartplants*, Saba 15.026), Friedrich Gulda (*Music for 4 soloists and a band*, Saba 15.097, avec Kenny Wheeler, etc., Rolf Kühn), « *Zo-Ko-So* » (Saba 15.061, avec Martial Solal).
9. Saba 15.109.
10. Alain Tercinet, *Jazz Hot,* n° 273, juin 1971.
11. Daniel Gerber, « New Thing News », *Jazz Hot,* n° 234, août / septembre 1967.
12. Joachim Kühn, *liner notes* de *Music for two Brothers.*
13. Leonard Feather, *Jazz Magazine* n° 145, août 1967.
14. 15. Joachim Kühn, entretien personnel du 24 février 1999.
16. Nat Hentoff, *liner notes* de *Impressions Of New York.*
17. 18. 19. Philippe Carles, *Jazz Magazine* n° 148, novembre 1967.
20. Hans Gertberg, interviewé par Aldo Romano, *Jazz Magazine,* n° 164, mars 1969.
21. Aldo Romano, « L'atelier de Hambourg », *Jazz Magazine,* n° 164, mars 1969.
22. Barre Phillips, correspondance personnelle du 3 août 2000.
23. J.-F. : Jean-François Jenny-Clark.
24. Joachim Kühn, entretien personnel du 24 février 1999.
25. Philippe Carles, *Jazz Magazine,* n° 151, février 1968.
26. Joachim Kühn, entretien personnel du 7 février 2000.
27. Auto Jazz, *Tragic Destiny of Lorenzo Bandini* (MPS 15.164).
28. Joachim Kühn, entretien personnel du 7 février 2000.
29. Jean-Louis Ginibre, *Jazz Magazine,* n° 160, novembre 1968.
30. Gérard Terronès, *Jazz Hot,* n° 244, novembre 1968.
31. Alain Tercinet, *liner notes* de la réédition de 1984 du disque *The Fabulous Slide Hampton Quartet* (Pathé Marconi 155 2621).
32. Alain Gerber, *Jazz Magazine,* n° 168, juillet/août 1969.
33. Joachim Kühn, interviewé par Philippe Serra, *Jazz Hot,* n° 255, novembre 1969.
34. Jacques Thollot, *Jazz Magazine,* n° 176, mars 1970.
35. Joachim Kühn, interviewé par Jean-Louis Ginibre, *Jazz Magazine,* n° 162, janvier 1969.
36. Philippe Gras, « Berlin 68 Berlin », *Jazz Hot,* n° 245, décembre 1968.
37. Jacques Renaud, *Jazz Hot,* n° 252, août/septembre 1969.
38. Gérard Noël, *Jazz Hot,* n° 269, février 1971.
39. Aldo Romano, « L'atelier de Hambourg », *Jazz Magazine,* n° 164, mars 1969.
40. Vincent Cotro, *Chants Libres : Le free jazz en France, 1960-1975,* Éditions Outre Mesure, 1999, p. 154.
41. Claude Decloo, *Actuel,* n° 11, mai 1970.
42. Jean-Robert Moussaron, *Jazz Magazine,* n° 196, janvier 1972.
43. Karlheinz Stockhausen : *Aus den Sieben Tagen* (Harmonia Mundi 795).
44. Michel Portal, entretien personnel du 26 février 2001.
45. Excepté un duo avec Pludermacher signé au début de la décennie... pour des interprétations de Brahms (Harmonia Mundi, HM 30 904, ORTF Premiers Sillons).
46. Claude Decloo, *Actuel* n° 11, mai 1970.
47. Vincent Cotro, *Chants Libres : le free jazz en France, 1960-1975,* Éditions Outre Mesure, 1999.

La gaîté parisienne (1969-1972)

1. Joachim Kühn, interviewé par Alex Dutilh et Fara C., *Jazzman,* n° 65, janvier 2001.
2. AACM : Association for the Advancement of Creative Musicians fondée à Chicago en 1965 par Muhal Richard Abrams, réunissant une cinquantaine de musiciens.
3. Paul Alessandrini, *Jazz Magazine,* n° 173, décembre 1969.
4. Joachim Kühn, *liner notes* de *Paris Is Wonderful.*
5. Joachim Kühn, interviewé par Philippe Serra, *Jazz Hot,* n° 255, novembre 1969.
6. Alain Tercinet, *Jazz Hot,* n° 273, juin 1971.
7. À la place, celui du pianiste Siegfried Kessler.

8. Le fameux double album blanc, sans titre (Dawn DNLS 3006).
9. Gabriel Dumetz, *Jazz Magazine,* n° 172, novembre 1969.
10. Jean-My Truong, *Jazz Magazine,* n° 190, juin/juillet 1971.
11. Il s'agit du premier disque où apparaît Adelhard Roidinger.
12. Gabriele Laurenz (« Gaby »), entretien personnel du 7 août 2000.
13. Laurent Goddet, *Jazz Hot,* n° 263, été 70.
14. Alain Gerber, *Jazz Magazine,* n° 180, juillet/août 1970.
15. Futura (Ger 24).
16. Jacques Thollot, *Jazz Hot,* n° 291, février 1973.
17. Pierre Favre, correspondance personnelle, octobre 2000.
18. *Conflagration* (Dawn DNLS 3022).
19. Paul Gros-Claude, *Jazz Magazine,* n° 186, février 1971.
20. Alan Silva, interviewé par Jacques Biscéglia, *Jazz Magazine,* n° 182, octobre 1970.
21. Vincent Cotro, *Chants Libres : le free jazz en France, 1960-1975*, Éditions Outre Mesure, 1999, p. 212-213.
22. François Tusques : *Piano Dazibao* (Futura Ger 14) ; Chick Corea : *Piano Improvisations*, vol. 1 & 2 (ECM 1014 et 1020) ; Keith Jarrett : *Facing You* (ECM 1017).
23. Jean-Robert Masson, *Jazz Magazine,* n° 192, septembre 1971.
24. Jean Echenoz, *Jazz Hot,* n° 274, juillet/août 1971.
25. Siegfried Kessler, interviewé par Philippe Carles, *Jazz Hot,* n° 284, juin 1972.
26. Joachim Kühn, interviewé par Vincent Cotro, *Chants Libres : le free jazz en France, 1960-1975*, Éditions Outre Mesure, 1999, p. 161.
27. *Circle* : Chick Corea / Dave Holland / Barry Altschul / Anthony Braxton.
28. *Open Strings* est par ailleurs le premier disque où apparaît le guitariste Philip Catherine.
29. Gérard Terronès, *Jazz Hot,* n° 271, avril 1971, à propos de leur premier concert, en mars 1971 au Chat Qui Pêche.
30. Alain Tercinet, *Jazz Hot,* n° 285, juillet/août 1972, à propos d'un concert à Fresnes le 10 juin 1970.
31. Alex Dutilh, *Jazz Hot,* n° 294, mai 1973 à propos de Open String.
32. Alain Tercinet, *Jazz Hot,* n° 290, janvier 1973, à propos du *Live Montreux 72*.
33. Francis Marmande, *Jazz Magazine,* n° 214, août 1973, à propos de ce même *Live Montreux 72*.
34. Jean-Luc Ponty, *Jazz Magazine,* n° 430, octobre 1993.
35. Jean-Luc Ponty, *Jazz Magazine,* n° 220, mars 1974.
36. 25 octobre 1971 : M. Portal, J. Minor, J. Kühn, B. Phillips, P. Favre à la Biennale de Paris (Vincennes). 6-18 octobre 1971 : M. Portal, J. Kühn, P. Warren, A. Romano (pour son retour sur la scène free jazz), J. Minor, K. Carter, O. Johnson au Jazz Inn.
37. Denis Constant, *Jazz Magazine,* n° 194, novembre 1971.
38. Michel Portal, interviewé par Jean Delmas et Michel Lequime, *Jazz Hot,* n° 296, juillet/août 1973.
39. Michel Portal, interviewé par Vincent Cotro, *Chants Libres*, Éditions Outre Mesure, 1999, p. 133-135.
40. Joachim Kühn, interviewé par Marc Sarrazy, *Improjazz,* n° 73, mars 2001.
41. Joachim Kühn, interviewé par Vincent Cotro, *Chants Libres*, Éditions Outre Mesure, 1999, p. 162-163.
42. Daniel Soutif, *Jazz Magazine,* n° 222, mai 1974.
43. Pierre Favre, correspondance personnelle, octobre 2000.
44. Alain Tercinet, *Jazz Hot,* n° 278, décembre 1971.
45. Peter Warren est violoncelliste classique de formation, puis abandonne l'instrument pendant une dizaine d'années au profit de la contrebasse. À la suite d'*Interchange* pourtant, il réapprivoise le violoncelle, allant jusqu'à en privilégier l'utilisation au sein du prochain groupe auquel il participera : Ambush, avec Charlie Mariano et Stu Martin.
46. Alain Tercinet, *Jazz Hot,* n° 290, janvier 1973.
47. Alain Gerber, *Jazz Magazine,* n° 208, février 1973.
48. Joachim Kühn, *liner notes* de *Interchange*.
49. Joachim Kühn, correspondance du 24 septembre 2000.

Itinéraires : vers une ramification des pistes (1973-1977)

1. Joachim Kühn, interviewé par Fara C., *Jazz Magazine,* n° 424, mars 1993.
2. Le nom du groupe subsiste quelques semaines mais le personnel est bouleversé : il s'agit à présent d'un trio avec Stanley Clarke et Tony Williams.
3. Siegfried Schmidt-Joos, *liner notes* de *The Day After*.
4. Joachim Kühn, entretien personnel du 4 juillet 2000.
5. Philippe Carles, *Jazz Magazine,* n° 206, décembre 1972.
6. *Earwax* (Munich 6802634).

7. *Sun Rotation* (MPS 21 21329-3) en 1970 puis *Erna Morena* (MPS 21 21542-3) enregistré en concert à l'université de Fribourg en 1972.
8. UDJ : Union des jazzmen allemands.
9. Toto Blanke, correspondance personnelle, février 2000.
10. *Rock around the Cock*, *Mama Kuku* (hommage à *Kulu Sé Mama* de Coltrane) et un morceau inédit qui apparaît sur une compilation du festival de Heidelberg de 1973.
11. Joachim Kühn, entretien personnel du 7 août 2000.
12. *Solo's and Duo's* (paru en 1981) et *Solo's, Duo's and Trio's* (paru en 1982).
13. Alex Dutilh, *Jazz Hot*, n° 314, mars 1975.
14. Alain Tercinet, *Jazz Hot*, n° 314, mars 1975.
15. Daniel Soutif, *Jazz Magazine*, n° 222, mai 1974.
16. 17. Joachim Kühn, entretien personnel du 4 juillet 2000.
18. Bwana Biko, *Jazz Magazine*, n° 243, avril 1976.
19. Laurent Goddet, *Jazz Hot,* n° 327, mai 1976.
20. Joachim Kühn, entretien personnel du 7 août 2000.
21. 22. Pierre-Henri Ardonceau, *Jazz Magazine,* n° 254, mai 1977.
23. C.W., *Melody Maker*, 9 avril 1977.
24. Michael Point, *The Lamb*, novembre 1976.

Le rêve américain (1977-1981)

1. Jorge Luis Borges, « There are more things », *Le Livre de sable*, Éditions Gallimard, Folio, avril 1983 (rééd. mai 1999), p. 69.
2. Joachim Kühn, interviewé par Len Lyons, *Contemporary Keyboard* n° 20, 7 avril 1978.
3. Joachim Kühn, entretien personnel du 7 août 2000.
4. Voir plus loin : « L.A. Man : un pied le rock ».
5. Joachim Kühn, interviewé par Len Lyons, *Contemporary Keyboard* n° 20, 7 avril 1978.
6. Joachim Kühn, entretien personnel du 7 août 2000.
7. Pierre Favre, correspondance personnelle, octobre 2000.
8. Alain Tercinet, *Jazz Hot,* n° 343, novembre 1977.
9. Alex Dutilh, *Jazz Hot,* n° 336, avril 1977.
10. Joachim Kühn, interviewé par Len Lyons, *Contemporary Keyboard* n° 20, 7 avril 1978.
11. Michael Zipkin, *BAM Magazine*, décembre 1977.
12. De son vrai nom Willie Daffern, il adopte le nouveau nom de Dee à l'occasion de l'enregistrement de *Sunshower*.
13. Sur *Three or Four Shades of Blues* (Atlantic SD 1700).
14. *Twin House* (Atlantic 50342).
15. Armand Meignan, *Jazz Hot,* n° 383, avril 1981.
16. *Jazz Magazine,* n° 302, décembre 1981.
17. Rolf Kühn, *liner notes* de *Brothers.*
18. Joachim Kühn, *liner notes* de *Live!* (duo avec J. Akkerman).
19. Bernard Amiard, *Jazz Magazine,* n° 303, janvier 1982.
20. Jacques Laret, *Jazz Magazine,* n° 315, février 1983.
21. 22. Joachim Kühn, interviewé par Len Lyons, *Contemporary Keyboard* n° 20, 7 avril 1978.
23. Joachim Kühn, interviewé par Teri Sforza, *Scene / Santa Barbara News-Press*, 24 juin 1988.
24. Joachim Kühn, interviewé par Mike Zwerin, *International Herald Tribune*, 1er novembre 1988.
25. Joachim Kühn, entretien personnel du 7 août 2000.

Les années de transition (1981-1984)

1. Francis Berthelot, *La ville au fond de l'œil*, Éditions Denoël, octobre 1986, p. 234.
2. Jacques Laret, *Jazz Magazine,* n° 305, mars 1982.
3. Yvonne Kühn, correspondance personnelle, septembre 2000.
4. 5. 6. Mark Nauseef, correspondance personnelle, octobre 2000.
7. Titre initialement prévu, figurant sur le test-pressing et finalement supprimé de la couverture finale du disque.
8. Joachim Kühn, interviewé par Kyle Kevorkian, *Keyboard*, mars 1987.
9. Joachim Kühn, interviewé par Xavier Prévost, *Claviers Magazine* n° 2, septembre 1989.
10. Mitchell Feldman, interviewé par Philippes Carles et Jean-Yves Le Bec, *Jazz Magazine,* n° 359, mars 1987.
11. Morceau présent sur *Personal Note* de Mark Nauseef, enregistré six mois plus tard, toujours avec Phil Lynott.
12. Enregistré en mai 1986 sur *Time Exposure.*

13. Joachim Kühn, correspondance personnelle du 24 septembre 2000.
14. Joachim Kühn, entretien personnel du 7 août 2000.
15. *Legend* (Telefunken SLE 14635 P, 1971) et *Barock* (Telefunken SLE 14685 P, 1973).
16. Joachim Kühn, entretien personnel du 7 août 2000.
17. Percussion indienne considérée comme l'ancêtre du tabla.
18. Concert du 16 décembre 1983 à la Fabrik de Hambourg.
19. François Narboni, *Jazz Magazine,* n° 322, octobre 1983.
20. 25 juillet 1983, 1er et 2 octobre 1984.
21. Joachim Kühn, correspondance personnelle du 24 septembre 2000.

Priorité Trio (1984-1988)

1. Joachim Kühn, interviewé par Alex Dutilh et Fara C., *Jazzman,* n° 64, janvier 2001.
2. Jean-Claude Queroy, *Écouter Voir* n° 68-69, août/septembre 1997.
3. Joachim Kühn, interviewé par Marc Sarrazy, *Improjazz,* n° 26, juin 1996.
4. Références (respectivement) : Le chant du monde (LDX 74526, 1972), L'escargot (ESC 382, 1976), Futura 114 (Ger 12, 1970), CBS (64567, 1972), Hat ART (2007, 1980), Label Bleu (LBL 6513, 1987), Harmonia Mundi (HMC 905186, 1987), Verve (013511-2, 2001), Pathé (2C 054-10525, 1969), CY Records (CYL 010, 1979).
5. *Le retour de Martin Guerre, L'ombre rouge, Docteur Petiot, Balles perdues, Max mon amour...*
6. Joachim Kühn, le film *Jazz Français à New York* de Christian Palligiano (K. Films, collection Musiques D 005-6-7).
7. Les saxophonistes ne se produiront toutefois jamais au complet, leur nombre naviguant entre 3 et 4 selon les concerts.
8. Jacline Sorano, *Jazz Magazine,* n° 335, janvier 1985.
9. Il est alors remplacé par le pianiste anglais John Taylor.
10. Au sein de l'European Jazz Ensemble, le duo Joachim Kühn / Gerd Dudek, le quartet Kühn / Dudek / Haurand / Humair...
11. 12. Joachim Kühn, correspondance personnelle du 24 septembre 2000.
13. Philippe Bourdin, *Jazz Hot,* n° 429, mars/avril 1986.
14. Philippe Zani, *Jazz Hot,* n° 429, mars/avril 1986.
15. Patrick Williams, *Jazz Magazine,* n° 350, mai 1986.
16. Geneviève Peyrègne, entretien personnel du 30 novembre 1999.
17. 18. Joachim Kühn, entretien personnel du 7 novembre 2000.
19. Exception faite avec l'excellent dossier de Xavier Prévost paru *Claviers Magazine* n° 2 en septembre 1989 (soit trois ans après).
20. Carolyn Carlson, entretien personnel du 18 février 2000.
21. Anna Kisselgoff, 7 juillet 1987, source non déterminée (presse américaine).
22. Dave Liebman, correspondance personnelle du 22 janvier 2000.
23. Jean-Claude Quéroy, *Jazz Hot,* n° 353, septembre 1986.
24. Jean-François Jenny-Clark, interviewé par Marc Sarrazy, *Improjazz,* n° 44, avril 1998.
25. Xavier Matthyssens, *Jazz Magazine,* n° 375, octobre 1988.
26. Carolyn Carlson, *Le Figaro,* 26 avril 1988.
27. 28. 29. Carolyn Carlson, entretien personnel du 18 février 2000.
30. Jean-Marc Adolphe, *L'Humanité,* 7 mai 1988.
31. Gérard Mannoni, *Le Quotidien de Paris,* 30 avril 88.
32. Carolyn Carlson, entretien personnel du 18 février 2000.
33. 34. Joachim Kühn, correspondance personnelle du 24 septembre 2000.

Sitations (1988-1993)

1. Antoine Volodine, *Alto Solo*, Éditions de Minuit, 1991.
2. 3. 4. Joachim Kühn, correspondance personnelle du 24 septembre 2000.
5. Hélène Labarrière remplace Miroslav Vitous pour le concert du 2 juin à Tarbes : suite à un accident de la voiture transportant le quartet, le contrebassiste est contraint de passer quelques jours à l'hôpital.
6. Dave Liebman, *The Independent,* 30 juin 88.
7. Daniel Humair, *Jazz Français à New York,* film de Christian Palligiano (K. Films, collection Musiques D 005-6-7), 1988.
8. Sylvie Finkelstein, *Jazz Magazine,* n° 384, juillet/août 1989.
9. 10. Joachim Kühn, entretien personnel du 24 février 1999.
11. Denis-Constant Martin, *Jazz Magazine,* n° 393, mai 1990.
12. 13. 14. Joachim Kühn, *A Jazz Experience*, Éditions Henry Lemoine - HL Music, 1989.

15. Daniel Humair est remplacé par Bobby Moses au concert de Berlin, le 30 juin.
16. Carolyn Carlson, entretien personnel du 18 février 2000.
17. Pour le concert du 24 novembre à Albacète, Daniel Humair est remplacé par Tony Oxley.
18. Le disque *Live 1989* est tiré du concert du 27 novembre au Théâtre de la Ville, à Paris.
19. Xavier Matthyssens, *Jazz Magazine*, n° 392, avril 1990.
20. Frédéric Goaty, *Jazz Magazine*, n° 410, décembre 1991.
21. James Lien, *CMJ New Music Report* n° 299, 28 août 1992.
22. Henry Kaiser, *Berkeley Weekly*, novembre 1992.
23. « *Suite : Arfiax, Dialog, Wysiwyg* » (F. Jeanneau), « *Zerkall* » (J.-F. Jenny-Clark / J. Kühn), « *Zip and Scratch* » (F. Jeanneau), « *No Mood* » (J. Kühn) et « *Para* » (J. Kühn) ; les deux dernières compositions sont présentes sur le disque *Carambolage*.
24. Morceau qu'ils avaient déjà joué en duo lors de leur tout premier concert en duo, à Massy le 24 octobre 1975 (et présent sur *Duo Paris*).
25. Gérard Rouy, *Jazz Magazine*, n° 406, juillet/août 1991.
26. Joachim Kühn, entretien personnel du 7 novembre 2000.
27. Joachim Kühn, correspondance personnelle du 24 septembre 2000.
28. Joachim Kühn, interviewé par Fara C., *Jazz Magazine*, n° 424, mars 1993.
29. Joachim Kühn, correspondance personnelle du 24 septembre 2000.
30. Maud Encre, *Improjazz*, n° 57, juillet 1999.
31. 32. Geneviève Peyrègne, entretien personnel du 6 novembre 1999.

Ibiza (1993-1998)

1. Joachim Kühn, interviewé par Fara C., *Jazz Magazine*, n° 424, mars 1993.
2. 15 février 1993 et 8 août 1993, avec une session d'enregistrement supplémentaire pour *Abstracts* le 15 mars 1994.
3. Joachim Kühn, *liner notes* de *Famous Melodies*.
4. Joachim Kühn, *liner notes* de *Abstracts*.
5. Joachim Kühn, correspondance personnelle du 24 septembre 2000.
6. Ainsi, « *Heavy Birthday* » est devenu « *Usual Confusion* ».
7. Siggy Loch, *liner notes* de *Europeana*.
8. Respectivement *Joe Pass Hamburg* (Act 9100-2), *The Horizon Beyond* (Act 9211-2), *Ottomania* (Act 153 9006-2) et *Twin House* (Act 9212-2) avec Joachim Kühn sur « *Deus Xango* ».
9. *Jazzpaña* (Act 9212-2) avec Al DiMeola, Michael Brecker et *Los Jovenes Flamenco* et *Sketches* (Act 9215-2) avec Nguyên Lê, David Liebman, Charlie Mariano, Peter Erskine et Dieter Ilg.
10. Si l'on excepte les deux disques de Jan Akkerman auxquels tous deux ont participé ; M. Gibbs dirigeant l'ensemble à cordes ou la section de cuivres, on ne peut pas véritablement parler de franche collaboration.
11. 12. Joachim Kühn, correspondance personnelle du 24 septembre 2000.
13. *Macaccos Macaccos* en 1994.
14. Kikuchi / Peacock / Motian : *Tethered Moon - Play Kurt Weill* (Jmt 514021-2).
15. RCA Victor - BMG France 74321591622.
16. CBS 460606-2, 1957.
17. A&M Records 395 104-1, 1985.
18. Joachim Kühn, *liner notes* de *L'Opéra de Quat'sous*.
19. Philippe Méziat, *Jazz Magazine*, n° 460, juin 1996.
20. Michel Bedin, *Jazz Hot*, n° 534, octobre 1996.
21. Miss Icippy, *France-Antilles Magazine*, semaine du 22 au 28 juin 1996.
22. 23. Geneviève Peyrègne, entretien personnel du 30 novembre 1999.
24. Ornette Coleman, interviewé par Philippe Carles, *Jazz Magazine*, n° 472, juillet / août 1997.
25. Joachim Kühn, interviewé par Philippe Carles, *Jazz Magazine*, n° 472, juillet / août 1997.
26. Joachim Kühn, interviewé par Marc Sarrazy, *Improjazz*, n° 73, mars 2001.
27. Vittorio Franchini, *Jazz Magazine*, n° 462, septembre 1996.
28. John Eyles, *Avant Magazine* n° 2, été 1997.
29. Xavier Mattyssens, *Octopus* n° 7, novembre 1997.
30. Rolf Kühn & Friends : *Affairs* (Intuition INT 32112, CD).
31. Philippe Méziat, *Jazz Magazine*, n° 471, juin 1997.
32. Daniel Humair, interviewé par Franck Médioni, *Jazz Magazine*, n° 473, septembre 1997.
33. Stéphan Vincent-Lancrin, *Classica* n° 5, octobre 1998.
34. Joachim Kühn, correspondance personnelle du 24 septembre 2000.
35. Propos recueillis par Bertrand Serra et Philippe Renaud, *Improjazz*, n° 44, avril 1998.
36. Propos recueillis par Fara C., *Jazzman*, n° 42, décembre 1998.
37. Joachim Kühn, *liner notes* de *The diminished augmented system*.

38. Joachim Kühn, interviewé par Fara C., *Jazzman,* n° 42, décembre 1998.

Entre Bach et Ornette (1998-200…)

1. Joachim Kühn, *liner notes* de *Bach Now! Live.*
2. Joachim Kühn, interviewé par Marc Sarrazy, *Improjazz,* n° 73, mars 2001.
3. Joachim Kühn, interviewé par Berthold Klostermann, *Fono Forum* n° 7, juillet 2000.
4. Le professer Biller est le 16e Thomaskantor depuis Bach.
5. Joachim Kühn, interviewé par Marc Sarrazy, *Improjazz,* n° 73, mars 2001.
6. Michel Portal, entretien personnel du 26 février 2001.
7. Joachim Kühn, interviewé par Franck Médioni, *Jazz Actuel,* n° 3, janvier 1998.
8. Serge Loupien soulignant l'habit de pionnier plusieurs fois endossé par Joachim puisqu'« il est le premier musicien européen (avec son frère aîné Rolf et Aldo Romano) à avoir enregistré pour le prestigieux label newyorkais Impulse, en 1967. Il est également le premier confrère non-américain de Cecil Taylor dont celui-ci ait dit le plus grand bien, dès 1971. […] Il devient enfin, point d'orgue d'une carrière exceptionnelle, le premier instrumentiste européen, toujours, à enregistrer avec Ornette Coleman » (« Joachim Kühn : une vie avec Ornette », *Libération,* 1er juillet 1997), liste à laquelle nous pourrions ajouter qu'il est le seul avec Charlie Haden à avoir enregistré en duo avec Ornette.
9. Joachim Kühn, interviewé par Serge Loupien, *Libération,* 1er juillet 1997.
10. 11. Joachim Kühn, interviewé par Marc Sarrazy, *Improjazz,* n° 73, mars 2001.
12. Philippe Méziat, *Jazz Magazine,* n° 501, février 2000.
13. Alain Leygnier, *Jazzman,* n° 55, février 2000.
14. Joachim Kühn, correspondance personnelle du 24 septembre 2000.
15. Joachim Kühn, interviewé par Alex Dutilh et Fara C., *Jazzman,* n° 65, janvier 2001.
16. Joachim Kühn, interviewé par Philippe Carles, *Jazz Magazine,* n° 524, mars 2002.
17. La musique du duo devrait servir à un nouveau ballet de la chorégraphe Carolyn Carlson.
18. Joachim Kühn, interviewé par Philippe Carles, *Jazz Magazine,* n° 524, mars 2002.
19. Pour mémoire, le précédant datait de l'été 1981 (*Personal Note* de Mark Nauseef).
20. Prestation enregistrée sur le cd *Bach Now! Live* (Universal Classics 472 190-2) paru en mars 2002 en Allemagne.
21. Le label Avanture produira des musiques de Walter Quintus, Joachim Kühn, Charlie Mariano et Michel Godard. Chaque pochette de cd présentera la reproduction d'une peinture de Kühn. Adresse du site : < www.audio-art.com >.

Joachim Kühn saxophoniste : la trajectoire de l'alto

1. John Zorn, interviewé par Franco Minganti, *Itinerari oltre il Suono : John Zorn*, Sonora (Italie), 1998, p. 34.
2. Joachim Kühn, interviewé par Philippe Carles, *Jazz Magazine,* n° 347, février 1986.
3. Keith Tippett : *Mujician* (SAJ - 37), 1982.
4. « Ce demi-ton entre deux notes, c'est grand ! J'ai envie de rectifier tout ça et d'adapter le piano à mon goût. Alors quand je joue, je pense à d'autres instruments comme les percussions, le clavecin, le saxophone, un orchestre même, et j'en passe… » (C. Wodrascka, *liner notes* de son disque *Le Péripapéticien, La Nuit Transfigurée* LNT 340 101).
5. François Tusques, *liner notes* de *Le Piano Préparé* (Le Chant du monde, LDX 74483).
6. 7. Joachim Kühn, interviewé par Philippe Serra, *Jazz Hot,* n° 255, novembre 1969.
8. Joachim Kühn, *liner notes* de *Bold Music.*
9. Joachim Kühn, interviewé par Jean-Louis Ginibre, *Jazz Magazine,* n° 162, janvier 1969.
10. Joachim Kühn, interviewé par Philippe Carles, *Jazz Magazine,* n° 472, juillet / août 1997.
11. Joachim Kühn, interviewé par Philippe Serra, *Jazz Hot,* n° 255, novembre 1969.
12. Joachim Kühn, interviewé par Alex Duthil et Alain Tercinet, *Jazz Hot,* n° 306, juin 1974.
13. Franck Bergerot et Arnaud Merlin, *L'épopée du jazz : 2 / Au-delà du bop,* Éditions Gallimard, 1995, p. 63.
14. Philippe Carles et Jean-Louis Comolli, *Free Jazz/Black Power*, Éditions Galilée, 1979.
15. Keith Knox, *liner notes* de *Eternal Now* (Sonet, SNTF 6J3) de Don Cherry.
16. Joachim Kühn, *liner notes* de *Bold Music.*
17. Jean-François Jenny-Clark, interviewé par Marc Sarrazy, *Improjazz,* n° 44, avril 1998.
18. Seul le nom de Mad Rockers va se changer en Bloody Rockers.
19. Paul Alessandrini, *liner notes* de *Sounds Of Feelings.*
20. Denis Constant, *Jazz Magazine,* n° 165, avril 1969.
21. Joachim Kühn, interviewé par Alain Tercinet, *Jazz Hot,* n° 273, juin 1971.
22. Joachim Kühn, *liner notes* de *Bold Music.*

23. Disques *Solos* (mars 1971) et *Piano* (décembre 1971).
24. Le titre est sans équivoque !
25. Joachim Kühn, *liner notes* de *Bold Music*.
26. Sur *Interchange* (décembre 1971).
27. Sur *Personal Note* de Mark Nauseef, 1981.
28. Joachim Kühn, interviewé par Marc Sarrazy, *Improjazz,* n° 26, juin 1996.
29. Joachim Kühn interviewé par Philippe Carles, *Jazz Magazine,* n° 472, juillet / août 1997.
30. Joachim Kühn interviewé par Philippe Carles, *Jazz Magazine,* n° 524, mars 2002.
31. Joachim Kühn, interviewé par Alain Tercinet, *Jazz Hot,* n° 273, juin 1971.

De l'électricite l'air

1. Charles Mingus, cité par Brian Priestley, *Mingus, a critical biography*, Éditions Paladin (Londres), 1985, p. 108.
2. Joachim Kühn, *liner notes* de *Dear Prof Leary*.
3. Sur le disque *Sounds of Feelings*.
4. Avec Karl Berger, Jean-François Jenny-Clark et Jacques Thollot (Vogue CLVLX 9130, 1966).
5. Barney Wilen, interviewé par Michel Le Bris, *Jazz Hot*, n° 245, décembre 1968.
6. Joachim Kühn, interviewé par Philippe Serra, *Jazz Hot,* n° 255, novembre 1969.
7. Philippe Carles, *Jazz Magazine,* n° 162, janvier 1969, à propos de *Dear Prof Leary*.
8. *Liner notes* de Association PC : *Rock Around The Cock*.
9. Joachim Kühn, interviewé par Alex Duthil et Alain Tercinet, *Jazz Hot,* n° 306, juin 1974.
10. Disque *White Noise 2* (Virgin 2032), 1973.
11. Jean Levin, *Jazz Magazine,* n° 231, mars 1975.
12. The Franco Ambrosetti Quartet (PUD Pld. A 6052), 1er décembre 1975, avec G. Gruntz, D. Humair et R. Matthewson.
13. Respectivement sur les disques *Solo's & Duo's* et *Solo's, Duo's and Trio's*.
14. Joachim Kühn, *liner notes* de *Music For Two Brothers*.
15. Alphonse Mouzon, interviewé par Gert Kairat, *Joachim Kühn : Pianist Zwischen Klassik, Jazz und Rock* (film de Manfred Eichel), Norddeutscher Rundfunk (NDR), 1978.
16. *Solo's & Duo's* et *Solo's, Duo's and Trio's*.
17. Sur *Snow in the Desert*.
18. Daniel Soutif, *Jazz Magazine,* n° 302, décembre 1981.
19. Pour *Symphonic Swampfire* et *Cucu Ear*.
20. Tournée qui débouchera sur le disque *Live !*
21. Joachim Kühn, *liner notes* de *Music For Two Brothers*.
22. *Let's be Generous*.
23. Joachim Kühn, interviewé par Xavier Prévost, *Claviers Magazine* n° 2, septembre 1989.
24. Joachim Kühn, interviewé par Philippe Carles, *Jazz Magazine,* n° 347, février 1986.
25. Joachim Kühn, interviewé par Xavier Prévost, *Claviers Magazine* n° 2, septembre 1989.
26. Joachim Kühn, correspondance personnelle du 7 février 2000.

Le Trio Kühn / Humair / Jenny-Clark

1. Jean-François Jenny-Clark, interviewé par Marc Sarrazy, *Improjazz,* n° 44, avril 1998.
2. Joachim Kühn, interviewé par Marc Sarrazy, *Improjazz,* n° 44, avril 1997.
3. Sur *Bold Music*.
4. Sur *Sonata Erotica*.
5. Sur *Sounds of Feelings*.
6. Sur *Our Meanings and our Feelings*.
7. Joachim Kühn, interviewé par Franck Médioni, *Jazz Magazine,* n° 462, septembre 1996.
8. Joachim Kühn, interviewé par Marc Sarrazy, *Improjazz,* n° 26, juin 1996
9. Daniel Humair, interviewé la vidéo *Motifs* de Patrick Le Goff (productions Nyctalopes, 1991).
10. Jean Buzelin, *Jazz Hot,* n° 319, septembre 1975.
11. Gato Barbieri : *Last Tango in Paris* Soundtrack (Ryko), 1998.
12. Michel Calonne, *Jazz Magazine,* n° 231, mars 1975.
13. Serge Bruna-Rosso, *Jazz Magazine,* n° 231, mars 1975.
14. Michel Calonne, *Jazz Magazine,* n° 231, mars 1975.
15. Joachim Kühn, interviewé par Franck Médioni, *Jazz Magazine,* n° 462, septembre 1996.
16. Daniel Humair, interviewé par Franck Médioni, *Jazz Magazine,* n° 462, septembre 1996.
17. Jean-François Jenny-Clark, interviewé par Franck Médioni, *Jazz Magazine,* n° 462, septembre 1996.
18. Joachim Kühn, interviewé par Marc Sarrazy, *Improjazz,* n° 26, juin 1996.

19. Joachim Kühn, interviewé par Martin Johnson, *Down Beat* n° 60 / 10, octobre 1993.
20. Propos d'Helen Merrill rapportés par Sylvain Siclier, *Jazz Hot,* n° 474, mai 1990.
21. Il y a eu, certes, la projection du film *Jazz Français à New York* de Christian Palligiano sur FR3 et certainement un ou deux extraits de concerts du Trio, quelque part, vers une heure du matin…
22. « *Enna* », l'unique composition signée seulement par J.-F. toute l'histoire du Trio…

Tête à têtes : la perspective du duo

1. Jacques Barbéri, « *Mystérieuses chrisalydes* », *Carcinoma Tango*, Éditions… Car rien n'a d'importance, 1993, p. 37.
2. Joachim Kühn, interviewé par Franck Médioni, *Jazz Actuel,* n° 3, janvier 1998.
3. Rolf Kühn, *liner notes* de *Brothers.*
4. Joachim Kühn, interviewé par Marc Sarrazy, *Improjazz,* n° 26, juin 1996.
5. Rolf Kühn, *liner notes* de *Music For Two Brothers.*
6. Sur *Connection 74.*
7. Joachim Kühn, *liner notes* de *Music for Two Brothers.*
8. Sur *This Way Out.*
9. Concert gratuit au Musée d'art moderne de Paris, 30 janvier 1993.
10. Xavier Daverat, *John Coltrane*, Éditions du Limon, 1995, p. 141.
11. Constat par ailleurs identique tout au long du disque de son quartet (CMP CD 39), où l'on retrouve « *Descent* » et « *Sweet & Sentimental* » rejoués par le duo lors de ce concert parisien.
12. 13. Gérald Arnaud, « Ornette Coleman, l'ange du bizarre », *Jazzman,* n° 27, juillet / août 1997.
14. Disque *Free Jazz* (Atlantic 1364-1), 1960.
15. Gérald Arnaud, « Ornette Coleman, l'ange du bizarre », *Jazzman,* n° 27, juillet / août 1997.
16. Joachim Kühn, interviewé par Philippe Carles, *Jazz Magazine,* n° 472, juillet / août 1997.
17. Peter Niklas Wilson, *Ornette Coleman : his life and his music*, Éditions Berkeley Hills, 1999, p. 234.
18. Bertrand Serra, *Improjazz,* n° 40, novembre/décembre 1997.
19. Joachim Kühn, interviewé par Serge Loupien, *Libération,* 1er juillet 1997.
20. Ornette Coleman, interviewé par Alex Duthil, *Jazzman,* n° 27, juillet / août 1997.
21. Joachim Kühn, interviewé par Philippe Carles, *Jazz Magazine,* n° 472, juillet / août 1997.
22. Xavier Prévost, *liner notes* de *Duo in Paris* (réédition CD).
23. Jean-Pierre Moussaron, *Feu le Free ? et autres écrits sur le jazz*, Éditions Belin « L'Extrême Contemporain » 1990, p. 197.
24. Martial Solal, correspondance personnelle du 25 novembre 2000.
25. Tous deux ont en commun plusieurs disques (avec le Piano Conclave, *Man of the Light* de Z. Seifert, avec J. Akkerman, les parutions sur le label Keytone).
26. En particulier son disque *Thousand Knives of Ryuichi Sakamoto* (Plexus KMH 709225), 1978.
27. (EGG 900.541), 1976.
28. (Polydor 2473 105), 1979.
29. « *Santa Cruz* » sur *Hip Elegy.*
30. Jan Akkerman, *liner notes* de *Live !*
31. Disque *We'll Remember Zbiggy.*
32. Joachim Kühn, interviewé par Philippe Carles, *Jazz Magazine,* n° 230, février 1975.
33. « *Zerkall* », sur le magnifique *Unison.*
34. L'association avec Eje Thelin restant elle concentrée sur les années 1969-1971.
35. Joachim Kühn, interviewé par Fara C., *Jazz Magazine,* n° 424, mars 1993.
36. Joachim Kühn / Harry Beckett (trompette, bugle), *Passion and Possession.*
37. Disque *European Ensemble Meets the Khan Family.*
38. Maud Encre, *Improjazz,* n° 57, juillet 1999.
39. Xavier Prévost, *Claviers Magazine* n° 2, septembre 1989.
40. Walter Quintus, entretien personnel du 22 février 2001.
41. Joachim Kühn, interviewé par Fara C., *Jazz Magazine,* n° 424, mars 1993.
42. Mark Nauseef, *liner notes* de *Get Up Early.*

Piano Solo

1. Dave Liebman, correspondance personnelle du 22 janvier 2000.
2. *Dazibao* (Futura Ger 14, mai-septembre 1970) et *Dazibao n° 2* (Futura Ger 32, octobre 1971) de François Tusques, *Piano Improvisations Vol. 1* (ECM 1014, avril 1971) et *Piano Improvisations Vol. 2* (ECM 1020, avril 1971) de Chick Corea, *Solos* (mars 1971) et *Piano* (décembre 1971) de Joachim Kühn, *Solaire* (Futura Ger 30, 1971) de Siegfried Kessler, *Facing You* (ECM 1017, novembre 1971) de Keith Jarrett, *Open, To*

Love (ECM 1023, septembre 1972) de Paul Bley. Il est par ailleurs remarquable de constater que tous ces solos, à l'exception de *Piano* paru chez MPS, ont été enregistrés pour les labels Futura et ECM...

3. Vincent Cotro, *Chants libres, le free jazz en France, 1960-1975*, Éditions Outre Mesure, 1999, p. 108.
4. Jean-Pierre Moussaron, *Feu le Free ? et autres écrits sur le jazz*, Éditions Belin, « L'Extrême Contemporain » 1990, p. 191-193.
5. Joachim Kühn, interviewé par Marc Sarrazy, *Improjazz,* n° 26, juin 1996.
6. Antoine Volodine, *Des anges mineurs*, Éditions du Seuil, « Fiction & Cie », 1999, p. 7.
7. Jean Échenoz, *Jazz Hot,* n° 274, juillet / août 1971.
8. Alex Dutilh, *Jazz Hot,* n° 306, juin 1974.
9. Paule Druilhe, *Histoire de la Musique*, Éditions Librairie Hachette, 1958, p. 89.
10. Stan Getz, interviewé par Gert Kairat, *Pianist Zwischen / Klassik, Jazz und Rock :* Joachim Kühn, film de Manfred Eichel, Norddeutscher Rundfunk, 1978.
11. Jean-Pierre Moussaron, *Feu le Free ? et autres écrits sur le jazz*, Éditions Belin, « L'Extrême Contemporain », 1990, p. 189.
12. Roland Barthes, *Gramma* n° 5, 1976.
13. Jean-Pierre Moussaron, *Feu le Free ? et autres écrits sur le jazz*, Éditions Belin « L'Extrême Contemporain », octobre 1990, p. 197.
14. Joachim Kühn, interviewé par Michael Bourne, *Down Beat*, novembre 1988.
15. Joachim Kühn, interviewé par Xavier Matthyssens, *Jazz Magazine,* n° 446, mars 1995.
16. Joachim Kühn, interviewé par Marc Sarrazy, *Improjazz,* n° 73, mars 2001.
17. Philippe Carles, *liner notes* de *The Diminished Augmented System.*

Racines

1. Evan Parker, sur un poster du label Unhear Music Series.
2. Joachim Kühn, interviewé par Robert Latxague, *Images d'un festival, 1973-1990* (Festival de Grenoble).
3. Michel Contat, *Télérama,* n° 2149, 20 mars 1991.
4. Geneviève Peyrègne, entretien personnel du 30 novembre 1999.
5. Joachim Kühn, interviewé par Francis Marmande, *Le Monde,* 24 octobre 1991.
6. Joachim Kühn, interviewé par Xavier Prévost, *Claviers Magazine,* n° 2, septembre 1989.
7. Joachim Kühn, interviewé par Len Lyons, *Contemporary Keyboard,* n° 20, 7 avril 1978.
8. Jean Échenoz, *Jazz Hot,* n° 274, juillet / août 1971.
9. Joachim Kühn, interviewé par Michel Contat, *Télérama,* n° 2149, 20 mars 1991.
10. Joachim Kühn, interviewé par Alex Dutilh et Fara C., *Jazzman,* n° 65, janvier 2001.
11. Joachim Kühn, interviewé par Michel Contat, *Télérama,* n° 2149, 20 mars 1991.
12. Joachim Kühn, interviewé par Philippe Carles, *Jazz Magazine,* n° 347, février 1986.
13. Joachim Kühn, interviewé par Martin Johnson, *Down Beat,* n° 60 / 10, octobre 1993.
14. Joachim Kühn, entretien personnel du 24 février 1999.
15. Joachim Kühn, interviewé par Dany Michel et Frédéric Goaty, *Jazz Magazine,* n° 395, juillet / août 1990.
16. Mark Nauseef, correspondance personnelle, octobre 2000.
17. Sunny Murray, interviewé par Denis Salleron, *Jazz Magazine,* n° 199, avril 1972.
18. Joachim Kühn, interviewé par Robert Latxague, *Images d'un festival, 1973-1990* (Festival de Grenoble).
19. Propos recueillis en 1978, donc plutôt valables durant la période englobant *Charisma*, *Snow the Desert* et *United Nations.*
20. Joachim Kühn, interviewé par Len Lyons, *Contemporary Keyboard* n° 20, 7 avril 1978.
21. Dave Liebman, correspondance personnelle du 22 janvier 2000.
22. Daniel Humair, entretien personnel du 18 février 2001.
23. Propos à nouveau partiellement datés (1990) puisque toute trace de romantisme semble avoir à présent disparue...
24. Joachim Kühn, interviewé par Robert Latxague, *Images d'un festival, 1973-1990* (Festival de Grenoble).
25. Joachim Kühn, interviewé par Marc Sarrazy, *Improjazz,* n° 26, juin 1996.

Le diminished augmented system

1. Joachim Kühn, *A Jazz Experience*, Éditions Henry Lemoine, 1989, p. 3
2., 3. Joachim Kühn, interviewé par Marc Sarrazy, *Improjazz,* n° 73, mars 2001.
4. Mark Nauseef, correspondance personnelle, octobre 2000.
5. Joachim Kühn, interviewé par Marc Sarrazy, *Improjazz,* n° 73, mars 2001.
6. La mise en place du système par Kühn non encore elle-même totalement achevée, la complexité de certains concepts théoriques mis en jeu, la tentative de vulgarisation d'une telle approche, l'approximation enfin de la traduction : autant de bâtons les roues d'une clarté irréprochable... L'enjeu sera donc au mieux de vous donner quelques pistes de compréhension, voire de réflexion.

7. Joachim Kühn, interviewé par Marc Sarrazy, *Improjazz*, n° 73, mars 2001.

Perspectives

1. Joachim Kühn, interviewé par Robert Latxague, *Images d'un festival, 1973-1990* (Festival de Grenoble).
2. Joachim Kühn, interviewé par Francis Marmande, *Le Monde,* jeudi 24 actobre 1991.
3. Joachim Kühn, interviewé par Marc Sarrazy, *Improjazz,* n° 26, juin 1996.
4. Joachim Kühn, interviewé par Fara C., *L'Humanité,* du jeudi 13 mars 1996
5. Joachim Kühn, *liner notes* de *Paris is Wonderful*, novembre 1968.
6. Joachim Kühn, interviewé par Franck Médioni, *Passages,* n° 61, avril 1994.
7. Joachim Kühn, interviewé par Zarminae Ansari, *The Frontier Post,* 16 septembre 1993.
8. Joachim Kühn, interviewé par Francis Marmande, *Le Monde,* jeudi 24 octobre 1991.
9. Joachim Kühn, interviewé par Zarminae Ansari, *The Frontier Post,* 16 septembre 1996.
10. Gabriele Laurenz, entretien personnel du 7 août 2000.
11. Yvonne Kühn, correspondance personnelle, septembre 2000.
12. Geneviève Peyrègne, entretien personnel du 6 décembre 1999.
13. 14. Joachim Kühn, interviewé par Michel Contat, *Télérama,* n° 2149, 20 mars 1991.
15. Joachim Kühn, interviewé par Robert Latxague, *Images d'un festival, 1973-1990* (Festival de Grenoble).

Discographie

• Sauf indications particulières mentionnées à la suite des titres après le symbole /, toutes les compositions sont de Joachim Kühn.

Dans le cas inverse, ce ne sont que les initiales du compositeur qui figureront lorsque ce dernier est aussi musicien de la session concernée, le nom entier lorsque celui-ci est absent de la session.

• La liste des abréviations d'instruments est située à la fin de la discographie.

• Afin de ne pas alourdir la lecture, nous n'indiquons pas les compilations pouvant comporter des morceaux extraits de cette discographie.

En revanche, apparaissent celles éditées sous le nom de Joachim Kühn et celles comportant des inédits.

• De même, nous n'indiquons ici que les références originales des disques (ainsi que, concernant les LPs, la référence de l'éventuelle réédition en CD).

• Les vidéos, émissions télévisées et films de concerts ne figurent pas au catalogue : en raison de leur trop grand nombre d'une part, de l'impossibilité de toutes les recenser d'autre part (il y a des films de tous pays...).

• Le numéro précédant le titre du morceau correspondant indique sa position sur le disque, ce qui explique par exemple qu'un disque puisse ne comporter qu'un titre n° 4 si Joachim Kühn ne joue que sur celui-ci.

• Pour alléger la lecture, le nom de Joachim Kühn n'est inscrit que sous ses initiales JK.

• Au vu de la complexité des références des disques Saba / MPS (variables selon les époques et les pays de parution et selon les diverses éditions), nous nous bornerons à noter la référence principale de label, soit 15 suivi de trois chiffres correspondant à l'ordre de parution du disque (ainsi, 15 118 indique le 118e disque du label).

WERNER PFÜLLER QUINTETT
Amiga 5 50176 (EP)
Werner Pfüller (tp), Helmut Meyenberg (ts), JK (p), Klaus Koch (b), Wolfgang Henschel (dm). Berlin Est, 9 janvier 1963
1. *Grog (5'03)*
2. *Sack O'Whoa / Cannonball Adderley*

(S + H) Q + FRIENDS
Supraphon SUA 15 721 (LP)
Laco Déczi (tp, bjo), Jaromír Honzák (as), Vladimír Tymich (ts), Jan Konopásek (fl sur 4, bs sur 8), Zdenek (k Pulec (tb), Stefan Hoza (tu), Rudolf Dasek (k (g), Laco Tropp (dm), Jan Arnet (b), JK (p), Karel Velebny (ts) sur 8
Prague, 7 novembre 1964

4. *Cubano Chant (6'15) / Ray Bryant*
8. *Spinuet (4'15) / Bill Holman*
note : avec sur d'autres morceaux : Pavel Stanek, Jiří Mráz, Ota Hercík et Jan Spáleny.

JAZZ JAMBOREE 64 / Vol 1
Muza XL 0239 (LP)
Rolf Kühn (cl), JK (p), Tadeuzs Wojcik (b), Andrej Dobrowski (dm). Varsovie, 25 octobre 1964
5. *Flight L07 (8'45) / RK*
note : Autres groupes : Flavio Ambrosetti, Helena Bleharova, Gustav Brom Orchestra, Aladar Pege, Rita Reys et Pim Jacob Trio.

ROLF KÜHN
SOLARIUS
Amiga 850 046 (LP)
Rolf Kühn (cl), Michal Urbaniak (ts, ss), JK (p),

Klaus Koch (b), Ceslav Bartkowski (dm). Berlin Est, 29 et 30 novembre 1964
1. *Minor Impressions (7'51) / RK*
2. *Solarius (6'12) / RK*
3. *Sie Gleicht Wohl Einem Rosenstock (6'20) / Trad.*
4. *Moutain Jump (6'30)*
5. *Lady Orsina (6'18) / ?*
6. *Soldat Tadeusz (6'37)*

ROLF / JOACHIM KÜHN
RE-UNION IN BERLIN
CBS 62 407 (LP)
Rolf Kühn (cl), JK (p), Klaus Koch (b), Reinhardt Schwartz (dm). Berlin Est, 3-5 juin 1965
1. *Mobile Waltz (7'13) / RK*
2. *Green Stockings (7'26)*
3. *Corruption (6'02)*
4. *The Mad Man (8'45) / RK*
5. *Life from the Moon (10'57)*

JOACHIM KÜHN TRIO
JAZZ JAMBOREE 65
Muza XL 0285 (LP)
JK (p), Klaus Koch (b), Reinhardt Schwartz (dm). Varsovie, 5 décembre 1965
11. *After Lunch (5'48)*
12. *Latives Stripes (8'20)*
note : Autre groupe : Annie Ross & Karolak's Rythm Section.

ROLF + JOACHIM KÜHN QUINTET
TRANSFIGURATION
Saba 15 118 st (LP)
Rolf Kühn (cl, bcl), JK (p), Karlhanns Berger (vib), Beb Guérin (b), Aldo Romano (dm). Hambourg, 19 janvier 1967
1. *Transfiguration (13'48) / RK - JK*
2. *Lunch Date (8'22)*
3. *Solo Flights (12'30)*
4. *But Strokes of Folk (9'00)*
note : K. Berger ne joue pas sur le n° 4.
note 2 : Curieusement, deux autres dates d'enregistrement, erronées, sont parfois données : le 22 janvier 1967 à Villingen et le 18 avril 1967 à Hambourg.

THE ROLF AND JOACHIM KÜHN QUARTET
IMPRESSIONS OF NEW YORK
Impulse ! A 9158 (LP)
Rolf Kühn (cl), JK (p), Jimmy Garrison (b), Aldo Romano (dm). New York, début août 1967
1. *Impressions of New York I (17'50) : Arrival - The Saddest Day - Reality / RK - JK*
2. *Impressions of New York II (15'15) : Predictions / RK - JK*

BARNEY WILEN & HIS AMAZING FREE ROCK BAND
DEAR PROF. LEARY
MPS 15 191 st (LP)

Barney Wilen (ss, ts), Mimi Lorenzini (elg), JK (p, o), Günter Lenz (b, elb), Aldo Romano (dm), Wolfgang Paap (dm)
Villingen, 27 et 28 juin 1968
1. *The Fool on the Hill (4'13) / J. Lennon - P. Mc Cartney*
2. *Dear Prof. Leary (4'52)*
3. *Ode to Billie Joe (8'15) / . Gentry*
4. *Dur Dur Dur (3'30) / ML - BW*
5. *Why Do You Keep Me Hanging On (4'48) / Mize - Allen*
6. *Lonely Woman (3'45) / O. Coleman*
7. *Respect (5'40) / O. Redding*

ROLF & JOACHIM KÜHN AND THE MAD ROCKERS
Metronome BE/PF 7051 (LP)
Rolf Kühn (elcl), JK (p, o, as, shai), Volker Kriegel (g), Günter Lenz (elb), Stu Martin (dm). Hambourg, 1968
1. *Night Time Girl (6'27) / RK*
2. *Misty Purple (5'15) / RK*
3. *Getting the Point (3'38) / RK*
4. *I'm a Jew (4'51)*
6. *Flight to Jerusalem (3'24) / RK*
7. *Out of Traffic (4'35) / RK*
8. *Rocking Chair to the Moon (3'40)*
9. *Going West (6'00) / RK*

DON CHERRY
ETERNAL RHYTHM
MPS 15 204 (LP)

Don Cherry (ct, fl div, gam, bel, voc), Albert Mangelsdorff (tb), Eje Thelin (tb), Bernt Rosengren (ts, oboe, cl, fl), Sonny Sharrock (g), Karl Berger (vib, p, gam), JK (p, prepp), Arild Andersen (b), Jacques Thollot (dm, gam, gong, bel, v). Berlin, 11 et 12 novembre 1968
1. *Eternal Rhythm, part 1 (17'45) / DC*
2. *Eternal Rhythm, part 2 (23'37) / DC*

SLIDE HAMPTON
THE FABULOUS SLIDE HAMPTON QUARTET
Emi Pathé 2C 062-10 156 (LP)

Slide Hampton (tb), JK (p), Niels-Henning Ørsted Pedersen (b), Philly Joe Jones (dm). Paris (Boulogne), 6 janvier 1969
1. *In Case of Emergency (10'00) / SH*
2. *Last Minute Blues (7'15) / SH*
3. *Chop Suey (7'55) / SH*
4. *Lament (4'40) / J.-J. Johnson*
5. *Impossible Waltz (4'00) / SH*
note : Cet album a été réédité en CD, couplé avec Phil Woods and his European Rhythm Machine de novembre 1968 (Jazztime 781 253-2).

JOACHIM KÜHN
SOUNDS OF FEELINGS
BYG 529 317 Actuel 17 (LP)

JK (p, as, shai, fl, tam, bel, v) Jean-François Jenny-Clark (b, fl, bel, v), Aldo Romano (dm, fl, tamb, bel, v). Hambourg, 25 janvier 1969
1. Shadows, Wherever We Turn (6'40)
2. Scandal (3'50)
3. Western Meaning (8'21)
4. Gaby Love (4'07)
5. El Dorado (6'06)
6. In the Middle of the Way (6'37)
7. Welcome (4'38) / J. Coltrane

JOACHIM KÜHN & ROLF KÜHN
BLOODY ROCKERS
BYG 529 009 (LP)

Rolf Kühn (elcl), JK (p, o, as), Volker Kriegel (elg), Günter Lenz (b), Stu Martin (dm). Hambourg, 17 et 18 février 1969
1. Funny Bird (2'40) / RK
2. Circus Life (4'24) / RK
3. Sounds of Feelings (6'04)
4. To Our Father (3'54)
5. Bloody Rockers (3'47)
6. El Dorado (6'02)
7. Crasy Lusly (3'05) / RK
8. Out of Traffic (4'35) / RK

THE JOACHIM KÜHN GROUP
BOLD MUSIC
Saba 15 239 st (LP)

JK (p, as, anh, shai, ind bel, gong, steel dm, v), Jean-François Jenny-Clark (b, cello), Jacques Thollot (dm, steel dm, tamb, v), Stu Martin (dm, bel, v). Villingen, 2 et 3 juin 1969
1. My Friend the Yogi (3'43)
2. Nobody Knows You Tomorrow (4'51)
3. Bold Music (4'27)
4. Vampires Castle (4'30)
5. Depression and Illusion (3'25)
6. The Third World War (9'10)
7. Message from Upstairs (3'45)
8. The Child Out There - Somewhere (3'26)

MICHEL PORTAL
OUR MEANINGS AND OUR FEELINGS
Pathé 2C 054-10 525 (LP)

Michel Portal (ts, cl div, tar, zou, steel dm), JK (p, as, shai, anh, steel dm, tamb), Jean-François Jenny-Clark (b), Aldo Romano (dm), Jacques Thollot (dm, tamb). Paris (Boulogne), 27 juin 1969
1. For my Mother (8'35)
2. Walking through the Land (5'50)
3. Dear Old Morocco (6'00) / MP
4. A Train in a Very Small Town (6'25) / JK - MP
5. Our Meanings and our Feelings (13'00) / JK - MP

note : « For My Mother » est utilisé au début de Music Power, un film documentaire sur le festival d'Amougies.

INTERNATIONAL HOLY HILL JAZZ MEETING 1969
ST 126/27 (dble LP)

Rolf Kühn (elcl), JK (p, as), Buschi Niebergall (b), Stu Martin (dm, fl). Heidelberg, 6 juillet 1969
2. Circus Life (10'46) / RK

note : Autres groupes : Pierre Favre Trio, Peter Brötzmann Oktet, Joe Viera - Ed Kröger Quartett, Joki Freund Quintett, Marion Brown solo.

JOACHIM KÜHN
PARIS IS WONDERFUL
BYG 529 346 Actuel 46 (LP)

JK (p, as), Jean-François Jenny-Clark (b), Aldo Romano (dm), Jacques Thollot (dm), Georges Locatelli (g) sur 3. Paris, 27 octobre 1969 (1 et 2), 11 février 1970 (3)
1. It's Only for You (5'00)
2. Love Is Here - Is There - Everywhere (14'28)
3. Paris is Wonderful (17'20)

ROLF & JOACHIM KÜHN
MONDAY MORNING
Hörzu Black Label SHZE 909 BL (LP)

Rolf Kühn (cl), JK (p, as), John Surman (bs), Eje Thelin (tb), Barre Phillips (b), Jacques Thollot (dm), Stu Martin (dm). Berlin, 7 novembre 1969
1. Black Out (0'51)
2. Strangulation of a Monkey (5'43) / RK
3. Dance of a Spaceman (9'14) / RK - R. Jürgensen
4. Reflections of a Monday Morning (2'58) / RK
5. Oh! Grand Pa (7'18)
6. Don't Think (5'42)

THE 12. GERMAN JAZZ FESTIVAL
BORN FREE
Scout ScS 11 (triple LP)

The Joachim KÜHN Group : JK (p, as), Rolf Kühn (cl), Jean-François Jenny-Clark (b), Jacques Thollot (dm). Franckfort, 22 mars 1970
16. Rue De La Boule Rouge (5'59)

European Free Jazz des Art Ensembles of Chicago : Lester Bowie (tp, fgh, cond), Joseph Jarman (as, ts), Roscoe Mitchell (bss), Malachi Favors (b), Karin Krog (v), Jeanne Lee (v), Frédéric Rabold (pocket tp), Herbert Joos (fgh), Michael Sell (tp), Manfred Schoof (tp), Paul Rutherford (tb), Albert Mangelsdorff (tb), Gunter Christmann (tb), Alfred Harth (ts), Heinz Sauer (ts), Gerd Dudek (ts), Axel Hennies (ts, fl), Dieter Scherf (as), Michael Thielepape (as), JK (as), Gunter Hampel (bcl), Claus Bühler (b), Peter Stock (b), Gerhard König (g), Rainer Grimm (dm)
18. Getting To Know You All Part 2 Germany (9'40) / LB

note : Autres groupes : Festival Big Band, Albert Mangelsdorff Quartett, Klaus Doldinger Quartett, Phil Woods and his European Rythm Machine, Dave Pike Set, Frédéric Rabold Crew, Jazzworkers, Just Music, Free Jazz Group Wiesbaden, Frankfurter Trio, Limbus 4, Modern Jazz Quintet Karlsruhe, Peter Brötzmann Group, Gunter Hampel Group, Pierre Favre Group, New Jazz Trio.

EJE THELIN
ACOUSTIC SPACE
Odeon E 062-34 180 (LP)

Eje Thelin (tb), JK (p, as), Adelhard Roidinger (b), John O'Prayne (dm). Stockholm, 30 avril 1970
1. *Piece 1 (7'10) / ET*
2. *Piece 2 (11'30) / ET*
3. *Piece 3 (7'55) / ET*
4. *Piece 4 (11'30) / ET*
note : Ce disque est paru la même année au Japon, pressé en vynil rouge transparent sous la référence : Odeon Records OP-88008, par la firme Toshiba Musical Industries (future EMI).

KARIN KROG
DIFFERENT DAYS, DIFFERENT WAYS
Philips FDX-202 (LP)

Karin Krog (voc), Eje Thelin (tb), JK (p, as), Adelhard Roidinger (elg), Palle Danielsson (b), Aldo Romano (dm). Stockholm, 30 avril 1970
1. *Tine's Nightmare (7'15) / KG*
2. *Glissando (4'19) / KG*
3. *Different Days, Different Ways (8'08) / KG*
note : Figurent encore 3 titres de Karin Krog en duo avec Arild Andersen (b) [Montreux, 21 juin 1972], un en duo K. Krog (voc, electonics) / Elisabeth Sønstevikd (harp) [Oslo, 19 janvier 1972] et trois en solo (voc, electronics) [Oslo, 12 janvier 1972 et 12 décembre 1974]. Ce LP est uniquement paru au Japon, en 1976.

INTERNATIONALES NEW JAZZ MEETING AUF BURG ALTENA
JG Records JG 21/22 (dble LP)

Rolf Kühn (cl), Eje Thelin (tb), JK (p, as), Adelhard Roidinger (b), Jacques Thollot (dm). Altena, 27 juin 1970
1. *Changement / Quintet*
note : Autres groupes : The Trio, Wofgang Dauner Trio, Albert Mangelsdorff Quartet, Manfred Schoof Trio, Dave Pike.

THE NEW JOACHIM KÜHN – EJE THELIN GROUP
IN PARIS
Metronome MBLP 2/40 005 (dble LP)

Eje Thelin (tb), JK (p, as), Adelhard Roidinger (b), Jacques Thollot (dm). Paris, 23 et 24 septembre 1970
1. *Arrondissement (2'23) / JK - ET*
2. *Arrondissement (13'26) / JK - ET*
3. *Arrondissement (10'16) / JK - ET*
4. *Arrondissement (5'37) / JK - ET*
5. *Arrondissement (6'07) / JK - ET*
7. *Arrondissement (6'20)*
8. *Arrondissement (14'56) / JK - ET*
note : Le 6 est un duo E. Thelin / A. Roidinger ; le 7 est le trio sans E. Thelin.

ROLF KÜHN JAZZ GROUP
GOING TO THE RAINBOW
BASF CRC 008 (LP)

Rolf Kühn (cl), John Surman (bs, ss, elp), Alan Skidmore (ts), JK (p, o), Chick Corea (elp), Peter Warren (b), Tony Oxley (dm). Cologne, 14 et 15 décembre 1970
1. *Houndhouse Rock (4'50) / RK*
2. *Sad Ballad (3'39)*
3. *T.C.B. (9'45) / AS*
4. *Going to the Rainbow (12'55) / RK*
5. *Racing it Down (6'55) / JS*
note : Réédité en LP 1978 sous le titre *Creaction* (Acanta CC 23 097) et en CD au Japon en 1989 par Nippon Flamingo Music Publishing sous le titre *Creation* (Vavan Media H25W20105), sous le nom générique de Chick Corea !

ALAN SILVA AND THE CELESTIAL COMMUNICATION ORCHESTRA
SEASONS
BYG 529 342-43-44 (trple LP)

Alan Silva (cond, b, elvln, elsar), Bernard Vitet (tp, fhn), Lester Bowie (tp, fgh), Alan Shorter (tp), Joseph Jarman (sax, fl, bsn), Steve Lacy (ss), Ronnie Beer (ts, ss, fl), Roscoe Mitchell (s, fl, oboe), Robin Kenyatta (as, fl), Michel Portal (as, cl), Dieter Geweisller (elvln), Jouk Minor (elavln), Kent Carter (cello), Irene Aebi (cello, cel), Dave Burrell (p), JK (p), Don Moye (dm, perc), Jerome Cooper (dm, perc, bronte), Oliver Johnson (timp, perc). Paris, 29 décembre 1970
1. *Seasons (118') / A. Silva*

JOACHIM KÜHN
SOLOS
Futura GER 18 (LP) / Futura Ger 152 082 (CD, 1993)

JK (p). Paris, 15 mars 1971 (1, 2, 3) et 19 mars 1971 (4, 5, 6, 7)
1. *Solo 7 (7'56)*
2. *Solo 2 (5'57)*
3. *Solo 1 (6'06)*
4. *Solo 22 (3'26)*
5. *Solo 19 (6'39)*
6. *Solo 23 (5'39)*
7. *Solo 21 (4'30)*

ROLF KÜHN JAZZ GROUP
DEVIL IN PARADISE
MPS 20 21 078- 2 (LP)

Rolf Kühn (cl), Alan Skidmore (ts), JK (p), Albert Mangelsdorff (tb), Wolfgang Dauner (elp), Eberhard Weber (b), Tony Oxley (dm). Cologne, 20 et 21 juin 1971
1. *Diäthylaminoathyl (6'55) / WD*
2. *Devil in Paradise (6'43) / RK - R. Jürgensen - JK*
3. *More, more, more and more (5'24) / RK*
4. *Wind in the Willows (12'05) / RK*
5. *Clowny (6'48) / AM*

2. INTERNATIONALES NEW JAZZ MEETING AUF BURG ALTENA
JG Records JG 27/28 (dble LP)

Rolf Kühn (cl), JK (p, as), ? (b), ? (dm). Altena, 27 juin 1971
1. *unknown*

note : Autres groupes : Albert Mangelsdorff Quartet & The Trio, Peter Brötzmann Trio, Tomasz Stanko, etc.

GATO BARBIERI
LAST TANGO IN PARIS
Ryko RCD 10 724 (CD)

Gato Barbieri (ts), JK (p), Jean-François Jenny-Clark (b), Charlie Haden (b), Daniel Humair (dm), Ivanir « Mandrake » Do Nascimento (perc), Oliver Nelson (cond, arr). Rome, août 1971
12-40. *The Last Tango In Paris Suite (27'46) / GB*

note : Ce CD est paru en 1998. La première partie reprend la musique du disque sorti à l'époque (1 à 11) où un autre groupe (Franco D'Andrea est au piano) rejoue la musique du film, tandis que la seconde partie, intitulée « Bonus Material » (12 à 40), regroupe la BO du film, éditée pour la 1re fois.

JEAN-LUC PONTY EXPERIENCE
OPEN STRINGS
MPS 15 343 (LP)

JL Ponty (vln), JK (p), Philip Catherine (g), Peter Warren (b), Oliver Johnson (dm). Villingen, décembre 1971
1. *Flipping, part I (4'38) / JLP*
2. *Flipping, part II (10'38) / JLP*
3. *Flipping, part III (5'31) / JLP*
4. *Open Strings (14'50) / JLP*
5. *Sad Ballad (4'12)*

JOACHIM KÜHN TRIO
INTERCHANGE
MPS 15 344 (LP)

JK (p, as sur 4), Peter Warren (b, cello sur 3), Pierre Favre (perc, saw sur 3). Villingen, décembre 1971
1. *Interchange (5'15) / JK - PW - PF*
2. *Traffic Madness (2'52) / JK - PW - PF*
3. *Cello Fane (5'53) / JK - PW - PF*
4. *Jolly Green Giant (7'12) / JK - PW -PF*
5. *One Foot Shuffle (7'50) / JK - PW - PF*
6. *Solo for Arlene (3'30) / PW*
7. *Sad Ballad (7'40)*

JOACHIM KÜHN
PIANO
MPS 15 346 (LP)

JK (p). Villengen, 8 décembre 1971
1. *Mixing One (5'18)*
2. *Dandy Ponty (5'03)*
3. *She's a Beauty (5'12)*
4. *Part (1'43)*
5. *Fast (2'19)*
6. *Paris 71 (7'12)*
7. *Wiegenlied (1'48)*
8. *Special (2'55)*
9. *Chords (3'40)*
10. *Mixing Two (4'38)*

note : Ce disque est dédié à Gaby.

ANTHONY BRAXTON CREATIVE MUSIC ORCHESTRA
RBN - - - - 3° K12
Ring 01 024/5 juin (triple LP)

Anthony Braxton (reeds, cl, fl), Bob Taylor (ts), Hugh Levick (ts, ss), Jean Bauchard (as), Ambrose Jackson (tp), James Maceda (tp), Ray Stephen Oche (tp), Cesare Massarenti (tp), Gilbert Aloir (tu), JK (p), François Méchali (b), Pancho Blumenzweig (b), Oliver Johnson (perc), Sabu Toyosumi (perc). Chatellerault (France), 11 mars 1972
1. *Unit A (3'15)*
2. *Unit B (8'00)*
3. *Unit C part 1 (7'37)*
4. *Unit C part 2 (3'40)*
5. *Unit D (6'10)*
6. *Unit E part 1 (8'18)*
7. *Unit E part 2 (10'27)*
8. *Unit F part 1 (11'47)*
9. *Unit F part 2 (9'55)*
10. *Unit G (11'50)*
11. *Unit H (8'55)*
12. *Unit I (1'21)*
13. *Unit J (10'27)*
14. *Unit K (3'09)*
15. *Unit L (0'31)*

note : « RNB - 3° K12 » est en fait une seule composition pour orchestre composée par A. Braxton et fragmentée en douze unités. Elle est dédiée à Ornette Coleman. Ce triple disque a été enregistré lors du Festival de Chatellerault et marque le tout premier concert donné par le Creative Music Orchestra d'Anthony Braxton.

ROLF KÜHN Group/feat. PHIL WOODS
THE DAY AFTER
MPS 15 378 (LP)

Rolf Kühn (cl), Phil Woods (as), JK (p), Peter Warren (b), Oliver Johnson (dm), Nana Juvenal Vasconcelos (perc, ber). Cologne, juillet 1972

1. *Ca 1-9-5-2 (7'03) / RK*
2. *The Day After (9'41) / RK - JK*
3. *Turning Out (6'20) / RK*
4. *Everything in the Garden (6'54) / PW*
5. *Sonata for Perc. Piano and Clarinet (11'35) / RK - JK*

JEAN-LUC PONTY
SONATA EROTICA (live at Montreux)
Pierre Cardin STEC 133 (LP) / Mantra 071 (CD)

Jean-Luc Ponty (elvln), JK (elp), Jean-François Jenny-Clark (b, elb), Oliver Johnson (dm), Nana Vasconcelos (perc, ber, tum, gongs). Montreux, 19 juin 1972
1. *Preludio / JLP*
2. *Pizzicato con fuoco e con echo (did you see my bow?) / JLP*
3. *Appassionato / JLP*
4. *Con Sensualita / JLP*
5. *Accelerando e Rallentando / JLP*
(1 et 2 : 17'55 ; 3, 4, 5 : 23'00)

JOACHIM KÜHN
THIS WAY OUT
MPS 15 388/9 (dble LP)

JK (p, as), Peter Warren (b, cello), Daniel Humair (dm, perc) + Gerd Dudek (ts, ss, fl) sur 11 à 16. Paris, 18 janvier 1973
1. *Brother Rolf (1'53)*
2. *Byg Bridge (5'53)*
3. *Amok (5'50)*
4. *She's a Beauty (4'30)*
5. *Spaced In (4'28)*
6. *Body and Soul (5'11) / Green - Hayman - Eyton*
7. *Phallic Danse (6'03) / PW*
8. *Juxtaposition (3'46) / DH*
9. *All The Things You Are (3'35) / Hammerstein - Kern*
10. *Paris'72 (0'58)*
11. *This Way Out (4'51)*
12. *Do Dat Dudek (5'25)*
13. *Sound Color One (2'00)*
14. *Sound Color Two (1'16)*
15. *Other Way Out (3'45)*
16. *Unison Union (20'25)*

note : Le morceau 6 est un solo de JK, le 1 est un duo JK - PW, le 10 un duo JK - DH et le 15 un duo JK - GD. À noter aussi qu'il existe une rééedition allemande du disque, faussement datée de… 1970 !! (MPS 88 022-2).

ASSOCIATION P.C.
ROCK AROUND THE COCK
MPS 15 399 (LP)

Toto Blanke (g, ringmod, nog-harp), Siggi Busch (b, elb), Pierre Courbois (dm, perc), JK (elp) sur 5, 6, 7 (face 2), Karl-Heinz Wiberny (ts, bshn, picfl, chin scha) sur 1, 2, 3, 4 (face 1). Hambourg, 4-7 mars 1973

5. *Rock around the Cock (6'43) / TB - SB - PC - JK*
6. *Autumn In March (7'45) / TB - SB - PC - JK*
7. *Cap Carneval (9'07) / TB - SB - PC - JK*

ASSOCIATION P.C. + Jeremy STEIG
MAMA KUKU (live !)
MPS 15 410 (LP)

Toto Blanke (g, elg), JK (elp), Siggi Busch (b), Pierre Courbois (dm, perc), Jeremy Steig (fl, pic, bfl). Freiburg (face 1) - Lausanne (face 2), juin 1973
1. *Mama Kuku (5'42) / SB - TB*
2. *Bold'n Steig (5'30) : duo JK/J. Steig / JS - JK*
3. *Dr Hofmann (4'27) / JS - TB - JK - SB - PC*
4. *Ecnelis (4'30) / PC*
(5. Bassamagic (3'55) : J. Steig solo / JS)
6. *Lausanne (21'35) / JS - TB - JK - SB - PC*

BARTZ / KONITZ / Mc LEAN / MARIANO
ALTISSIMO
Philips RJ-5102 (LP) / West Wind 2019 (CD, 1988)

Gary Bartz (as), Lee Konitz (as), Jackie Mc Lean (as), Charlie Mariano (as), JK (p), Palle Danielsson (b), Han Bennink (dm). Copenhague, 15 juillet 1973
1. *Another Hairdo (3'45) / Charlie Parker*
2. *Mode for Jay Mac (9'45) / W. Gault*
3. *Love Choral (7'32) / LK*
4. *Fanfare (6'09) / LK*
5. *Du (Rain) (3'32) / GB*
6. *Hymn (3'07) / LK*
7. *Telieledu Rama (7'33) / Tyagaraja - CM*
note : Ce LP est paru au Japon.

FLUTE SUMMIT
Atlantic 50 027 (LP)

Jeremy Steig (fl, afl, bfl), James Moody (fl), Sahib Shihab (fl, afl), Chris Hinze (fl, afl, bbfl), JK (elp), John Lee (elb), Aldo Romano (dm), Ivanir « Mandrake » Do Nascimento (cg, perc). Live at Donaueschingen Music Festival, 20 et 21 octobre 1973
1. *Unity / CH*
2. *Autumn Leaves / Kosma*
3. *East Reast / K. Drews*
4. *My Main Sustain / JL*
5. *Come With Me / JS*
6. *Bamboo Madness / CH*
7. *Duo Mennon (duo J. Steig - JK) / JS - JK*
8. *Collectivity (encore) / JM - SS - JS - CH*

HEIDELBERGER JAZZ TAGE '73
LIVE !
MPS 15 409 (LP)

ASSOCIATION P.C. + J. Steig : sur le 4 : Jeremy Steig (fl), JK (elp, p), Toto Blanke (g, elg), Siggi Busch (b), Pierre Courbois (dm). Heidelberger, juin 1973

4. *Spider (10'32) / TB*
note : Autres groupes : Spectrum, Fritz Pauer Trio, Attila Zoller Quartet, Summit, Turk Murphy's Frisco Jazz Band.

THE ROLF KÜHN GROUP
CONNECTION 74
MPS 15 379 (LP)

Rolf Kühn (cl), JK (elp, p sur 5), Randy Brecker (tp), Toto Blanke (g, elg), Palle Danielsson (b), Daniel Humair (dm). Cologne, octobre 1973
1. *Made in Spain (7'02) / RK*
2. *German Country (7'17)*
3. *Zest (3'11) / RK*
4. *Things Are What They Used To Be (10'41) / RK*
5. *Music for Two Brothers (8'21)*
note : Le 5 est un duo des frères Kühn.

TOOTS THIELEMANS / PHILIP CATHERINE / AND FRIENDS
Keytone KT 444 057 (LP) / Keytone 702 (CD)

Toots Thielemans (ha, elg), Philip Catherine (elg), JK (p, elp), John Lee (b, elb), Gerry Brown (dm, perc), Chris Hinze (fl). Weesp, Hollande, 5 et 7 avril 1974
1. *Bé Bé Créole (4'51) / TT*
2. *Monologue (4'08) / TT*
3. *t.t. (6'11) / TT*
4. *Two Generations (4'11) / CH*
5. *Why did I Choose You (3'50) / M. Leonard*
6. *Uncle Charlie (6'30) / TT*
7. *Friday Night (3'46) / PC*
8. *L'Éternel Mari (5'28)*
note : La réédition en CD parue sous le titre Two Generations (Limetree FCD 0003) comporte deux inédits : « *Bluesette* » (3'15) / TT et « *Inner Journey* » (3'43) / CH.

SOLO'S AND DUO'S
Keytone records KYT 708 (LP)

JK (p) - Chris Hinze (fl) sur 3 et 7, Weesp, Hollande, 6 avril 1974 (LP paru en 1981)
2. *Emotions (6'17)*
3. *Second Story Together (5'04) / JK - CH*
7. *First Story Together (9'28) / JK - CH*
note : Avec aussi : Sigi Schwab, Jasper van't Hof et Charlie Mariano.

SOLO'S, DUO'S AND TRIO'S
Keytone records KYT 718 (LP)

Weesp, Hollande, 6 avril 1974 (LP paru en 82)
6. *Open Up (8'29) / JK (p)*
note : Avec aussi : Sigi Schwab, Jasper van't Hof, Michael Urbaniak, Urszula Dudziak et Chris Hinze.

JOACHIM KÜHN
CINEMASCOPE
MPS 15 423 (LP)

The String Orchestra (arr. et cond. par Rolf Kühn), JK (p, elp, as sur 7), Toto Blanke (elg), John Lee (b, elb), Gerry Brown (dm, perc), Zbigniew Seifert (elvln) sur 3. Hambourg, mai 1974
1. *Zoom, part 1 (5'26) / TB - JK*
2. *Zoom, part 2 (3'44) / TB - JK*
3. *One String More (8'18) / JK -JL*
4. *Vibrator (2'16)*
5. *Travelling, part 1 (5'10) / JK - RK*
6. *Travelling, part 2 (6'27) / JK - RK*
7. *Success (5'06)*
8. *Black Tears (5'16)*

GEORGE GRUNTZ
2001 KEYS PIANO CONCLAVE
Atlantic ATL 50 045 (LP)

Gordon Beck (p, elp), Fritz Pauer (p, elp), JK (p, elp), Jasper van't Hof (o, elp), Martial Solal (p, elp), George Gruntz (p, elp), Henri Texier (b), Erich Bachträgel (dm, perc). Hambourg, 1974
1. *Flight 6-2A-A5 (5'03) / FP*
2. *For Dennis (5'48) / JvH*
3. *They're Coming, They're Coming (6'38) / GB*
4. *Suite for Harold (6'58) / GG*
5. *Intermission (10'53)*

TOTO BLANKE
SPIDER'S DANCE
Vertigo 6360 623 (LP)

Toto Blanke (elg, g), JK (elp), John Lee (elb), Charlie Mariano (ss, fl), Gerry Brown (dm). Siegburg, 21-23 juillet 1974
1. *Lady's Bicycle Seat Smeller (7'00) / TB*
2. *Intermission (6'58)*
4. *Toto (6'22) / TB*
5. *Spider's Dance (4'33) / TB*
7. *Slight Tough Of Hepatitis (14'28) / TB*
note : Les morceaux 3 et 6 sont des soli de Toto Blanke à la guitare acoustique. Ils ont été enregistrés à Münster les 27 et 28 août 1974.

JOE HENDERSON
BLACK NARCISSUS
Milestone 9 106 (LP)

Joe Henderson (ts, moog synth b sur 4), JK (p sur 1, 2, 3, 5, 6), Jean-François Jenny-Clark (b sur 1, 2, 3, 6), Daniel Humair (dm sur 1, 2, 3, 6), Bill Summers (cg, perc), Dr Patrick Gleeson (synth sur 1, 2, 3, 5), Dave Friesen (b sur 5), Jack DeJohnette (dm sur 4, 5). Paris, octobre 1974 (sauf 4 et 5 : Berkeley, Californie, avril 1975)
1. *Black Narcissus (5'07) / JH*
Hindsight and Forethought (2'39) / JH
2. *Power to the People (12'31) / JH*
3. *Good Morning Heartache (6'56) / Higginbotham - Drake - Fisher*
4. *The Other Side of Right (7'16) / JH*

note : Tous ces morceaux ont été réédités dans le coffret de 8 CDs : Joe HENDERSON, *The Milestone Years*, MCD 4 413-2.

THE ROLF KÜHN GROUP
TOTAL SPACE
MPS 15 392 (LP)

Rolf Kühn (cl), Gerd Dudek (ts, ss), Albert Mangelsdorff (tb), JK (p, elp), Philip Catherine (g), Bo Stief (b), Daniel Humair (dm), Kasper Winding (dm) + the Brass Band (arr. par R. Kühn). Cologne, 29 janvier 1975
1. *Uncle Archibald (6'40) / RK*
2. *Buzz (5'15) / RK*
3. *Lopes (7'25) / AM*
4. *Total Space (7'56) / RK*
5. *Miss Maggie (8'24) / RK*

GEORGE GRUNTZ
PALAIS ANTHOLOGY, PIANO CONCLAVE
MPS 15 462 (LP)

Gordon Beck (p, elp, voc), Wolfgang Dauner (p, elp, v), JK (p, elp), Jasper van't Hof (o, elp, voc), Martial Solal (p), George Gruntz (p, elp), John Lee (elb), Alphonse Mouzon (dm). Munich, 19, 20, 21 mai 1975
1. *Rumba Orgiastica (6'05)*
2. *English Moxplott (4'29) / GB*
3. *Hymny Shimmy (2'48) / GG*
4. *Hal-Lucy-'n-o'-One Step (4'37) / GG*
5. *Zookie Cookie (5'58) / F. Pauer*
6. *Lookie Pookie (5'17) / GB*
7. *Tango Teclado (4'32) / WD*
8. *Titty-Chickie-Fitteburg (4'54) / JVH*
9. *Shoo-Fly-Shuffle (3'40)*
10. *Charles'Stone and Quickflip (2'46) / JVH*

JAZZ NA KONCERTNOM PODIJU VOL.2
YUGOTON LSY 61 417 (LP)

JK (p). Live au Ljubljani Jazz Festival (Yougoslavie), 13 juin 1975
2. *On the Roof (13'18)*
note : Autres groupes : Kvartet Stan Getz (20 juin 1976), The Jazz Messengers (19 juin 1976), The Medunarodni Kvartet Toneta Jansa (13 juin 1975).

MARTIAL SOLAL-JOACHIM KÜHN
DUO IN PARIS
Musica records MUS 3 002 (LP) / Dreyfus 191 016-2 (CD, 1991)

JK (p), Martial Solal (p). Massy, 24 octobre 1975
1. *Solar (9'17) / Miles Davis*
2. *Journey around the World (12'05) / JK - MS*
3. *Musica 2000 (19'16) / JK - MS*
note : Les durées inscrites sur le CD sont sensiblement différentes : respectivement 9'20, 12'09 et 19'38.

JOACHIM KÜHN
HIP ELEGY
MPS 15 466 (LP)

JK (p, elp, synth), Terumasa Hino (tp), Philip Catherine (g, elg), John Lee (elb), Nana Vasconcelos (perc, v), Alphonse Mouzon (dm). Ludwigsburg, 2-4 novembre 1975
1. *Seven Sacred Pools (8'38) / JK - JL*
2. *Travelling Love (7'51)*
3. *Bed Stories (5'26)*
4. *Hip Elegy In Kingsize (8'33)*
5. *Santa Cruz (4'50)*
6. *First Frisco (7'09)*
note 1 : Le 4 a servi de mélodie au film français *Conquistador*.
note 2 : T. Hino est absent du morceau 4, Nana Vasconcelos du 3. « *Santa Cruz* » est un duo JK / P. Catherine.

SOLO NOW
MPS 15 457 (LP)

Albert Mangelsdorff (tb) sur 2, 3, 8, 10, Gunter Hampel (vib, fl, bcl) sur 4, 6, 10, JK (p) sur 1, 3, 7, 10, Pierre Favre (perc) sur 5, 6, 9, 10. Villingen, 9 et 10 février 1976
1. *Rainbow road (4'08) / JK solo*
3. *Take Your Hit Kit (4'37) / Mangelsdorff - J. Kühn / AM - JK*
7. *In a Sentimental Mood (4'55) / JK solo / Duke Ellington*
10. *Ringelvier (3'55) / quartet / id.*

JOACHIM KÜHN
SPRINGFEVER
Atlantic 50 280 (LP) / WEA 4 509-95 461-2 (CD)

JK (kb), Philip Catherine (g), John Lee (b), Gerald (Gerry) Brown (dm) + Zbigniew Seifert (vln) et Curt Cress (dm) sur 1. Munich, avril 1976
1. *Lady Amber (10'15)*
2. *Sunshine (3'45)*
3. *Two Whips (4'40)*
4. *Spring Fever (3'39)*
5. *Morning (7'00)*
6. *Mushroom (2'35)*
7. *Equal Evil (5'15)*
8. *California Woman (7'00)*
note : Le morceau « *Spring Fever* » est un solo de piano.

ZBIGNIEW SEIFERT
MAN OF THE LIGHT
MPS 15 489 (LP)

Zbigniew Seifert (vln), JK (p), Cecil Mc Bee (b), Billy Hart (dm), Jasper van't Hof (elp, o) sur 5. Stuttgart, 27-30 septembre 1976
1. *City of Spring (6'37) / ZS*
2. *Man of the Light (9'45) / ZS*
4. *Turbulent Plover (7'27) / ZS*
6. *Coral (6'54) / ZS*

note : Le 3 est un duo Seifert - Mc Bee, le 5 un duo Seifert - J. van't Hof.

JOACHIM KÜHN
CHARISMA
Atlantic ATL 50 352 B (LP) / 1994 WEA 4 509-95 462-2 (CD)

JK (p). Hambourg, début 77
1. *Hot Chili (4'44)*
2. *Come Closer (6'50)*
3. *Charisma (4'54)*
4. *Take Your Pillow as a Soundingboard (10'08)*
5. *Welcome (6'59)* / J. Coltrane

JAN AKKERMAN
Atlantic ATL 50 420 (LP) / WEA 242 360-2 (CD)

Jan Akkerman (g, elg), JK (kb), Cees Van Der Laarse (elb), Bruno Castelucci (dm), Pierre Van Der Linden (dm) sur 6, Neppie Noya (perc) + Roger Webb (strings cond), Michael Gibbs (strings arr, fl arr) sur 2, 3, 7. Blaricum (Hollande), 1977
1. *Crackers (3'50)* / JA
2. *Angel Watch (10'05)* / JA
3. *Pavane (5'30)* / JA
4. *Streetwalker (6'55)* / JA
5. *Skydance (5'05)* / JA
6. *Floatin' (5'10)* / JA
7. *Gate To Europe (3'00)* / JA

BILLY COBHAM
MAGIC
CBS JC 34 939 (LP)

JK (elp, p) sur 1, 2, 6, Mark Soskin (p, synth.) sur 1, 6, Pete Maunu (g), Randy Jackson (b), Billy Cobham (dm), Alvin Batiste (cl) sur 2, Pete Escovedo (timp sur 2, voc sur 6), Sheila Escovedo (cg) sur 2, Kathleen Kaan (voc) sur 6, B.C., Hojo et Dennis (hand-cl) sur 6. New-York, 1977
1. *On a Magic Carpet (5'08)* / BC
2. *AC/DC (5'27)* / BC
6. *Magic (5'51)* / *(Reflections in the Clouds) (6'39)* / *(Magic-Recapitulation) (0'53)* / BC
note : Ce disque a été réédité en CD avec *Simplicity Of Expression*, *Depth Of Thought* en 1998 (Columbia 492 526 2).

BILLY COBHAM
SIMPLICITY OF EXPRESSION - DEPTH OF THOUGHT
CBS JC 35 457 (LP)

JK (moog, kb) sur 4, 6, Pete Maunu (g), Randy Jackson (b), Mike Mainieri (vib) sur 4, Billy Cobham (dm, perc), plus sur 6 : Kamal (voc), M. Stamm, M. Lawrence (tp), B. Tillotson, D. Corrado (fhn), W. Andre, A. Ralph, G. Quinn (tb), D. Nadien, M. Raimondi, R. Hendrickson, A. V. Brown, P. Dimitriades, A. Aiemian, L. Shulman, J. Abramowitz, C. McCracken (strings), J. Chattaway (cond., arr.). New-York, 1977
4. *Indigo (6'50)* / BC
6. *Early Libra (7'13)* / BC
note : Ce disque a été réédité en CD avec *Magic* en 1998 (Columbia 492 526 2).

ALPHONSE MOUZON
IN SEARCH OF A DREAM
MPS 15 520 (LP)

JK (elp sur 1, 2, p sur 1, 3), Alphonse Mouzon (dm, o), Philip Catherine (elg sur 1, g sur 2), Miroslav Vitous (elb sur 1, 3, b sur 3), Stu Goldberg (p sur 2), Bob Malik (ts sur 2, 3). Stuttgart, 20-24 novembre 1977
1. *Nightmare (6'07)* / AM
2. *Electric Moon (4'50)* / PC
3. *Shoreline (4'30)*
note : Les 6 autres morceaux sont sans JK.

JOACHIM KÜHN BAND
SUNSHOWER
Atlantic ATL 50 472 (LP) / WEA 4 509-954 632 (CD)

JK (p, elp, synth, o), Jan Akkerman (g), Ray Gomez (g), Tony Newton (b, picb), Glenn Symmonds (dm, synthdm), Willie Dee (voc) sur 4 et 5. Burbank (Californie), février-mars 78
1. *Orange Drive (3'31)*
2. *O.D. (5'02)*
3. *Shoreline (4'01)*
4. *You're Still on my Mind (4'17)*
5. *Midnight Dancer (4'28)*
6. *Short Film for Nicky (4'13)*
7. *Sunshower (4'12)*
8. *Preview (6'28)*
note : « *Short Film for Nicky* » est un solo de piano.

CORYELL-CATHERINE-KÜHN
LIVE ! PARIS-BERLIN-BRUSSELS-MONTREUX-VIENNA...
Elektra ELK 52 232 (LP)

JK (p), Philip Catherine (g), Larry Coryell (elg, g). mai-juin 78
1. *O.D. (10'41)* : JK solo
4. *Santa Cruz (4'50)* : trio
5. *Deus Xango (7'45)* / A. Piazzolla : trio
6. *The Acoustic-Tour-Blues (5'56)* / trio : id.
note : Les 3 autres morceaux sont des duos Coryell-Catherine.

THE ROLF KÜHN ORCHESTRA
SYMPHONIC SWAMPFIRE
MPS 15 450 (LP)

JK (p, elp, synth), Rolf Kühn (cl), Philip Catherine (g, elg), N.H.O.P. (b), Bruno Castelucci (dm), Charlie Mariano (sax), Thilo von Westernhagen (kb), Claus Robert Kruse (kb), Herb Geller (s, fl)
Brass section :

Larry Elam, Mannie Moch, Klaus Blodau (tp), Wolfgang Ahlers (tb), Ronald Pisarkiewicz (tuba)
Vln :
C. Heinrich, R. Hoogeveen, F. Kober, D. Kummer, K. Murnaka, M. Pohl, V. Schell, U. Trietkau
Avln :
M. Ben Dor, H-O. Graf, J. Paulmann
Celli :
K. Haesler, R. Korup
Timp, perc :
W. Schlüter. Hambourg, été 78
1. *Swampfire, part 1 (9'41) / RK*
2. *Swampfire, part 2 (7'28) / RK*
3. *La Canal (7'01) / RK*
4. *Just Call (5'40) / RK*
5. *Judy (6'30) / RK*
note 1 : Les morceaux ont été réédités en CD avec d'autres morceaux tirés de *Cucu Ear* (Blue Fame 401 62)
note 2 : « Just Call » n'apparaît pas sur le CD.

JTB
Pick Up PULP 79-302 (LP)
Jukka Tolonen (elg, elp), Coste Apetrea (g), Christer Eklund (s), Harri Merilahti (b), Bill Carson (dm, perc), JK (p sur 2, 6, 9, elp sur 6, 7, 8, 9, synth. sur 7, 8, 9). Copenhague, été 79
2. *Space Cookie (5'00) / JT*
6. *Dancing Bear (5'41) / JT*
7. *Soita Saatana (4'02) / CA*
8. *Arka Haiven (5'36) / CA*
9. *Funky Nightmare (5'47) / JT - Hanski*

JOACHIM KÜHN BAND
DON'T STOP ME NOW
Atlantic ATL 50 623 (LP)
JK (p, elp, synth), Tony Newton (elb, picb, voc), Glenn Symmonds (dm, voc), John Mc Burnie (voc), Ray Gomez (g). Backvoc : Brenda Gooh, Lynda Lawrence, Sharon McNahn Stokes, Glenn Symmonds, John Mc Burnie, Achim Torpus, Tony Newton. Burbank (Californie), 27 avril 1979
1. *Time Out (3'56)*
2. *I'm Leaving You (4'08)*
3. *Groundshaker (4'18) / TN*
4. *On the Mirror (4'24) / GS*
5. *Step Right Up (4'42)*
6. *Summerset (7'21)*
7. *Jet Lag (4'28)*

JOACHIM KÜHN & JAN AKKERMAN
LIVE !
Sandra SMP 2 114 (LP) / inak 868 (CD)
JK (p), Jan Akkerman (g, elg, Roland guitar synthetizer). « Live » à Kiel (1) le 15 décembre 1979 et à Stuttgart (2), mi-janvier 80.
1. *Santa Barbara, First Dance (15'27) (12'36 sur le CD)*
2. *Santa Barbara, Second Dance (20'28) (21'12 sur le CD)*
note 1 : Les différences de durées sont dues à la variation d'enregistrement des applaudissements, mais les morceaux sont strictement les mêmes.
note 2 : La photo de couverture est inversée sur le CD.

JOACHIM KÜHN
SNOW IN THE DESERT
Atlantic ATL 50 718 (LP) / WEA 4 509-95 460-2 (CD)
JK (p). Ludwigsburg, avril 1980
1. *Morning Drew (6'17)*
2. *Snow in the Desert (15'37)*
3. *Skyrider (6'22)*
4. *Mushrooms (10'35)*
5. *Onkel Pö (6'10)*

JOACHIM KÜHN
UNITED NATIONS
Atlantic ATL 50 719 (LP) / WEA 4 509-95 464-2 (CD)
JK (p). Ludwigsburg, avril 1980
the un-side :
1. *United Nations (21'04)*
the ballad-side :
2. *Pleasure Point (6'29)*
3. *L.A. (3'43)*
4. *Portrait (4'56)*
5. *Nice Sky (How Blue Can You Get ?) (3'44)*
note : Enregistré lors de la même session que *Snow In The Desert*, *United Nations* est paru un an plus tard.

ROLF KÜHN
CUCU EAR
MPS 15 451 (LP)
Rolf Kühn (cl, synth), JK (p, elp, synth), Philip Catherine (g), N.H.O.P. (b), Alphonse Mouzon (dm), Charlie Mariano (as), Herp Geller (reeds), Peter Weihe (g). Brass Section : Larry Elam, Mannie Moch, Paul Kubatsch, Klaus Blodau (tp), Wolfgang Ahlers (tb), Egon Christmann (tb). Hambourg, avril - mai 1980
1. *One More Bass Hit (6'46) / RK*
2. *Key-Alliance (5'41) / RK*
3. *To Zbiggi (6'01)*
4. *Cucu Ear (4'44) / RK*
5. *Beverly Hills Party (6'09)*
6. *Sultans of Jazz*
note : Tous les morceaux (excepté le n° 6) ont été réédités en CD avec d'autres morceaux tirés de *Symphonic Swampfire* (Blue Fame 401 62).

INFORMATION
IT'S THE INFORMATION YOU NEED...
RCA DB 5 997 (45 t)

JK (p, synth., kb, as), George Kochbeck (moog-b, kb, voc), Mark Nauseef (perc). Hambourg, décembre 1980
1. *The Informer (4'25) / JK - MN*
2. *Gorilla Growl (3'12) / JK - MN*
note : Et l'information dont on a besoin de trouve au verso de la pochette : « There is no guitar on this record ».

INFORMATION
RCA PL 28 483 (LP)

JK (p, synth., kb, as), George Kochbeck (moog-b, kb, voc), Mark Nauseef (perc). Hambourg, décembre 1980
1. *The Informer (5'23) / JK - MN*
2. *Miles (6'07)*
3. *Dreamworld (9'00)*
4. *Gorilla Growl (3'12) / JK - MN*
5. *Dyslexia (1'10) / MN - GK*
6. *Come this Way (2'51) / GK - MN*
7. *Line of Fire (5'57) / JK - MN*
8. *Murder (3'18) / JK - MN - GK*
note : Le morceau « Line of Fire » débute par un solo de piano de 1'10 intitulé « No Dope ».

JAN AKKERMAN
PLEASURE POINT
WEA 58 441 (LP) / Charly 90 (CD)

Jan Akkerman (g, elg, synth), JK (kb), Jasper Van't Hof (kb), Jim Campagnola (ts), Pablo Nahar (elb), Roland Zeldenrust (dm), Hans Waterman (dm), Martino Matupeyressa (perc). Zuidbroek (Hollande), 1981
1. *Valdez (4'10) / JA*
2. *Heavy Pleasure (8'45) / JA*
3. *Cool in the Shadow (7'01) / JA*
4. *Visions of blue (9'48) / JA*
5. *C.S. (3'55) / JA*
6. *Bird Island (7'00) / JA*

JOACHIM KÜHN
NIGHTLINE IN NEW YORK
Sandra SMP 2 113 (LP) / inak 869 (CD)

JK (p), Michael Brecker (ts), Eddie Gomez (b), Billy Hart (dm), Bob Mintzer (ts), Mark Nauseef (dm, perc) sur 2 et 3. New York, avril 1981
1. *Yvonne Takes a Bath (10'07)*
2. *April in New York (9'34)*
3. *Yvonne (6'39)*
4. *Nightline (9'00)*
5. *Rubber Boots (8'07)*

MARK NAUSEEF
PERSONAL NOTE
CMP 16 (LP)

Mark Nauseef (dm, perc), JK (p, synth, as), Trilok Gurtu (perc, tabla, v), Jan Akkerman (el. g) sur 4 et 6, George Kochbeck (synth, moog-b) sur 3, Detlev Beier (b) sur 3 et 5, Philip Lynott (voc) sur 1. Hambourg, août-septembre 81
1. *Chemistry (4'08) / JK - PL - MN*

2. *Talking Drum (For Ariel) (3'28) / MN - TG*
3. *Doctor Marathon Part 1 (3'57)*
4. *Doctor Marathon Part 2 (8'29) / MN - JK*
5. *Corsica (10'54)*
6. *Fillmore (10'42) / MN - JK*

JOACHIM KÜHN QUARTETT
Aliso 1013, 66.22 717 (LP)

Christof Lauer (ss, ts), JK (p), Detlev Beier (b), Gerry Brown (dm). Hambourg, juin 1982
1. *Sixty Steps (7'44)*
2. *Going Home (6'05)*
3. *Fast Morning (5'52)*
4. *Cold Germany (7'05)*
5. *Oysters (11'56)*

ROLF & JOACHIM KÜHN
DON'T SPLIT
L + R Records LR 40 016 (LP)

Rolf Kühn (cl, synth), JK (p), Bob Mintzer (ts), Peter Weike (elg), Detlev Beier (b, elb), Mark Nauseef (dm, perc). Hambourg, juin 1982
1. *Spring Ball (7'37)*
2. *Don't Split (7'23) / RK*
3. *Compulsion (4'19) / BM*
4. *Horror Dream (9'25)*
5. *No Sé (6'09) / RK*

SOLIDARNOSC
THE KIEL CONCERT-ACOUSTIC PIANO SOLO
GEMA 66.22 599-01-1 / corpus 001 (LP)

Thilo von Westernhagen (p) sur 1 et 2, JK (p) sur 3. « Live » à Kiel, 19-27 juin 1982
3. *Gdzie Jest Klucz ? (Where Is The Key ?) (22'10)*
note : Disque réalisé à l'occasion du 100e anniversaire du « Kiel Week » au profit de Solidarnosc. Il est livré avec un poster (une photo noir et blanc de Lech Walesa et au dos « Volkslied », un dessin de Raffael Rheinsberg représentant des silhouettes humaines blanches sur des portées musicales (c'est le logo des productions d'Achim Torpus), le tout sur fond mauve : c'est le même que la pochette du disque).

JASPER VAN'T HOF / JOACHIM KÜHN
BALLOONS
MPS 15 590 (LP)

Jasper van't Hof (p, synth, o, elp), JK (p, elp, synth). Villingen, 29 et 30 juin 1982
1. *Balloons (8'51) / JvH*
2. *Sunday Afternoon in Bed (5'57)*
3. *Cheops (5'45) / JvH*
4. *Bandundu (9'53) / JvH*
5. *Sushi (9'40)*
6. *Ghost Guest (2'38) / JvH*

4ᵉ INTERNATIONAL ZAGREB JAZZ FAIR 1982
SOUL STREET
Jugoton LSY-65045/6 (dble LP)

B. P. Convention And Friends: Peter Ugrin (tp), Ladislav Fidri (tp), Franc Puhar (tb), Zvonko Kosak (tb), George Haslam (bs), JK (p), Neven Franges (elp), Bosko Petrovic (vib), Damir Dicic (g), Mario Marvin (b), Salih Sadikovic (dm). Zagreb, 12-15 octobre 1982
6. *Song for Zagreb & Night before Corrida (18'13) / JK - Fritz Pauer*
note: Autres groupes: Giorio Gaslini Quintet, Hans Koller Quartet, Stan Tracey Trio, Martial Solal Big Band, Bacillus Quartet, Benny Wallace Trio.

MARK NAUSEEF
SURA
CMP 21 ST (LP)

Mark Nauseef (dm, flat gong-spiel, rejong, ching, rin, magdm, chinkas, fu in-luo, bbfl), JK (p, churcho), Markus Stockhausen (tp, fgh), Trilok Gurtu (tab, cg, wat, gong, perc), Kamalesh Maitra (sarod, tabtg), David Torn (g), Herbert Försch (magdm, zit, gran cassa, peking opera gongs, glw, glm), Detlef Beier (b) sur 1, Laura Patchen (panpura) sur 6, Moines des monastères du Bhutan (v) sur 3, chanteur javanais (voc) sur 6. Hambourg, janvier 1983
1. *Kids (4'17)*
2. *Namenlos (3'18) / MN - HF*
3. *Kamalesh (14'18) / MN*
4. *Ching-Chime (1'35) / MN - HF*
5. *Bach (6'40) / JK - MN*
6. *Indonesia (10'27)*

JOACHIM KÜHN
I'M NOT DREAMING
CMP 22 ST (LP)

JK (p), Ottomar Borwitzky (cello), George Lewis (tb), Mark Nauseef (picsndm, tsndm, balinese rejong, gran cassa, drain pipes, hand dm, cym), Herbert Försch (mar, orgelpfeifen, perc, dm-b, tri-cello, metal-dm). Hambourg, mars 1983
1. *Bechstein (2'27)*
2. *Heavy Birthday (10'14)*
3. *Hands (4'01)*
4. *I'm Not Dreaming (5'58)*
5. *Dark (1'50)*
6. *Expect Anytihng (7'37)*
7. *Schloss Bredeneek (12'15)*

JOACHIM KÜHN
DISTANCE
CMP 26 (LP, CD)

JK (p). Berlin, mai 1984
1. *« Distance » (20'46):*
    a. Prelude (10'20)
    b. Theme (2'11)
    c. Variations (8'25)

4. *Question (5'31)*
5. *Ineinander (4'05)*
6. *Norddeutschland (dedicated to A. v. Zitzewitz) (11'08)*

RÖSSLER-KÜHN-HEIDEPRIEM-STEFANSKI
COLOURED
Fusion 8 015 (LP)

Knut Rössler (ss, ts, fl), JK (p), Thomas Heidepriem (b), Janusz Stefanski (dm). Sud de l'Allemagne, été 84
1. *Black Magic (6'01) / KR, JK, TH, JS*
2. *White Noise (3'41) / KR, JK, TH, JS*
3. *Blue Lightning (6'51) / KR, JK, TH, JS*
4. *Pink Fake (5'53) / KR, JK, TH, JS*
5. *Blue in Green (8'23) / Miles Davis*
6. *Red Heat (4'54) / KR, JK, TH, JS*
7. *Yellow Earth (8'59) / KR, JK, TH, JS*

JOACHIM KÜHN
PIANO ONE
Private Music PMP-28006 (LP) / Private Music 259 640 (CD)

JK (p). New York, 1-3 novembre 1984
1. *New Feelings (3'30)*
4. *Housewife's Song (6'11)*
note 1: Ce CD est le premier volume d'une compilation de 15 pièces de piano solo composées par différents musiciens. JK en a composées 3 pour les deux CD. Avec aussi: Ryuichi Sakamoto, Eddie Jobson et Eric Watson.
note 2: *Piano One* est paru en 1985.

JOACHIM KÜHN
PIANO TWO
Private Music 2 027-1-P (LP), 259 643 (CD)

JK (p). New York, 1-3 novembre 1984
4. *Read Your Eyes (5'34)*
note 1: Voir *Piano One*.
Avec aussi: Yanni, Suzanne Ciani et Michael Riesman.
note 2: *Piano Two* est paru en 1987.

KÜHN - HUMAIR - JENNY-CLARK
EASY TO READ
OWL 043 (LP, CD)

JK (p), Jean-François Jenny-Clark (b), Daniel Humair (dm). Paris, juin 1985
1. *Guylene (7'15) / DH - JK*
2. *Easy to Read (7'00)*
3. *Habits (6'55)*
4. *Sensitive Details (4'10)*
5. *Open De Trio (11'06) / JFJC - JK - DH*
6. *Monday (3'04)*

JOACHIM KÜHN
WANDLUNGEN - TRANSFORMATION
CMP 29 (LP, CD)

JK (p). Zerkall, mai 1986
1. *No (7'51)*

2. *Snow (7'06)*
3. *First (3'36)*
4. *Machine (2'53)*
5. *Source (5'54)*
6. *Wandlungen (10'08)*
7. *Portal (5'37)*
8. *Italienische Sonate (18'29)*
note : Effets sur les sons du piano (sur les morceaux n° 1, 3, 4 et 7) réalisés par Walter Quintus, prélude à leurs 3 disques en duos. Les morceaux 7 et 8 n'apparaissent pas sur le LP.

JOACHIM KÜHN
TIME EXPOSURE
Entente 12-3 072 (LP)

JK (p), Walter Quintus (digsdb). Zerkall, mai 1986
1. *Discant (12'30)*
2. *Modern Nature (5'55)*
3. *To Be Continued (3'57) / JK - WQ*
4. *Graphic (3'37)*
5. *Ostriconi (11'03)*
note : Musique accompagnant le ballet de Carolyn Carlson à New York le 5 mars 1987.

KÜHN - QUINTUS
DARK
Ambiance AMB 1 (CD)

JK (p), Walter Quintus (digsdb). Zerkall, 17-20 janvier 1988
Part 1 :
1. *Alba (4'15) / JK - WQ*
2. *The Garden (6'29)*
3. *Dark Light (4'35) / JK - WQ*
4. *Between (5'10)*
5. *Dark Rythm (5'36)*
6. *Insects (2'39) / JK - WQ*
7. *Footwork (8'59)*
8. *Memory Preview (1'04)*
Part 2 :
9. *Dark Sound (4'28) / JK - WQ*
10. *Aline's House (9'09)*
11. *The Last (4'54)*
12. *Moral (3'35)*
13. *Light Dark (1'17) / JK - WQ*
14. *Bank of Memory (10'04)*
note : Musique composée pour un ballet de Carolyn Carlson.

KÜHN - HUMAIR - JENNY-CLARK
FROM TIME TO TIME FREE
CMP 35 (LP, CD)

JK (p), Jean-François Jenny-Clark (b), Daniel Humair (dm). Zerkall, avril 1988
1. *India (4'18) / J. Coltrane*
2. *Spy vs. Spy (4'50) / J. Scofield*
3. *From Time to Time Free (7'38) / DH - JK*
4. *Para (dédié à D. Humair) (7'49)*
5. *Sometimes I Don't Remember (dédié à JF Jenny-Clark) (6'20)*
6. *Cannonball (4'30) / JK - JFJC - DH*
7. *Trio Music (10'10) / JK - JFJC - DH*
8. *Expression (4'15) / John Coltrane*
note : « Trio Music » et « Expression » n'apparaissent pas sur le LP.

9.11 PM TOWN HALL
Label Bleu LBLC 6 517 (CD)

Daniel Humair (dm), Michel Portal (ss, ts, bcl, band) sur 5, 6, 7, Jean-François Jenny-Clark (b), Marc Ducret (g) sur 5, JK (p). « Live » à New York, 29 juin 1988
1. *From Time to Time Free (6'32)*
2. *Easy to Read (6'58)*
5. *Pastor (12'23) / MP*
6. *Alto Blues (19'26) / MP*
7. *Changement (7'30)*
note 1 : Avec aussi Martial Solal (3, 4).
note 2 : Il existe une video de Christian Palligiano (K. Films, collection Musiques D 005-6-7) sur ce concert, agrémentée d'interviews, avec quelques morceaux en plus, dont :
- « *Lunch In The Rain* » (extrait : 1'40) : JK (p)
- « *Guylène* » (8'09) / JK - DH : JK - Humair - Jenny-Clark
- « *Vieux Papes* » (6'33) / DL : Didier Lockwood (vln), JK (p), Jean-François Jenny-Clark (b), Daniel Humair (dm)
- « *Zipper Teaseuse* » (10'36) / DH : JK (p), Daniel Humair (dm), Michel Portal (ss), Didier Lockwood (elvln), Marc Ducret (elg), Jean-François Jenny-Clark (b), Hélène Labarrière (b).
note 3 : Le livret du CD comporte une erreur : le morceau 6 du CD est en réalité la succession de deux morceaux : « *Alto Blues* » (M. Portal) et « *Changement* » (J. Kühn), tandis que le 7 est en fait composé de « *Massage* » (J. Kühn) encadré au début et à la fin par « *Impatience* » (M. Portal).

JOACHIM KÜHN
SITUATIONS
Atlantic ATL7 81 839-2 (LP, CD)

JK (p). Berlin, 1988
1. *Situation (6'00)*
2. *Delicate Pain (8'38)*
3. *Sensitive Detail (3'44)*
4. *Lunch in the Rain (8'16)*
5. *Hauswomen Song (6'36)*
6. *Refuge (5'58)*

CHRISTOF LAUER
CMP 39 (CD)

Christof Lauer (ts), JK (p), Palle Danielsson (b), Peter Erskine (dm). Zerkall, avril 1989
1. *Descent (4'51) / CL*
2. *Eva (6'07) / CL*
3. *Screwbirds (9'41) / CL*
4. *Sweet & Sentimental (7'33) / CL*
5. *Radar (8'50)*
6. *Baden-Baden (5'46)*
7. *Harlem Nocturne (3'46) / Hagen - Rogers*

ROLF KÜHN TRIO
AS TIME GOES BY
Blue Flame 40 292 (CD)
Rolf Kühn (cl), JK (p), Detlev Beier (b). Zerkall, avril 1989
1. *Film (3'45)*
2. *Spontaneous Construction (19'51) / RK - JK*
3. *When I Fall in Love (1'50) / Hayman - Young*
4. *Well I Didn't (5'12) / RK*
5. *As Time Goes By (5'46) / H. Hupfeld*
6. *Speed of Speech (5'40)*
7. *Conclusion (3'56) / RK*
note : Le morceau n° 5 est un duo des frères Kühn.

HELEN MERRILL - STAN GETZ
JUST FRIENDS
EMARCY 842 007-1 (LP) ou 2 (CD)
Helen Merrill (voc), Stan Getz (ts), JK (p), Jean-François Jenny-Clark (b), Daniel Humair (dm). Paris, 11 et 12 juin 1989
1. *Cavatina (5'47) / C. Laine - S. Meyers*
2. *It Never Entered My Mind (6'12) / R. Rodgers – L. Hart*
3. *Just Friends (4'38) / J. Klenner – S. Lewis*
4. *It Don't Mean a Thing (If it ain't got that Swing) (6'01) / D. Ellington - I. Mills*
8. *Yesterday (6'43) / J. Kern – O. Harbach*
9. *Music Maker (5'17) / T. Zito – H. Merrill*
note : H. Merrill (voc), Stan Getz (ts), Torrie Zito (p) sur 5, 6, 7.

KÜHN - HUMAIR - JENNY-CLARK
LIVE 1989
CMP 43 (CD)
JK (p), Daniel Humair (dm), Jean-François Jenny-Clark (b). Théâtre de la Ville, Paris, 27 novembre 1989
1. *Changement (10'15)*
2. *Last Tango in Paris (8'48) / G. Barbieri*
3. *Clever Feelings (6'40)*
4. *Guylène (14'50) / DH - JK*
5. *Yesterdays (10'18) / J. Kern*
6. *Para (6'06)*

KÜHN - HUMAIR - JENNY-CLARK
A JAZZ EXPERIENCE
HL MUSIC 24 988 (MC)
JK (p), Daniel Humair (dm), Jean-François Jenny-Clark (b). Paris, 1989
1. *Ballade (5'01)*
2. *I Got Rythm Changes - Solo (2'40)*
3. *I Got Rythm Changes - Accords (2'00)*
4. *Modal (7'14)*
5. *Free Form (6'14)*
6. *Jazz-Rock (4'28)*
7. *Blues-Accords (2'51)*
8. *Blues-Mélodie (6'19)*
note : Cette cassette est livrée avec une méthode écrite par JK pour aider le pianiste amateur « à s'approcher de cet état de jazzman ». Elle comporte des grilles, les partitions des morceaux de la cassette, des exercices, des explications et des conseils. La face A de la cassette (1 à 8) comporte l'enregistrement intégral des morceaux. JK n'y joue souvent que l'accompagnement pour permettre au pianiste de travailler par dessus, d'improviser. La face B (9 à 14) correspond aux play-backs de ces morceaux (contrebasse-batterie).

JOACHIM KÜHN
DYNAMICS
CMP 49 (CD)
JK (p). Zerkall, juin 1990
1. *Something Sweet, Something Tender (4'21) / E. Dolphy*
2. *Bank of Memory (15'08)*
3. *Chemin de la Source (4'54)*
4. *Dynamics for Montana (10'08)*
5. *Prince of Whales (6'11)*
6. *Tender Mercies (4'52) / D. Liebman*
7. *I Don't Want to Know (10'11)*

KÜHN - NAUSEEF - NEWTON - TADIC
LET'S BE GENEROUS
CMP 53 (CD)
JK (elkkb, p), Mark Nauseef (dm, gong, cym, chin dm, tple bel, metpl, magdm, ADD II digital dm, junk), Tony Newton (b), Miroslav Tadic (g). Zerkall, août 1990
1. *The Prophet (12'00) / E. Dolphy*
2. *Senegal (4'13)*
3. *Avant Garage : (2'21) / MT*
A. *Mali Mis Zubonja*
B. *Plums*
C. *Skrga*
4. *Always Yours (5'43)*
5. *Something Sweet, Something Tender (3'00) / E. Dolphy*
6. *The Captain and I (4'06)*
7. *Heavy Hanging (4'29)*
8. *Don't Disturb my Groove (3'20)*
9. *Snake Oil (1'23) / TN*
10. *Bintang (1'23) / MN*
11. *Kissing the Feet (8'28) / JK - MN - TN - MT*

KÜHN - HUMAIR - JENNY-CLARK
CARAMBOLAGE
CMP 58 (CD)
JK (p), Daniel Humair (dm), Jean-François Jenny-Clark (b) + WDR Big Band (sauf 3) : Reeds : Heiner Wiberny, Harald Rosenstein, Olivier Peters, Rolf Römer, Steffen Schorn, Claudio Puntin. Tb : Dave Horler, Peter Feil, Bernt Laukamp, Roy Devall, Dan Gottscall, Ludwig Nuss. Tp : Andy Haderer, Rob Bruynen, Klaus Osterloh, Rick Kiefer, Jon Eardley, Bob Coassin, Ruud Breuls. Cond : François Jeanneau (1), Jerry van Rooyen (2, 3, 4, 5). Live au Philarmonie, Cologne, 1er mars 1991 (4, 5), Cologne, février (1, 3) / septembre 1991 (2)

1. *Zerkall (8'25) / JFJC - JK*
2. *Carambolage (20'01)*
   a. *Carambolage*
   b. *Horn Quintet*
   c. *Europe*
   d. *Guylène / DH - JK*
3. *Versage (6'15) / DH*
4. *No Mood (9'15)*
5. *Para (15'22)*

note : « *Versage* » est un morceau joué par le Trio seul.

HARRY BECKETT
PASSION AND POSSESSION
ITM 1 456 (CD)

Harry Beckett (tp sur 4, fgh sur 5, 6), JK (p). Zerkall, 9 avril 1991
4. *Sometime Ago (7'49)*
5. *The Time Keeper (3'35)*
6. *Passion and Possession (8'22)*

note : Les trois compositions sont de Harry Beckett. Les autres morceaux sont des duos H. Beckett / Keith Tippett ou H. Beckett / Django Bates.

HARRY BECKETT
LES JARDINS DU CASINO
West Wind WW2080 (CD)

Harry Beckett (tp, fgh), JK (p) sur 2, 3, Jean-François Jenny-Clark (b) sur 2, 3. Zerkall, 23 avril 1991
2. *I Don't Want to Know (8'22)*
3. *Amsterdam (11'53) / J. Brel*

note : Avec aussi : Django Bates, Courtney Pine, Chris Mc Gregor, Fred Th. Baker, Clifford Jarvis.

KÜHN - QUINTUS
GET UP EARLY
Ambiance AMB 2 (CD)

JK (p), Walter Quintus (digsdb). Zerkall, avril 1991
1. *The Gongs :*
   A. *The Gongs (4'31) / JK - WQ*
   B. *Electrochocs (10'46)*
   C. *The Gongs (6'37) / JK - WQ*
2. *Traffic Breaks / JK - WQ*
        Theme (3'00)
           1. *Variation (1'28)*
           2. *Variation (0'29)*
           3. *Variation (2'38)*
           4. *Variation (2'11)*
           5. *Variation (0'53)*
3. *Saitensprünge (4'49)*
4. *Soundboarding (5'08) / WQ*
5. *Get Up Early (9'09) / JK - WQ*

ÖZAY
THE MAN I LOVE
ITM 1 474 (CD)

Özay (voc), JK (p, elkkb), Uli. P. Lask (all programmings, dm arr, as), Walter Quintus (digsdb). Zerkall, octobre 1991
1. *The Man I Love (3'43) / G. Gershwin*
2. *Turkish Delight (4'40)*
3. *Sweet and Tender Abuse (4'48)*
4. *Dark Veils (3'06)*
5. *Automatic Paradise (5'49) / JK - UPL*
6. *Decadense (7'33) / JK - WQ*
7. *Sweet and Tender Abuse (4'34)*

note : Les paroles sont de Ira Gershwin (1), Özay (2) et George Kochbeck (3, 4).

JERRY BERGONZI AND JOACHIM KÜHN
SIGNED BY
DEUX Z - ZZ 84 104 (CD)

Jerry Bergonzi (ts), JK (p). Paris, 30 octobre 1991
1. *Manipulations (6'07)*
2. *A Different Look (7'50) / JB*
3. *Signed by : (4'20) / JB - JK*
4. *Two Steps Back (2'51) / JB*
5. *Easy to Read (3'12)*
6. *I Ching Reading (7'45) / JB*
7. *Come Back to the Islands (11'03)*
8. *Yesterdays (7'31) / J. Kern*
9. *Heavy Hanging (9'56)*
10. *Our Love is Here to Stay (6'00) / G. Gershwin*

EARTHA KITT
THINKING JAZZ
ITM 1 477 (CD)

Eartha Kitt (voc), Rolf Kühn (cl), JK (p), Jerry Bergonzi (ts), Jesper Lundgaard (b), Daniel Humair (dm). Berlin, novembre 1991
1. *Something May Go Wrong (4'54)*
2. *God Bless the Child (4'50) / A. Herzog - B. Holiday*
3. *You Can't Fool Me (2'31) / RK*
4. *Empty House (5'35)*
5. *Night and Day (3'43) / C. Porter*
6. *That Old Hotel (2'44)*
7. *You'd Be so Nice to Come Home to (3'58) / C. Porter*
8. *Smoke Gets in Your Eyes (4'47) / J. Kern*
9. *Live Made Me Beautiful at Forty (5'06)*
10. *God Bless the Child (instr.) (4'48) / A. Herzog*
11. *Lullaby of Birdland (3'09) / G. Shearing*
12. *My Funny Valentine (3'29) / R. Rodgers*
13. *How Many Times (3'11) / EK*

RAY LEMA & JOACHIM KÜHN
EURO AFRICAN SUITE
Buda Records 92 549-2 (CD)

JK (p), Ray Lema (kb, g), Jean-François Jenny-Clark (b), Manuel Wandji (perc), Raymond Doumbe (elb), Francis Lassus (dm), Moussa Sissoko (perc). Paris, 23-27 mars 1992
1. *Geneviève (8'45)*

2. *Schade (4'25) / JK - RL*
3. *Sindani (6'30) / RL*
4. *Back to the Islands (11'17)*
5. *Marche à l'Aube (7'28) / RL*
6. *Euro African Suite (16'34) / JK - RL*

EARTHA KITT
ITM 1 101 (Single CD)

Eartha Kitt (voc), JK (p), Jerry Bergonzi (ts), Jesper Lundgaard (b), Thomas Alkier (dm). Berlin, 26 septembre 1992
1. *Something May Go Wrong (6'36)*
2. *C'est si Bon (4'41) / Seelen - Hornez - Betti*
3. *God Bless the Child (4'48) / A. Herzog*
note : Ces trois titres ont été enregistrés live à la Hochschule Der Kühnste de Berlin.

EARTHA KITT
STANDARDS / LIVE...
ITM 1 484 (CD)

Jerry Bergonzi (ts), Jesper Lundgaard (b), Thomas Alkier (dm), JK (p), Eartha Kitt (voc). Wuppertal (Allemagne), 29 septembre 1992
1. *Something May Go Wrong (5'32)*
2. *Empty House (6'05)*
3. *Life Made Me Beautiful at Forty (3'41)*
4. *Smoke Gets in Your Eyes (5'23) / J. Kern*
5. *Yesterdays (3'16) / J. Kern*
6. *My Funny Valentine (5'35) / R. Rodgers*
7. *That Old Hotel (3'59)*
8. *God Bless the Child (7'28) / A. Herzog*
9. *C'est si Bon (4'45) / Seelen – Hornez – Betti*
10. *Night and Day (5'00) / C. Porter*
11. *Autumn Leaves (instrumental) (17'19) / Kosma - Mercer - Prévert*

JERRY BERGONZI
PEEK A BOO
Label Bleu LBLC 6 555 (CD)

Jerry Bergonzi (ts), Tiger Okoshi (tp, fgh), Daniel Humair (dm), JK (p), Dave Santoro (b). Boston, 9 et 10 octobre 1992
1. *Peek a Boo (5'28) / JB*
2. *Internal Affair (7'02) / JB*
3. *I'll Let You Know (10'58) / JB*
4. *Idiosyncrasies (8'29) / JB*
5. *Manipulations (7'21)*
6. *Zonian Mode (7'51) / JB*
7. *Creature Teature (4'52) / JB*
8. *Up for the Count (6'46) / JB*

EUROPEAN JAZZ ENSEMBLE
MEETS THE KHAN FAMILY
M.A. MUSIC A 807-2 (CD)

Thomas Heberer (tp, fgh), Manfred Schoof (tp, fgh), Rainer Winterschladen (tp, fgh), Ernst Ludwig Petrowsky (as, fl), Gerd Dudeck (ss, ts, fl), Stan Sulzmann (ts, fl), Philip Catherine (g), Ali Haurand (b), Tony Levin (dm), Rob Van Der Broeck (p), Uschi Brüning (v), JK (p), Ustad Ahmed Khan (zit, tab), Irshad Hussain Khan (tab), Ustad Munir Khan (sarangi). Cologne, 7 novembre 1992
1. *Milab (25'48) / A. Botschinsky*
2. *Keshan (15'01) / SS*
3. *Jashan (15'03)*
4. *Indian Serenade (21'41) / MS*
note : « *Jashan* » est un duo JK / U. A. Khan.

MOUSSA SISSOKO
ALA TAMALA
Blue Flame 398 50 092 (CD)

Moussa Sissoko (djb, talkdm, cg), JK (p, kb), Walter Quintus (digsbd). Zerkall, 14 février 1993
2. *Ala Tamala (4'32) / MS*
3. *Decadenz (3'50) / MS*
4. *Moussa (10'32)*
5. *Ala Tamala (13'16) / JK - WQ*
6. *Tam Tam Danza (22'33) / MS - WQ*
note : Le premier morceau, « *Tuka Bala* », est un solo de Moussa Sissoko.

KÜHN - HUMAIR - JENNY-CLARK
USUAL CONFUSION
Label Bleu LBLC 6 560 (CD)

JK (p), Daniel Humair (dm), Jean-François Jenny-Clark (b). Paris, 31 mai 1993 et 1ᵉʳ juin 1993
1. *Heavy Hanging (9'37)*
2. *Express (6'48)*
3. *Ibiza Nites (10'34)*
4. *Helligoli (8'43) / DH*
5. *Lili Marlene (5'37) / N. Schultze*
6. *Internal Affair (4'35) / J. Bergonzi*
7. *Usual Confusion (12'12)*

JOACHIM KÜHN
FAMOUS MELODIES
Label Bleu LBLC 6 564 (CD)

JK (p). Zerkall, février et août 1993
1. *Barbara Song (7'33) / K. Weill*
2. *Dreh'dich nicht um nach fremden Schatten (Touchez pas au Grisbi) (6'01) / J. Wiener*
3. *Lili Marleen (5'48) / N. Schultze*
4. *Nannies Lied (4'01) / K. Weill*
5. *Just a Gigolo (3'35) / L. Casucci*
6. *My Heart Belongs to Daddy (4'54) / C. Porter*
7. *Cry Me a River (5'54) / A. Hamilton*
8. *Johnny, wenn du Geburtstag hast (5'52) / F. Holländer*
9. *Aline's House (6'04)*
10. *Jealousy (5'18) / J. Gade*
11. *Don't Worry, Be Happy (3'15) / B. McFerrin*

JOACHIM KÜHN
ABSTRACTS
Label Bleu LBLC 6 573 (CD)

JK (p). Zerkall, 8 août 1993 (1, 2), 15 février 1993 (7), 15 mars 1994 (3, 4, 5, 6)
1. *Abstracts (11'50)*

2. *Passive Action (8'55)*
3. *Fis (1'59)*
4. *Attentat (7'28)*
5. *Breathing Space (5'20)*
6. *Vergessene Gedanken (Forgotten Thoughts) (14'26)*
7. *Express (16'13)*

ROLF KÜHN - JOACHIM KÜHN
BROTHERS
veraBra Records 2 184 2 (CD)

Rolf Kühn (cl), JK (p). Berlin, 5-7 juillet 1994
1. *Loverman (5'55) / J. Davis*
2. *Express (8'30)*
3. *Saturday Blues (4'43)*
4. *Walk (4'18)*
5. *Opal (15'33)*
6. *What is Left (5'05)*
7. *Love (1'59) / RK*
8. *Brothers (8'01) / RK - JK*
9. *Everytime We Say « Goodbye » (7'40) / C. Porter*
note : « *Love* » est un solo de Rolf.

MICHAEL GIBBS - JOACHIM KÜHN
EUROPEANA / JAZZPHONY N°.1
ACT 9 220-2 (CD)

Michael Gibbs (cond), JK (p), Jean-François Jenny-Clark (b), Jon Christensen (dm), Django Bates (thn), Douglas Boyd (oboe), Klaus Doldinger (ss), Richard Galliano (acc), Christof Lauer (ss), Albert Mangelsdorff (tb), Markus Stockhausen (pictp) + Radio Philarmonie Hannover NDR. Hannover et Hambourg, septembre - novembre 1994
1. *Castle in Heaven (4'16)*
2. *Black is the Colour of My True Love's Hair (4'42)*
3. *The Shepherd Of Breton (4'34)*
4. *The Ingrian Rune Song (2'19)*
5. *The Groom's Sister (3'41)*
6. *Norwegian Psalm (4'48)*
7. *Three Angels (4'20)*
8. *Heaven Has Created (3'56)*
9. *She Moved Through the Fair (5'55)*
10. *Crebe De Chet (4'14)*
11. *Midnight Sun (5'28)*
12. *Londonderry Air (4'41)*
13. *Otra Jazzpaña (5'35)*
note : Toutes ces compositions arrangées par M. Gibbs sont issues du « répertoire traditionnel européen ».

VALKTRIO feat Joachim KÜHN
WHAT ELSE COULD I DO ?
WDR NCC 8 504 (CD)

Claudius Valk (ts, ss), JK (p sur 1, 2, 3, 6), Werner Lauscher (b), Marc Lehan (dm). Zerkall, 24 et 25 janvier 1995
1. *Don't Feed the Blues, Part 1 (6'36) / ?*
2. *Don't Feed the Blues, Part 2 (5'24) / ?*
3. *Up to You (6'09) / ?*

6. *Starwatcher (5'48) / ?*

CONNIE BAUER & JOACHIM KÜHN
GENERATIONS FROM (EAST) GERMANY
KLANGRÄUME 30 320 (CD)

Connie Bauer (tb), JK (p), Rolf Kühn (cl), Uwe Kropinski (g), Volker Schlott (as), Klaus Koch (b). Berlin, 17-21 mars 1995
1. *4 Nobody (7'17)*
2. *4 US (7'30) / CB - JK*
3. *4 Nothing (5'25)*
4. *Feelink, Part I (6'33) / CB - JK - UK*
5. *Feelink, Part II (4'41) / CB - JK - UK*
6. *Three Easy Pieces (8'49) / JK - CB*
7. *Gustav (5'53) / CB - JK - RK*
8. *Bunt, Part I (3'56) / CB*
9. *Bunt, Part II (2'34) / CB*
10. *4 Six (12'06) / CB - JK*
note : Les morceaux 1, 6 et 8 sont des duos C. Bauer - JK. Les morceau 4 et 5 sont des trios CB - RK - UK sans JK.

KÜHN - HUMAIR - JENNY-CLARK
Music from
DIE DREIGROSCHENOPER
L'OPERA DE QUAT'SOUS
THE THREEPENNY OPERA
Verve 532 498-2 (CD)

JK (p), Daniel Humair (dm), Jean-François Jenny-Clark (b). Pernes-Les-Fontaines (France), 19-22 décembre 1995
1. *Pirate Jenny (5'54)*
2. *Barbara Song (5'46)*
3. *Mr. Peachum's Morning Hymn (11'18)*
4. *Solomon Song (6'15)*
5. *Call from the Grave (4'54)*
6. *Instead-of Song (11'05)*
7. *Love Song (6'01)*
8. *Mack the Knife (Moritat) (9'34)*
note : Toute la musique a été composée par Kurt Weill.

EUROPEAN JAZZ ENSEMBLE
20 th ANNIVERSARY TOUR
KONNEX KCD 5 078 (CD)

Ernst Ludwig Petrowsky (as, fl), Stan Sulzmann (ts, ss, fl), Gerd Dudek (ts, ss, fl), Jarmo Hoogendijk (tp), Allan Botschinsky (tp, fgh), Tony Levin (dm), Thomas Heberer (tp), Rob Van Den Broeck (p), Ali Haurand (b) + Guest's for 20 th Anniversary Tour 96 : Charlie Mariano (as), JK (p), Enrico Rava (tp), Conny Bauer (tb), Jiri Stivin (fl, as, bcl, bs), Manfred Schoof (tp, fgh), Daniel Humair (dm), Tony Lakatos (ts, fl), Rolf Kühn (cl). Cologne, 28 juin 1996
1. *Para (28'04)*
2. *Telisi Rama (9'52) / Tyagaraja*
3. *The Double Rainbow Over Heeper Street (10'11) / K. König*
4. *Pulque (11'26) / AH*

COLEMAN / KÜHN
COLORS/LIVE FROM LEIPZIG
Harmolodic 537 789 - 2 (CD)

Ornette Coleman (as, tp, vln), JK (p). Leipzig, 31 août 1996
1. *Faxing (5'43)*
2. *House of Stained Glass (7'08)*
3. *Refills (9'02)*
4. *Story Writing (10'21)*
5. *Three Ways to One (8'54)*
6. *Passion Cultures (8'41)*
7. *Night Plans (10'01)*
8. *Cyber Cyber (5'48)*

note : Toute la musique a été composée par Ornette Coleman.

DANIEL HUMAIR
QUATRE FOIS TROIS
Label Bleu LBLC 6 619/20 (dble CD)

Daniel Humair (dm), JK (p), Michel Portal (b. cl). Amiens, 16 janvier 1997
2. *Helligoli (9'27) / DH*
5. *Meditations De Thaïs (5'54) / J. Massenet*

note 1 : Avec aussi : Jean-François Jenny-Clark, Dave Liebman, Marc Ducret, Bruno Chevillon, George Garzone, Hal Crook
note 2 : Le 2ᵉ CD est un CD-rom expliquant le travail en studio pour arriver au produit final (le CD), illustré par des extraits de morceaux du premier CD à différents stades.

KÜHN - HUMAIR - JENNY-CLARK
TRIPLE ENTENTE
PolyGram 558 690-2 (CD)

JK (p), Daniel Humair (dm), Jean-François Jenny-Clark (b). Paris, 5-8 décembre 1997
1. *4 Ornette (6'12)*
2. *Enna (3'35) / JFJC*
3. *La Galinette (7'14) / DH*
4. *Salinas (4'51)*
5. *Missing a Page (6'36)*
6. *The Tonica on Top (4'43)*
7. *Sunny Sunday (8'29)*
8. *Early in the Morning (2'44)*
9. *Croquis (3'44) / JK - DH - JFJC*
10. *Call Money (5'01)*
11. *More Tuna (5'31)*

CHRISTIAN ESCOUDE
A SUITE FOR GYPSIES
PolyGram 558 403-2 (CD)

Christian Escoudé (elg, g, arr), JK (p), Ferenc Bokány (b), Bruno Ziarelli (dm), Florin Niculescu (vln), Debora Seffer (vln), Lina Bossatti (avln), Vincent Courtois (cello). Paris, 5-8 janvier 1998
1. *A Suite for Gypsies (22'06) / CE*
2. *La Folle (7'31) / B. Ferret - J. Privat*
3. *La Min'chette (9'34) / CE*
6. *La Petite (7'27) / CE*

note : Le 4ᵉ morceau est en trio (Niculescu / Escoudé / Bokány) et le 5ᵉ un solo de C. Escoudé.

ROLF KÜHN
INSIDE OUT
Intuition 3 276-2 (CD)

Rolf Kühn (cl), JK (p), Detlev Beier (b), Jochen Rückert (dm), Till Brönner (tp sur 5). Zerkall, 4 octobre 1998
2. *Roulette (5'45)*
5. *Go from Here (5'26)*
9. *4 Ornette (3'01)*

note : Avec sur les autres titres : Michael Brecker, Lee Konitz, Franck Chastenier, John Schröder, Wolfgang Haffner.

JOACHIM KÜHN
THE DIMINISHED AUGMENTED SYSTEM
Emarcy 542 320-2 (CD)

JK (p). Hambourg, matin du 25 juin 1999. Schloss Elmau, Allemagne, soir du 17 juillet 1999
1. *Harmonic Bearing (2'28)*
2. *Rhytmic Inclinations (2'49)*
3. *Formal Schematics (4'37)*
4. *Come as it Goes (3'53)*
5. *Subsequent Influence (2'39)*
6. *The View (from the House) (3'37)*
7. *Deep Low (3'10)*
8. *Range (2'15)*
9. *Portrait of my Mother (3'49)*
10. *Thought of JF (1'39)*
11. *Sex is for Woman (3'40) / OC*
12. *Pointe Dancing (2'17) / OC*
13. *Researching Has No Limits (2'17) / OC*
14. *Foodstamps on the Moon (2'41) / OC*
15. *From Partita II, Sarabande (2'46) / JSB*
16. *From Partita II, Ciaccona (4'19) / JSB*
15. *From Partita II, Allemande (3'18) / JSB*

note 1 : Les compositions 11 à 14 sont d'Ornette Coleman, 15, 16 et 17 de Jean-Sébastien Bach.
note 2 : Le disque est dédié à Ornette Coleman.
note 3 : L'édition originale est un digipack en série limitée.

JOACHIM KÜHN
SELECTIONS FROM UNIVERSAL TIME
Universal 8 484 (CD)

JK (p, as), Michel Portal (as, bcl), Chris Potter (ts), Scott Colley (b), Horacio « El Negro » Hernandez (dm). New York, 31 mai et 1ᵉʳ juin 2001
1. *Thoughts about my Mother (6'03)*
2. *Meetings (Begegnungen) (5'37)*
3. *Concorde (4'52)*
4. *August in Paris (6'19)*
5. *Round Trip (4'37) / O. Coleman*

note : CD promotionnel paru en novembre 2001, tiré (et précédant la sortie) de *Universal Time*.

Une inversion a aussi été commise : le morceau n° 3 est « *August in Paris* », le n° 4 « *Concorde* ».

JOACHIM KÜHN
SELECTIONS FROM UNIVERSAL TIME SESSIONS
Universal (single CD)

JK (p, as), Michel Portal (as, bcl sur 1), Chris Potter (ts sur 1), Scott Colley (b), Horacio « El Negro » Hernandez (dm). New York, 31 mai et 1er juin 2001
1. *Meetings* (5'40)
2. *Universal Time* (5'15)
3. *Melody from the Past* (4'50)
note : CD promotionnel vendu avec le *Jazz Magazine* n° 524, mars 2002 ; les titres 2 et 3 sont inédits et ne figurent pas sur le disque *Universal Time*. Le disque ne comporte pas de numéro d'identification.

JOACHIM KÜHN
UNIVERSAL TIME
016 671-2 (CD)

JK (p, as sur 3, 10), Scott Colley (b), Horacio « El Negro » Hernandez (dm), Michel Portal (as sur 4, 8, 9, bcl sur 5, 10, 11), Chris Potter (ts sur 3-5, 8-11). New York, 31 mai 2001 et 1er juin 2001
1. *Still in Thalys* (4'27)
2. *The Night* (9'41)
3. *Thought about my Mother* (6'04)
4. *Begegnungen (Meetings)* (5'41)
5. *August in Paris* (6'21)
6. *Concorde* (4'54)
7. *Monroe* (3'55)
8. *Phrasen* (8'25)
9. *The Freedom is There* (4'48)
10. *Three Ways to One* (7'00) / Ornette Coleman
11. *Round Trip* (4'43) / Ornette Coleman
note : Le disque est dédié à Grete Kühn, la mère de Joachim.

JOACHIM KÜHN & THOMANERCHOR LEIPZIG
BACH NOW! LIVE
Universal Classic 472 190-2 (CD)

Thomanerchor Leipzig, Georg Christoph Biller (dir), JK (p). Duisburg, 17 juin 2001 (1-4), Köln, 18 juin 2001 (5)
1. *Komm, Jesu, komm, BWV 229* (11'00)
2. *Der Gerechte kommt um, BWV deest* (6'02)
3. *Ich Lasse Dich Nicht, du Segnest Mich Denn, BWV Anh. III 159* (4'41)
4. *Jesu, meine Freude, BWV 227* (28'34)
5. *Singet den Herrn ein neues Lied, BWV 225* (15'45)
note : Toutes les compositions sont de Jean-Sébastien Bach.

ENREGISTREMENTS INEDITS

Ne sont répertoriés dans cette liste que quelques enregistrements privés ou inédits parmi les plus marquants de Joachim Kühn ; lister l'ensemble de ces enregistrements tiendrait de l'impossible et déborderait largement le cadre que nous pourrions leur consacrer dans le présent ouvrage.

Ne figurent pas non plus dans ce catalogue, par manque de place toujours, les innombrables sessions enregistrées par Joachim Kühn et Walter Quintus (hormis les plus marquantes), ni les dizaines d'heures de bandes enregistrées avec Ornette Coleman durant les séjours new-yorkais de Kühn chez le saxophoniste.

JOACHIM KÜHN TRIO
Amiga (LP), inédit

JK (p), Klaus Koch (b), Reinhardt Schwartz (dm). Berlin Est, février 1965
1. *What Is This Thing Called Love* / Cole Porter
2. *Phases*
3. *Free Time*
+ 2 autres compositions inconnues de JK.

JOACHIM KÜHN
REMEMBERING SIXTY NINE
enregistrement privé

JK (p, as), Barre Phillips (b), Stu Martin (dm), Jacques Thollot (dm). Altena, 2 novembre 1969
Depressions

JOACHIM KÜHN / EJE THELIN GROUP
LIVE IN NANTERRE
inédit

Eje Thelin (tb), JK (p, as), Adelhard Roidinger (b), Jacques Thollot (dm). Nanterre, 20 février 1970
1. *Part 1* / Quartet
2. *Part 2* / Quartet

KÜHN / BORWITZKY
PHANTASIE & SONATE FOR CELLO & PIANO
inédit (CD)

JK (p), Ottomar Borwitzky (cello). Cologne, 15 novembre 1985
Phantasie for Cello & Piano :
1. *1er Mouvement* (6'11)

2. *2ᵉ Mouvement (3'45)*
3. *3ᵉ Mouvement (4'54)*
4. *4ᵉ Mouvement (7'25)*
5. *5ᵉ Mouvement : Distance (3'46)*
Sonate for Cello & Piano :
6. *Allegro (2'49)*
7. *Andante (3'14)*
8. *Scherzo (5'56)*
9. *Allegro (6'33)*

JOACHIM KÜHN
VISIONS OF TIME
inédit (LP)

JK (synth). Zerkall, mai 1986
1. *The Birds (21'58)*
2. *Sun and Rain (20'12)*

KÜHN / QUINTUS
REQUIEM OF DEATH
« for piano ans sounds » enregistrement privé

JK (p) ; Walter Quintus (digsdb). Zerkall, mai 1986
1. *Part 1 (5'45)*
2. *Part 2 (5'32)*
3. *Part 3 (2'34)*
4. *Part 4 (3'30)*
5. *Part 5 : Between (7'20)*
6. *Part 6 (4'34)*
7. *Part 7 : Dark Veils (1'51)*

KÜHN / KOCHBECK
POSITIVE DAMAGE
enregistrement privé

JK (p, kb, voc), George Kochbeck (elb, voc). Zerkall, février 1987
1. *Springwaters (4'51)*
2. *Sweet and Tender Abuse (4'17)*
3. *Rythmicaly Polite (6'00)*
4. *The Giraffe is Going to the Sea (4'56)*
5. *Make Love in the Sun (4'23)*
6. *Darkens the Window (6'48)*
7. *Rotten Girls (4'05)*
8. *Positive Damage (7'21)*
note : Cet enregistrement fait partie d'un vaste ensemble d'enregistrements similaires (avec Joachim Kühn, George Kochbeck, Ray Gomez et Walter Quintus) réalisés entre 1987 et 1989 sous le nom générique de *The Naked Truth*. En retranscrire l'intégralité ici serait impossible faute de place.

JOACHIM KÜHN
MODERN NATURE
inédit (CD)

JK (p), Walter Quintus (digsdb) sur 3 et 5. Zerkall, été 89
1. *Modern Nature (4'02)*
2. *Refuge (6'21)*
3. *Ostriconi (11'08)*
4. *28 years (8'26)*
5. *Scala (9'35)*
6. *The Morning After (7'10)*
7. *Leaving (11'12)*
note : Les morceaux « Modern Nature » et « The Morning After » ont été enregistrés à 6 h 30 du matin dans la vallée de Zerkall, (avec les oiseaux)… « Ostriconi » et « Scala » sont tirés d'un concert de Kühn / Quintus qui accompagnaient les solos de Carolyn Carlson lors d'une tournée durant l'été 89.

JOACHIM KÜHN QUARTET featuring LOUIS SCLAVIS
CARTE BLANCHE
enregistrement privé (CD). Tarbes, 5 novembre 1992

1ʳᵉ partie : JK (p), Cordes du Domaine instrumental de Tarbes
1. *Manipulations (28'36)*

2ᵉ partie : JK (p), Louis Sclavis (bcl, cl, ss), Jean-François Jenny-Clark (b), Simon Goubert (dm)
1. *Para (14'18)*
2. *Heavy Hanging (11'00)*
3. *India (24'30)* / J. Coltrane
4. *The Captain and I (21'20)*
5. *Come Back to the Islands (20'29)*
6. *Manipulations (10'38)*

JOACHIM KÜHN
CHURCH ORGAN
inédit (CD)

JK (churcho). Église de Châteaufort, 6 et 7 février 1993
1. *Improvisation 1 (7'16)*
2. *Improvisation 2 (12'32)*
3. *Improvisation 3 (8'43)*
4. *Improvisation 4 (15'23)*
5. *Improvisation 5 (14'45)*

KÜHN / VESALA
DUO
inédit (CD)

JK (p), Edward Vesala (dm). Sound & Fury Studio, Finlande, 29 avril 1993
1. *Collektiv Impro n° 1 (10'28)* / JK-EV
2. *Collektiv Impro n° 2 (3'15)* / JK-EV
3. *Collektiv Impro n° 3 (3'42)* / JK-EV
4. *Collektiv Impro n° 4 (10'10)* / JK-EV
5. *Collektiv Impro n° 5 (4'34)* / JK-EV
6. *Collektiv Impro n° 6 (13'38)* / JK-EV
7. *Heavy Hanging (6'30)*

KÜHN - HUMAIR - JENNY-CLARK + STRINGS
MANIPULATIONS
enregistrement privé

JK (p), Jean-François Jenny-Clark (b), Daniel Humair (dm), orchestre à cordes. Chambéry, mai 1993
1. *Manipulations (29'34)*

JOACHIM KÜHN
CITIZEN KANE
inédit (dble CD)
JK (kb, p), Walter Quintus (digsbd, vln), Harry Bernhard (perc). Zerkall, 31 août 1997 et 1er septembre 1997
DISC 1 : Part I
1. Sucht (2'46)
2. The G-Point (4'50)
3. New Illusions (6'57)
4. Kane Thema (3'59)
5. Night Sun (3'21)
6. Bernstein (5'12)
7. Officiel (5'47)
8. Emily (4'28)
9. Susan (7'16)
10. Psycho (4'33)
11. Verhängniss (3'53)
DISC 2 : Part II
1. A Open Feeling (4'48)
2. Broadway Hit (4'25)
3. A Hoollywook Sluck (3'57)
4. Disapointing (6'20)
5. Night Sun (5'12)
6. Range (3'21)
7. Sucht (2'13)
8. Sucht Groove (3'46)
9. Breakdown (4'40)
10. Kane Final (3'20)
11. Kane Thema (Kane Tempo Groove) (5'12)

JOACHIM KÜHN
DRUMS'N BASS TRACKS
inédit (CD)
JK (kb, p, as), Ralph Adler (sampling, computer, mixer), Walter Quintus (digsbd). Zerkall, 24 novembre 1997
1. Track 1 (6'03)
2. Track 2 (5'01)
3. Track 3 (5'00)
4. Track 4 (5'00)
5. Track 5 (5'28)
6. Track 6 (5'09)
7. Track 7 (9'20)
8. Track 8 (5'35)
9. Track 9 (5'39)
10. Track 10 (7'21)
11. Track 11 (5'01)
12. Track 12 (6'02)

JOACHIM KÜHN
ACTIVITIS 1998
enregistrement privé (CD)

1. Reserging Has No Limits / OC
Ornette Coleman (as), JK (p). Harmolodic Studio, New-York / février 1998
2. A Fixed Goal / OC
Ornette Coleman (as), JK (p), Brad Jones (b), Denardo Coleman (dm). Live in Sardenia, Italie, 5 septembre 1998
3. Talking Grammar / OC
Ornette Coleman (as), JK (p), Brad Jones (b), Denardo Coleman (dm). Harmolodic Studio, New-York, août 1998
4. Ich Casse Dich Nicht (4'19) / JS Bach
Avec le chœur de la Thomasschule (60 voix d'enfants entre 8 et 18 ans) dirigé par Christoph Biller (Kantor), JK (p). Live à Leipzig Jazzdays, dans la Nicolaichurch, 11 octobre 1998
5. Another Time (4'24)
JK (as), Walter Quintus (vln), Werner Landscher (b), Marc Lehan (dm). Zerkall, novembre 1998
6 - 8. Chateaufort, part I (22'38)
Cologne Symphonie Orchestra, dirigé par David De Villiers, JK (p). Live au WDR Klaus von Bismarck Saal, Cologne, 28 novembre 1998
9. Chiarescuro (8'01)
Rolf Kühn (cl), JK (p), Klaus Koch (b), Reinhardt Schwarz (dm). East Berlin Radio Station, 22 février 1966
10. Salinas (5'52)
JK (p). Nicolaichurch, Leipzig / 9 octobre 1998
note : Cet enregistrement contient différents travaux inédits de JK au cours de l'année 1998, plus un morceau datant de 1966 (9).

JOACHIM KÜHN
ACT OF BALANCE
inédit (CD)
JK (p). Nicolaïchurch, Leipzig, 9 octobre 1998
1. Researching has No Limits (3'39) / O. Coleman
2. Zinc (4'06)
3. Time is Faster (3'15)
4. It is not Forbidden (5'41)
5. Dur and Moll (5'07)
6. Boykott (3'52)
7. Thoughts for JF (2'38)
8. Salinas (6'09)
9. Missing a Page (3'48)
10. Pointing Black (7'01)
11. Thirds and Seconds (2'46)
12. Go from Here (5'30)
13. One for JF (3'32)
14. Food Stamps on the Moon (2'23) / O. Coleman
15. From Partita II, Allemande (3'12) / J.-S. Bach

JOACHIM KÜHN
THE SINGER
« The Masters Second Voice Sings the Naked Truth »
enregistrement privé (CD)
JK (p, kb, voc), Ray Gomez (voc, elg) sur 6 et 7, Georg Kochbeck (voc) sur 5, Walter Quintus (vln) sur 4. Zerkall, 2000
1. Make Love in the Sun (4'42)
2. Darkens the Window (6'43)
3. Rotten Girls (4'00)
4. DA CAPO (8'53)
5. Springwaters (No Balls) (4'55)

6. *Polite (5'11)*
7. *The Giraffe is going to the Sea (6'17)*
note : Ce réenregistrement est basé sur le matériel de *Positive Damage*.

JOACHIM KÜHN
CATCHY MELODIE'S
inédit (double CD)

JK (p). Pernes-Les-Fontaines (France), 23 et 24 août 2000
DISC 1 :
1. *Mar y Sal (7'06)*
2. *Bring the Theme (4'20)*
3. *Melodie from the Past (3'18)*
4. *Universal Time (4'50)*
5. *Phrasen (3'29)*
6. *Where no Words Belongs (4'45)*
7. *Homogeneos Emotions (3'47)*
8. *Allotropes Elements Different Forms (4'45)*
9. *She at he is who fenn lore (3'54)*
10. *Benty and Truth (5'53)*
11. *Three Ways to One (2'38)*
12. *Concorde (5')*
note : Les compositions 6 à 11 sont d'Ornette Coleman.
DISC 2 :
1. *Leitmotiv (2'35)*
2. *The Door with no Return (4'46)*
3. *Scoro Down (2'42)*
4. *With the Sax (5'46)*
5. *Konturen (3'07)*
6. *Last Night at the Hospital (3'05)*
7. *Thalis (3'54)*
8. *Can Misses (2'51)*
9. *August in Paris (2'36)*
10. *Melodic Tension (4'06)*
11. *Endsport (3'01)*
12. *Sliker Sea (3'35)*
13. *Professionnel Courtesy (2'29)*
14. *Main Season (4'36)*
15. *In Flesh + Blood (4'43)*
16. *You come to Visit me (3'05)*
17. *At my House (3'31)*
18. *And Positive Inspirations (2'27)*

JOACHIM KÜHN
SAXOPHON SOLO
enregistrement privé (CD)

JK (as). St Carlos, Ibiza, janvier 2001
1. *Thrue Words (5'38)*
2. *Foodstamps on the Moon (5'01) / O. Coleman*
3. *Universal Time (7'17)*
4. *Bring the Theme (6'14)*

JOACHIM KÜHN
BEWEGUNG IN DER BEGEGNUNG
for Alto sax, Drums and Six Cars
enregistrement privé (CD)

JK (as), Gory Ruiz (dm) sur 1-5, Markus Schmolz, Vicente Riera, Marco, Penia Loren, Denise Arantes, Rob : chauffeurs des 6 voitures sur 1-5, Markus Schmolz (chauffeur de la Mercedes Benz sur 6). St Carlos, Ibiza, janvier 2001 (n° 6), 10 mars 2001 (n° 1-5)
« Bewegung in der Begegnung » *for Alto Sax, Drums and Six Cars* :
1. *Part 1 (10'02)*
2. *Part 2 (3'25)*
3. *Part 3 (2'48)*
4. *Part 4 (3'18)*
5. *Part 5 (2'37)*
« Begegnungen » *for Alto Sax and Mercedes Benz* :
6. *Begegnungen (5'25)*

JOACHIM KÜHN - WALTER QUINTUS
DELIRIUM
Inédit (CD)

JK (kb, p), Walter Quintus (digsbd). Zerkall, 15 mars 2001
1. *Delirium (6'04) / JK - WQ*
2. *Griserie I (8'18)*
3. *Tears for Mama (6'39)*
4. *Eilig (2'09) / JK - WQ*
5. *Come Back (2'47) / JK - WQ*
6. *Free and Strings (4'14) / JK - WQ*
7. *The Freedom is There (4'44)*
8. *Thoughts about my Mother (6'17)*
9. *Ballade von Verregueten Donnesstag (4'30) / JK - WQ*
10. *Griserie II (7'00)*
11. *Melodie of Hope and Thrust (5'49)*

JOACHIM KÜHN
NEW MEETINGS
Neue Begegnung in der Bewegung
enregistrement privé (CD)

JK (as, p), Gory Ruiz (dm), Xavi Garcia (b), David Adan (perc), Miguel Bosh (ts), Pepe Riera (tp, voiture), Markus Schmolz, Vicente Riera, Toni Bouzón, Gabriele Laurenz, Penia Loren, Denise Arantes, Sergi Gumbao : chauffeurs des 8 voitures. St Carlos, Ibiza, 6 janvier 2002
1. *Part 1 (15'52)*
2. *Part 2 (26'34)*

SESSIONS RADIOPHONIQUES

Ne sont répertoriés ici que quelques enregistrements radiophoniques parmi les plus marquants de Joachim Kühn. N'y figurent que des enregistrements (studio ou live) réalisés spécifiquement pour la radio et non, bien sûr, les innombrables extraits de concerts (souvent inédits) qui ont été joués sur toutes les radios du monde…

ROLF / JOACHIM KÜHN QUARTET
Rolf Kühn (cl), JK (p), Klaus Koch (b), Reinhardt Schwartz (dm). Leipzig Funkhaus, 29 mai 1965
1. *Honnor for Eric* (7'24)
2. *Five Degrees East / Five Degrees West* (5'12) / RK
3. *Interplay for You* (5'42) / RK
4. *Planet Mars* (7'38)
5. *Mobile Waltz* (6'14) / RK
6. *Life from the Moon* (7'50)

JOACHIM KÜHN TRIO
MUSIK AUS DIE DREIGROSCHENOPER
JK (p), Klaus Koch (b), Reinhardt Schwartz (dm). Leipzig Funkhaus, 24 août 1965
1. *Die Seeräuber-Jenny* (5'14)
2. *Liebeslied* (6'35)
3. *Barbara Song* (8'56)
4. *Moritat vom Mackie Messer* (2'45)
5. *Zuhälterballade* (5'10)
6. *Kanonensong* (4'35)

note : Tous ces morceaux sont tirés de *L'Opéra de Quat'Sous*, composés par Kurt Weill et référencés DRA Berlin 3T 676 / 681 dans les archives de la radio est-allemande.

ROLF / JOACHIM KÜHN QUARTET
Rolf Kühn (cl), JK (p), Klaus Koch (b), Reinhardt Schwartz (dm). East Berlin Radio Station (Berliner Rundfunk), 22 février 1966
1. *Golem* (8'48)
2. *Chiarescuro* (8'01)
3. *Don't Run* (7'48) / RK
4. *Flowers in the Dark* (7'34) / RK
5. *The Sounds of Cats* (12'59)
6. *Turning Point* (4'12) / RK

note : « *Chiarescuro* » apparaît sur le CD *ACTIVITIS 1998* (enregistrement privé).

ROLF & JOACHIM KÜHN QUINTET
BADEN-BADEN NEW JAZZ MEETINGS 66
Rolf Kühn (cl), JK (p), Karlhanns Berger (vib), Jean-François Jenny-Clark (b), Aldo Romano (dm). Baden-Baden, décembre 1966
1. *Walkie-Talkie* (7'50)
2. *Amok* (7'50)
3. *Shades* (5'46)

NDR JAZZ WORKSHOP HAMBURG, session n°57
PRESENT AND FUTURE
JK (p, o sur 3), Jimmy Owens (tp, fgh), Ack von Rooyen (tp, fgh), Slide Hampton (tb), Gato Barbieri (ts), Lee Konitz (as, fl), Phil Woods (as, cl), Volker Kriegel (elg), Günter Lenz (elb), Barry Altschul (dm). Hambourg, 31 mai 1968
1. *Tribute to Louis* (6'55) / LK
2. *Caen 68* (7'25) / GB
3. *Present + Future* (10'58)
4. *Blue Mist* (8'50) / SH
5. *Western Meaning* (10'28)

note 1 : Seul joue le quartet Barbieri / Kühn / Lenz / Romano sur « *Caen 68* ».
note 2 : « *Western Meaning* » est une (très) libre adaptation de « *The Good, the Bad and the Ugly* » d'Ennio Morricone (dans *Le Bon, la Brute et le Truand* de Sergio Leone) arrangée par Kühn ; Royen cite aussi à la trompette le thème de « *The Ecstasy of Gold* » du même film.
note 3 : Les titres 1 et 8 sont parus sur la compilation NDR Jazz Worshop 69 (NDR 629104, LP). Autres groupes : John Surman Orchestra, Tony Scott Workshop, Wolgang Dauner Workshop.

NDR JAZZ WORKSHOP HAMBURG, session n° 60
TO BLOW YOUR MIND
JK (p, o), Bernard Vitet (tp, fgh), Rolf Kühn (cl, as), Heinz Sauer (ss, ts) Barney Wilen (ss, ts), John Surman (bs), Mimi Lorenzini (elg), Günter Lenz (elb), Jean-François Jenny-Clark (b), Aldo Romano (dm), Stu Martin (dm, perc). Hambourg, 24 janvier 1969.
1. *Noninka* / SM
2. *Blues* / ?
3. *Circus* / RK
4. *Dur Dur Dur* / ML-BW
5. *Atlantis* / ?
6. *To Our Father* /
7. *Revisited Edition* / ?
8. *To Blow Your Mind* /
9. *Scandal*

JOACHIM KÜHN TRIO
LIVE IN PARIS - FREE JAZZ
JK (p, as, shai), Jean-François Jenny-Clark (b), Jacques Thollot (dm). ORTF (André Francis), 15 février 1969
1. *The Third World War* (9'26)
2. *Theme* (4'48) / K. Weill
3. *Scandal* (42'10)

BADEN-BADEN NEW JAZZ MEETING 70
Baden-Baden, décembre 1970
Two Quintets (11'22) / ?
John Tchicai (as), Gunter Hampel (b. cl), Steve Lacy (ss), Peter Brötzmann (ts), Derek Bailey (g), JK (p), Tomasz Stanko (tp), Paul Rutherford (tb), Willem Breuker (as, bcl), Trevor Watts (as), Han Bennink (dm, vib)
After The Fight (14'56) / ?
Manfred Schoof (tp), Albert Mangelsdorff (tb), Steve Lacy (ss), Trevor Watts (as), John Surman (bs), JK (p), Barre Phillips (b), John Stevens (dm), Norma Winstone (voc)
Whole Earth Catalogue (24'31) / DC
Don Cherry (tp), Manfred Schoof (tp), Tomasz Stanko (tp), Paul Rutherford (tb), Steve Lacy (ss), John Tchicai (as), Willem Breuker (as, b. cl), Trevor Watts (as), Peter Brötzmann (ts),

Gunter Hampel (bcl), JK (p), Peter Warren (b), Johnny Dyani (b), Han Bennink (dm), John Stevens (dm), Norma Winstone (voc), Karin Krog (voc)
Depression And Illusion (3'06)
JK (p), Karin Krog (voc)
Untitled (3'59)
JK (p), Manfred Schoof (fgle horn)
Ballad For Friends (10'15) / ?
Tomasz Stanko (tp), Steve Lacy (ss), JK (as), Peter Warren (b), Dave Holland (b), Pierre Favre (perc)
Inspiration 2 (7'42) / ?
Manfred Schoof (tp), JK (p, as), Dave Holland (b)
Lisabeth (10'57) / ?
Johnny Dyani (b), Dave Holland (b), Barre Phillips (b), John Surman (bs), Gunter Hampel (bcl), Tomasz Stanko (tp), Albert Mangelsdorff (tb), JK (p), Pierre Favre (perc), Stu Martin (dm)
Solo In A Ballad Mood (5'17)
JK (p)
Round And Round And Then We Dance (11'24) / ?
Johnny Dyani (b), JK (p), Derek Bailey (g), Barre Phillips (b), Han Bennink (perc), Pierre Favre (perc)
Lacy's Precipitation Suite (8'20) / SL
Steve Lacy (ss), Tomasz Stanko (tp), Manfred Schoof (tp), Paul Rutherford (tb), John Tchicai (as), Trevor Watts (ts), Peter Brötzmann (ts), Gunter Hampel (bcl, vib), Derek Bailey (g), JK (p), Pierre Favre (perc), Han Bennink (tablas), John Stevens (dm), Norma Winstone (voc), Karin Krog (voc), Irène Aebi (voc)
Lazy Afternoon (3'40)
Norma Winstone (voc), JK (p), Peter Warren (b), Pierre Favre (perc)
Let's Enjoy This Day (4'31)
Norma Winstone (voc), JK (p), Peter Warren (b), Pierre Favre (perc)
Black Stevich (6'29) / ?
Albert Mangelsdorff (tb), JK (as), Tomasz Stanko (tp)
Inspiration (4'56) / ?
Manfred Schoof (tp, fgle horn), JK (p), Dave Holland (b)
An Electronic Song (5'06) / JK - HB
JK (as), Han Bennink (b-dm, megaphone, electronics)
Untitled (8'08)
JK (as), Albert Mangelsdorff (tb), Tomasz Stanko (tp)
Untitled (9'48)
Albert Mangelsdorff (tb), JK (p, as), Dave Holland (b), Stu Martin (dm)
Vampires Castle (3'57)
Karin Krog (voc), JK (p)
Sometimes We Walk Home (9'41) / ?
Albert Mangelsdorff (tb), Willem Breuker (ts), Peter Brötzmann (ts), Gunter Hampel (vib),

Derek Bailey (g), JK (p), Han Bennink (dm), ? (b)
note : Ces enregistrements ont été présentés par Joachim E. Berendt sur la SWF Radio.

JOACHIM KÜHN
PARIS 71
JK (as sur 1, kb sur 2), Palle Mikkelborg (cond, tp), Bo Stief (b), Alex Riehl (dm), + Big Band sur 2. Flensburg (Allemagne), pour la Radio Danoise, avril 1972
1. *Quartet (6'15)*
2. *Paris 71 (12'50)*

NDR JAZZ WORKSHOP HAMBURG, session n° 95
Rolf Kühn (cl), JK (p, elp), Randy Brecker (tp), Toto Blanke (elg), Palle Danielsson (b), Edward Vesala (dm), Kasper Winding (perc). Hambourg, 20 novembre 1973
1. *Do Dat Dudek (18'33)*
(2. *Palle's Tune (8'13) / PD - RB)*
3. *Paris'73 (8'18)*
4. *German Country (19'15)*
5. *Things are what they Used to Be (7'05) / RK*
6. *Spider's Dance (14'43) / TB*
note : « *Palle's Tune* » est un duo Danielsson / Brecker.

ZBIGNIEW SEIFERT
CONCERTO FOR VIOLIN, ORCHESTRA & JAZZ BAND
Zbigniew Seifert (cond, vln, elvln), JK (p), Eberhard Weber (b), Daniel Humair (dm). Hannover, 30 août 1974
1. *Part 1 (10'47) / ZS*
2. *Part 2 (11'24) / ZS*
3. *Part 3 (3'47) / ZS*

JOACHIM KÜHN GROUP
LIVE IN FREIBURG
JK (p, kb), Terumasa Hino (tp), Philip Catherine (elg), John Lee (elb), Alphonse Mouzon (dm), Nana Vasconcelos (perc). 5000e SWF Jam Session, Freiburg, 30 octobre 1975
1. *Hip Elegy (16'11)*
2. *First Frisco (12'38)*
3. *Take Your Pillow as a Soundingboard (5'43)*
4. *Berimbao (1'52) / NV*
5. *Seven Sacred Pool (13'38)*
6. *Santa Cruz (5'00)*
note : Les titres 3 et 6 sont des solos de JK au piano, le 4 un solo de Vasconcelos.

JOACHIM KÜHN
TURBULENT LOVER
JK (p), orchestre symphonique dirigé par George Gruntz. Zürich, septembre/octobre 1980
1. *Turbulent Lover (21'19)*
2. *title unknown (3'13)*
3. *Naima (10'10) / J. Coltrane*

4. *title unknown (3'41)*
5. *In a Sentimental Mood (3'20) / D. Ellington*
6. *title unknown (8'58)*
7. *title unknown (10'48)*
8. *Reprise (3'34)*

JOACHIM KÜHN
CONVERSATION FOR PIANO AND ORCHESTRA

JK (p, cond), Detlev Beier (b), Mark Nauseef (dm), Trilok Gurtu (perc), + WDR Radio Orchestra. Cologne, 22 janvier 1983
1. *Conversation n° 1 (4'25)*
2. *Conversation n° 2 (2'28)*
3. *Conversation n° 3 (2'30)*
4. *Conversation n° 4 (7'00)*
5. *Conversation n° 5 (3'48)*
6. *Heavy Birthday (7'22)*

JOACHIM KÜHN
GRENOBLE KONZERT

Grenoble, 22 mars 1991

1re partie : JK (p), cordes de l'Ensemble instrumental de Grenoble
1. *For Piano and Strings (22'00)*

2^e partie : JK (p), Albert Mangelsdorff (tb), Christof Lauer (ts), Miroslav Vitous (b), Joey Baron (dm)
1. *Para (20'46)*
2. *Boston Highway / AM (29'19)*
3. *Baden-Baden (12'36)*
4. *Radar (22'50)*
5. *The Captain and I*

JOACHIM KÜHN JUBILEUM ORCHESTRA
Live au CASINO DE PARIS

JK (p), Michel Portal (bcl), Christof Lauer (ts, ss), Joe Lovano (ts, fl), Conrad Bauer (tb), Albert Mangelsdorff (tb), Rolf Kühn (cl), Randy Brecker (tp), Palle Mikkelborg (tp), Jean-François Jenny-Clark (b), Adam Nussbaum (dm). Paris, 28 octobre 1991
1. *Para (21'20)*
2. *Hot Hut (21'50) / AM*
3. *Pastor (21'15) / MP*
4. *Expression / India (26'37) / J. Coltrane*
5. *Carambolage (34'30)*

JOACHIM KÜHN
CHATEAUFORT

JK (p), Jean-François Jenny-Clark (b), Mark Nauseef (perc, noise), David De Villiers (cond), Köln WDR Symphonic Orchestra. Cologne, 27 mars 1998
1. *Chateaufort, ouverture (17'38)*

JOACHIM KÜHN
CHATEAUFORT

JK (p), David De Villiers (cond), Köln WDR Symphonic Orchestra. Cologne, 28 novembre 1998
1. *Chateaufort (33'06)*

THE NEW JOACHIM KÜHN TRIO
Live at the FRANKFURT JAZZ FESTIVAL 2000

JK (p, as sur 8), Charnett Moffett (b), Denardo Coleman (dm). Francfort, 27 octobre 2000
1. *Bring the Theme (3'45)*
2. *Melodie from the Past (5'31)*
3. *Universal Time (4'54)*
4. *Phrasen (6'16)*
5. *Concorde (4'58)*
6. *Researching Has No Limits (5'21)*
7. *Sex Belongs to Woman (4'25)*
8. *Semantic Expression (9'26)*
9. *Where No Words Belongs (4'57)*
10. *Three Ways to One (6'42)*
11. *Lonely Woman (5'36)*

note : Les compositions 6-11 sont d'Ornette Coleman.

JOACHIM KÜHN & THE NDR BIG BAND
BEGEGNUNGEN

JK (cond, arr, p, as sur 2), Peter Bolte (ts, as), Christof Lauer (ts), Rainer Winterschladen (tp), Claus Stöter (tp), Stephen Lottermann (tb), Stefan Dletz (elg), Detlev Beier (b), Wolfgang Reisinger (dm), Frank Delle (bs, bcl), Marcio Doktor (perc), Fiete Felch (as) + NDR Big Band, Gory Ruiz (dm sur 2), 6 voitures (sur 2). Hambourg NDR, 10-12 septembre 2001
1. *Con Misses (6'49)*
2. *Begegnungen (11'51)*
3. *Universal Time (9'02)*
4. *August in Paris (7'31)*
5. *Still in Thaly's (10'17)*
6. *Phrasen I (10'48)*
7. *Phrasen II (3'43)*
8. *Salinas (Nonet Version) (9'55)*

PARTICIPATIONS

MODERN JAZZ STUDIO Nr 1
Amiga 8 50 023 (LP)

Werner Pfüller (tp), Helmut Meyenberg (ts), JK (p), Klaus Koch (b), Wolgang Henschel (dm). Lieu et date inconnus note : avec aussi J. Rediske Quintet, K. Lenz Quintet, H. Brandt…

MODERN JAZZ STUDIO Nr 2
Amiga 8 50 067 (LP)

Werner Pfüller (tp), Helmut Meyenberg (ts), JK (p), Klaus Koch (b), Wolgang Henschel (dm). Lieu et date inconnus

note : avec aussi Manfred Ludwig Sextet, K. Lenz Quintet, G. Horig Trio…

AVANT-GARDE JAZZ COLLECTION
INMUS 20 022 (CD)

Rolf Kühn (cl), JK (p), Günter Lenz (b), Ralf Hübner (dm). RFA, 1966
1. *Out of the Back Don* / RK
2. *Arabic Rock*

note : Cette compilation parue dans les années 1990 réunit ces deux morceaux du quartet, les autres étant des morceaux du Manfred Schoof Quintet.

JESUS CHRIST SUPERSTAR
(dble LP)

JK (p). Allemagne, 1971 ?
22. *Crucifixion* / A. L. Webber

note : Il s'agit de la version allemande de la comédie musicale de Andrew Lloyd Webber. Joachim Kühn, qui ne joue que sur un morceau, n'est pas crédité sur la pochette.

ZBIGNIEW SEIFERT
WE'LL REMEMBER ZBIGGY
Mood Records 28 620 (LP)

JK (p), Zbigniew Seifert (vln) sur le 4. Brême, avril 1976
4. *Laverne (5'40)*

note : Disque réalisé à la mémoire de Z. Seifert décédé le 15/02/79 au profit de sa femme et constitué par divers enregistrements du violoniste. Sa pochette intérieure est entièrement noire. Il est sans doute paru en 1979 ou au début des années 1980.
Avec aussi : W. Dauner, C. Mariano, A. Mangelsdorff, P. Catherine, U. Duzdiak, L. Zadlo, G. Moore, D. Darling, J. Hammer, R. Beirach, H. Koller.

CORYELL / CATHERINE
SPLENDID
Elektra ELK 52 086 (LP)

Larry Coryell (g), Philip Catherine (g), JK (p) sur le 4 seulement. Hambourg, février 1978
4. *Deus Xango (5'27)* / Astor Piazzolla

note : Ce disque a été réédité en CD, couplé au LP *Twin House* du même duo (*Twin House + Five Splendid* Bonus Track, ACT 9202-2).

ES
WHAM BANG
Fran Records L-003 09 (LP)

George Kochbeck (elp, kb, voc), Bernd Kiefer (elb, voc sur 2), Zabba Lindner (dm, perc), JK (synth), Pierre (g sur 7), Alex Conti (g sur 7). Bielefeld, nov-déc 1978
2. *Martinellis Bar (3'46)* / ZL
7. *Hey You (4'27)* / J. H. Harrison, P. v. Ringelheim
8. *Earth and Space (5'57)* / GK, BK, ZL

note 1 : J. Kühn est indiqué sous le pseudonyme de Paul v. Schlingelheim. A noter d'ailleurs l'erreur retranscrite concernant les arrangements de « *Hey You* », où le pseudonyme est noté Ringelheim…
note 2 : Avec sur d'autres titres la participation de Ellen Meier, Alto Pappert et Frank Wulff.
note 3 : Qui est le mystérieux Pierre qui tient la guitare sur le dernier titre ?

JAN AKKERMAN
3
Atlantic 50 664 (LP)

Jan Akkerman (g, elg), Peter Schön (kb), Gene Santini (elb), Bruno Castelluci (dm), Neppie Noya (perc), Strings and horns arranged by Michael Gibbs. Blaricum (Hollande), 1979
2. *Wait and See (4'58)* / JA

note 1 : Le nom de Joachim Kühn n'est pas crédité sur la pochette.
note 2 : Avec sur d'autres titres : Duane Hitchhings, Bunny Brunell, David Igelfeld, Willie Dee, John Faddis, Alain Rubin, Tom Malone, Dave Taylor, Jim Odgren, Michael Brecker, Lou Marini, Howard Johnson, John Clark, Peter Gordon, Henry Ronde et Yvette Cason.

UDO LINDENBERG und das PANIK-ORCHESTER
DER DETEKTIV - ROCK REVUE II
Teldec 624091 AT (LP)

Bertram Engel (dm), Curt Cress (dm), Dieter Ahrendt (dm), Jean-Jacques Kravetz (kb), JK (kb), Dave King (b, kb), Toomas Kretschmer (g), Frank Diez (g). Hambourg, juillet-août 79
3. *New York (New York, State of Mine) (3'12)* / Joel, Lindenberg, Königstein
4. *Es Reich Gerade Noch Zum Überleben (Living fot the City) (4'06)* / Wonder, Lindenberg, Königstein

note : Avec sur d'autres morceaux, la participation de Uwe Wegner et Gepard Gloning.

DANNY TOAN
BIG FOOT
Sandra SMP 2105 (LP) / inak 8613 (CD)

Danny Toan (elg), John Lee (elb), Gerry Brown (dm), JK (p). Blauvelt (N.Y.), 1979
1. *Big Foot (5'42)* / DT

note : Les six autres morceaux sont en trio, sans JK.

G-FORCE
Jet Records JET LP 229 (LP)

Gary Moore (elg, kb sur 4 et 8, voc sur 7), Tony Newton (elb, kb, voc), Mark Nauseef (dm, perc, digital sequencer), Willie Dee (voc), JK (o). Los Angeles, septembre 1980
3. *She's got you (4'56) / GM, MN*

note : Avec sur d'autres titres la participation de Tom Scott. Kühn n'est pas crédité dans la liste des musiciens.
Il existe un *picture disc* de l'album, référencé JET PD 229.

J.D.DREWS
Unicorn Records 9500 (LP)

J.-D. Drews (voc), JK (kb.), John Hobbs (kb), Michael Brecker (ts), Randy Brecker (tp), Billy Walker (g), Bob Etall (g), Phil Brown (g), Jan Akkerman (g), Ray Gomez (g), John Goux (g), John Lee (b), Tony Newton (b), Joe Chemay (b), Glenn Symmonds (dm), Gerry Brown (dm), Paul Leim (dm), backvoc : Mary Lindsey, Phyllis Lindsey, Joe Chemay, J.-D. Drews. Burbank (Californie), 1980
1. *Don't Want Nobody (4'25) / P. Delph - D. Edwards*
2. *Pass it on (4'06) / JDD - JK - J. Quinn*
3. *Love You no More (2'50) / JDD - Safeway*
4. *Miss You (3'31) / JDD - D. Edwards - J. Pollock*
5. *Gonna Get You (3'54) / JDD - J. Quinn*
6. *Feel (3'47) / JDD - J. Quinn*
7. *Here I Am Again (3'58) / JK - B. Fisher*
8. *Next (2'21) / The Nobody - Safeway*
9. *Steal Away (3'44) / JDD - M. Hansen - C. Latham*

THILO VON WESTERNHAGEN
ARDENT DESIRE
SHP 202 (LP)

Thilo von Westernhagen (p), JK (p), Jan Akkerman (g), Peter Weike (g), Herb Geller (as), Ellen Homilius (vib), Gabriel Koeppen (cello), Hans Oberländer (b), Joachim Luhrmann (dm). Hambourg, été 80

IAN CUSSICK
HYPERTENSION
RCA PL28442 (LP)

Personnel inconnu, JK (kb, synth) Allemagne, 1981
10. *Life after Life / IC*

TORSTEN DE WINKEL
MASTERTOUCH
veraBra 2012 1 (LP) / veraBra 2012 2 (CD)

Torsten De Winkel (g, synth), JK (p) sur 1, 6, 7, Hellmut Hattler (b) sur 1, 6, Billy Cobham (dm) sur 1, 6, Nippy Noya (perc) sur 1, 6, Michael Brecker (ts) sur 7, Kai Eckhardt-Karpeh (b) sur 7, Gerry Brown (dm) sur 7. Francfort, 1983

1. *Lilo & Max (6'16) (thème pour la B.O. du film) / HH - TDW*
6. *Sara's Touch (5'27) / M. Mainieri*
7. *(What Lies) Beyond (5'27) / TDW*

note : Avec aussi : Alphonse Mouzon, Ernie Watts, Geoff Stradling, Chris Schneider (Los Angeles, 1985)

TOM PETERSON
AND ANOTHER LANGAGE
Enigma Records E 1038 (LP)

Tom Peterson (b, p, voc), Lee Kix, JK (synth), Thom Mooney, Dagmar Peterson, Jeffrey Rollings (voc). New York, 28 et 29 août 1984
1. *Rainy Day*

DANIEL HUMAIR
SURROUNDED 1964-1987
Flat & Sharp INA 597292 (CD)

JK (p) sur 11, Jean-François Jenny-Clark (b) sur 11, Daniel Humair (dm). Paris, juin 1985
11. *César (5'50) / M. Portal*

note : Compilation de divers morceaux joués par D. Humair entre 1964 et 1987.
Avec aussi : Eric Dolphy, Kenny Drew, Guy Pedersen, Eddie Louiss, René Thomas, Gerry Mulligan, Gordon Beck, Ron Mathewson, Phil Woods, Michel Grailler, Gus Nemeth, Michel Portal, Tete Montoliu, Gilbert Rovère, Jane Ira Bloom, David Friedman, Mike Richmond, Martial Solal, Johnny Griffin, Maurice Vander, et Henri Texier.

QUINTUS PROJECT
MOMENTS
New Generation of Music NMG-L-001 (LP)

Walter Quintus (kb, vln, perc, voc), JK (p). Zerkall, printemps 87
8. *Night - Flight (8'49) / WQ*

note : Avec sur d'autres morceaux : Uli Lask, Peter Weihe, Tissy Thiers.

JEAN-FRANCOIS JENNY-CLARK
UNISON
CMP 32 (LP, CD)

Jean-François Jenny-Clark (b), JK (p) sur 2. Zerkall, octobre 1987
2. *Zerkall (4'48) / JFJC - JK*

note : Avec aussi : Christof Lauer et Walter Quintus.

Le DJ ANDY SHAFTE
WOOHLAMBADA
Eurobond JD EUR 560 258 (maxi 45T)

Jeannot Des Pres (acc), JK (p), The Sindecut (scratch, rapanglais), Paul Hurt (aciced, cuica), Terry Smith (backvoc). Londres, 1989
1. *Woohlambada (Don't Stop Dance When We Cut The Drum mix) (8'07) / AS*
2. *Woohlambada (Extended Mix) (5'03) / AS*

3. *Woohlambada (Andy's Dancefloor Mix) (5'03)* / AS
note : Le disque est dédié à SCALP.

WOLFGANG LACKERSCHMID
ONE MORE LIFE
Bhakti Records BR 51 LC 0216 (CD)

Wolfgang Lackerschmid (vib), Kenny Wheeler (tp), Christof Lauer (ts), JK (p), Palle Danielsson (b), Billy Hart (dm). Leverkusen, 10 octobre 1991
5. *Iris in the Rain (13'36)* / WL
note : Le morceau a été enregistré lors du Leverkusen Jazzfestival. Les autres titres sont avec des formations différentes comprenant : Milcho Leviev, H. Sieverts, B. Elgart, Ray Pizzi, C. Stock et Attila Zoller.

MICK KARN
BESTIAL CLUSTER
CMP CD 1002 (CD)

Mick Karn (voc, elb, bcl, cl, as, kb, rythm programming, perc), JK (p, kb sur 1), David Torn (elg, g, mandolin, bjo, ha, rythm programming, voc, perc), Richard Barbieri (kb bits, programs sounds), Steve Jansen (dm, perc), Glen Velez (frame dm) sur 2 et 5, Ed Mann (perc) sur 2, Steve Gorn (bass banduri, fl) sur 5, Sabine Van Baaren (backvoc) sur 2, Mario Argandoña (backvoc) sur 2. Zerkall, 1992
1. *Bestial Cluster (4'11)* / MK
2. *Back in the Begining (5'10)* / MK
5. *The Sad Velvet Breath of Summer & Winter (5'47)* / MK
note 1 : Avec aussi : David Liebman, Richie Stevens, Jürgen Kernbach, Walter Quintus.
note 2 : Il existe une 2ᵉ version de « *Bestial Cluster* » (3'42) qui apparaît sur le CD : *The Mick Karn Collector's Edition (including unreleased material)* (CMP CD 1014), parue en 1996.

RAY LEMA PROFESSEUR STEFANOV ET LES VOIX BULGARES DE L'ENSEMBLE PIRIN'
BUDA 92550-2 (CD)

Ensemble Pirin'(cho), Kiril Stefanov (cond), Ludmila Antonova Dimova (chef de chœur), JK (p). Paris, 24 juin 1992
15. *Vila Ssei Gora (4'33)* / KS
note : Avec aussi : Moussa Sissoko, Francis Lassus…

JANE BIRKIN
VERSIONS JANE
Philips 532 140-2 (CD)

Jane Birkin (voc), JK (p), Jean-François Jenny-Clark (b), Daniel Humair (dm). Paris, 12 octobre 1995
4. *Ce Mortel Ennui (2'39)* / Serge Gainsbourg
note : Une vidéo contenant des extraits du travail en studio pour le disque a été offerte par la FNAC pour l'achat de l'album (Philips Hors Commerce 6254), le Trio y apparaît pendant une séquence de 4'17.

STORIES FOR FRIENDS
75 YEARS Joachim-Ernst BERNDT
(dble CD)

JK (p)
8. *Gegenwert Einer Rupie (5'20)*
note : Il s'agit d'une réalisation en hommage aux 75 ans du producteur Joachim-Ernst Berendt. On retrouve Joachim Kühn sur le 1ᵉʳ CD. Avec sur d'autres morceaux : John McLaughlin, Charlie Mariano, Paul Winter, Albert Mangelsdorff, Max Roach, Wolfgang Dauner, Karin Krog et John Surman, Paul Horn, Jasper van't Hof, Wolfgang Pushnig et Linda Sharrok, Philip Cathetrine, etc.

CHRIS HINZE
SENANG
Keytone KYT 794 (CD)

Chris Hinze (fl, afl, bbfl, synth, p), JK (elp), Tony Lakatos (ts), Eric Vloeimans (lead tp), David Rothschild (tb), Michel van Schie (b), Peter Tiehuis (g), Arto Tunçboyaci (perc), Hugh Kanza (african voc). Ibiza, 1996
3. *106 B.P.M. (8'27)*
note 1 : « 106 BPM » est dédié à Art Blakey.
note 2 : Avec sur d'autres titres la participation de : Michael Brecker (ts), Charlie Mariano (as), Saskia Laroo (mute tp), Jesse van Ruller (g), Claron McFadden (coloratura soprano), Gregorian Choir (Hans Pootjes : bass, Frank Hameleers : tenor), Bulgarian Voices « Angelite » (Sonja Iovkova, Stoimenka Outchkova, Elka Simeonova), The Tibetan Gyuto Monks (voc), Gustav Klimt String Quartet (strings).

EUROPEAN JAZZ ENSEMBLE
25th ANNIVERSARY TOUR
KONNEX KCD 5100 (CD)

Stan Sulzmann (ts, ss, fl), Gerd Dudek (ts, ss, fl), Jiri Stivin (fl, as, bcl, bs), Jarmo Hoogendijk (tp), Allan Botschinsky (tp, fgh), Tony Levin (dm), Thomas Heberer (tp), Rob van den Broeck (p), Ali Haurand (b) + Guest's for 20ᵗʰ Anniversary Tour 01 : Charlie Mariano (as), JK (p), Paolo Fresu (tp), Conny Bauer (tb), Manfred Schoof (tp, fgh), Daniel Humair (dm), Alan Skidmore (ts), Adelhard Roidinger (b). Liège, 5 mai 2001
4. *Traveller (12'38)* / SS
6. *Salinas & Missing a Page (13'55)*

MUSIQUES DE FILMS

JOACHIM KÜHN
LE MAITRE DU TEMPS
Réalisation : Jean-Daniel Pollet

Avec : Jean-Pierre Kalfon et Duda Cavalcanti
Musique : Joachim Kühn
JK (o), David Allen (elg), Jean-François Jenny-Clark (elb), Rashied Houari (dm). Paris, mars ou avril 1970.
note : Musique finalement non retenue par la production, qui s'est décidée pour une musique moins... intranquille.

JOACHIM KÜHN
DEIR OBJEKTIVIST
Réalisation : Holger Henze. Avec : Raffael Rheinsberg
Musique : Joachim Kühn. Durée : 17'11
JK (kb, dm machine), Bernd Kiefer (elb), Zabba Lindner (dm). Buchholz, 1976

JOACHIM KÜHN
MONTAGE OF PAINTINGS
Réalisation : Holger Henze. Avec : Gabriele Laurenz. Musique : Joachim Kühn
JK (kb), George Kochbeck (moog-b, kb), Mark Nauseef (dm, perc). Buccholz, 1980 ?
note : La musique composée par Joachim Kühn est jouée par les membres du groupe Information ; le film utilise aussi, en plus des morceaux originaux de Kühn, quelques tangos d'Astor Piazzola.

JOACHIM KÜHN
TATORT : « DIE NEUE »
Réalisation : Norbert Ehry. Musique : Joachim Kühn. 1990
note : Il s'agit d'un épisode de la célèbre série policière allemande Tatort.

Liste des abréviations d'instruments (ceux dont le nom apparaît en entier dans la discographie ne sont pas retranscrits ici).
acc : accordéon
afl : flûte alto
anh : corne d'antilope
as : saxophone alto
avln : (violon) alto
b : contrebasse
backvoc : accompagnement vocal
band : bandonéon
bbfl : flûte en bambou
bcl : clarinette basse
bel : cloches
ber : berimbau
bfl : flûte basse
bjo : banjo
brass : cuivres
bs : saxophone baryton
bshn : cor de basset
bsn : basson
bss : saxophone basse
cel : celesta
cello : violoncelle
cg : congas
chin dm : batterie chinoise
chin scha : schlmei chinois
cho : chœur
churcho : orgue d'église
cl : clarinette
ct : cornet
cym : cymbales
digsdb : table de mixage (utilisée en direct)
djb : djembé
dm : batterie
dm machine : boîte à rythmes
drain pipe : tuyau
elavln : violon alto électrifié
elb : basse électrique
elcl : clarinette électrifiée
elg : guitare électrique
elkkb : claviers électroniques
elp : piano électrique
elsar : sarangi électrifié
elvln : violon électrique
fgh : bugle
fhn : cor d'harmonie
fl : flûte
g : guitare
gam : gamelan
glm : articles en métal
glw : articles en verre
ha : harmonica
hand-cl : frappements de mains
harp : harpe
ind bel : cloches indiennes
junk : bric-à-brac
kb : claviers
magdm : magic drum
mar : marimba
metpl : assiettes en métal
nog-harp : harpe nogoya
o : orgue
oboe : hautbois
p : piano
peking opera gongs : gongs de l'Opéra de Pékin
perc : percussions
pic : piccolo
picfl : flûte piccolo
picsndm : piccolo snare drum
pictp : trompette piccolo
pocket tp : trompette de poche
prepp : piano préparé
reeds : instruments à anche
ringmod : modulateur de sons
s : saxophone
saw : scie musicale
shai : shenai
ss : saxophone soprano
steel dm : steel drum
strings : cordes
synth : synthétiseur

tab : tablas
tabtg : tablatarang
tamb : tambourin
tar : taragot
tb : trombone
thn : cor (ténor)
timp : timbales
tp : trompette
tple bel : cloches de temple
ts : saxophone ténor
tsndm : ténor snare drum

tu : tuba
tum : tumbes
v : voix
vib : vibraphone
vln : violon
voc : chant
wat : instruments à eau
zit : cithare
zou : zoukra
(arr : arrangements / cond : chef d'orchestre)

remarque : lorsqu'une abréviation est suivie de div, cela signifie qu'il y a diverses sortes de cet instrument. (ex : fl div)

« Mais pour en revenir à la musique, c'est toujours la même histoire : on a les mêmes douze notes avec lesquelles il faut jongler, et depuis des centaines d'années la question est : comment vais-je les juxtaposer ensemble, de manière différente ? Et les possibilités sont infinies... »
Joachim Kühn, *Improjazz* n° 73, mars 2001

Bibliographie

Ouvrages généraux sur la musique

DRUILHE Paule, *Histoire de la musique*, Éditions Hachette, 1958.
LABIE Jean-François et Claudie, *Histoire de la musique*, Éditions de l'Illustration, 1983.
SCHAEFER John, *New Sounds, a listener's guide to new music,* Harper & Row (New York, USA), 1987.

Ouvrages sur le jazz

BERENDT Joachim-Ernst, *Une histoire du jazz*, Éditions Fayard (pour l'édition française), 1976.
BERGEROT Franck, MERLIN Arnaud, *L'épopée du jazz vol. 2 : au-delà du bop*, Éditions Gallimard, 1995.
BERGEROT Franck, *Le jazz dans tous ses états*, Éditions Larousse, 2001.
BRIERRE Jean-Dominique, *Le jazz français de 1900 à aujourd'hui*, Éditions Hors Collection, 2000.
CARLES Philippe, COMOLLI Jean-Louis, *Free Jazz Black Power*, Éditions Galilée, 1979.
CARLES Philippe, CLERGEAT André, COMOLLI Jean-Louis, *Dictionnaire du Jazz*, Éditions Robert Laffont, 1991.
COTRO Vincent, *Chants libres : le free jazz en France*, 1969-1975, Éditions Outre Mesure, 1999.
DAVERAT Xavier, *John Coltrane*, Éditions du Limon, 1995.
DRECHSEL Karlheinz, *Jazz objektiv, Volkseigener Betrieb Lied der Zeit,* Musikverlag (Berlin Est, RDA), 1983.
JOST Ekkehard, *Europas Jazz*, Fischer Taschen-buch Verlag (Francfort, Allemagne), 1987.
KUNZCER Martin, *Lexikon Jazz Vol. 1*, Handbuch (Allemagne), 1988.
JONES Andrew, *Plunderphonics, Pataphysics + Pop Mechanics (an introduction to musique actuelle)*, SAF Publishing Ldt. (Angleterre), 1995.
LATXAGUE Robert, *Images d'un festival, 1973-1990* (Festival de Jazz de Grenoble).
MOUSSARON Jean-Pierre, *Feu le free ? (et autres écrits sur le jazz)*, Éditions Belin, 1990.
PRIESTLEY Brian, *Mingus, a critical biography*, Paladin (Londres, Grande-Bretagne), 1985.
RENAUD Philippe, *Simply Not Cricket : catalogue du jazz britannique 1964-1994*, Editions Philippe Renaud, 1995.
SKVORECKY Josef, *Le camarade joueur de jazz*, Éditions 10/18, rééd. 1999.
WILSON Peter Niklas, *Ornette Coleman : his life and his music*, Berkeley Hills (USA), 1999.

Revues de jazz

ACTUEL : n° 11 (mai 1970)
AVANT MAGAZINE (Grande-Bretagne) : n° 2 (été 1997)
BILLBOARD (USA) : 7 mars 1981
CMJ NEW MUSIC REPORT : n° 299 (28 août 1992)
CUADERNOS DEL JAZZ (Espagne) : septembre-octobre 1994
DOWN BEAT (USA) : 13 juillet 1967, 8 février 1968, 3 avril 1979, novembre 1988, 60 / 10 (octobre 1993)
FOCUS (Supplément jazz du *Monde de la Musique*) : n° 27 (dans *MM* n° 171, novembre 1993)
FONO FORUM (Allemagne) : n° 9 / 97, 3 / 98, 7 / 00 (le premier nombre indique le mois, le second l'année).

IMPROJAZZ: n° 2 (février 1994), 5 (mai 1994), 8 (octobre 1994), 25 (mai 1996), 26 (juin 1996), 40 (novembre/décembre 1997), 44 (avril 1998), 57 (juillet 1999), 58 (août/septembre 1999), 63 (mars 2000), 65 (mai 2000), 73 (mars 2001), 85 (mai 2002)

JAZZ ACTUEL: n° 3 (janvier 1998)

JAZZ ENSUITE: n° 2 (décembre 1983 / janvier 1984)

JAZZ FORUM (Pologne): n° 3 (automne 1970)

JAZZ HOT: n° 234 (août/septembre 1967), 236 (novembre 1967), 244 (novembre 1968), 245 (décembre 1968), 246 (janvier 1969), 252 (août / septembre), 254 (octobre 1969), 251 (juin 1969), 255 (novembre 1969), 261 (mai 1970), 263 (été 1970), 269 (février 1971), 271 (avril 1971), 273 (juin 1971), 274 (juillet / août 1971), 277 (novembre 1971), 278 (décembre 1971), 280 (février 1972), 282 (avril 1972), 284 (juin 1972), 285 (juillet / août 1972), 289 (décembre 1972), 290 (janvier 1973), 291 (février 1973), 293 (avril 1973), 294 (mai 1973), 296 (juillet / août 1973), 297 (septembre 1973), 305 (mai 1974), 306 (juin 1974), 307 (juillet / août 1974), 308 (septembre 1974), 309 (octobre 1974), 310 (novembre 1974), 314 (mars 1975), 317 (juin 1975), 318 (juillet / août 1975), 319 (septembre 1975), 322 (décembre 1975), 324 (février 1976), 326 (avril 1976), 327 (mai 1976), 334 (février 1977), 336 (avril 1977), 339-340 (été 77), 343 (novembre 1977), 351-352 (été 1978), 354 (octobre 1978), 374-375 (été 1980), 383 (avril 1981), 393 (mars 1982), 396 (septembre / octobre 1982), 399 (avril 1983), 404 (octobre 1983), 409 (avril 1984), 417 (janvier 1985), 419 (mars 1985), 423 (juillet / août 1985), 424 (septembre 1985), 425 (octobre 1985), 429 (mars / avril 1986), 431 (juillet / août 1986), 432 (septembre 1986), 436 (décembre 1986), 454 (juillet / août 1988), 455 (septembre 1988), 458 (décembre 1988), 461 (mars 1989), 474 (mai 1990), 534 (octobre 1996), 570 (mai 2000)

JAZZ JOURNAL INTERNATIONAL: février 1990

JAZZ MAGAZINE: n° 145 (août 1967), 148 (novembre 1967), 149 (décembre 1967), 151 (février 1968), 152 (mars 1968), 160 (novembre 1968), 162 (janvier 1969), 164 (mars 1969), 165 (avril 1969), 167 (juin 1969), 168 (juillet / août 1969), 169-170 (septembre 1969), 171 (octobre 1969), 172 (novembre 1969), 173 (décembre 1969), 174 (février 1970), 175 (février 1970), 176 (mars 1970), 177 (avril 1970), 178 (mai 1970), 180 (juillet/août 1970), 182 (octobre 1970), 183 (novembre 1970), 185 (janvier 1971), 186 (février 1971), 188 (avril 1971), 190 (juin / juillet 1971), 191 (août 1971), 192 (septembre 1971), 193 (octobre 1971), 194 (novembre 1971), 196 (janvier 1972), 199 (avril 1972), 200 (mai 1972), 206 (décembre 1972), 207 (janvier 1973), 208 (février 1973), 209 (mars 1973), 210 (avril 1973), 213 (juillet 1973), 214 (août 1973), 220 (mars 1974), 222 (mai 1974), 224 (juillet/août 1974), 225 (septembre 1974), 226 (mars 1974), 228 (décembre 1974), 230 (février 1975), 231 (mars 1975), 234 (juillet 1975), 236 (septembre 1975), 239 (décembre 1975), 240 (janvier 1975), 243 (avril 1976), 244 (mai 1976), 245 (juin / juillet 1976), 249 (novembre 1976), 252 (février / mars 1977), 254 (mai 1977), 256 (juillet / août 1977), 260 (décembre 1977), 262 (février 1978), 266-267 (juillet/août 1978), 272 (février 1979), 274 (avril 1979), 282 (janvier 1980), 289 (septembre 1980), 294 (février 1981), 296 (avril 1981), 298 (juin 1981), 302 (décembre 1981), 303 (janvier 1982), 305 (mars 1982), 311 (octobre 1982), 315 (février 1983), 320 (juillet/août 1983), 322 (octobre 1983), 323 (novembre 1983), 328 (avril 1984), 333 (novembre 1984), 335 (janvier 1985), 337 (mars 1985), 342 (septembre 1985), 343 (octobre 1985), 344 (novembre 1985), 345 (décembre 1985), 347 (février 1986), 350 (mai 1986), 351 (juin 1986), 353 (septembre 1986), 354 (octobre 1986), 358 (février 1987), 359 (mars 1987), 361 (mai 1987), 364 (septembre 1987), 367 (décembre 1987 / janvier 1988), 373 (juillet / août 1988), 374 (septembre 1988), 375 (octobre 1988), 377 (décembre 1988), 383 (juin 1989), 384 (juillet / août 1989), 387 (novembre 1989), 388 (décembre 1989), 391 (mars 1990), 392 (avril 1990), 393 (mai 1990), 395 (juillet/août 1990), 405 (juin 1991), 406 (juillet/août 1991), 410 (décembre 1991), 412 (février 1992), 420 (novembre 1992), 422 (janvier 1993), 424 (mars 1993), 429 (septembre 1993), 430 (octobre 1993), 440 (septembre 1994), 445 (février 1995), 446 (mars 1995), 447 (avril 1995), 448 (mai 1995), 460 (juin 1996), 461 (juillet / août 1996), 462 (septembre 1996), 471 (juin 1997), 472 (juillet / août 1997), 473 (septembre 1997), 475 (novembre 1997), 483 (juillet / août 1998), 500 (janvier 2000), 501 (février 2000), 502 (mars 2000), 511 (janvier 2001), 520 (novembre 2001), 524 (mars 2002)

JAZZMAN: n° 27 (juillet / août 1997), 40 (octobre 1998), 42 (décembre 1998), 55 (février 2000), 65 (janvier 2001)

JAZZ PODIUM (Allemagne): n° 3 (février 1990), n° 4 (avril 1995)

JAZZ THING (Allemagne): n° 27 (février / mars 1999)

JAZZTIMES: novembre 1992, n° 24 (janvier / février 1994)

SWING NEWS LETTER (USA): n° 38 vol. 8 (octobre 1978)

WIRE (Grande-Bretagne) : novembre 1991, mars 1999

Revues musicales

AUDIO MAGAZINE : mars 1991
BAM MAGAZINE (Californie) : décembre 1977
BATTEUR MAGAZINE : septembre 1996
CLASSICA : n° 5 (octobre 1998), n° 20 (mars 2000)
CLAVIERS MAGAZINE : n° 2 (septembre 1989)
COMPACT DISC MAGAZINE : n° 11 (mars 1994)
CONTEMPORARY KEYBOARD (USA) : n° 20 (7 avril 1978)
DIAPASON : juillet / août 1996
ÉCOUTEZ VOIR : n° 68-69 (août / septembre 1997)
KEYBOARD : mars 1983, mars 1987
(The) LAMB (USA) : novembre 1976
MELODY MAKER (USA) : 9 avril 1977
NMI : n° 18 (janvier 1995)
OCTOPUS : n° 7 (novembre 1997), n° 11 (février 2000)
PAVILLON (Allemagne) : octobre 1991
RECORD WORLD (USA) : 20 novembre 1976
WOM (Allemagne) : décembre 1991

Archives est-allemande et pays de l'Est

DAS VOLK (Weimar) : 3 avril 1963
DIE UNION (Leipzig) : 9-10 septembre 1961, 6 novembre 1962, 30 novembre 1962, 24 janvier 1963, 18 janvier 1964, 15 décembre 1965
LÄNGST ERWARTET (Postdam) : avril 1963
LVZ : 10 novembre 1962, 23 au 23 mai 1964
MELODIE (Tchécoslovaquie) : avril 1964
MELODIE UND RHYTHMUS : n° 9 (mai 1966)
MNN : 23 au 23 mai 1964
MITTELDEUTSCHE NEUESTE NACHRICHTEN (Leipzig) : 6 novembre 1962, 29 janvier 1963, 29 janvier 1964
SÄCHSISCHES TAGEBLATT (Leipzig) : 7 novembre 1962, 29 janvier 1963, 31 janvier 1964, 12 juillet 1964, 16 décembre 1965
WOCHENPOST (Leipzig) : 30 septembre 1962

Quotidiens, hebdomadaires, journaux non-spécialisés

APPLAUS KULTUR-MAGAZIN (Munich, Allemagne) : mai 2000
(Der) AUSSCHNITT (Allemagne) : 18 décembre 1984
BERKELEY WEEKLY (USA) : novembre 1992
ENTERTAINMENT (Santa Barbara, USA) : 22 octobre 1986
(L') EST EN VAUDOIS : 8 juillet 1978
(L') ÉVENEMENT DU JEUDI : n° 77 (24-30 avril 1986)
(Le) FIGARO : 26 avril 1988
FRANCE-ANTILLES MAGAZINE : semaine du 22 au 28 juin 1996
(The) FRONTIER POST (Lahore, Pakistan) : 16 septembre 1993, 17 septembre 1993
GRAMMA : n° 5 (1976)
HEBDOSCOPE : avril 1986

(L') HUMANITE : 7 mai 1988, 14 mars 1991, 13 mars 1996
(The) INDEPENDENT (Santa Barbara, USA) : 30 octobre 1988
(Les) INROCKUPTIBLES : n° 138 (11-17 février 1998), 164 (9-15 septembre 1998)
INTERNATIONAL HERALD TRIBUNE (New York, USA) : 1er novembre 1988
INSEL (Ibiza, Espagne) : n° 27 (juin 1994)
(The) JAPAN TIMES (Japon) : 27 juillet 1990
(La) JORDANA (Mexique) : n° 1482 (29 octobre 1988)
(The) LAMB (Texas, USA) : novembre 1976
LEISURE (Santa Barbara, USA) : 25 octobre 1986
LIBÉRATION : 12 mars 1986, 1er juillet 1997
LOS ANGELES TIMES (Los Angeles, USA) : 2 novembre 1986, 8 novembre 1986
(The) MALAYMAIL (Malaisie) : 6 octobre 1978
(Le) MONDE : juillet 1978, 24 octobre 1991, 4-5 juillet 1999
NEWS TODAY (Inde) : 28 septembre 1993
NICE MATIN : 27 octobre 1991
(Le) NOUVEL OBSERVATEUR : n° 1771 (semaine du 15 octobre 1998)
(El) PAIS (Madrid, USA) : 21 mars 1987, 9 novembre 1987
PASSAGES : n° 61 (avril 1994)
(Le) POINT : 25 avril-1er mai 1988
(Le) QUOTIDIEN DE PARIS : 28 avril 1988, 30 avril 1988
(La) RÉPUBLIQUE DU CENTRE : 3-4 juillet 1999
SCENE/SANTA BARBARA NEW PRESS (USA) : 24 juin 1988
STADTREVUE (Allemagne) : mai 1984
TÉLÉRAMA : n° 2149 (20 mars 1991), 2544 (14 octobre 1998), Hors série 96 H (sur Bach)
(La) TERRASSE : n° 69 (juin 1999)
VOGUE PARIS : cahier n° 2 du n° 800 (septembre 1999)

Recueils de partitions

KÜHN Joachim, *Modern jazz-pianist*, Francis, Day & Hunter, GmbH (Allemagne), 1981.
KÜHN Joachim, *A jazz experience*, Éditions Henry Lemoine, 1989.
DÜCKER Hans-Michael, *Great Keyboard Solos aus Jazz & Pop*, Editions Schott (Allemagne), 1985. (Retranscription de douze compositions des pianistes : Billy Joel, Warren Bernhard, Joachim Kühn, Tony Banks, Keith Emerson, Elton John, Chick Corea, Keith Jarrett, George Duke, Herbie Hancock et Rick Wakeman ; la composition de Kühn est : « Hot Chili », de Charisma).

Vidéographie

EICHEL Manfred, *Pianist Zwischen / Klassik, Jazz und Rock : Joachim Kühn*, Norddeutscher Rundfunk (Allemagne), 1978.
EHRNVALL Torbjörn, *Dark*, RM Arts 27.10.003 / SVT1 Drama (Suède), 1989. (Existe en Laserdisk Philips).
LE GOFF Patrick, *Daniel Humair, Motifs*, Les Productions Nyctalopes, 1991.
PALLIGIANO Christian, *Jazz Français à New York*, K. Film, collection Musiques D 005-6-7, 1989.
ROOYENS Bob, *Get Up Early*, WDR-Arte (France / Allemagne), 1998.

Internet

Enfin, les adresses de deux sites indispensables :
< www.audio-art.com > (Label Avanture : J. Kühn / W. Quintus / Charlie Mariano / Michel Godard)
< www.joachimkuehn.com > (Site officiel du pianiste)

Index

Les noms présents dans les notes ainsi que ceux de la bibliographie ne sont pas inscrits dans cet index.

Les numéros de pages en italique renvoient à la discographie.

AACM : 50, 54
ABERCROMBIE John : 120
ADDERLEY Cannonball : 29, 34, 167, 179, 246
ADLER Ralph : 148, *297*
AKKERMAN Jan :77, 80, 84, 85, 87, 88, 101, 119, 130, 189, 191, 216, 217, *285, 286, 287, 302, 303*
ALKIER Thomas : 132, 137, *292*
ALLEN David : 54, *305*
ALLEN Gerry : 145, 213
ALTSCHUL Barry : 29, 40, 106, 132, *299*
AMBROSETTI Franco : 29, 104, 107, 137, 185, 199
ANDERSEN Arild : 44, 55, *278, 280*
APETREA Coste : 87, *286*
ARMSTRONG Louis : 7, 156
ART ENSEMBLE OF CHICAGO : 50, 54
ARVANITAS Georges : 76, 185
ASSOCIATION PC : 71, 73, 79, 94, 174, 181, 182, 215, 216, 224
AUBRY René : 111, 116
AYLER Albert : 34, 36, 58, 167, 168
BACH Jean-Sébastien : 5, 10, 13, 60, 101, 152, 153, 154, 155, 157, 158, 162, 163, 214, 223, 224, 237, 238, 241, 245, 246, 249, 251, 252, 253, *288, 294, 295, 297*
BACHTRÄGEL Erich : 184, *283*
BAILEY Derek : 57, *299, 300*
BAKER Chet : 99, 119, 120, 220, 247
BALANYÀ Josep Maria : 98, 140, 216, 224
BARBIERI Gato : 24, 33, 40, 67, 68, 129, 169, 194, 196, *281, 290, 299*
BARON Joey : 128, *301*
BARTKOWSKI Ceslav : 298
BARTÓK Béla : 76, 241
BARTZ Gary : 72, *282*
BATES Django : 129, 139, *291, 293*
BAUER Conrad (Conny) : 131, 133, 139, 140, 147, 148, 199, 219, *293, 301, 304*
BECK Gordon : 51, 76, 184, *283, 284, 303*
BECKER Heinz : 18
BECKETT Harry : 129, *291*
BEETHOVEN Ludwig van : 241
BEIER Detlev : 96, 99, 101, 102, 121, 137, 140, 150, 159, 163, 191, 210, *287, 288, 289, 294, 301*
BENITA Michel : 138, 144, 147
BENNINK Han : 57, 74, 224, *282, 299, 300*

BERENDT Joachim-Ernst : 31, 32, 38, 40, 45, 71, 73, 74, 82, 113, 187, 188, 189, *300, 304*
BERGER Karlhanns (Karl) : 224, 32, 33, 34, 44, 78, 113, *278, 299*
BERGONZI Jerry : 130, 133, 137, 138, 199, 211, 212, *291, 292*
BERLIN QUINTET 61 : 18, 19
BERNHARD Harald (Harry) : 143, *297*
BERTOLUCCI Bernardo : 67, 68, 196
BILLER Christof (Thomaskantor) : 155, 252, *295, 297*
BLAKEY Art : 18, 247
BLANKE Toto : 71, 73, 74, 75, 96, 113, 181, 182, 185, 186, 187, *282, 283, 300*
BLEY Paul : 37, 76, 145, 180, 213, 225
BLOODY ROCKERS : 43, 46
BOLCATO Jean : 151, 194
BORWITZKY Ottomar : 102, 110, 218, *288, 295*
BOULEZ Pierre : 105, 109, 241
BOWIE Lester : 220, *279, 280*
BRAHMS Johannes : 105, 241, 242
BRAXTON Anthony : 50, 59, 62, 67, 71, 77, 211, *281*
BRECKER Michael : 74, 85, 92, *287, 303, 304*
BRECKER Randy : 29, 74, 85, 131, 220, *283, 300, 301, 303*
BREUKER Willem : 37, 57, 63, *299, 300*
BROECK Rob van den : 106, *292, 293, 304*
BRÖNNER Till : 146, 150, *294*
BRÖTZMANN Peter : 48, 57, *279, 280, 281, 299, 300*
BROWN Gerry : 75, 81, 84, 87, 96, 103, 181, 182, 186, *283, 284, 287, 302, 303*
BRUBECK Dave : 12, 26, 31
BRUCE Jack : 103, 109
BUSCH Siggi : 71, 73, *282, 283*
CAGE John : 101, 109, 241
CANAPE Jean-François : 113
CARLSON Carolyn : 111, 112, 114, 115, 117, 121, 125, 138, 142, 159, 222, 229, *289, 296*
CARLSON Rune : 25, 39
CATHERINE Philip : 60, 74, 79, 80, 85, 86, 99, 113, 114, 138, 140, 182, 188, 190, 215, 216, *281, 283, 284, 285, 286, 292, 300, 302*
CELEA Jean-Paul : 147, 152, 158, 159, 160, 163
CELESTRIAL COMMUNICATION ORCHESTRA : 59
CHAUTEMPS Jean-Louis : 75, 141, 196
CHERRY Don : 10, 24, 32, 40, 44, 45, 50, 57, 58, 73, 168, 194, 219, 247, *278, 299*
CHEVILLON Bruno : 159, 160, 194, *294*
CHOSTAKOVITCH Dimitry : 91, 247
CHRISTENSEN Jon : 55, 139, 140, *293*
CINELU Mino : 110, 199
COBHAM Billy : 81, 182, 189, 190, *285, 303*
COLEMAN Denardo : 156, 160, 161, 162, 175, 214, 259, 260, *297, 301*
COLEMAN Ornette : 5, 10, 14, 36, 41, 54, 67, 144, 145, 146, 147, 148, 150, 153, 156, 157, 158, 159, 160, 161, 163, 174, 178, 207, 212, 213, 214, 224, 237, 247, 251, 252, *278, 281, 294, 295, 297, 298*

COLLEY Scott: 162, 175, *294, 295*
COLTRANE John: 33, 34, 35, 45, 46, 60, 66, 91, 95, 112, 113, 115, 122, 130, 152, 167, 171, 174, 175, 207, 212, 213, 229, 242, 247, 248, 249,
COREA Chick: 58, 59, 76, 82, 173, 179, 180, 225, 226, *280*
CORYELL Larry: 35, 85, 86, 87, 138, 177, 190, 216, *285, 302*
COURBOIS Pierre: 37, 71, 73, 106, *282, 283*
COURTOIS Vincent: 163, *294*
COURVOISIER Sylvie: 147
CREATIVE MUSIC ORCHESTRA: 67, *281*
D'ANDREA Franco: 68, 197
DANIELSSON Palle: 39, 55, 62, 74, 78, 103, 121, 130, *280, 282, 283, 289, 300, 304*
DASEK Rudolf: 20, *277*
DAUNER Wolfgang: 62, 76, 180, 181, 185, *280, 281, 284, 299, 302, 304*
DAVIS Miles: 17, 34, 39, 40, 91, 92, 128, 141, 147, 179, 212, 244, 247
DE VILLIERS David: 149, *297, 301*
DEBUSSY Claude: 60, 128, 130, 241, 245
DELCLOO Claude: 48
DEE Willie (DAFFERN): 93, 190, *285*
DeJOHNETTE Jack: 36, 78, 81, 92, 156, 197, *283*
DOLDINGER Klaus: 73, 139, 146, *279, 293*
DOLLAR BRAND (Abdullah Ibrahim): 76, 226, 227
DOLPHY Eric: 37, 127, 167, 235, 247
DRECHSEL Karlheinz: 18, 139
DREWS Jurgen: 84, 85, 92, 190
DUCRET Marc: 120, 138, 151, 199, *289, 294*
DUDEK Gerd: 54, 71, 106, 107, 113, 155, 160, 211, *279, 282, 284, 293, 304*
ELLINGTON Duke: 52, 76, 91, 130, 206
ENSEMBLE FRANCO-ALLEMAND: 144
ERSKINE Peter: 121, 125, 126, 128, *289*
ES: 87
ESCOUDÉ Christian: 110, 149, 199, *294*
EURO AFRICAN CONNECTION: 134, 138
EUROPEAN JAZZ ENSEMBLE: 106, 134, 138, 146, *292, 293, 304*
EUROPEAN RYTHM MACHINE: 51, 56, 70, *278, 280*
EVANS Bill: 18, 34, 247, 248
EVANS Gil: 91, 141, 244
FAVRE Pierre: 20, 25, 58, 61, 65, 66, 70, 82, 83, 114, 220, *279, 280, 281, 284, 300*
FOCUS: 79
FÖRSCH Herbert: 101, 102, *288*
FREE ROCK BAND: 40, 42, 43, 178
FRIEDMAN David: 104, 107, 114, 115, 199
FRIESEN David: 78, 197, *283*
GALLIANO Richard: 139, 152, *293*
GARBAREK Jan: 55, 92
GARLAND Red: 247, 248
GARRISON Jimmy: 13, 34, 35, 36, *278*
GELLER Herb: *285, 286, 303*
GERMAN TRIO: 137, 138, 140
GERSHWIN George: 141
GERTBERG Hans: 38, 46
GETZ Stan: 21, 122, 152, 206, *284, 290*

GIBBS Michael: 139, 189, 219, *285, 293, 302*
GILLESPIE Dizzy: 34, 35
GLOBE UNITY: 32
GOLDBERG Stu: 98, 216, *285*
GOMEZ Eddie: 38, 92, 99, *287*
GOMEZ Ray: 84, 85, *285, 286, 296, 297, 303*
GONG: 54
GOODMAN Benny: 10, 13, 34, 37
GOUBERT Simon: 122, 134, 138, 140, 144, 158, 260, *296*
GOULD Glenn: 153, 166, 246, 252
GRIFFIN Johnny: 110, 199
GRUNTZ George: 51, 76, 91, 104, 184, 185, 215, *283, 284, 300*
GUERIN Beb: 231, 37, *278*
GULDA Friedrich: 28, 29, 74, 245
GURTU Trilok: 95, 98, 101, 102, 103, 125, 191, 245, *287, 288, 301*
HADEN Charlie: 68, 141, 145, 156, 196, *281*
HAMMER Jan: 29, 179
HAMPEL Gunter: 37, 54, 57, 82, 83, *279, 280, 284, 299, 300*
HAMPTON Slide: 40, 42, 43, 248, *278, 299*
HANCOCK Herbie: 39, 43, 76, 179, 192, 207
HART Billy: 78, 92, 103, 130, 182, *284, 287, 304*
HARTH Alfred: 54, *279*
HAURAND Ali: 106, 107, 160, *292, 293, 304*
HAUTZINGER Franz: 150, 220
HAYNES Roy: 115
HEIDEPREIM Thomas: 115, *288*
HENDERSON Joe: 35, 75, 78, 197, *283, 284*
HENDRIX Jimi: 177, 179
HENSCHEL Wolfgang: 17, 18, 19, *277, 301, 302*
HENZE Holger: 79, 95, 117, *305*
HERNANDEZ Horazio: 162, 175, *294, 295*
HILL Andrew: 88, 127, 216
HINO Terumasa: 79, 92, 182, 188, 220, *284, 300*
HINZE Chris: 73, 74, 75, 181, 215, 224, *282, 283, 304*
HOF Jasper van't: 71, 73, 76, 78, 98, 99, 184, 192, 196, 215, 216, *283, 284, 285, 287, 304*
HOLLAND Dave: 57, 104, 196, *300*
HÜBNER Ralph: 31, 63, *302*
HUMAIR Daniel: 37, 51, 68, 70, 74, 75, 77, 78, 102, 103, 104, 106, 107, 113, 114, 120, 121, 123, 125, 128, 132, 133, 137, 138, 141, 147, 148, 151, 152, 159, 160, 161, 185, 192, 193, 194, 195, 196, 197, 198, 200, 202, 203, 205, 207, 220, 233, 249, 260, *281, 282, 283, 284, 288, 289, 290, 291, 292, 293, 294, 296, 300, 303, 304*
INFORMATION: 85, 94, 95, 96, 98, 99, 101, 103, 127, 174, *286, 287, 305*
INTERCHANGE: 62, 65, 66
INTERNATIONAL QUINTET: 106, 107
JACKSON Ambrose: 67, *281*
JACKSON Randy: *285*
JARRETT Keith: 52, 59, 75, 76, 148, 166, 167, 179, 194, 225, 226, 227, 245
JEANNEAU François: 104, 106, 107, 110, 128, 138, 152, 160, 199, *290*
JENNY-CLARK Jean-François: 24, 30, 31, 32, 33, 40, 42, 44, 45, 47, 50, 51, 54, 56, 60, 68, 75, 102, 105, 106, 107, 113, 114, 115, 120, 121, 122, 123, 126, 128,

Index

129, 131, 132, 134, 137, 138, 139, 140, 147, 148, 149, 150, 151, 152, 161, 169, 170, 171, 172, 185, 192, 193, 194, 195, 196, 197, 198, 202, 203, 205, 207, 215, 253, *279, 281, 282, 283, 288, 289, 290, 291, 292, 293, 294, 296, 299, 301, 303, 304, 305*
JOHNSON Oliver: 57, 60, 61, 67, 113, 181, *280, 281, 282*
JONES « Philly » Joe: 43, 51, *278*
JONES Bradley (Brad): 256, 214, *297*
JONES Elvin: 35, 96, 145
JTB: 87, 190, *286*
JUBILEUM ORCHESTRA (Joachim Kühn's): 130, 131, 139
KAGEL Mauricio: 109, 241
KANITZ Ulf von: 99
KARN Mick: *304*
KENYATTA Robin: 34, 61, *280*
KESSLER Siegfried: 42, 53, 60, 181, 225
KHAN FAMILY: 130, 134, 220, *292*
KIRK Rahsaan Roland: 168
KITT Eartha: 130, 131, *291, 292*
KOCH Klaus: 15, 17, 18, 19, 21, 24, 25, 133, 139, 140, 148, 149, 219, *277, 278, 293, 295, 297, 299, 301, 302*
KOCHBECK George: 87, 94, 191, *287, 291, 296, 302, 305*
KOLLER Hans: 30
KOMEDA Krzysztof: 20, 25, 39
KONITZ Lee: 40, 74, 150, 207, *282, 294, 299*
KOWALD Peter: 48
KREUSCH Cornelius Claudio (Claudius): 141, 216
KRIEGEL Volker: 40, 170, *278, 279, 299*
KROG Karin: 54, 55, 57, 224, 244, *279, 280, 300, 304*
KROPINSKI Uwe: 140, 145, 219, *293*
KRÜGER Dieter: 12, 13, 15, 16
KÜHN Grete: 10, 11, 30, *295*
KÜHN Kurt: 10, 11, 30, 40
KÜHN Rolf: 10, 11, 13, 14, 15, 16, 17, 18, 19, 21, 22, 24, 25, 30, 31, 32, 34, 35, 36, 37, 40, 45, 52, 54, 58, 62, 70, 71, 74, 77, 86, 96, 98, 99, 110, 113, 121, 131, 132, 133, 137, 138, 139, 147, 150, 162, 169, 170, 173, 180, 182, 190, 195, 199, 209, 210, 211, 212, 219, 239, 246, *277, 278, 279, 280, 281, 283, 284, 285, 286, 287, 290, 291, 293, 294, 297, 299, 300, 301, 302*
KURYOKHIN Sergey: 166, 167
LABARRIÈRE Hélène: 113, 120, 151, 199, *289*
LACKERSCHMID Wolfgang: 130, *304*
LACY Steve: 44, 54, 57, 58, 63, 152, 194, *280, 299, 300*
LASK Uli: 131, 138, *291, 303*
LASSUS Francis: 132, *291, 304*
LAUER Christof: 96, 106, 115, 121, 125, 126, 128, 130, 131, 134, 137, 138, 139, 140, 144, 148, 163, 199, 206, 211, 212, *287, 289, 293, 301, 303, 304*
LAURENZ Gabriele (Gaby): 30, 49, 52, 55, 56, 62, 68, 69, 78, 95, *281, 298, 305*
LECHTENBRINK Yvonne: 92, 104
LEE John: 75, 79, 84, 87, 181, 182, 185, 186, 187, 188, *282, 283, 284, 300, 302, 303*
LEHAN Marc: 147, 174, *293, 297*
LELANN Éric: 104, 114, 130
LEMA Ray: 130, 132, 133, 220, *291, 304*
LENZ Günter: 25, 31, 40, 45, 63, 73, 169, 178, *278, 279, 299, 302*
LENZ Klaus: 19, *302*
LEWIS George: 102, 104, *288*
LIBERATION MUSIC ORCHESTRA: 68
LIEBMAN Dave: 82, 99, 112, 113, 120, 121, 125, 126, 128, 132, 137, 140, 147, 150, 152, 160, 175, 194, 198, 199, 204, 206, 211, 224, 235, 249, *294, 304*
LINDNER Zabba: 87, *302, 305*
LISZT Franz: 130, 232, 233, 241, 242, 244
LOCATELLI Georges: 53, 54, *279*
LOCH Siegfried (Siggy): 80, 83, 138
LOCKWOOD Didier: 110, 114, 120, 140, 141, 148, 150, 155, 199, 218, 260, *289*
LORENZINI Mimi: 45, 178, *278, 299*
LOURAU Julien: 147
LOVANO Joe: 131, 138, *301*
LYNOTT Phil: 98, 101, 191, *287*
MACHADO Jean-Marie: 166
MAD ROCKERS: 169, 170
MAKOWITZ Adam: 76, 185
MALFATI Radu: 55
MANGELSDORFF Albert: 31, 44, 54, 62, 63, 82, 83, 113, 128, 131, 137, 139, 140, 145, 150, 180, 219, *278, 279, 280, 281, 284, 293, 299, 300, 301, 302, 304*
MARIANO Charlie: 74, 86, 99, 113, 155, 175, 182, 186, 187, 211, 215, 224, *282, 283, 285, 286, 293, 302, 304*
MARTIN Stu: 34, 35, 45, 46, 47, 52, 53, 60, 61, 78, 111, 169, 172, 195, *278, 279, 295, 299, 300*
MATTHIEU Michel: 141, 220
Mc BEE Cecil: 78, 182, *284, 285*
Mc GREGOR Chris: 63, 76, 77, *291*
Mc LAUGHLIN John: 82, 179
Mc LEAN Jackie: 74, *282*
MECHALI François: 67, *281*
MERRILL Helen: 122, 126, 199, 206, 224, *290*
MIKKELBORG Palle: 69, 110, 131, 137, 199, *300*
MINGUS Charles: 17, 18, 35, 85, 177, 206
MINOR Jouk: 69, *280*
MINTZER Bob: 92, 96, *287*
MOBLEY Hank: 51
MODERN JAZZ BIG-BAND: 19
MODERN JAZZ QUARTET: 12, 34
MOFFETT Charnett: 156, 160, 161, 162, 175, *301*
MONK Thelonious: 12, 33, 34, 43, 52, 71, 76, 212, 248
MONNIOT Christophe: 151
MOORE Gary: 92, 93
MORONI Dado: 104
MOTIAN Paul: 35, 120, 141, 194
MOUZON Alphonse: 78, 79, 81, 86, 87, 115, 182, 185, 187, 188, 189, 190, 215, *284, 285, 286, 300, 303*
MOZART Wolfgang Amadeus: 105, 130, 241, 242, 264
MRAZ George (Jírí): 29, 137, *277*
MSELEKU Bheki: 167
MULLIGAN Gerry: 12, 35
MURRAY Sunny: 50, 248

313

MUTHSPIEL Christian : 150
NAMYSLOWSKI Zbigniew : 20, 25, 134, 211
NAUSEEF Mark : 192, 93, 94, 95, 96, 99, 100, 101, 102, 103, 126, 127, 137, 138, 147, 149, 150, 174, 191, 220, 223, 245, 247, 253, *287, 288, 290, 301, 303, 305*
NDR Big Band : 138, *299, 300, 301*
NELSON Oliver : 68, 196, *281*
NEWTON Lauren : 122, 224
NEWTON Tony : 85, 92, 93, 127, *285, 286, 290, 303*
NIEBERGALL Buschi : *279*
NOGLIK Bert : 154
NUCLEUS : 99, 179
NUSSBAUM Adam : 131, 138, *301*
O'PRAYNE John : 55, *280*
OHLSHAUSEN Ulrich (Uli) : 32, 177
OKOSHI Tiger : 133, *292*
ORCHESTRE NATIONAL DE JAZZ : 110
ØRSTED-PEDERSEN Niels-Henning : 43, 86, 146, *278*
OSBORNE Mike : 62
OXLEY Tony : 58, 62, 106, 107, 173, 180, 189, *280, 286*
ÖZAY : 130, 131, 222, *291*
PAAP Wolfgang : 178, *278*
PAREDES Pablo : 163
PARKER Charlie : 167, 212
PARKER Evan : 57, 194, 207, 239, 250
PASTORIUS Jaco : 92
PAUER Fritz : 29, 76, 184, *283*
PEPL Harry : 106, 199
PERCEPTION : 54, 181, 194
PETERSON Oscar : 13
PETROWSKY Ernst-Ludwig : 18, 19, 21, 25, 26, *292, 293*
PETRUCCIANI Michel : 108, 115, 118, 122, 148, 152
PEYREGNE Geneviève : 108, 126, 134, 135, 144, 240, *291*
PFÜLLER Werner : 17, 18, 19, 20, 21, 220, *277, 301, 302*
PHILLIPS Barre : 38, 40, 52, 60, 63, 111, 113, 138, 194, *279, 295, 299, 300*
PIANO CONCLAVE : 76, 184, 185, 187
PIFARELY Dominique : 140, 144, 147, 149, 159, 163, 218
POLLET Jean-Daniel : 54, *304*
PONTY Jean-Luc : 37, 60, 61, 62, 63, 66, 69, 70, 79, 180, 188, 215, 217, *281, 282*
PORTAL Michel : 39, 40, 47, 48, 62, 63, 64, 70, 104, 105, 106, 107, 109, 110, 114, 115, 120, 122, 125, 126, 128, 131, 137, 138, 147, 155, 158, 160, 162, 163, 172, 173, 194, 199, 204, 206, 207, 211, 245, 246, 260, *279, 280, 289, 294, 295, 301, 303*
POTTER Chris : 162, 199, *294, 295*
POWELL Bud : 43, 166
PULEC Zdenek : 20, *277*
PUSHNIG Wolfgang : 122, 150
QUINTUS Walter : 86, 95, 100, 102, 110, 111, 116, 117, 118, 122, 125, 129, 131, 135, 138, 140, 143, 144, 148, 159, 162, 163, 174, 192, 210, 219, 221, 223, 234, 235, *289, 291, 292, 295, 296, 297, 298, 303, 304*

RABBATH François : 161
RADIO PHILHARMONIE HANNOVER NDR : 138
RANGELL Bobby : 113, 199
RAULIN François : 166
RAUX Richard : 53, 112
RAVA Enrico : 35, 106, 107, 122, 128, 199, *293*
REBELLO Jason : 127, 216
REDMAN Dewey : 156
REISINGER Wolfgang : 150, 163, *301*
RENKER Kutr : 99, 100, 111
RHEINSBERG Raffael : 79, *287, 305*
RICHMOND Mike : 104
RIEDEL Rainer : 26
RILEY Howard : 127, 216
ROBERT Yves : 114
ROGERS Paul : 104, 132
ROIDINGER Adelhard : 54, 55, 56, *280, 295, 304*
ROMANO Aldo : 30, 31, 32, 33, 34, 37, 38, 40, 42, 44, 45, 46, 47, 50, 52, 53, 55, 61, 64, 74, 93, 106, 113, 129, 130, 152, 170, 171, 172, 178, 194, 195, 215, *278, 279, 280, 282, 299*
RÖSSLER Knut : *288*
RUBINSTEIN Arthur : 192, 246
RUTHERFORD Paul : 554, 57, *279, 299, 300*
RYPDAL Terje : 55
S+H QUINTET : 19, 20
SANBORN David : 85, 92
SANDERS Pharoah : 44, 167
SANDERS Vera : 143, 222
SANTORO Dave : 133, *292*
SARMANTO Pekka : 39, 55
SATIE Éric : 241
SAUER Heinz : 45, 63, 113, 144, *279, 299*
SCHLINGENGHEIM Paul von : 87
SCHLIPPENBACH Alexander von : 32
SCHLOTT Volker : 140, 219, *293*
SCHMIDT-ELSEY Arthur : 10, 11, 17
SCHNEIDER Larry : 106, 110, 115
SCHŒNBERG Arnold : 241, 244, 257
SCHÖNFELD TRIO : 25
SCHOOF Manfred : 54, 57, 63, 73, 113, 144, 145, 220, *279, 280, 292, 293, 299, 300, 302, 304*
SCHRÖDER Heinz : 19
SCHUBERT Franz : 241, 244
SCHULLER Gunther : 34
SCHULZE Manfred : 19
SCHUMANN Robert : 10, 232, 241, 242, 244
SCHWARTZ Jean : 110, 194, 199
SCHWARTZ Reinhard : 17, 21, *278, 295, 299*
SCHWEITZER Irène : 77, 177
SCLAVIS Louis : 134, 138, 207, *296*
SCOFIELD John : 81, 137
SCOTT Ronnie : 137
SEFFER Yochk'o : 112, 113
SEIFERT Zbigniew : 75, 77, 78, 87, 140, 182, 196, 218, *283, 284, 285, 300, 302*
SHARROCK Sonny : 44, 57, *278*
SHEPP Archie : 34, 56, 62, 167
SHORTER Alan : 55, *280*
SHORTER Wayne : 39, 92
SILVA Alan : 50, 54, 56, 58, 67, *280*

Index

SISSOKO Moussa: 132, 133, 134, 138, 143, 144, 220, 221, *291, 292, 304*
SKIDMORE Alan: 58, 62, 106, 173, 180, 189, *280, 281, 304*
SKVORECKY Josef: 14
SOFT MACHINE: 50, 179
SOKAL Harry: 106
SOLAL Martial: 76, 77, 104, 110, 115, 120, 128, 130, 148, 159, 184, 185, 199, 215, *283, 284, 288, 289, 303*
SOLO NOW: 82, 83, 88, 219, 225, *284*
STANKO Tomasz: 25, 29, 57, 220, *281, 299, 300*
STEIG Jeremy: 73, 99, 224, *282*
STENSON Bobo: 76, 155, 185, 216
STERN Mike: 130
STEVENS John: 57, *299, 300, 304*
STIEF Bo: 77, 182, *284, 300*
STIVIN Jiri: 160, *293, 304*
STOCKHAUSEN Karl-Heinz: 47, 105, 109, 194
STOCKHAUSEN Markus: 101, 139, 220, *288, 293*
STRAVINSKY Igor: 150, 244
SUN RA: 58, 76
SURMAN John: 45, 50, 52, 58, 63, 111, 125, 173, 180, 189, 207, *279, 280, 299, 300, 304*
SYMMONDS Glenn: 85, 190, *285, 286, 303*
SZUKALSKI Tomasz: 106, 140
TABAR-NOUVAL Alain: 40
TADIC Miroslav: 126, 127, 147, *290*
TANG Achim: 150
TANZ-FORUM: 142, 143, 146, 147
TATUM Art: 43
TAYLOR Cecil: 37, 52, 167, 228, 248
TCHICAI John: 37, 57, *299, 300*
TEMIZ Okay: 113
TEMPTATIONS (The): 84
TERRONES Gérard: 42, 59
TEXIER Henri: 551, 53, 104, 130, 138, 152, 182, 184, *283, 303*
THELIN Eje: 16, 38, 39, 44, 45, 52, 54, 55, 56, 57, 60, 171, 173, 177, *278, 279, 280, 295*
THIELE Bob: 314, 36
THIELEMANS Toots: 74, 82, 182, *283*
THIN LIZZY: 92, 98
THOLLOT Jacques: 42, 43, 44, 46, 47, 50, 54, 55, 56, 57, 63, 171, 172, 195, 196, *278, 279, 280, 295, 299*
THOMANERCHOR: 155, 162, 252, *295*
THÖNNES Jo: 140
TIMMONS Bobby: 18, 248
TIPPETT Keith: 57, 77, 129, 166, 179
TOAN Danny: 130, 179, 189, 190, *302*
TOLONEN Jukka: 87, 189, *286*
TORN David: 101, *288, 304*
TORPUS Achim: 84, 95, *286, 287*
TOTAL ISSUE: 53
TRIO (The): 52, 53
TRUONG Jean-My: 54, 181
TUSQUES François: 59, 105, 166, 225, 226
TYNER McCoy: 43, 47, 84, 188, 190, 232, 247, 248
ULRICH Jochen: 142, 143, 222
UMO JAZZ ORCHESTRA: 149
URBANIAK Michal: 21, *277, 283*

VALKTRIO: 140, 147, *293*
VAN HOVE Fred: 57, 166, 207
VARESE Edgar: 241, 244, 245
VASCONCELOS Nana: 61, 79, 181, 182, 188, *281, 282, 284, 300*
VELEBNY Karel: 19, *277*
VESALA Edward: 55, 62, 74, 136, 220, *296, 300*
VIDAL Richard: 54, 56
VITET Bernard: 45, 70, 220, *280, 299*
VITOUS Miroslav: 29, 34, 120, 125, 126, 128, 182, 190, *285, 301*
VOIX BULGARES (Ensemble Pirin') : 132, 223, *304*
VOLODINE Antoine: 9, 119, 227
WALLACE Benny: 104
WARREN Peter: 58, 60, 61, 64, 65, 66, 67, 70, 71, 78, 173, 180, 196, 218, 219, *280, 281, 282, 300*
WASHINGTON Jr. Groover: 81, 85
WATTS Trevor: 57
WDR Big Band (Westdeutscher Rundfunk Big Band): 128, 130, 138, 203, 204, *290*
WDR RADIO ORCHESTRA: 102, *301*
WDR Symphonic Orchestra: 149, *301*
WEATHER REPORT: 81, 179
WEBER Eberhard: 62, 77, *281*
WEIKE Peter: 96, *287, 303*
WEILL Kurt: 23, 91, 135, 141, 142, 205, 236, 246, *292, 293, 299*
WEIN George: 31, 32, 120
WESTERNHAGEN Thilo von: 87, 98, *285, 287, 303*
WHEELER Kenny: 113, 130, 189, 194, 220, *304*
WHOLE EARTH CATALOGUE: 58
WIBERNY Karl-Heinz: 73, *282*
WILEN Barney: 10, 40, 41, 42, 43, 45, 177, 178, *278, 299*
WILLIAMS Tony: 39, 85, 127, 179
WINDING Kasper: 69, 74, 77, 195, *284, 300*
WINSTONE Norma: *299, 300*
WODRASCKA Christine: 166
WOODS Phil: 40, 51, 56, 70, 247, *278, 280, 281, 299, 303*
ZADLO Leslek: 103, 106
ZAPPA Frank: 50, 88, 93, 101, 177, 180, 245
ZAWINUL Joe: 29, 179
ZENINO Michel: 158
ZOLLER Attila: 30, 138, *283*
ZORN John: 141, 165

315

Références photos

Couverture : JK, Duc des Lombards, Paris 17 juin 1999. © Stéphanie Bled.
p. 6 : JK, 1946. Collection privée JK.
p. 8 : JK, Studio Zerkall, 7 juillet 2002. © Marc Sarrazy.
p. 27 : Ernst-Ludwig Petrowsky, JK, Dresde 8 décembre 1965. Collection privée Ernst-Ludwig Petrowsky.
p. 28 : Dieter Krüger (g), JK (tb à pistons), Steffen Ulbricht (tb), Karl Bernd (b), Siegfried Reif (dm), Jazzclub Bessie Smith, Leipzig, 18 juin 1960. Collection privée Dieter Krüger.
p. 41 : JK, Rashied Houari (dm), 1968. DR.
p. 68 : Eje Thelin, Adelhard Roidinger, Jacques Thollot, JK, 1970. DR.
p. 72 : Toto Blanke, Pierre Courbois, Siggy Busch, JK, 1973. DR.
p. 89 : JK, 1981. © Therd.
p. 97 : Affiche de la tournée, 1982.
p. 118 : Walter Quintus, JK. Photo promotionnelle Ambiance, 1991.
p. 134 : JK, Paris. Photo tirée du disque *Situations*, 1985.
p. 151 : Jean-François Jenny-Clark, Parc Floral de Vincennes, 21 septembre 1996. © Marc Sarrazy.
p. 154 : JK, professeur Christof Biller et le Thomanerchor de Leipzig. © Harald Hoffman.
p. 164 : JK, Duc des Lombards, Paris 17 juin 1999. © Stéphanie Bled.
p. 176 : JK (as), Toto Blanke (g), 1974. DR.
p. 183 : JK. DR.
p. 199 : JK, Daniel Humair, Jean-François Jenny-Clark, Japon, juillet 1990. DR.
p. 208 : JK, Rolf Kühn. Collection privée Rolf Kühn.
p. 212 : JK, Anthony Braxton, Paris 1972. © Jacques Biscéglia.
p. 238 : JK. Photo promotionnelle CMP. © Wilk.
p. 243 : JK. Collection privée JK.
p. 250 : JK, Studio Zerkall, 7 juillet 2002. © Marc Sarrazy.
p. 276 : JK. Photo tirée du disque *Time Exposure*. © Wilk.
p. 306 : JK (as), Rolf Kühn (cl), Buschi Niebergall (b), Stu Martin (dm), Heidelberg, 6 juillet 1969. © Manfred Rinderspacher.
p. 318 : Extrait du programme du ballet *Citizen Kane*, Cologne, 4 mai 1997.

Cahier couleur en fin d'ouvrage

p. 1, 2, 3 et 4 (bas) : Peintures de JK. © Juanjo.
p. 4 (haut) : JK devant une de ses peintures. © Marc Sarrazy.
p. 5 : JK, Rolf Kühn. Collection privée Rolf Kühn.
p. 6 : JK (elp), Michel Portal (bcl), Barre Phillips (b), Pierre Favre (dm). Biennale de Paris, Vincennes, 25 septembre 1971. © Alain Tercinet.
p. 7 : JK. Jazz Inn, Paris septembre 1971. © Jacques Biscéglia.
p. 8 : JK. Photo promotionnelle Atlantic.

p. 9 : JK. *Modern jazz pianist.* Couverture d'un recueil de partitions, RFA, 1981.
p. 10 : Affiche promotionnelle, 15 février 1982. © Achim Torpus.
p. 11 : © Marc Sarrazy.
p. 12 : *Jazz magazine* n° 347, février 1986. (avec l'aimable autorisation de Philippe Carles)
p. 13 : *Jazz magazine* n° 472, juillet-août 1997. (avec l'aimable autorisation de Philippe Carles)
p. 14, 15 : Couvertures de disques.
p. 16 : Affiche promotionnelle. (avec l'aimable autorisation de Daniel Richard, Universal Jazz, France).

Références cd

JOACHIM KÜHN
Private Collection

1. Golem (8'50) / Joachim Kühn
Joachim Kühn Trio + Rolf Kühn : JK (p), Klaus Koch (b), Reinhardt Schwartz (dm), Rolf Kühn (cl). East Berlin, 22-23 février 1966

2. Don't Run (7'52) / Rolf Kühn
Joachim Kühn Trio + Rolf Kühn : JK (p), Klaus Koch (b), Reinhardt Schwartz (dm), Rolf Kühn (cl). East Berlin, 22-23 février 1966

3. Delirium (6'04) / Walter Quintus - Joachim Kühn
JK (p), Walter Quintus (digital soundboard). Zerkall, 15 mars 2001

4. Thoughts about my Mother (6'45) / Joachim Kühn
JK (p), Walter Quintus (digital soundboard). Zerkall, 15 mars 2001

5. Black Stone (5'10), extrait / Eje Thelin - Joachim Kühn
The New Eje Thelin - Joachim Kühn Group : Eje Thelin (tb), JK (p, as), Jean-François Jenny-Clark (b), Jacques Thollot (dm). Floralies de Vincennes (Gala de l'École de marketing), 21 mai 1970

6. Phrasen (14'36) / Joachim Kühn
Joachim Kühn and the NDR Big Band : JK (p, cond), Detlev Beier (b), Wolfgang Reisinger (dm) + NDR Big Band (solistes : Fiete Felch (as), Peter Bolte (as, ts), Christof Lauer (ts), Frank Delle (bs, bcl), Rainer Winterschladen (tp), Claus Stöter (tp), Stephen Lottermann (tb), Stefan Dletz (g), Marcio Doktor (perc)). Hambourg, 10-12 septembre 2001

7. Guylene (14'53) / Daniel Humair - Joachim Kühn
Trio Kühn / Humair / Jenny-Clark : JK (p), Jean-François Jenny-Clarke (b), Daniel Humair (dm). Mainz, 18 mai 1992

8. Bewegung in der Begegnung (3'23) / Joachim Kühn
JK (as), Gory Ruiz (dm) + 6 Friends (cars). Ibiza, 10 mars 2001

9. Allotropes Elements Different Forms (4'45) / Ornette Coleman
JK (p). Studios La Buissonne, France, 23 août 2000

10. Mar y Sal (7'02) / Joachim Kühn
JK (p). Studios La Buissonne, France, 23 août 2000

Durée totale : 79'57
Mixé par Walter Quintus, Studio Zerkall, 6 juillet 2002
Remerciements :
Joachim Kühn, Walter Quintus, Wolfgang Kunert de la NDR Hamburg (6), Gérard De Haro (9 et 10), Daniel Richard (de Universal jazz), Rof Kühn, Jacques Thollot, Detlev Beier, Wolfgang Reisinger, Daniel Humair, Gory Ruiz et tous les musiciens du NDR Big Band.

Table des matières

Préface	5
A. L'histoire	
1/ À l'Est, du renouveau (1944-1966)	9
2/ Toujours plus à l'Ouest... (1966-1969) p 29	
3/ La gaîté parisienne (1969-1972) p 49	
4/ Itinéraires : vers une ramification des pistes (1972-1977)	69
5/ Le rêve américain (1977-1981)	81
6/ Les années de transition (1981-1984)	91
7/ Priorité Trio (1984-1988)	105
8/ Situations (1988-1993)	119
9/ Ibiza (1993-1998)	135
10/ Entre Bach et Ornette (1998-200...)	153
B. Analyses	
1/ Joachim Kühn saxophoniste : la trajectoire de l'alto	165
2/ De l'électricité dans l'air	177
3/ Le Trio Kühn / Humair / Jenny-Clark	193
4/ Tête à têtes : la perspective du duo	209
5/ Piano solo	225
6/ Racines	239
7/ Le diminished augmented system	251
C. Perspectives	261
D. Annexes	
Notes	266
Discographie	277
– Discographie officielle	277
– Enregistrements inédits	295
– Sessions radiophoniques	298
– Participations	301
– Musiques de films	304
Bibliographie	307
Index des noms cités	311
Références photos	316
Références du cd *Private Collection*	317

SYLLEPSE

Une syllepse est une forme grammaticale qui privilégie
les accords fondés sur le sens plutôt que sur la règle…
Ce mot concentre et résume notre projet et notre état d'esprit.

Catalogue complet sur demande.

IMPRESSION, BROCHAGE
IMPRIMERIE CHIRAT
42540 ST-JUST-LA-PENDUE
FÉVRIER 2003
DÉPÔT LÉGAL 2003 N° 7416

IMPRIMÉ EN FRANCE

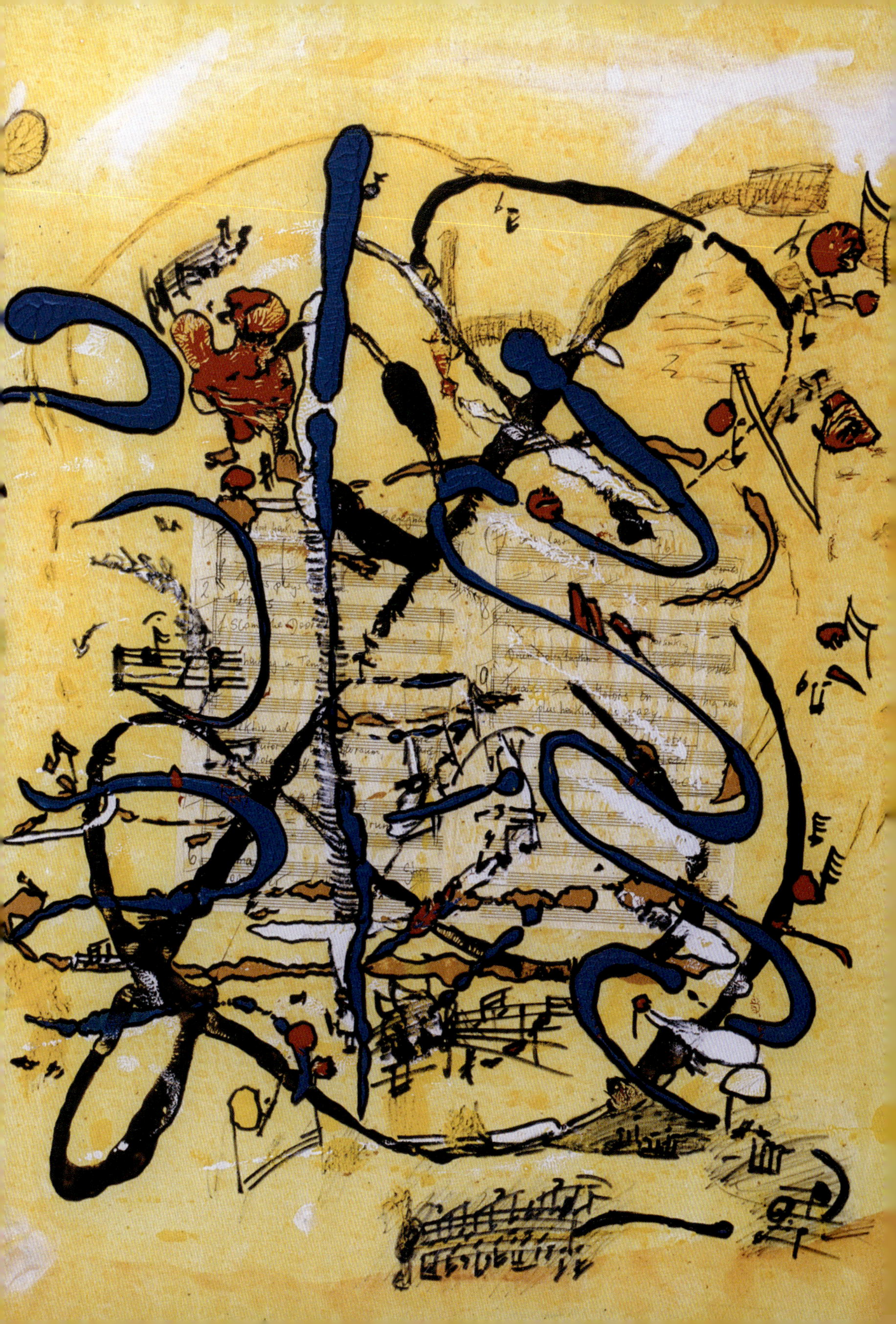

Ibiza, août 2002

Ibiza, août 2002

Schloss Burgau, Düren, première exposition de peintures.
15 décembre 2002

Ibiza, 2001

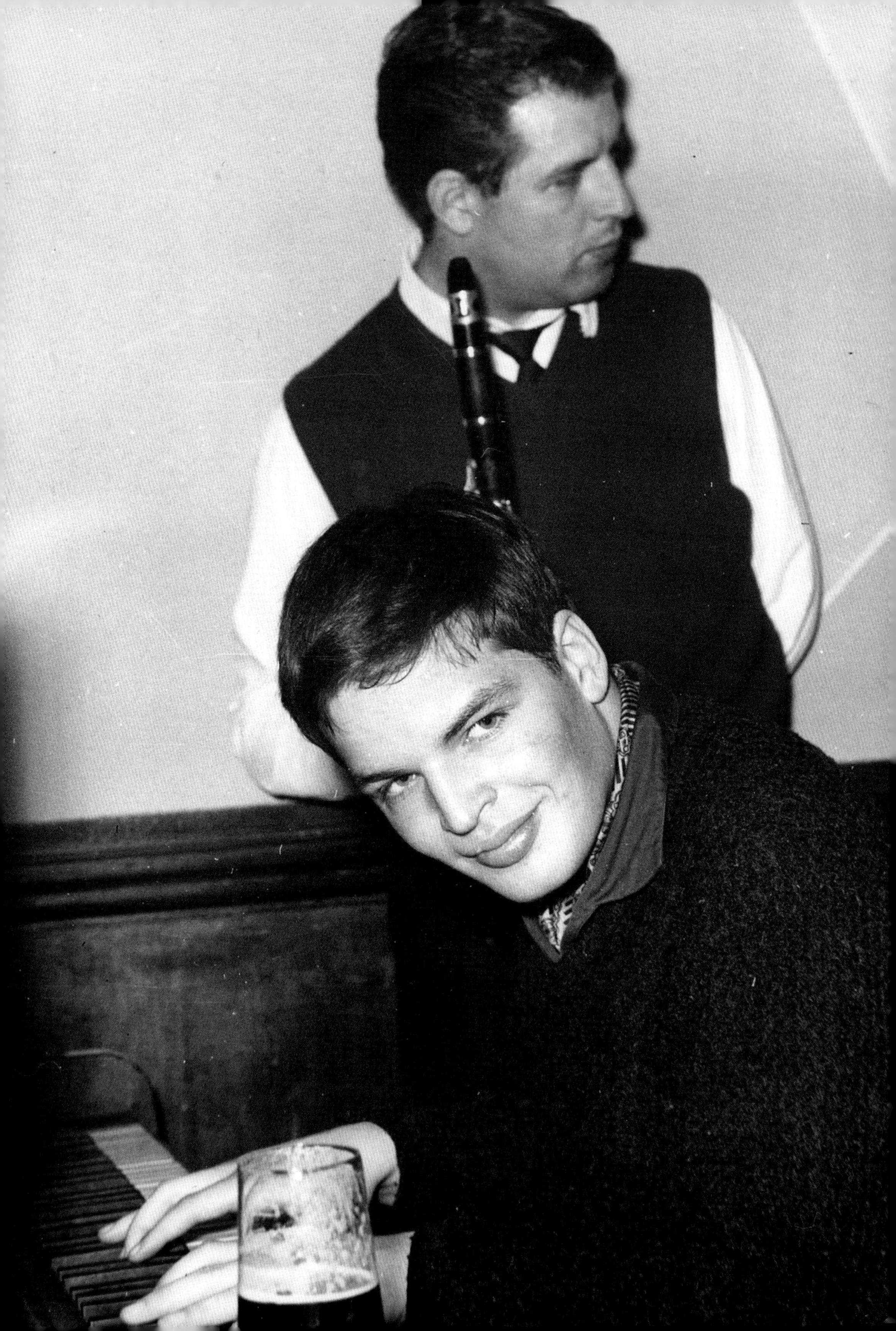

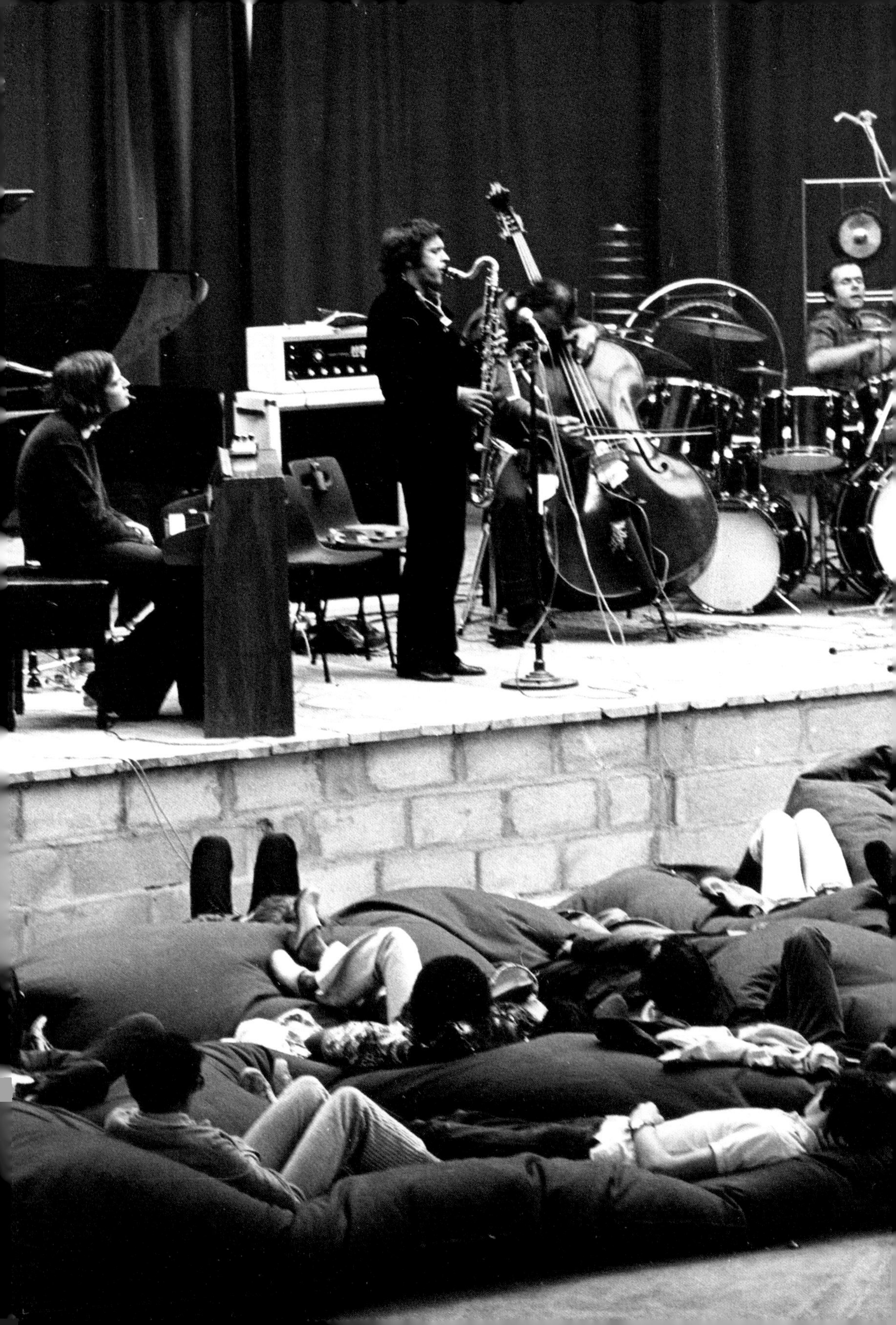

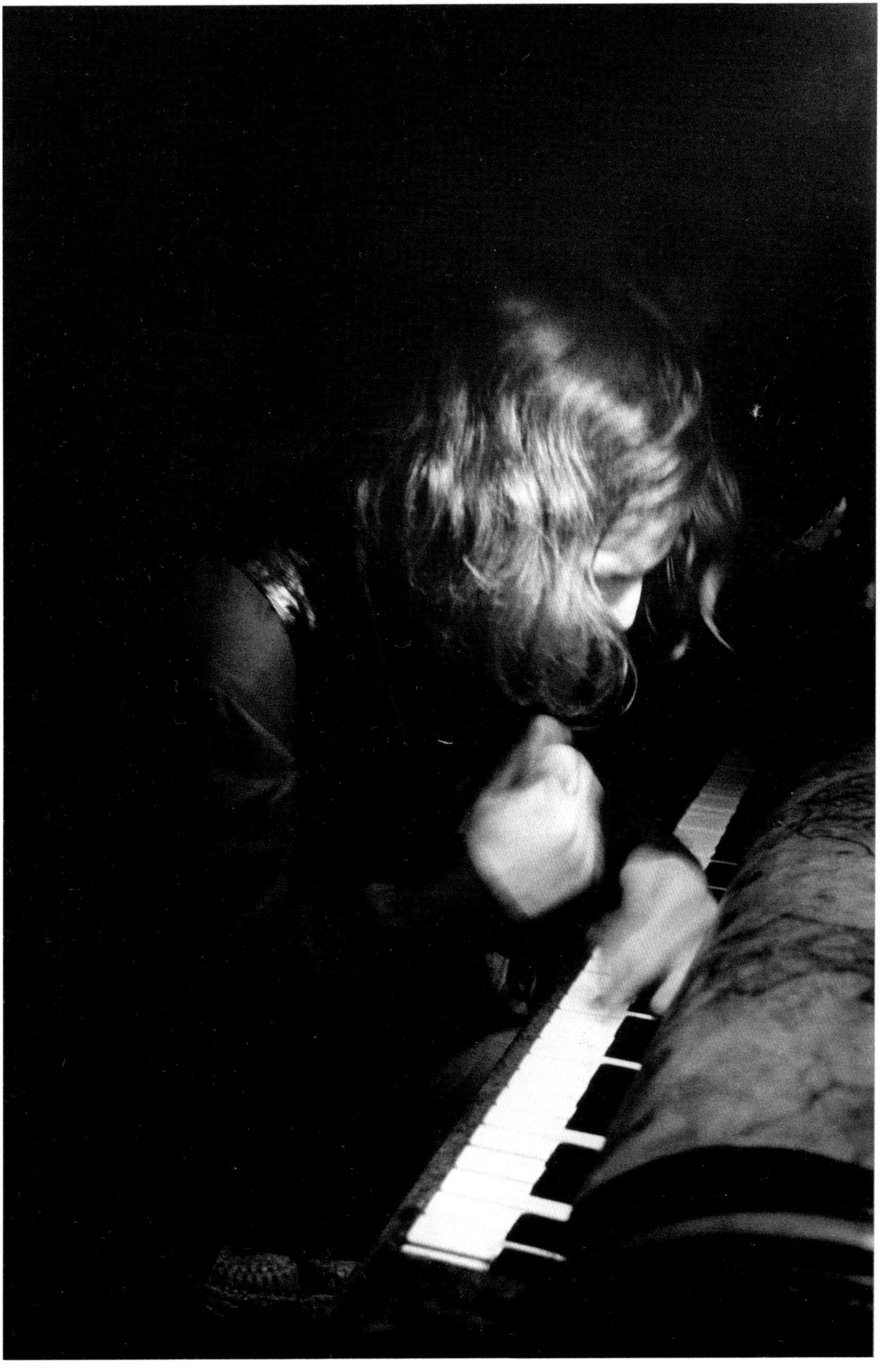

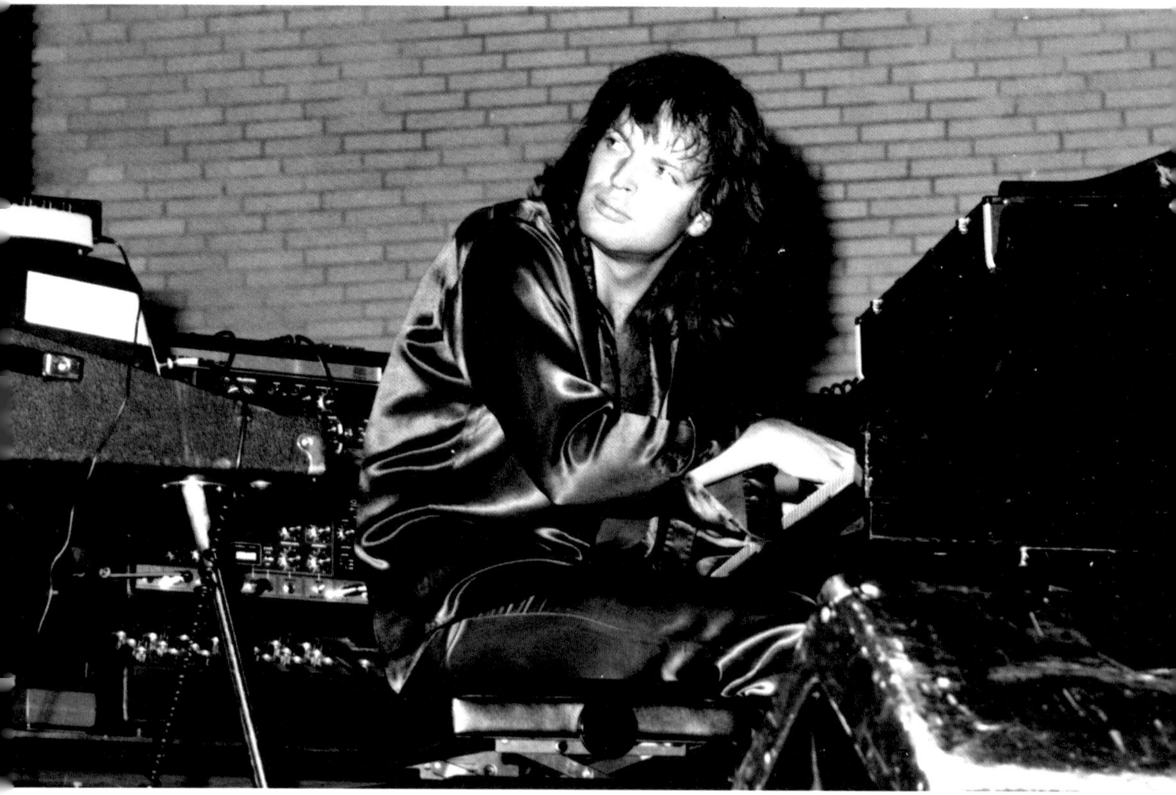

joachim kühn

modern jazz-pianist

FDH MUSIKVERLAG
FRANCIS, DAY & HUNTER GMBH

joachim kühn's acoustic jazz quartett

joachim kühn
hamburg — acoustic grand piano

gerry brown drums
new york

detlev beier bass
hamburg

christoph lauer tenor sax.
frankfurt

special guest: **chet baker** trumpet
new york

Duisburg, 5 juillet 2002

Welkenraedt, 26 août 1995

jazz magazine

JOACHIM KUHN

EUROPE TOUTE !

47 - 16 F   MENSUEL/N° 347/16 F/BELGIQUE 123 FB/CANADA 2.50 $/ESPAGNE 425 PTAS/SUISSE 5 FS/ITALIE 6800 LIRES/ISSN 0021-566 X

JAZZ magazine

▶ JUILLET - AOÛT 1997 BELGIQUE 220 FB · SUISSE 10 FS · ITALIE 9 000 L · CANADA $5.50 · ESPAGNE 800 PTA

L'AFRIQUE DE **STEVE COLEMAN** PAR GUY **LE QUERREC**. LE PIANO DE BERNARD **LUBAT**. **NEW YORK** EN IMAGES : CINQ PAGES DE REPORTAGE. DIALOGUE : Herbie **HANCOCK** - Wayne **SHORTER**. **ROY HARGROVE** : UNE LEÇON DE LATIN. SIDNEY **BECHET** RETOUR À LA **NOUVELLE-ORLÉANS** PAR JEAN-PIERRE **LELOIR**. DÉCOUVERTE : **JIM BLACK**. GUIDE DES **FESTIVALS** (SUITE)

ORNETTE COLEMAN

KÜHN JOACHIM

NEW YORK - PARIS - LEIPZIG : VOYAGE EN HARMOLODIE

M 1923 - 472 - 30,00 F

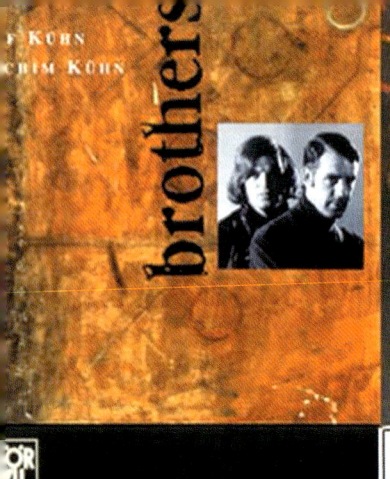

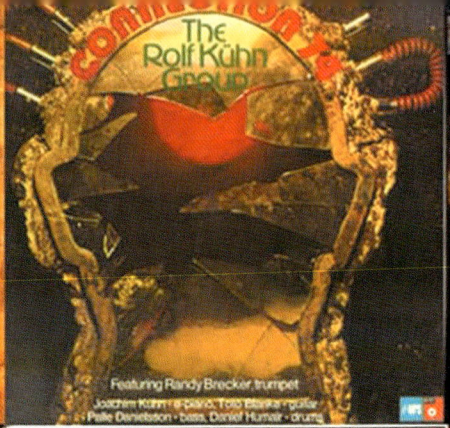

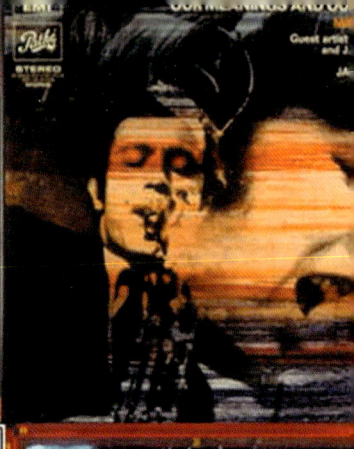

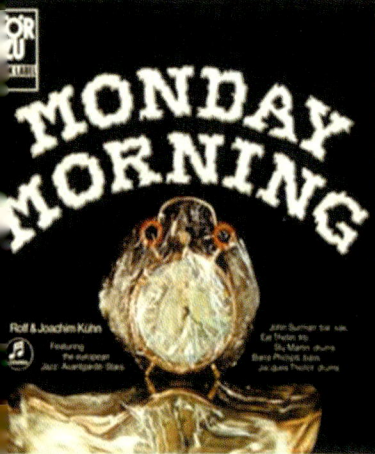

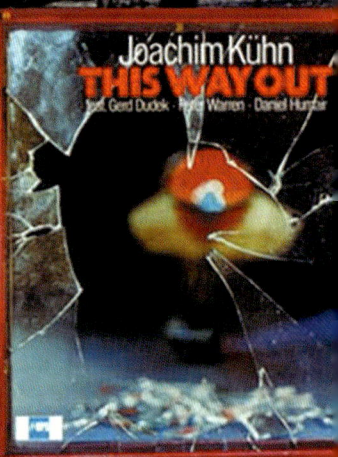

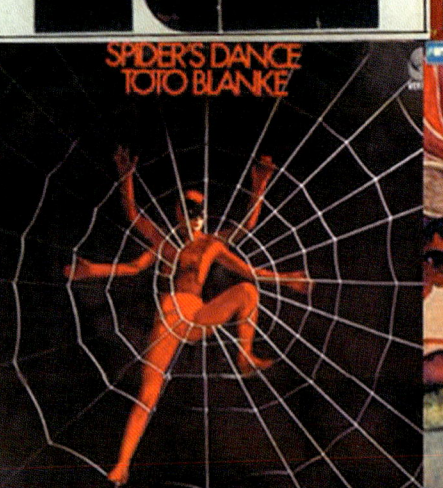

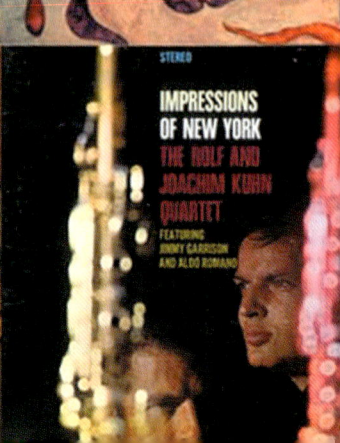

DU CHORAL POLYPHONIQUE DE BACH
AU BLUES HARMOLODIQUE D'ORNETTE COLEMAN

the diminished augmented system
JOACHIM KÜHN